한국사
능력검정시험

www.goseowon.co.kr

안녕하세요.

이번에 한국사능력검정시험 중급 시험을 대비하여 족집게 개념서를 만든 유쾌발랄 은동진 선생님입니다. 수험생 여러분을 만나게 되어 정말 반갑습니다.

본서는 여러분의 합격을 위해 그동안 출제된 모든 문제를 하나도 빠짐없이 분석하여 깔끔하게 정리한 개념과 빈출 주제를 활용한 예상문제들로 구성되어 있습니다. 그리고 시험공부를 할 시간이 모자라거나, 많은 양의 한국사의 내용 중 중요한 개념에 대해 전혀 감을 잡지 못하거나, 시험을 치기 전 최종적으로 중요한 부분을 정리하고 싶은 학생 등을 배려하여 교재에서 중요한 개념은 강조색으로 표시를 하였습니다. 수험생들에게 시험에 나오는 출제 포인트를 쉽게 알려 드리기 위해 얌이 웹툰 작가와의 협업을 통해 만든 만화와 함께, 무료 동영상으로 제공해 드립니다.

끝으로 본서를 통해 시험을 준비하시는 모든 수험생에게 합격의 영광이 있기를 간절히 바라며, 이 책이 출간되기까지 도와주시고 세심하게 신경을 써 주신 모든 분께 감사의 마음을 전합니다.

저자 은동진

은쌤의 은밀한 시험포인트

각 단원별 반드시 출제되는 시험포인트를 은쌤과 코알랄라가 확실하게 알려드립니다. 무료로 제공되는 동영상 강의도 꼭! 확인하세요.

핵심개념 한상 차리기

그동안 출제된 모든 문제를 하나도 빠짐없이 분석하여 정갈한 밥상을 차리듯 깔끔하게 정리한 핵심개념 한상을 차려냈습니다. 중요한 부분은 형광펜으로 색칠하고 시험에 나오는 자료는 따로 정리하여 학습의 효율을 높였습니다.

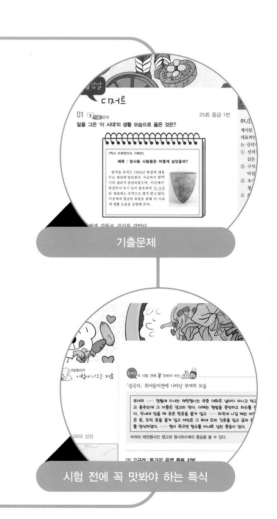

기출문제

시험 전에 꼭 맛봐야 하는 특식

은셰프의 시험 전에 꼭 맛봐야 하는 특식

시험 전에 이것만은 반드시 알고 가야 하는 내용이나 사료를 한눈에 파악하기 쉽게 정리하였습니다. 은셰프가 준비한 맛있는 특식도 꼭! 맛보고 넘어가세요.

달콤쌉쌀 디저트

실제 기출문제와 함께 빈출 주제를 활용해 잘 만들어낸 출제 예상 문제를 수록하였습니다. 핵심을 꿰뚫는 명쾌한 해설을 통해 개념을 한 번 더 정리하고 넘어갈 수 있습니다.

한국사능력검정시험이란?

학교 교육에서 한국사의 위상은 날로 추락하고 있는데, 주변 국가들은 역사교과서를 왜곡하고 심지어 역사 전쟁을 도발하고 있는 상황에서 한국사의 위상을 바르게 확립하는 것은 무엇보다 시급한 실정이다.

이러한 현실에서 우리 역사에 관한 패러다임의 혁신과 한국사 교육의 위상을 강화하기 위하여 국사편찬위원회에서 마련한 시험이 한국사능력검정시험이다.

목적

○ 학생 및 일반인을 대상으로 '한국사능력검정시험'을 시행함으로써 우리 역사에 대한 관심을 확산·심화시키는 계기를 마련함

○ 전 국민이 한국사에 대해 폭넓고 올바른 지식을 공유함으로써 균형 잡힌 역사의식을 갖도록 함

○ 한국사 전반에 걸쳐 역사적 사고력을 평가하는 다양한 유형의 평가 문항을 개발함으로써 역사 교육의 올바른 방향을 제시함

○ 역사학습을 통해 고차원적 사고력과 문제해결능력을 육성함으로써 학생 및 일반인들의 학습 능력 향상에 도움을 주도록 함

기본 방침

○ 응시대상은 한국사에 관심 있는 대한민국 국민(외국인도 가능) 모두 해당함

○ 시험은 고·중·초급 3종류로 구분하되, 시험 종류별로 성적에 따라 평가 등급을 2개로 나누어 인증

○ 합격 기준은 급수별 만점의 60% 이상으로 하되, 70% 이상인 경우 1급(고급)·3급(중급)·5급(초급) 인증

○ 공정한 운영을 위해 '한국사능력검정시험자문위원회'의 자문을 받음

응시 대상

○ 한국사에 관심 있는 대한민국 국민(외국인도 가능)
  한국사 학습자
  상급 학교 진학 희망자
  기업체 취업 및 해외 유학 희망자 등

시험종류 및 평가 등급

시험 구분	인증등급	합격점수	문항수(객관식)
고급	1급	70점 이상	50문항 (5지 택1)
고급	2급	60~69점	50문항 (5지 택1)
중급	3급	70점 이상	50문항 (5지 택1)
중급	4급	60~69점	50문항 (5지 택1)
초급	5급	70점 이상	40문항 (4지 택1)
초급	6급	60~69점	40문항 (4지 택1)

※ 배점 : 100점 만점(문항별 1~3점 차등 배점)

등급별 평가 내용

시험 구분	평가 기준
고급	한국사 심화과정으로 차원 높은 역사 지식, 통합적 이해력 및 분석력을 바탕으로 시대의 구조를 파악하고, 현재의 문제를 창의적으로 해결할 수 있는 능력 평가
중급	한국사 기초·심화과정으로 한국사에 대한 기본적인 이해를 바탕으로 한국사의 흐름을 대략적으로 이해할 수 있는 능력과, 전반적인 이해를 바탕으로 한국사의 개념과 전개 과정을 체계적으로 파악할 수 있는 능력 평가
초급	한국사 입문과정으로 한국사에 대한 흥미와 관심을 가지고 있으면 누구나 이해할 수 있는 기초적인 역사 상식을 평가

시험 시간

등급	시간	내용	소요시간
고급 (1급, 2급)	10:00~10:10	오리엔테이션(시험 시 주의사항)	10분
	10:10~10:15	신분증 확인(감독교사)	5분
	10:15~10:20	문제지 배부 및 파본 검사	5분
	10:20~11:40	시험 실시 (50문항)	80분
중급 (3급, 4급)	10:00~10:10	오리엔테이션(시험 시 주의사항)	10분
	10:10~10:15	신분증 확인(감독교사)	5분
	10:15~10:20	문제지 배부 및 파본 검사	5분
	10:20~11:40	시험 실시 (50문항)	80분
초급 (5급, 6급)	10:00~10:10	오리엔테이션(시험 시 주의사항)	10분
	10:10~10:15	신분증 확인(감독교사)	5분
	10:15~10:20	문제지 배부 및 파본 검사	5분
	10:20~11:20	시험 실시 (40문항)	60분

활용 및 특전

○ 2012년부터 한국사능력검정시험 2급 이상 합격자에 한해 행정안전부에서 시행하는 행정외무 고등고시에 응시자격 부여

○ 2013년부터 한국사능력검정시험 3급 이상 합격자에 한해 교원임용시험 응시자격 부여

○ 국비 유학생, 해외파견 공무원, 이공계 전문연구요원(병역) 선발 시 국사시험을 한국사능력검정시험(3급 이상 합격)으로 대체

○ 일부 공기업 및 민간기업의 사원 채용이나 승진시 반영

○ 2014년부터 한국사능력검정시험 2급 이상 합격자에 인사혁신처에서 시행하는 지역인재 7급 견습직원 선발시험에 추천 자격연건 부여

○ 대학의 수시모집 및 공군·육군·해군·국군간호사관학교 입시 가산점 부여

응시 수수료

시험 구분	고급	중급	초급
응시료	18,000원	16,000원	11,000원

원서접수 방법 및 시험 장소

○ **접수 방법** : 한국사능력검정시험 홈페이지(http://www.historyexam.go.kr)
○ **시험 장소** : 서울, 부산, 대구, 인천, 광주, 대전, 울산, 경기, 강원, 충남, 충북, 경남, 경북, 전남, 전북, 제주
○ **성적통지 방법** : 응시자가 '한국사능력검정시험 홈페이지'에서 확인
(성적 조회 및 성적 통지서, 인증서 출력 가능)

※ 성적통지서 및 인증서(카드포함) 등은 기관에서 별도로 발급하지 않음

한국사능력검정시험 특징

한국사능력검정시험은 역사에 대한 전 국민적 공감대를 형성하고, 한 나라의 국민으로서 알아야 하는 기본적인 역사적 소양을 측정하기 위한 시험으로,

① 한국사 학습능력을 측정할 수 있는 대표적인 시험이다.
② 입시생, 각종 채용시험뿐만 아니라 다양한 연령층과 직업군의 사람들이 응시한다.
③ 국가기관인 국사편찬위원회가 주관하여 수준 높고 참신한 문항과 공신력 있는 관리를 통해 안정적인 시험운영을 하고 있다.
④ 단순 암기위주의 문항에서 탈피하여, 다양한 영역에서의 여러 접근방법을 통해 풀 수 있는 참신하고, 탐구력을 증진할 수 있는 문항 개발을 위해 노력하고 있다.
⑤ 합격의 당락을 결정하는 선발 시험이 아닌, 한국사의 학습능력을 인증하는 시험이다.

한국사능력검정시험 관리 및 시행기관

국사편찬위원회는 우리 역사에 대한 관심을 제고하고, 한국사 전반에 걸쳐 역사적 사고력을 평가하는 다양한 유형의 문항을 개발하여 한국사 교육의 올바른 방향을 제시하고, 자발적 역사학습을 통해 고차원적 사고력과 문제해결 능력을 배양하고자 한다.

한국사능력검정시험 FAQ

① 문제출제 유형은 어떻게 되나요?

모든 급수의 시험은 서술형 문제없이 선택형(객관식) 문항만으로 시행됩니다. 각 급수별 문제의 유형 및 난이도는 자료실에 공개된 기출문제를 참조하시기 바랍니다.

② 각 급수 별 시험을 준비할 수 있는 문제지나 수험서가 있나요?

국사편찬위원회에서는 한국사능력검정시험과 관련하여 수험서나 문제지를 간행하고 있지 않습니다. 타 출판사에서 출판되는 수험서나 문제지를 참고하시거나 초, 중, 고등학교 국사 교과서 및 역사전공 관련 서적을 중심으로 공부하시기 바랍니다. 각 급수 별 시험출제 난이도는 다음과 같습니다.
  - 고급(1급~2급) : 한국사 심화 과정(대학교 전공 및 교양학습 수준)
  - 중급(3급~4급) : 한국사 기초, 심화과정(중·고등학교 학습 수준 및 대학교 기초교양)
  - 초급(5급~6급) : 한국사 입문과정(초등학교 심화 및 중학교 기초 학습 수준)

③ 국가공인 자격증인가요?

국가공인자격증은 아닙니다. 한국사능력검정시험에 합격한 분에게는 국사편찬위원회 한국사능력검정시험 인증서가 발급됩니다.

④ 시험은 1년에 몇 번 치러집니까?

2012년부터 시험이 4회 치러집니다.

⑤ 각 급수 별 출제범위가 어떻게 됩니까?

1급부터 6급까지 급수에 상관없이 출제 범위는 상고사부터 근·현대사까지입니다.

한국사능력검정시험 출제유형

한국사능력검정시험의 문항은 역사교육의 목표 준거에 따라 다음의 여섯 가지 유형으로 구분된다.

① **역사 지식의 이해** : 역사 탐구에 필요한 기본적인 지식을 갖고 있는가를 묻는 영역으로, 역사적 사실·개념·원리 등의 이해 정도를 측정한다.

② **연대기의 파악** : 역사의 연속성과 변화 및 발전을 이해하고 있는지를 묻는 영역으로, 역사 사건이나 상황을 시대 순으로 정확하게 이해하고 인과관계를 파악할 수 있는가를 측정한다.

③ **역사 상황 및 쟁점의 인식** : 제시된 자료에서 해결해야 할 구체적 역사 상황과 핵심적인 논쟁점, 주장 등을 찾을 수 있는가를 묻는 영역으로, 문헌자료, 도표, 사진 등의 형태로 주어진 자료에서 해결해야 할 과제를 포착하거나 변별해내는 능력이 있는지를 측정한다.

④ **역사 자료의 분석 및 해석** : 자료에 나타난 정보를 해석하여 그 의미를 파악할 수 있는가를 묻는 영역으로, 정보의 분석을 바탕으로 자료의 시대적 배경과 사회적 의미를 해석할 수 있는가를 측정한다.

⑤ **역사 탐구의 설계 및 수행** : 제시된 문제의 성격과 목적을 고려하여 절차와 방법에 따라 역사 탐구를 설계하고 수행할 수 있는 능력이 있는가를 묻는 영역이다.

⑥ **결론의 도출 및 평가** : 주어진 자료의 타당성을 판별하고, 여러 자료를 종합하여 결론을 도출할 수 있는가를 묻는 영역이다.

I

우리 역사의 형성과
고대 국가의 발전

01 선사시대의 문화

은쌤의 은밀한 **시험포인트**

무료강의

여기는 어떻게 먹어야 돼?

여긴 꼭꼭 씹어야 돼!
무조건 1번 문제로 100%
한 문제씩 꼭 나와!

헐, 그러면
은셰프 여긴
어떻게 먹어야 되죠?

우선, 구석기-신석기-
청동기-철기로 이어지는
각 시기별 특징적인
생활상을 알아야 됩니다.

둘째로, 각 시기별 사용한
유적·유물은 실제 사진을
보면서 눈에 익혀야
됩니다!

모르면

먹다가
체해요

1. 구석기

(1) 시기 : 약 70만 년 전

(2) 생활 모습

의식주	• 의 : 짐승 가죽 • 식 : 사냥 · 채집 · 어로 생활 • 주 : 동굴, 바위그늘, 강가 막집
사회	• 이동 생활, 무리 생활, 평등 사회
도구	• 뗀석기 : 주먹도끼, 찍개, 긁개, 밀개, 슴베찌르개 등
예술	• 고래, 물고기, 새를 새긴 조각품 ➡ 사냥감 번성 기원
대표 유적지	• 평양 상원 검은모루 동굴, 청원 두루봉 동굴, 연천 전곡리, 공주 석장리 등

 구석기 시대 유적지

▲ 주먹도끼

▲ 슴베찌르개

2. 신석기

(1) 시기 : B.C. 8000년 전

(2) 생활 모습

의식주	• 의 : 가락바퀴, 뼈바늘 ➡ 옷, 그물(원시적 수공업)
	• 식 ⌈ 농경 시작 : 밭농사 중심(조, 피, 수수) ➡ 돌 농기구 사용
	       ⌊ 사냥 · 채집 · 어로 생활, 목축 시작
	• 주 ⌈ 강가나 해안가, 움집 거주 ➡ 정착생활
	       ⌊ 움집 형태 : 바닥 원형, 중앙에 화덕 위치

사회	• 혈연 중심 씨족 사회 : 부족사회, 족외혼, 평등 사회 • 신앙 : 애니미즘(정령 신앙), 토테미즘(동 · 식물 숭배), 샤머니즘 (무당과 주술 신봉), 영혼 · 조상 숭배
도구	• 간석기 : 돌도끼, 돌화살촉, 갈판, 갈돌, 농기구(돌괭이, 돌보 습, 낫 등) • 토기 : 이른 민무늬 토기, 덧무늬 토기, 빗살무늬 토기
예술	• 조개껍데기 가면, 치레걸이, 짐승 뼈나 이빨로 만든 장신구
대표 유적지	• 서울 암사동, 부산 동삼동, 강원 양양 오산리, 제주 고산리 등

신석기 시대 유적지

😊 **움집의 구조와 명칭**

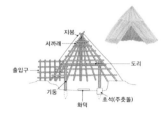

의 시험 전에 꼭 맛봐야 하는

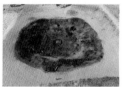

▲ 강원 양양 지경리 집터   ▲ 덧무늬 토기   ▲ 빗살무늬 토기

▲ 조개껍데기 가면&치레걸이   ▲ 가락 바퀴   ▲ 간석기

3. 청동기

(1) 시기 : B.C. 2000년경 ~ B.C. 1500년경

(2) 생활 모습

의식주	• 식 ┌ 벼농사 시작, 돌로 된 농기구 사용
	└ 사냥, 어로 생활 ➡ 비중 약화
	• 주 ┌ 산간, 구릉 지대에 거주
	└ 움집 형태 : 지상 가옥화, 화덕은 벽으로 이동, 주춧돌 사용
사회	• 계급 사회 : 농경 발달 ➡ 잉여 생산물 발생 ➡ 사유 재산 발생 ➡ 빈부 차이 ➡ 계급 분화, 성 역할 분화
	• 족장(군장) 출현, 선민의식 등장(천손 사상)
	• 전문 장인 출현
도구	• 고분 : 고인돌, 돌널무덤
	• 청동기 : 비파형 동검, 청동 방울, 거친무늬 거울 등
	• 토기 : 미송리식 토기, 민무늬 토기, 붉은 간 토기
	• 농기구 : 반달 돌칼, 홈자귀, 돌괭이, 돌도끼 등
예술	• 바위그림(암각화)
	┌ 울산 울주 대곡리 반구대 : 사냥과 어로 성공, 풍성한 수확 기원
	└ 고령 양전동 일대 : 동심원 등 기하학적 문양, 태양 상징

윤세프의 시험 전에 꼭 맛봐야 하는

▲ 청동기 시대의 집터

▲ 반달 돌칼

▲ 비파형 동검

▲ 거친무늬 거울

▲ 농경무늬가 새겨진 청동기

▲ 청동 방울

▲ 미송리식 토기

▲ 민무늬 토기

▲ 고인돌

▲ 울주 대곡리 반구대 암각화

▲ 고령 장기리 암각화

▲ 부여 송곡리 돌널무덤

4. 철기 시대

(1) 시기 : B.C. 5세기경 보급 ➡ B.C. 1세기경 일반화

(2) 생활 모습

특징	• 철기 사용 : 철제 무기, 철제 농기구 ➡ 생산력 발달 • 청동기의 의기화 : 의식용 · 제사용 • 청동기 문화의 독자적 발전 : 잔무늬 거울, 세형동검, 거푸집
사회	• 철기 사용 ➡ 정복전쟁의 활발, 농업 생산력 급증, 인구 증가 ➡ 연맹 왕국 등장
문화	• 중국과 활발한 교역 : 명도전, 반량전, 오수전, 경남 창원 다호리의 붓(한자 사용)
도구	• 토기 : 민무늬 토기, 덧띠 토기, 검은 간토기 • 무덤 : 널무덤, 독무덤

코알랄라의
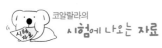

독자적인 청동기 문화의 발전

▲세형동검　　▲잔무늬 거울　　▲거푸집

중국과 활발한 교류의 증거

▲명도전　　▲오수전　　▲반량전　　▲다호리 붓

무덤

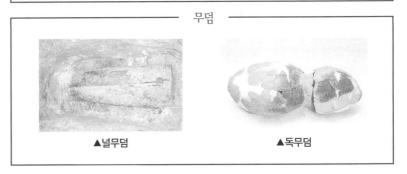

▲널무덤　　▲독무덤

달콤쌉쌀 디저트

01 🐨 기출문제

25회 중급 1번

밑줄 그은 '이 시대'의 생활 모습으로 옳은 것은?

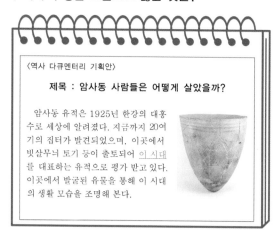

〈역사 다큐멘터리 기획안〉

제목 : 암사동 사람들은 어떻게 살았을까?

암사동 유적은 1925년 한강의 대홍수로 세상에 알려졌다. 지금까지 20여 기의 집터가 발견되었으며, 이곳에서 빗살무늬 토기 등이 출토되어 이 시대를 대표하는 유적으로 평가 받고 있다. 이곳에서 발굴된 유물을 통해 이 시대의 생활 모습을 조명해 본다.

① 갈판과 갈돌로 곡식을 갈았다.
② 주로 동굴이나 막집에서 살았다.
③ 거푸집으로 청동 거울을 제작하였다.
④ 명도전을 사용하여 중국과 교류하였다.
⑤ 철제 농기구를 사용하여 농사를 지었다.

02

다음 유적이 처음 만들어진 시대의 사회 모습으로 옳은 것은?

○○○사진전

◎기간: 2014년 ○○월 ○○일~○○일
◎장소: △△ 박물관

① 이동 생활을 하였다.
② 고인돌이 제작되었다.
③ 간석기가 주로 이용되었다.
④ 계급이 없는 평등사회였다.
⑤ 돌무지 덧널무덤이 만들어졌다.

01. ①

제시된 자료의 암사동은 신석기의 대표적인 유적지이며, 빗살무늬 토기는 신석기를 대표하는 토기이다.
① 신석기 시대에는 갈판과 갈돌과 같은 간석기를 사용하였다.
② 구석기 시대에는 주로 동굴이나 막집에서 살았다.
③ 초기 철기 시대에는 거푸집으로 청동 거울을 제작하였다.
④ 초기 철기 시대에 사용된 명도전은 중국 계통의 철기가 유입되면서 들어왔으며, 중국과의 교류가 활발했음을 알 수 있다.
⑤ 초기 철기 시대에 철제 농기구를 사용하여 농사를 짓기 시작하였다.

02. ②

제시된 미송리식 토기와 반달 돌칼은 청동기 시대에 제작되어 사용되었다.
② 고인돌은 청동기 시대에 만들어졌다.
① 구석기 시대에는 이동 생활을 하였다.
③ 신석기 시대에 간석기를 만들어 사용하였다.
④ 계급이 없는 평등사회는 구석기와 신석기 시대이다.
⑤ 돌무지 덧널무덤은 신라 시대에 만들어졌다.

03.③

제시된 충남 공주 석장리는 대표적인 구석기 유적지이며, 주먹도끼는 구석기에 사용되었다.

③ 구석기 시대에는 주로 동굴이나 막집에서 살았다.

① 신석기와 청동기 시대에는 돌로 만든 농기구로 농사를 지었다.

② 청동기 시대에는 비파형 동검을 제작하여 사용하였다.

④ 청동기 시대에는 반달 돌칼을 사용하여 벼를 수확하였다.

⑤ 신석기 시대에 애니미즘과 같은 원시 신앙이 발생하였다.

03

다음 유물을 제작하여 사용한 사람들의 생활 모습으로 옳은 것은?

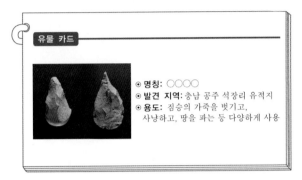

유물 카드

● 명칭: ○○○○
● 발견 지역: 충남 공주 석장리 유적지
● 용도: 짐승의 가죽을 벗기고, 사냥하고, 땅을 파는 등 다양하게 사용

① 돌로 만든 농기구로 농사를 지었다.
② 비파형 동검을 제작하여 사용하였다.
③ 주로 동굴이나 막집에서 살았다.
④ 반달 돌칼을 사용하여 벼를 수확하였다.
⑤ 애니미즘과 같은 원시 신앙이 발생하였다.

04.②

제시된 자료는 초기 철기 시대에 한반도 안에서 독자적인 청동기 문화가 형성되었음을 설명하고 있다.

㉠ 한반도 안에서 청동기 문화가 독자적인 발전을 이루면서 비파형 동검에서 세형동검이 만들어졌다.

㉢ 거푸집은 한반도 안에서 청동기 문화가 독자적인 발전을 이루면서 토착화가 되었음을 보여준다.

㉡ 명도전은 중국의 화폐로 중국과의 활발한 교류를 보여준다.

㉣ 비파형 동검은 청동기 시대에 제작되었다.

04

㈎에 들어갈 유물로 옳은 것을 〈보기〉에서 고른 것은?

철기 신문

제△△호   ○○○년 ○○월 ○○일

기원전 5세기에 접어들면서 우리나라에서는 철기를 사용하기 시작하였다. 그 이후 철기의 사용과 함께 청동기 문화는 더욱 발전하여 한반도 안에서 독자적인 발전을 이룰 수 있었는데, ㈎의 유물을 통해 알 수 있다.

〈보기〉

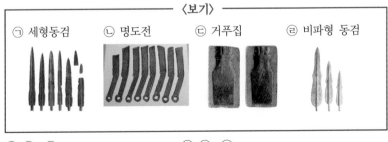

㉠ 세형동검   ㉡ 명도전   ㉢ 거푸집   ㉣ 비파형 동검

① ㉠, ㉡   ② ㉠, ㉢
③ ㉡, ㉢   ④ ㉡, ㉣
⑤ ㉢, ㉣

고조선과 여러 나라의 성장 02

은쌤의 은밀한 시험포인트

무료강의

이 단원에서 고조선은 어떤 형태로 요리가 만들어져 나와?

고조선은 딱 4가지 반찬으로만 출제가 돼

고조선 반찬가게

단군신화 의미

고조선 세력 범위를 보여주는 유물

고조선 8조법의 의미

위만 조선의 성장과 멸망

고조선 이후에 등장하는 많은 초기 철기 국가는 어떻게 먹어야 안 틀리나요?

먼저 지도에서 각 나라의 위치를 정확하게 파악한 후 각 나라가 가진 고유한 풍습이나 제도 등을 알아두면 퍼펙트합니다.

부여

고구려

옥저

동예

진한

마한

변한

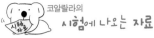

코알라칼라의
시험에 나오는 자료

1. 고조선의 건국과 성장

(1) 고조선의 건국(B.C. 2333)
우리나라 최초의 국가, 청동기 문화를 배경으로 건국

(2) 단군 신화
고조선 성립의 역사적 사실 반영(「삼국유사」, 「제왕운기」 등에 기록)

> 옛날 ①환인의 아들 환웅이 천부인 3개와 3천의 무리를 이끌고 태백산 신 단수(神檀樹) 밑에 내려왔는데 이곳을 신시(神市)라 하였다. 그는 ②풍백(風師), 우사(雨師), 운사(雲師)로 하여금 인간의 360여 가지 일을 주관하 게 하였는데 그 중에서 곡식, 생명, 질병, 형벌, 선악 등 다섯 가지 일이 가장 중요한 것이었다. 이로써 인간 세상을 교화시키고 ③인간을 널리 이 롭게 하였다. 이때 곰과 호랑이가 사람이 되기를 원하므로 환웅은 쑥과 마 늘을 주고 이것을 먹으면서 100일간 햇빛을 보지 않는다면 사람이 될 것이 라고 하였다. ④곰은 금기를 지켜 21일 만에 여자로 태어났고 환웅과 혼 인하여 아들을 낳았다. 이가 곧 ⑤단군왕검(檀君王儉)이었다.

① **선민 사상** : 하늘의 자손임을 내세워 자기 부족의 우월성을 강조하고, 지배를 정당화
② **농경 중시 사회 반영** : 풍백, 우사, 운사는 농경을 주관하는 날씨를 상징
③ **홍익인간의 통치 이념**
④ **토템 사상** : 곰을 숭배하는 부족과 환웅 부족의 연합(족외혼), 호랑이 를 숭배하는 부족은 배제
⑤ **제정일치 사회** : 단군은 제사장, 왕검은 정치적 지배자(군장)로 제정 일치 사회를 보여줌

(3) 고조선의 성장과 멸망

기원전 3세기 초	• 연맹 국가로 성장 ➡ 연의 침략 ➡ 영토 상실 ➡ 수도를 왕검성(평 양)으로 옮김 • 왕위의 부자 상속(부왕 ➡ 준왕) • 관직 설치 : 왕 아래 상, 경, 대부, 장군 등 설치

위만 조선(B.C. 194 ~ 108)	
집권	• 위만이 무리를 이끌고, 고조선에 망명 • 준왕을 몰아내고 왕위 차지
성장	• 철기의 본격적 수용 : 우세한 철제 무기로 주변 정복 • 중계 무역 : 중국의 한과 남방의 진의 직접 교역 차단
멸망	• 한의 침략 ➡ 1년간 항쟁 ➡ 지배층의 내분 ➡ 수도 왕검성 함락
멸망 이후	• 한은 일부 지역에 4개 군(낙랑·현도·진번·임둔)과 여러 현을 설치함 • 토착민의 강력한 저항 ➡ 법 조항이 60여 조로 확대

(4) 고조선의 세력 범위

랴오닝 지방을 중심으로 만주와 한반도 서북부 지역까지 진출 ➡ 비파형 동검, 탁자식 고인돌, 미송리식 토기의 분포를 통해 짐작할 수 있음

▲ 비파형 동검

▲ 미송리식 토기

▲ 탁자식 고인돌

(5) 고조선의 8조법

고조선의 8조법

① 살인자는 즉시 사형에 처한다.

➡ 개인의 노동력과 생명 중시, 사회 질서 엄격

② 남의 신체를 상해한 자는 곡물로써 보상한다.

➡ 사유재산 인정, 농경 사회

③ 남의 물건을 도둑질한 자는 소유주의 집에 잡혀 들어가 노예가 됨이 원칙이나, 배상하려는 자는 50만 전을 내놓아야 한다.

➡ 사유재산 인정, 노비 제도 인정(계급 사회), 화폐 사용

④ 여자는 모두 정조를 지키고 신용이 있어 음란하고 편벽된 짓을 하지 않는다.

➡ 남성 위주의 가부장적 사회

2. 여러 나라의 성장

(1) 부여 : 쑹화강 유역의 평야 지대

정치	• 5부족 연맹 왕국 : 왕은 중앙, 마가·우가·구가·저가는 사출도 지배
	• 왕권의 미약 : 가들이 왕을 추대, 흉년 시 왕을 문책
경제	• 농경과 목축 중심, 말·주옥·모피 등 생산
사회 풍습	• 순장 : 왕이 죽으면 많은 사람을 껴묻거리와 함께 묻음
	• 우제점법 : 소를 죽여 그 굽으로 점을 쳐서 길흉화복 예견
	• 형사취수제 : 형이 죽은 뒤에 동생이 형수와 결혼하여 함께 사는 제도
	• 1책 12법 : 도둑질한 자는 12배로 갚도록 함
	• 제천행사 : 12월 영고 ➡ 수렵 사회 전통 계승

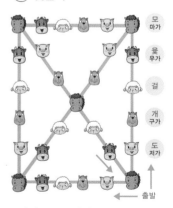

코알라라의
시험에 나오는 자료

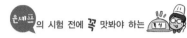

은셰프의 시험 전에 꼭 맛봐야 하는

「삼국지」 위서동이전에 나타난 부여의 모습

> 부여의 …… 정월에 지내는 제천행사는 국중 대회로 날마다 마시고 먹고 노래하고 춤추는데 그 이름은 영고라 한다. 이때는 형벌을 중단하고 죄수를 풀어 주었다. 국내에 있을 때 옷은 흰옷을 즐겨 입고 …… 외국에 나갈 때는 비단옷, 수놓은 옷, 모직 옷을 즐겨 입고 대인은 그 위에 모피 갖옷을 입고 금과 은으로 모자를 장식하였다. …… 형이 죽으면 형수를 아내로 삼는 풍습이 있다.

부여의 제천행사인 영고와 형사취수제의 풍습을 볼 수 있다.

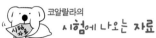

🐨 우리나라의 성장

(2) 고구려 : 동가강 유역 졸본 지방

정치	• 5부족 연맹 왕국 : 왕 아래 상가 · 고추가 등 대가 존재 • 제가회의 : 여러 가(加)들이 국가 중대사 논의
경제	• 산악 지대 위치 ➡ 약탈 경제, 부경(창고) 설치
사회 풍습	• 서옥제 : 남자가 혼인 후 처가에 살다가 남자 집으로 돌아감 • 조상신 숭배 : 주몽과 유화부인의 제사를 국가적 행사로 지냄 • 형사취수제, 1책 12법 • 제천행사 : 10월 동맹(국동대혈에서 지냄)

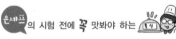

은셰프의 시험 전에 꼭 맛봐야 하는

「삼국지」 위서동이전에 나타난 고구려의 모습

> 고구려는 환도 아래 도읍하였는데 …… 좋은 땅이 없어 부지런히 농사를 지어도 식량이 넉넉하지 못하다. …… 부여의 별종이라 하는데 말이나 풍속 따위는 비슷하지만, 기질이나 옷차림이 다르다. 집집이 창고가 있는데 이름을 부경이라 한다. …… 길을 걸을 때는 모두 달음박질한다. 10월에 열리는 제천행사는 동맹이라 한다. …… 혼인할 때는 말로 미리 정하고 신부 집 뒤편에 작은 별채를 짓는데 이를 서옥(사위집)이라 한다. 신랑이 신부 부모에게 무릎을 꿇고 결혼을 청하면 이를 허락하고 돈과 폐백은 곁에 쌓아둔다. 아들을 낳아 장성하면 아내의 집으로 데리고 간다.

고구려의 제천행사인 동맹과 생활 풍습인 서옥제를 볼 수 있다. 고구려의 제천행사인 동맹과 생활 풍습이 서옥제를 볼 수 있다. 특히 고구려의 서옥제는 일종의 데릴사위제로, 남자가 혼인을 한 뒤 일정기간 처가살이를 하다가 남자 집으로 돌아와 사는 혼인풍속이다. 처가살이는 사위가 신부를 데려오는 대가로 노동력을 봉사하는 의미를 지니기도 한다.

🐨 국동대혈

• 왕과 신하들이 국동대혈에서 함께 제사를 지냈다.

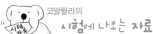

(3) 옥저와 동예 : 함경도와 강원도의 동해안

	옥저	동예
정치	• 왕이 없고, 군장(읍군, 삼로)이 다스림 • 연맹 왕국으로 성장하지 못함 ➡ 고구려에 예속	
경제	• 해산물이 풍부 • 토지 비옥, 농경 발달	• 단궁(활), 과하마, 반어피 등 생산 • 방직 기술 발달(명주, 삼베)
사회 풍습	• 민며느리제 : 여자가 남자 집에 미리 가서 살다가 결혼 • 가족공동무덤(=골장제) : 가족이 죽으면 시체를 가매장했다가 나중에 그 뼈를 추려 무덤에 안치	• 책화 : 다른 읍락을 침범할 경우 노비나 소, 말 등으로 배상 • 족외혼 • 제천행사 : 10월 무천 • 동예가 있었던 지역에서 철(凸)자형 집터와 여자(呂)형 집터가 발견

▲ 동예의 철자(凸)형 집터

▲ 동예의 여자(呂)형 집터

윤세프의 시험 전에 꼭 맛봐야 하는

「삼국지」 위서동이전에 나타난 옥저와 동예의 모습

• 옥저는 고구려 개마대산 동쪽에 있다. 동쪽은 넓은 바다에 맞닿아 있으며 …… 동서로는 좁고 남북으로는 길어 사방 천 리의 절반쯤 된다. …… 왕은 없으며 읍락마다 대를 잇는 우두머리가 있다. …… 여자 나이 10살이 되기 전에 혼인을 약속한다. 신랑 집에서는 여자를 맞이하였다 클 때까지 길러 아내로 삼는다. 여자가 어른이 되면 친정으로 보낸다.
• 동예는 산천을 중요시하여 함부로 들어가지 않고 동성끼리 혼인하지 않는다. …… 해마다 10월이면 하늘에 제사를 지내는데, 무천이라 한다. 부락을 함부로 침범하면 노비와 소, 말을 변상한다. 이를 책화라고 한다.

옥저의 생활 풍습인 민며느리제와 동예의 제천행사인 무천, 생활 풍습인 족외혼과 책화를 볼 수 있다.

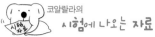
(4) 삼한 : 마한, 진한, 변한

정치	• 한반도 토착 세력과 고조선 유이민 세력의 남하를 계기로 삼한 성립 • 마한 : 54개 소국으로 구성, 목지국 지배자가 삼한을 대표함 • 진한과 변한 : 각각 12개 소국으로 구성 • 제정 분리 사회 　┌ 군장(신지, 견지, 부례, 읍차)이 각 소국 통치 　└ 천군이 소도(신성구역)에 머무르며 종교 의식 주관
경제	• 벼농사 중심 농업 ➡ 저수지 발달, 철제 농기구 사용, 두레(공동 노동) • 변한 : 철 생산 및 수출(낙랑, 왜), 철을 화폐처럼 사용
사회 풍습	• 제천행사 : 5월 수릿날(단오), 10월 계절제(추석)

▲ 마한 주구묘

▲ 마한 토실

의 시험 전에 꼭 맛봐야 하는

「삼국지」 위서동이전에 나타난 삼한의 모습

> 이 나라에 각각 장수(長帥)가 있는데, 세력이 큰 자를 신지라 부르고, 그 다음가는 자를 읍차라고 한다. …… 삼한은 국읍마다 한 사람씩을 세워 천신에 대한 제사를 주관하게 하는데 이를 천군이라 한다. 또 이들 여러 고을에는 각각 특정한 별읍이 있었으며, 그곳을 소도라 이름하였다. 소도에는 큰 나무를 세우고 방울과 북을 매달아 귀신을 섬긴다. 도망하여 그 안으로 들어온 사람은 누구든 돌려보내지 아니한다. …… 해마다 5월이면 씨 뿌리기를 마치고 제사를 지낸다. …… 10월에 농사일을 마치고도 이렇게 한다.

삼한은 제사장(천군)이 농경과 종교에 대한 의례를 신성 지역인 소도에서 주관하였고, 정치적 지배자인 군장의 세력이 미치지 못하였다. 이는 제정 분리 사회임을 보여주는 것이다.

01 25회 중급 5번

기출문제

(가) 나라에 대한 설명으로 옳지 않은 것은?

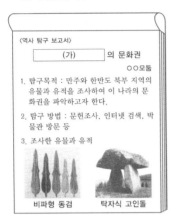

〈역사 탐구 보고서〉

[(가)   ]의 문화권

○○모둠

1. 탐구목적 : 만주와 한반도 북부 지역의 유물과 유적을 조사하여 이 나라의 문화권을 파악하고자 한다.
2. 탐구 방법 : 문헌조사, 인터넷 검색, 박물관 방문 등
3. 조사한 유물과 유적

비파형 동검   탁자식 고인돌

① 옥저와 동예를 정복하였다.
② 한의 침략으로 멸망하였다.
③ 청동기 문화를 바탕으로 건국되었다.
④ 8조법을 만들어 사회 질서를 유지하였다.
⑤ 한과 진국 사이에서 중계 무역으로 이익을 얻었다.

02

(가) 국가에 대한 설명으로 옳은 것을 〈보기〉에서 고른 것은?

위만은 준왕의 신임을 받아 서쪽 경계를 수비하였다. 이후 위만은 왕검성을 침입하여 준왕을 몰아내고 스스로 왕이 되면서 __(가)__ 가 성립되면서 많은 모습이 변화하게 된다.

〈보기〉

㉠ 인재 양성을 위해 태학이 설립되었다.
㉡ 본격적인 철기의 수용으로 생산력이 향상되었다.
㉢ 남의 물건을 훔쳤을 때는 12배로 갚는 법이 있었다.
㉣ 한과 진국 사이에서 중계 무역이 활발하게 이루어져 많은 이익을 얻었다.

① ㉠, ㉡   ② ㉠, ㉢
③ ㉡, ㉢   ④ ㉡, ㉣
⑤ ㉢, ㉣

01.①

고조선의 세력 범위와 제시문에서 제시된 비파형 동검과 탁자식 고인돌의 출토 지역이 일치하여 고조선이 만주 요령 지방을 중심으로 한반도 대동강 유역까지 영향력을 끼쳤음을 알 수 있다.
① 옥저와 동예를 정복한 나라는 고구려이다.
② 고조선의 한 무제의 침략으로 멸망하였다.
③ 고조선은 청동기 문화를 바탕으로 건국되었다.
④ 고조선은 8조법을 만들어 사회 질서를 유지하였다.
⑤ 위만 조선은 한과 진국 사이에서 중계 무역을 통해 많은 이익을 얻었다.

02.④

제시문의 (가)는 위만 조선이다.
㉡ 위만 조선은 본격적인 철기의 수용으로 생산력이 향상되었고, 정복활동을 펼쳤다.
㉣ 위만 조선은 중국의 한과 한반도 남부의 진국 사이에서 중계 무역을 통해 많은 이익을 얻었다.
㉠ 고구려의 소수림왕은 인재 양성을 위해 태학을 설립하였다.
㉢ 부여와 고구려는 남의 물건을 훔쳤을 때 12배로 갚는 1책 12법이 있었다.

03

다음의 결혼 제도가 실시된 나라를 지도에서 옳게 찾은 것은?

이 나라에서는 여자 나이 10살이 되기 전에 혼인을 약속한다. 신랑 집에
서는 여자를 맞이하였다 클 때까지 길러 아내로 삼는다. 여자가 어른이
되면 친정으로 보낸다.

① (가)   ② (나)

③ (다)   ④ (라)

⑤ (마)

04

(가), (나) 나라에 대한 설명으로 옳은 것은?

① (가) – 천신에 제사를 지내는 소도가 있었다.

② (가) – 영고라는 제천행사가 있었다.

③ (나) – 책화라는 풍습이 있었다.

④ (나) – 민며느리제라는 혼인 풍습이 있었다.

⑤ (가), (나) – 마가, 우가, 저가, 구가가 사출도를 지배하였다.

고대 삼국의 형성과 전개 03

은쌤의 은밀한 **시험포인트**

무료강의

이 단원에서는 제대로 맛을 느끼는 것이 엄청 힘들다면서...

그렇기 때문에 삼국의 전성기 세력 지도와 함께 이를 이끈 주요 왕을 중심으로 업적을 정리한 후 나머지 왕들을 정리하면 참 맛을 느낄 수 있지.

고구려

광개토대왕 장수왕

백제

근초고왕 성왕

신라

법흥왕 진흥왕

그래도 왕들이 너무 많아서 어떻게 먹어야 될지 모르겠는데...

왕들이 어떤 정책을 시행할 수밖에 없었던 이유를 안다면 단순 암기로 먹지 않아도 되는데.

이건 특별히

무료 샘플 강의를 서비스로 제공해 드리겠습니다.

핵심개념 한상 차리기

1. 고대 국가의 성립(중앙 집권 국가로의 발전 과정)

연맹 왕국		중앙 집권 국가
• 선출된 왕과는 별도로 족장이 자기 부족을 독자적으로 지배 ➡ 왕권이 미약함	▶ 왕위의 부자 상속 확립 ▶ 율령 반포 ▶ 불교 수용 ▶ 활발한 정복 활동	• 왕권 강화 • 족장의 중앙 귀족화 ➡ 부족의 독자성 해체 ➡ 왕권에 복속됨

2. 고구려의 성장과 발전

(1) 건국(B.C. 37)

주몽이 이끈 부여 계통 유이민과 압록강 토착민이 결합하여 졸본에서 건국

(2) 국가 체제 정비

1세기 후반	태조왕	• 계루부 고씨의 왕위 세습 확립 • 옥저 · 동예 정복, 요동 지방으로 진출
2세기	고국천왕	• 왕위의 부자 상속 확립, 행정구역적 성격으로 5부 개편 • 진대법 시행(을파소 건의)
3세기	동천왕	• 위나라 관구검의 공격을 받아 위축
4세기	미천왕	• 중국의 낙랑군을 몰아냄(대동강 유역 확보, 요동 지역으로 진출
	고국원왕	• 중국 전연의 침략(국내성 함락) • 백제 근초고왕의 침략으로 전사함
	소수림왕	• 불교 수용, 율령 반포, 태학 설치 ➡ 중앙 집권 체제 완성

(3) 고구려의 전성기

5세기 고구려 전성기

5세기	광개토 대왕	• 정복 활동 ⎡ 백제를 공격하여 한강 이북 점령 ⎜ 요동 지역 확보(후연), 만주 일대 확보(부여, 숙신 등) ⎣ 신라에 침입한 왜군 격퇴 ➡ 신라에 대한 영향력 확대 • '영락' 연호 사용, 스스로 '태왕', '성왕'이라 부르게 함
	장수왕	• 남진 정책 : 국내성에서 평양으로 천도(427) ⎡ 백제와 신라는 나 · 제 동맹으로 고구려의 남진 견제 ⎜ 한강 이남까지 진출 : 백제 한성 점령(웅진 천도), 백제의 개로왕 전사 ⎣ 충주(중원)고구려비 건립 • 외교 정책 : 분열된 중국 남북조와 각각 교류 • 광개토대왕릉비 건립

은쌤프의 시험 전에 꼭 맛봐야 하는

* 경주 호우총에서 발견
* 광개토대왕의 3년상 행사에 쓰였던 제사 용기로 추정 ➡ 고구려가 신라에 영향력을 행사하였음을 알 수 있음

▲호우명 그릇

3. 백제의 성장과 발전

(1) 건국(B.C. 18)

부여 · 고구려 계통 유이민(온조)과 한강 유역 토착민이 결합하여 위례성에 건국

은쌤프의 시험 전에 꼭 맛봐야 하는

백제 건국 세력이 고구려 이주민 세력이라는 근거

▲고구려 장군총   ▲서울 석촌동 고분

백제 초기 무덤이 고구려의 돌무지무덤을 닮은 것은 백제 건국 중심 세력이 고구려와 같은 계통의 집단임을 나타내는 증거이다.

(2) 백제의 성장

3세기	고이왕	• 중앙 집권 국가의 기틀 마련 ┌ 관등제 정비(6좌평, 16관등), 공복 제정, 율령 반포 └ 목지국 병합 ➡ 한반도 중부 지역 확보
4세기	근초고왕 (전성기)	• 왕위의 부자 상속, 고흥이 「서기」 편찬 • 정복 활동 : 마한 완전 정복, 고구려 평양성 공격(고국원왕 전사) • 백제 중심의 해상 교역권 확립 : 중국 남조의 동진과 국교, 중국 요서 지방과 일본 규슈 지방 진출, 왜에 칠지도 하사
	침류왕	• 불교 수용(중국 동진)
5세기	비유왕	• 신라의 눌지왕과 나 · 제 동맹 체결

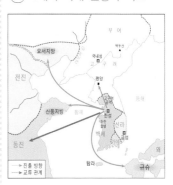

(3) 백제의 위기와 중흥

① 위기 : 고구려 장수왕의 남진 정책으로 한강 유역을 빼앗긴 후 웅진으로 천도(문주왕) ➡ 귀족 간 세력 잦은 세력 다툼, 왕권 약화

② 중흥

5세기 말 ~ 6세기	**동성왕**	• 신라와 결혼 동맹
	무령왕	• 지방에 22담로 설치 ➡ 왕족 파견하여 지방 통제 • 중국 남조의 양과 교류 강화 ➡ 무령왕릉을 통해 알 수 있음
	성왕	• 사비(부여)로 수도 천도(538), '남부여'로 국호 변경 • 중앙에 22개 실무 관청 설치, 행정구역 정비(수도 5부, 지방 5방) • 신라와 연합하여 한강 하류 일시적 회복 ➡ 신라의 배신으로 다시 상실 ➡ 관산성 전투에서 전사 • 중국 남조와 활발한 교류, 일본에 불교 전파

4. 신라의 성장과 발전

(1) 건국(B.C. 57)

경주 토착민(박혁거세)과 고조선의 유이민이 결합하여 6촌을 형성하여 사로국에서 출발

의 시험 전에 꼭 맛봐야 하는

신라의 왕호 변천

거서간		차차웅		이사금		마립간		왕
군장 (혁거세)	➡	제사장 (남해)	➡	연장자 (유리)	➡	대군장 (내물)	➡	지증왕 때부터 사용

신라에서는 왕의 칭호가 거서간, 차차웅, 이사금, 마립간, 왕으로 바뀌었다. 통치 체제가 정비되고 왕권이 강화되면서 지증왕 때에는 '왕'이라는 칭호를 사용하였다.

(2) 국가 기틀 마련

4세기 말	내물왕	• 김씨의 왕위 세습 확립, '마립간'를 왕호로 사용 • 낙동강 동쪽의 진한 지역 장악 • 고구려의 도움으로 왜 격퇴 ➡ 고구려의 정치적 간섭을 받음
5세기	눌지왕	• 백제의 비유왕과 나·제 동맹 체결

(3) 국가 체제 정비와 전성기

6세기	지증왕	• 국호를 '신라', 왕호를 '왕'으로 고침 • 수도와 지방의 행정구역 정비, 우경 보급, 동시전 설치 • 이사부 장군을 통해 우산국(울릉도) 복속
	법흥왕	• 체제 정비 ┌ 율령 반포, 불교 공인, 관등 정비(17관등), 공복 제정 └ 상대등·병부 설치, 골품제 정비, '건원' 연호 사용 • 금관가야 정복(532)
	진흥왕	• 화랑도를 국가적인 조직으로 정비, 거칠부가 「국사」 편찬 • 백제를 배신하고 한강 유역 독점(당항성 축조) ➡ 관산성 전투 승리(백제의 성왕 전사) • 대가야 정복(562), 원산만 일대(함경도) 진출 • 단양 신라 적성비와 4개의 순수비(북한산비, 창녕비, 황초령비, 마운령비)건립

코알랄라의
시험에 나오는 자료

6세기 신라 전성기 지도

의 시험 전에 맛봐야 하는

삼국의 체제 정비

구분	고구려	백제	신라
관등(수상)	14관등(대대로)	16관등(상좌평)	17관등(상대등)
귀족 합의제	제가 회의	정사암 회의	화백 회의
지방 행정	수도 5부, 지방 5부	수도 5부, 지방 5방	수도 6부, 지방 5주

삼국의 귀족 회의

• (고구려) 모든 대가들 또한 자체적으로 사자, 조의, 선인을 두는데 그 명단은 왕에게 보고한다. …… 감옥이 없고 범죄자가 있으면 제가들이 모여서 의논하여 사형에 처하고 처자는 몰수하여 노비로 삼는다.　- 삼국지 위서 동이전 -
• (백제) 나라에서 재상을 뽑을 때 후보 이름을 서너 명 써서 상자에 넣어 봉해서 바위 위에 두었다가 얼마 뒤 열어보고 이름 위에 인(印)이 찍혀 있는 사람을 재상으로 삼았다. 그래서 정사암이라 하였다.　- 삼국유사 -
• (신라) 큰 일이 있을 때에는 반드시 여러 사람의 의견을 따른다. 이를 화백이라 하는데 한 사람이라도 이의가 있으면 통과되지 못하였다.　- 신당서 -

고구려의 제가 회의, 백제의 정사암 회의, 신라의 화백 회의에서 귀족들은 국가의 중대사를 의논하고 귀족들의 대표를 뽑았다. 삼국은 중앙 집권 체제를 정비하면서 왕권을 강화하고 부족장 세력을 중앙 귀족으로 편입하였으나 귀족들은 이러한 회의를 통해 왕권을 견제할 수 있었다.

가야 연맹의 세력 지도

5. 가야 연맹의 성립과 발전

(1) 건국

변한을 계승, 낙동강 일대 금관가야와 대가야 등 여러 나라가 연합하여 세운 연맹체 ➡ 고대 국가로 발전하지 못함

(2) 발전 과정

① 초기 : 금관가야(김해) 주도
- 전기 가야 연맹 주도, 김수로가 건국
- 농업 발달, 풍부한 철을 바탕으로 성장, 덩이쇠는 화폐처럼 사용하기도 함
- 해상 활동에 유리한 입지 조건 ➡ 낙랑과 왜 사이에 중계 무역
- 고구려 광개토대왕의 침략으로 연맹의 주도권 상실
- 대표 유적지 : 김해 대성동 고분군(왕과 왕족 무덤)
- 건국과 관련된 김수로왕 설화가 삼국유사의 가락국기에서 전해짐

② 후기 : 대가야(고령) 주도
- 5세기 이후 후기 가야 연맹 주도
- 질 좋은 철 생산과 좋은 농업 입지를 바탕으로 성장

(3) 멸망

신라의 의해 금관가야(법흥왕, 532), 대가야(진흥왕, 562)에 멸망 ➡ 가야 연맹 해체

(4) 가야의 유적

▲판갑옷(김해 출토)　　▲금동관(고령 출토)　　▲수레 토기

가야의 유적으로 철로 만든 말 머리 가리개, 철제 갑옷 등이 많이 출토되었다. 이를 통해 가야의 철기 문화가 높은 수준이었음을 알 수 있다.

은세쯤의 시험 전에 꼭 맛봐야 하는

김수로 탄생 설화

> 옛날부터 아홉 간(구간)들이 추장으로서 백성을 다스리고 있었는데, 북쪽 구지에서 나는 이상한 소리가 지시하는 대로 구간들은 <구지가>를 부르면서 춤을 추었고, 하늘에서 자줏빛 끈이 내려왔다. 그 아래 붉은 천이 덮인 금빛 상자가 있어 열어보니 황금알 여섯 개가 들어 있었다. 열이틀 뒤에 여섯 개의 알이 모두 동자로 변하였고, 그리고 열흘이 지나니 동자들은 모두 어른이 되었고, 보름날에 즉위했다. 처음 사람으로 변한 이의 이름을 수로라 했고 나라는 대가락 혹은 가야국이라 했으니, 여섯 가야 가운데 하나다. 나머지 다섯 사람들도 다섯 가야의 임금이 되었다.

금관가야의 시조인 김수로의 탄생 설화는 「삼국유사」에 실린 가야의 건국신화인 제2권 기이편 가락국기조에 기록되어 있다.

디저트

01 기출문제

지도의 비석을 세운 왕의 업적으로 옳은 것은?

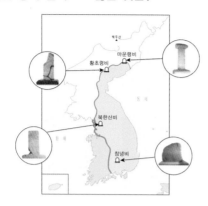

① 경주에 동시전을 설치하였다.
② 금관가야를 복속해 영토를 확장하였다.
③ 화랑도를 국가적인 조직으로 정비하였다.
④ 군사 조직을 9서당과 10정으로 편성하였다.
⑤ 김흠돌의 난을 진압하고 왕권을 강화하였다.

02

(가)에 들어갈 내용으로 옳은 것은?

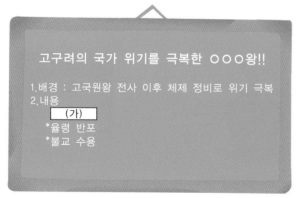

고구려의 국가 위기를 극복한 ○○○왕!!

1.배경 : 고국원왕 전사 이후 체제 정비로 위기 극복
2.내용
　　(가)
　*율령 반포
　*불교 수용

① 평양 천도
② 태학 설립
③ 진대법 시행
④ 영락 연호 사용
⑤ 충주 고구려비 건립

01.③

제시된 4개의 순수비는 진흥왕 자신이 이룬 정복 활동의 성과 과시 및 정복민의 통치이념을 알리기 위해 세운 것이다.
③ 진흥왕은 화랑도를 국가적인 조직으로 정비하였다.
① 신라의 지증왕의 업적이다.
② 신라의 법흥왕의 업적이다.
④ 신라의 신문왕의 업적이다.
⑤ 신라의 신문왕의 업적이다.

02.②

백제의 근초고왕에게 고구려의 고국원왕이 전사한 이후 즉위한 소수림왕은 율령 반포, 불교 공인, 태학 설립을 통해 체제 정비를 하였다.
② 소수림왕의 업적이다.
① 고구려 장수왕의 업적이다.
③ 고구려 고국천왕의 업적이다.
④ 고구려 광개토대왕의 업적이다.
⑤ 고구려 장수왕의 업적이다.

03.④

백제의 25대 왕은 무령왕이다. 무령왕릉은 중국 남조인 양나라의 양식을 모방하여 벽돌무덤의 형태이다.

④ 무령왕의 업적이다.

① 백제 비유왕과 신라 눌지왕은 나·제 동맹을 체결하였다.

② 백제 침류왕의 업적이다.

③ 백제 성왕의 업적이다.

⑤ 백제 근초고왕의 업적이다.

03

다음 기사에서 설명하고 있는 왕의 업적으로 옳은 것은?

백제 신문

제△△호　　　　　　　　　　　　○○○년 ○○월 ○○일

이번에 발견된 백제 제25대 왕의 무덤은 중국 양나라 양식을 모방하여 만든 벽돌무덤의 형태를 보이고 있습니다. 이 무덤에서는 누구의 무덤인지를 알려주는 묘지석 등 많은 유물이 발견되었습니다.

① 나·제 동맹을 체결하였다.

② 사상적 통합을 위해 불교를 공인하였다.

③ 사비로 천도하고 국호를 남부여로 하였다.

④ 지방에 22담로를 설치하고 왕족을 파견하였다.

⑤ 중국 요서 지방과 일본 규슈 지방으로 진출하였다.

04.③

제시된 유물을 통해 가야에 대해 묻고 있음을 알 수 있다.

③ 가야에 대한 내용이다.

① 백제 무령왕의 업적이다.

② 신라 내물왕의 업적이다.

④ 고구려 장수왕의 업적이다.

⑤ 신라 신문왕의 업적이다.

04

다음 전시실의 유물과 관련된 나라에 대한 설명으로 옳은 것은?

동진 박물관 1전시실
○○ 나라의 특별 유물전

〈김해에서 출토된 판갑옷〉

〈고령에서 출토된 금동관〉

① 지방에 22담로를 설치하였다.

② 김씨의 왕위 세습을 확립하였다.

③ 철을 낙랑과 왜 등에 수출하였다.

④ 수도를 국내성에서 평양성으로 옮겼다.

⑤ 녹읍을 폐지하고 관료전을 지급하였다.

05

다음 지도와 같은 형세를 이룬 시기의 고구려에 대한 사실로 옳은 것은?

① 위나라 관구검의 침입을 받았다.
② 신라에 침입한 왜구를 격퇴하였다.
③ 졸본에서 국내성으로 도읍을 옮겼다.
④ 빈민구제를 위해 진대법을 실시하였다.
⑤ 남한강 상류에 충주 고구려비를 건립하였다.

05.⑤

제시된 지도는 5세기 고구려의 전성기를 나타내고 있다. 장수왕의 남진 정책으로 한강 유역을 모두 장악한 이후의 모습이다.
⑤ 고구려 장수왕의 업적이다.
① 고구려 동천왕의 업적이다.
② 고구려 광개토대왕의 업적이다.
③ 고구려 유리왕의 업적이다.
④ 고구려 고국천왕의 업적이다.

06

다음 지도와 같은 형세를 이룬 시기의 백제에 대한 설명으로 옳은 것은?

① 지방에 22담로를 설치하였다.
② 관산성에서 신라에 패배하였다.
③ 수도를 웅진에서 사비로 천도하였다.
④ 장수왕의 공격으로 한강 유역을 빼앗겼다.
⑤ 평양성을 공격하여 고국원왕이 전사하였다.

06.⑤

제시된 지도는 4세기 백제의 전성기 지도이다. 근초고왕이 집권했을 시기를 말한다.
⑤ 근초고왕의 정복 활동의 결과이다.
① 백제 무령왕의 업적이다.
② 백제 성왕에 대한 내용이다.
③ 백제 성왕의 업적이다.
④ 백제 개로왕에 대한 내용이다.

07.③

제시된 대화를 통해 신라의 내물왕에 대해 말하고 있음을 알 수 있다.
③ 신라 내물왕의 업적이다.
① 신라 진흥왕의 업적이다.
② 신라 법흥왕의 업적이다.
④ 신라 법흥왕의 업적이다.
⑤ 신라 법흥왕의 업적이다.

07

밑줄 그은 '이 왕'의 재위 기간에 있었던 사실로 옳은 것은?

① 관산성 전투에서 승리를 거두었다.
② 이차돈의 순교로 불교를 공인하였다.
③ 김씨가 독점적으로 왕위를 세습하였다.
④ 건원이라는 독자적인 연호를 사용하였다.
⑤ 금관가야를 복속하여 영토를 확대하였다.

08.④

왕과 신하의 대화를 통해 신라의 진흥왕이 백제 성왕과의 약속을 어기고 한강 유역을 독점하자, 이에 대응하여 신라를 공격하는 모습을 볼 수 있다. 대화를 나누는 시점은 신라의 진흥왕이 한강 상류 지역에 이어 한강 하류 지역까지 다 차지한 이후이다.

08

다음 장면에 해당하는 시기를 연표에서 옳게 고른 것은?

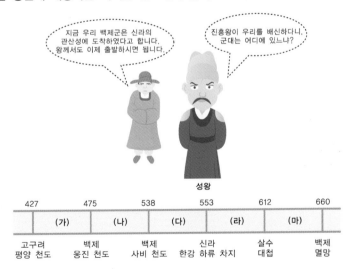

	427		475		538		553		612		660
		(가)		(나)		(다)		(라)		(마)	
	고구려 평양 천도		백제 웅진 천도		백제 사비 천도		신라 한강 하류 차지		살수 대첩		백제 멸망

① (가) 　　　　　② (나)
③ (다) 　　　　　④ (라)
⑤ (라)

통일 신라와 발해의 발전 04

은쌤의 은밀한 **시험포인트**

무료강의

이번 단원의 요리는 정확한 순서대로 먹어야 한다면서?

잘 알고 있네, 수·당 전쟁에서 신라의 삼국 통일까지는 큰 사건을 중심으로 시기 순으로 알아야 돼!

① 살수대첩

② 안시성 전투

③ 나당 동맹 결성

④ 백제 멸망 & 부흥 운동

⑤ 고구려 멸망 & 부흥 운동

⑥ 삼국 통일

그럼 신라의 삼국 통일 이후에도 순서대로 먹으면 되나요

NO!

통일 이후 신라 중대(중기)와 하대(말기)는 정치·사회·경제 분야의 차이점을 비교 분석하고,

먹고 싶어!

신라 중대(중기)

신라 하기

특히 신문왕은 꼭꼭 잘 정리해야 됩니다.

나?

발해는 시험에 나오는 4명의 왕 업적과 유물을 아는 것도 중요하지만,

고구려 계승의 증거를 모른다면 제대로 먹었다고 할 수 없어.

끄덕 끄덕

핵심개념 한상 차리기

1. 6세기 말~7세기 초 동아시아의 정세

남북 세력 (돌궐 – 고구려 – 백제 – 왜)		동서 세력 (신라 – 수 · 당)
• 고구려와 돌궐이 연합하여 수에 대항 • 백제는 왜와 고구려와 연합하여 신라에 맞섬	vs	• 수나라는 중국을 통일하고 고구려 압박 • 신라는 한강 유역 차지

2. 고구려와 수 · 당과의 전쟁

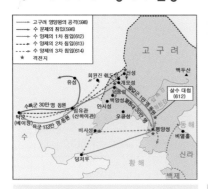

수와의 전쟁(598년~614년)

• 배경 : 수의 고구려 압박 ➡ 고구려 영양왕의 요서 지방 선제공격(598)
• 경과 : 수의 1차 침입(문제), 2차~4차 침입(양제) ➡ 실패
• 을지문덕의 살수대첩(612, 2차 침입)
  ┌ 수의 수군은 대동강에서 괴멸
  ├ 수의 113만 육군 요동성 공략 실패
  └ 30만 별동대 평양성 공격 ➡ 을지문덕에게 살수(청천강)에서 대패(살수대첩)
• 결과 : 수나라는 국력 소모와 내란으로 멸망 ➡ 당나라 건국

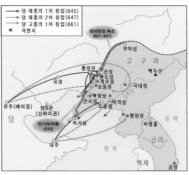

당과의 전쟁(644~668년)

• 배경 : 고구려의 대당 강경책(연개소문의 천리장성 축조)
• 경과 : 당나라의 1차~3차 침입
• 양만춘의 안시성 전투 승리(645, 1차 침입) ➡ 이후에도 수차례 침입했으나 실패
• 의의 : 중국의 한반도 침략 저지

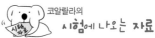 코알랄라의 시험에 나오는 자료

😊 6세기 말~7세기 초 동아시아의 정세

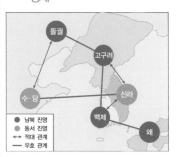

코알랄라의
시험에 나오는 자료

🐨 대한제국 교과서 초등학교 역
사에 삽화로 실린 조선시대
을지문덕 초상화

은제프의 시험 전에 **꼭** 맛봐야 하는 🔔 ....

을지문덕의 시

신묘한 계책은 천문을 꿰뚫어 볼 만하고
오묘한 전술은 땅의 이치를 모조리 알도다.
전쟁에 이겨서 공이 이미 높아졌으니
만족을 알거든 그만 돌아가시구려.

「삼국사기」

고구려 장군 을지문덕이 수나라 장군 우중문의 별동대를 유인하여 평양성 근처까지 끌어
들인 후 보낸 시이다. 이 시를 읽은 우중문은 을지문덕의 작전에 속은 것을 깨닫고 서둘
러 후퇴하다가 살수(청천강)에서 고구려 군에게 전멸당하였다.

3. 신라의 삼국 통일

(1) 신라의 삼국 통일 과정

🐨 백제와 고구려 부흥 운동

나·당 동맹 결성 (648)	• 백제 의자왕의 신라 공격 ➡ 신라 김춘추의 고구려 원병 요청 실패 ➡ 당에 구원 요청 성공 ➡ 나·당 연합 결성
백제의 멸망 (660)	• 나·당 연합군의 백제 공격 ➡ 황산벌 전투(신라-김유신, 백제-계백)에서 신라 승리(660) ➡ 사비성 함락(멸망)
백제 부흥 운동 (660~663)	• 흑치상지는 임존성에서, 복신과 도침은 주류성에서 왜에 있던 의자왕의 아들 왕자 풍을 내세워 부흥 운동 전개 • 백강(금강)전투에서 왜의 지원군이 합류하였지만, 나·당 연합군에 패배(663) • 지배층의 내분으로 부흥 운동은 실패하고, 많은 백제 유민들은 일본으로 망명하게 됨
고구려 멸망 (668)	• 고구려 혼란(연개소문 맏아들 남생이 당에 투항, 연개소문 동생의 신라 투항 등) ➡ 혼란을 틈타 나·당 연합군의 고구려 공격 ➡ 평양성 함락(멸망)

고구려 부흥 운동 (669~673)	• 고연무는 요동 지방(오골성)에서 당군과 싸웠으며, 검모잠은 보장왕의 아들인 안승을 추대하여 고구려 부흥 운동 전개 ➡ 안승이 검모잠을 죽이고 신라에 항복함으로써 부흥 운동 실패 • 신라는 당의 한반도 지배 욕심을 막기 위해 고구려 부흥 운동을 지원함 • 지배층 내분으로 부흥 운동은 실패하였지만, 발해 건국으로 고구려의 전통이 계승됨

코알랄라의
시험에 나오는 자료

 나 · 당 전쟁의 전개

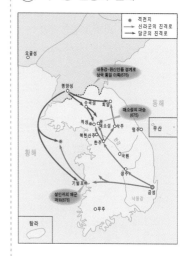

나 · 당 전쟁	• 배경 : 당의 한반도 지배 욕심 ➡ 웅진 도독부(백제) · 계림 도독부(신라) · 안동 도호부(고구려) 설치 • 매소성 전투(675) : 당의 20만 대군을 매소성에서 물리침 • 기벌포 전투(676) : 금강 하구 기벌포에서 당의 수군 격파 • 결과 : 당군을 평양의 안동 도호부에서 축출하고 삼국 통일 완성

삼국 통일의 한계 및 의의	• 한계 : 통일 과정에서 외세(당)를 이용, 대동강 이남으로 영토 한정 • 의의 : 최초의 민족 통일, 민족 문화 발전의 계기 마련

4. 통일 신라의 발전과 쇠퇴

(1) 신라 중기(중대)

무열왕	• 최초의 진골 출신 왕 ➡ 이후 무열왕계 직계 자손이 왕위 독점 • 백제를 멸망시키고, 삼국 통일의 기반을 마련 • 사정부 설치 : 관리들에 대한 감찰과 탄핵을 담당
문무왕	• 고구려 멸망시키고 나 · 당 전쟁 승리 ➡ 삼국 통일 이룩 • 외사정 파견(지방관의 비행을 감찰), 문무왕릉(수중릉)
신문왕	• 전제 왕권 강화 ┌ 김흠돌의 난을 진압하여 귀족 숙청, 6두품 출신 중용 ├ 관료들에게 관료전 지급, 녹읍 폐지 └ 만파식적 ➡ 왕권 강화를 상징 • 체제 정비 : 9주 5소경(지방 조직), 9서당 10정(군사 조직), 국학 설립
성덕왕	• 정전 지급 : 백성 가운데 정(丁)의 연령층에게 주어졌던 토지
경덕왕	• 녹읍 부활, 국학을 태학으로 개칭
혜공왕	• 96각간의 난 ➡ 왕위 계승 다툼의 효시, 왕권 약화

 문무왕릉(수중릉)

〈삼국사기〉에 의하면 문무왕은 죽으면서 불교식 장례에 따른 화장과, 동해에 묻으면 용이 되어 동해로 침입하는 왜구를 막겠다는 유언을 남겼다고 전해진다.

코알라랄라의
시험에 나오는 자료

🐨 통일 신라의 9주 5소경

🐨 신라 말의 사회 혼란

(2) 신라 중대의 새로운 제도 마련

① 중앙 정치
- 왕권 강화 : 집사부 중심 운영, 시중의 권한 강화
- 귀족 약화 : 상대등 권한 약화, 화백 회의 기능 축소
- 상수리 제도 : 지방 세력가를 일정 기간 경주에 머물게 함 ➡ 지방 세력 견제 목적

② 지방 행정
- 9주 : 전국을 9주로 나누고, 그 밑에 군(지방관이 통치)과 현(촌주가 관리)을 설치
- 5소경 : 수도 경주가 동남쪽에 치우친 점 보완, 지방 세력의 성장 감시

③ 군사 제도
- 중앙군 : 9서당 ➡ 수도·궁궐 담당, 민족 융합책(고구려·백제·말갈인 포함)
- 지방군 : 10정 ➡ 각 주에 1정씩 배치, 한주에는 2개의 정을 둠

(3) 신라 말기(하대)

① 중앙 : 귀족들의 왕위 다툼 심화
- 진골 귀족 : 왕위 쟁탈전 심화 ➡ 왕권 약화, 중앙 정부의 통제력 약화
- 6두품 : 관직 승진의 제한으로 불만(골품제 모순 비판), 당에 유학, 호족과 함께 새로운 사회 건설 추구
- 최치원(6두품)의 시무 10조 건의 ➡ 받아들여지지 않음(진성여왕)

② 지방 : 새로운 세력 등장, 신라 정부의 권위에 도전
- 지방 호족 : 스스로 성주·장군이라 칭함

  ┌ 출신 : 토착 촌주, 중앙에서 밀린 귀족, 군진 세력 출신 등
  ├ 기반 : 대농장, 군대 보유, 독자적 통치기구 마련, 지방 행정·군사 장악
  └ 특징 : 6두품 세력과 결탁, 선종 수용

- 농민 봉기 : 9세기 말 진성여왕 때 가장 극심

원인		대표 봉기		영향
• 국가 재정 궁핍 • 흉년 및 전염병 • 귀족, 지방 세력가의 수탈	⇨	• 원종·애노의 난 • 적고적의 난 • 양길, 기훤, 견훤 등	⇨	정부의 통제력 상실

- 지방 세력의 반란 ➡ 왕위 계승 다툼에 가담

  ┌ 김헌창의 난(822) : 웅주 도독 김헌창이 왕위 계승에 불만을 품고 반란을 일으키나 실패
  └ 장보고의 난(846) : 청해진에서 세력을 키워 해상무역에 크게 기여한 장보고가 왕위 쟁탈전에 가담하나 실패

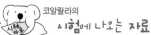

③ 새로운 사상의 유행

• 선종의 유행

┌ 성격 : 참선 수행, 정신 수양 등을 통한 해탈 강조
├ 특징 : 교종 중심의 전통적인 권위 부정, 개인주의적 성향
│   ➡ 지방 호족과 농민의 지지
└ 발전 : 선종 9산 선문 성립, 승탑 발전(화순 쌍봉사 철감선사탑)

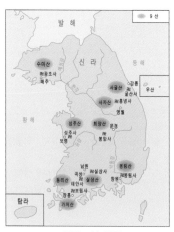

▲선종 9산 선문

▲화순 쌍봉사 철감선사탑
(선종의 유행과 관련)

• 풍수지리설

┌ 특징 : 신라 말 도선에 의해 보급, 지형에 따라 인간의 길흉화복이 정
│   해진다고 주장
├ 영향 : 경주 중심의 지리 개념에서 벗어남, 지방의 중요성 강조
└ 결과 : 호족의 환영, 신라 정부의 권위 약화, 새로운 국가 건설에 영향

• 유학 : 6두품에 의해 정치 사상으로 발전

(4) 후삼국의 성립

구분	후백제(900)	후고구려(901)
건국	• 군인 출신의 견훤 • 도읍 : 완산주(전주)	• 신라 왕족 출신의 궁예 • 도읍 : 송악(개성) ➡ 철원
기반 세력	• 황해안의 해상 세력과 농민군을 흡수	• 송악의 왕건 부자를 포함한 중부 지역의 호족들 흡수
세력 확대	• 점령지역 : 충청도, 전라도 일대 장악 • 중국, 일본과 활발한 외교 전개 • 막강한 군사력을 키워 신라 압박	• 점령지역 : 강원도, 경기도의 일부 지역 장악 • 중국·거란과 외교 관계 체결 • 철원으로 도읍 천도, 국호를 마진·태봉으로 변경 • 미륵불 자칭 ➡ 가혹한 통치

후삼국 시대

5. 발해의 성립과 발전

(1) 발해의 건국

① 건국 : 대조영이 고구려 유민과 말갈인을 이끌고 동모산 근처에서 건국
② 주민 구성 : 지배층은 소수의 고구려인, 피지배층은 다수의 말갈인으로 구성
③ 의의 : 고구려 계승 의식 표출, 남북국의 형세 이룸(유득공, 「발해고」)

 유득공의 발해고

> "부여씨(백제)가 망하고 고씨(고구려)가 망함에 이르러, 김씨(신라)가 남쪽을 소유하고 대씨(발해)가 북쪽을 소유하여 발해라 하였으니, 이것이 바로 남북국이다."
>
> 「발해고」

* 조선 후기 역사가 유득공이 남북 시대라는 용어를 처음으로 사용하였다.

의 시험 전에 꼭 맛봐야 하는

발해의 고구려 계승 의식

- 건국 주도 및 대다수 지배층이 고구려인('대', '고' 씨)
- 일본에 보낸 외교 문서 : '고려', '고려 왕'이라 칭함
- 고구려 문화 계승 : 발해 석등, 연꽃무늬 기와, 정혜 공주 묘(굴식 돌방무덤, 모줄임 천장구조), 이불병좌상, 온돌 등
- 당 문화 수용 : 당의 3성 6부제 수용, 정효 공주 묘의 벽돌무덤 양식, 발해의 상경성 구조(당의 장안성 모방), 영광탑 등

 발해의 영역 지도

● 발해의 5경

(2) 발해의 성장

대조영	• 동모산에 건국, '천통' 연호 사용

무왕
(대무예)
	• '인안' 연호 사용
	• 대외 활동
	  ┌ 만주 북부 지역과 연해주 지역 장악
	  └ 당과 대립 : 요서 지역에서 당과 격돌, 장문휴로 하여금 산둥반도(등주) 공격
	• 외교 활동 : 당과 신라 견제, 돌궐·일본과 친선 ➡ 동북아시아의 세력 균형 유지

문왕 (대문왕)	• '대흥' 연호 사용 • 당과 친선 관계 : 당 문물과 제도 수용(3성 6부 수용, 장안성 모방) • 신라와 신라도를 통해 교류, 돌궐·일본과도 긴밀히 교류 • 수도 천도 : 중경 현덕부에서 상경 용천부로 천도(755) ➡ 동경 용원부로 수도 재천도(785) ➡ 문왕 사후 다시 상경 용천부로 이동
선왕	• 최대 영토 확보 : 옛 고구려 영토 대부분 차지 • 해동성국이라 불림 : 9세기 무렵 전성기를 맞이한 발해의 국력을 당에서 높이 평가하여 붙인 이름 • 5경 15부 62주로 지방 제도 완비

(3) 발해의 멸망(926)

① 귀족들의 권력 투쟁 격화, 내분 심화 ➡ 거란 침략에 멸망

② 부흥운동 전개 : 정안국 건국 등 ➡ 실패

(4) 발해의 통치 제도

① 중앙 정치 제도 : 당의 3성 6부 모방 ➡ 운영면에서 발해의 독자성 유지

- 3성 : 정당성 중심으로 운영, 정당성 아래 6부 설치
- 6부 : 좌사정, 우사정으로 나눔, 6부 명칭은 유교 덕목을 나타냄 (독자적 명칭)
- 중정대 : 관리의 비리 감찰
- 주자감 : 교육 기관
- 중앙군 : 10위(왕궁과 수도 경비)

※ ( ) 안은 당에서 사용한 명칭

▲ 발해의 중앙 정치 조직

② 지방 통치 제도 : 5경 15부 62주 ➡ 지방관 파견

- 5경 : 전략적 요충지
- 15부 : 지방 행정 중심지, 도독 파견
- 62주 : 자사 파견
- 촌락 : 토착 세력이 지배
- 지방군 : 전략적 요충지에 별도 군단 배치

윤세프의 시험 전에 꼭 맛봐야 하는

발해의 고구려 계승 의식

> 고려 국왕 대흠무(문왕)가 말하기를 "일본의 천황이 돌아가셨다는 소식을 듣고 슬프고 추모하는 마음에 가만히 있을 수 없어, 보국장군 양승경과 귀덕장군 양태사 등을 보내어 표문 및 물품과 함께 조문하게 합니다." 천황이 고려 국왕에게 삼가 문안드립니다. … 보내 주신 물품은 숫자대로 잘 받았습니다. 돌아가신 사신 편에 토산품 등을 보내니, 비록 물건이 가볍고 적고 보잘것없으나 좋게 생각하셔서 받아 주시기 바랍니다. 대무예(무왕)가 이르기를 "외람되이 열국을 주관하고 제번을 총괄하고 있다. 우리는 고구려의 고토를 수복하여 부여의 유속을 지키고 있다."
> — 「속일본기」 —

제시된 사료는 발해가 고구려를 계승했음을 보여준다. 속일본기의 기록에 따르면, 759년 발해의 문왕이 일본에 사신을 보내면서 스스로를 '고려 국왕 대흠무'라고 불렀으며, 일본에서도 발해의 왕을 '고려 국왕'으로 불렀다. 뿐만 아니라, 발해를 가리켜 자주 '고려'라 불렀으며, '발해의 사신'을 '고려의 사신'으로 표현한 사례가 일본의 기록에 많이 있다.

01.②

대조영이 지린성 동모산에 세운 나라
는 발해이다. 선왕 대에는 중국 당나
라에서 발해를 해동성국이라 불렀다.

② 이불병좌상은 발해의 유물이다.
① 백제의 칠지도이다.
③ 신라의 금관이다.
④ 가야의 토기이다.
⑤ 신라의 천마총에서 출토된 천마
　도이다.

01 기출문제

다음 특별전에 전시될 문화유산으로 가장 적절한 것은?

○○문화유산 특별전

용머리상
(상경성 출토)

고구려 출신 대조영이 지린성 동모산에서
세운 나라!
　해동성국이라 불렸던 이 나라의 수준 높은
문화유산을 직접 만나 보세요!

○기간 : 2014년 ○○월 ○○일~○○일
○장소 : ▲▲박물관

①

②

③

④

⑤

02

다음 자료의 사건이 발생한 시기를 연표에서 옳게 고른 것은?

임존성에서 부흥군을 이끌던 흑치상지가 당나라에 투항하고, 주류성에서도 부흥군을 이끌던 복신과 도침, 부여풍이 서로 죽고 죽이면서 부흥 운동이 급격히 무너졌다.

612	660	668	676	698	900
	(가)	(나)	(다)	(라)	(마)
살수대첩	백제멸망	고구려멸망	신라삼국 통일	발해건국	후백제건국

① (가)
② (나)
③ (다)
④ (라)
⑤ (마)

02. ②

제시문은 백제 부흥군에 대한 설명이다. 복신은 의자왕의 사촌으로, 승려 도침과 일본에 가 있던 의자왕의 아들 부여풍과 손잡고 부흥군을 이끌었다. 흑치상지는 임존성에서 당나라에 저항하여 부흥군을 이끌었다.

03

다음 연표의 (가) 시기에 있었던 역사적 사실로 옳은 것은?

기원전 57	654	780	935
		(가)	
신라 건국	무열왕즉위	선덕왕즉위	신라 멸망

① 장보고가 청해진을 설치하였다.
② 집사부 시중의 권한이 강화되었다.
③ 선종과 풍수지리 사상이 유행하였다.
④ 호족이라 불리는 지방 세력이 성장하였다.
⑤ 진골 귀족들 간에 왕위 쟁탈전이 격화되었다.

03. ②

제시된 표의 (가)는 신라 중대이다.
② 신라 중대에는 왕권이 강함과 동시에 집사부 시중의 권한이 강하였다.
① 장보고는 신라 하대인 828년(흥덕왕 3년)에 청해진을 설치하였다.
③ 신라 하대에 호족의 지원을 받아 선종과 풍수지리 사상이 유행하였다.
④ 신라 하대에 호족이라는 지방 세력이 성장하였다.
⑤ 신라 하대에는 진골 귀족들 간의 왕위 쟁탈전이 격화되어 155년간 20명의 왕이 교체된다.

04.②

제시된 표의 (가)는 신라 하대이다.

② 신라 하대(899년, 진성여왕)에 원종과 애노의 난이 일어났다.

① 신라 하대에는 선종 불교가 확산되었다.

③ 신라 상대에 내물왕 이전까지 박·석·김씨가 교대로 왕위에 올랐다.

④ 신라 하대에는 귀족에게는 녹읍이 지급되었다.

⑤ 신라 하대에는 관직 승진에 제한이 있는 6두품 세력은 골품제에 불만을 가지고 비판하였다.

04

(가) 시기에 해당하는 역사적 사실로 옳은 것은?

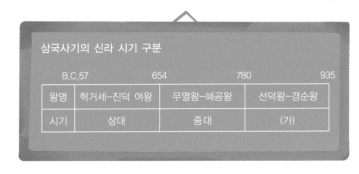

① 교종 불교가 확산되었다.
② 원종과 애노의 난이 일어났다.
③ 박·석·김씨가 교대로 왕위에 올랐다.
④ 귀족에게 지급하는 녹읍이 폐지되었다.
⑤ 6두품 세력은 골품제에 불만이 없었다.

05.⑤

제시문에서 설명하는 왕은 신라 중대에 강력한 왕권을 누렸던 신문왕이다.

⑤ 신문왕은 녹읍을 폐지하고 관료전을 지급하였다.

① 지증왕의 업적이다.

② 법흥왕의 업적이다.

③ 신라 말기에 활동한 도적으로, 붉은 바지를 입은 도적으로 신문왕과는 관련이 없다.

④ 신라 말기인 828년(흥덕왕 3년)에 청해진을 설치하였다.

05

다음 기획안에 들어갈 장면으로 가장 적절한 것은?

> **〈역사 연극〉**
>
> **강력한 왕권을 가졌던 ○○왕**
>
> ■기획의도
>   ○○왕의 재위 기간에 일어난 주요 사건들을 중심으로 그가 어떻게 왕권 강화와 국가 체제를 정비하는지를 보여주고자 한다.
>
> #1. 지방 행정을 9주 5소경으로 정비하는 모습
> #2. 국학을 설립하여 유교 교육을 실시하는 모습
> #3. 수도의 방어와 치안을 위해 중앙군인 9서당을 조직하는 모습

① 동시전을 설치하는 모습
② 금관가야를 정복하는 모습
③ 적고적의 난을 진압하는 모습
④ 청해진을 설치하고 해적을 소탕하는 모습
⑤ 귀족들에게 녹읍 대신에 관료전을 지급하는 모습

06

다음 포스터에서 다루고 있는 시대의 상황으로 옳지 <u>않은</u> 것은?

〈정통 역사 사극〉

후삼국 시대의
영웅들의 대서사시

완벽한 CG
화려한 배우진
대규모 전쟁 씬
철저한 역사 고증

3월 대개봉

① 최영은 요동 정벌을 추진하였다.
② 견훤이 완산주에서 후백제를 세웠다.
③ 왕건이 신라에 대해 우호 정책을 펼쳤다.
④ 궁예는 송악에서 철원으로 도읍을 옮겼다.
⑤ 성주, 장군이라 칭하는 호족 세력이 성장하였다.

07

(가)에 들어갈 사건으로 옳은 것은?

〈고구려와 중국 세력의 대립〉

598년 수 문제의 침공 방어
612년 수 양제의 침입 ➡ [(가)   ]
645년 당 태종의 공격 ➡ 양만춘이 안시성에서 격퇴

① 동천왕의 요동 공격 시도
② 전연의 공격으로 환도성 함락
③ 장수왕의 한강 유역 지역 차지
④ 광개토대왕의 만주 지역 차지
⑤ 을지문덕이 살수에서 수군 격퇴

06.①

제시된 포스터의 후삼국 시대는 901~936년에 궁예, 왕건, 견훤 등이 활약하여 후백제·후고구려·신라 삼국이 대립하던 시기를 말한다.
① 최영의 요동 정벌은 고려 말대의 일이다.
② 견훤이 완산주에서 후백제를 세웠다.
③ 왕건이 신라에 대해 우호 정책을 펼쳤다.
④ 궁예는 국호를 마진에서 태봉으로 변경하고, 송악에서 철원으로 도읍을 옮겼다.
⑤ 후삼국 시대에는 성주, 장군이라 칭하는 호족 세력이 성장하였다.

07.⑤

제시된 자료는 고구려와 수·당과의 전쟁에 대한 내용이다. 수 문제의 공격 이후 수 양제가 113만 대군을 이끌고 침략하였지만, 을지문덕이 30만 별동대를 살수에서 크게 물리쳐 격파하였다. 이후 수가 멸망하고 들어선 당의 공격 역시 안시성에서 격퇴하였다.
⑤ 7세기 고구려 영양왕(612년) 때의 여름과 가을에 걸쳐 터진 수나라와의 전쟁에서 을지문덕이 살수 대첩을 이끌어냈다.
① 3세기 고구려 동천왕 때의 일이다.
② 4세기 고구려 고국원왕 때의 일이다.
③ 5세기 고구려 장수왕 때의 일이다.
④ 4세기 말~5세기 초 고구려 광개토대왕 때의 일이다.

ⓒ 발해 석등에 있는 매우 힘차고 강하게 보이는 두 개의 연꽃 모양의 조각은 고구려의 조각에서 볼 수 있는 특징이다.

ⓔ 발해 기와에 장식된 연화문은 고구려의 것을 닮아 선이 뚜렷하고 힘찬 것이 특징이다.

ⓐ 주작대로는 발해의 수도 상경에 있는 큰 도로로 당의 장안성에 있는 도로를 모방하여 만들어졌다.

ⓑ 영광탑은 당나라 때 서안 흥교사의 현장탑과 비슷한 당나라 풍격의 탑이다.

08

밑줄 그은 내용의 근거 자료로 적절한 것을 〈보기〉에서 고른 것은?

발해는 당의 문화를 수용하여 독자적인 문화를 이루기도 하였지만, <u>고구려 문화를 계승하였다.</u> 발해의 지배층 대다수가 고구려 사람인 것과 일본에 보낸 국서에 고려 또는 고려 국왕이라는 명칭 사용한 것 등을 통해 알 수 있다.

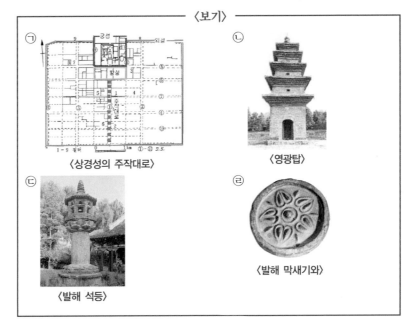

〈보기〉

ⓐ 〈상경성의 주작대로〉

ⓑ 〈영광탑〉

ⓒ 〈발해 석등〉

ⓔ 〈발해 막새기와〉

① ⓐ, ⓑ

② ⓐ, ⓒ

③ ⓑ, ⓒ

④ ⓑ, ⓔ

⑤ ⓒ, ⓔ

고대의 경제·사회 및 문화 발전과 교류 05

은쌤의 은밀한 시험포인트

고대의 경제·사회는 코스 요리로 맛을 봐야 한다면서?

먼저, 신라 사회 제도의 백미인 골품제의 맛을 보고,

경제 제도는 오묘한 맛이지만 신라의 토지 제도의 변천은 꼭 정리하고,

끝으로 어떤 나라인지를 알려주는 자료 본 후 해당 나라의 사회상을 찾아 낼 수 있으면 A코스는 끝!

고대의 대외 교류는 맛은 있나요?

한 번은 꼭 나오니까 맛을 잘 기억해야 합니다.

고대 삼국이 일본에 끼친 영향은 꼼꼼하게 다 먹고, 가끔 나오는 서역과 교류는 유물에 집중하시고, 통일 신라와 발해는 지도를 던져놓고 둘의 대외교류를 물어보니, 서로 간에 차이점은 잘 알아야 됩니다.

1. 삼국의 사회와 경제

코알랄라의
시험에 나오는 자료

(1) 삼국의 사회

고구려	• 사회 계층 : 지배층(왕족 고씨를 비롯한 5부 출신의 귀족), 평민(조세 납부, 역, 노동력 징발), 천민 등 • 귀족 회의 : 제가회의(국가 중대사 논의) • 사회 모습 : 엄격한 법률, 상무적 기풍, 진대법 실시(고국천왕), 형사취수제, 서옥제
백제	• 사회 계층 : 8성 귀족(부여씨, 진씨, 해씨 등), 평민, 천민 등 • 귀족 회의 : 정사암 회의(정사암이라는 바위에 모여 국가 중대사를 논의) • 사회 모습 : 투호와 바둑 및 장기, 엄격한 법률(도둑질한 자 귀향과 동시에 2배 배상, 관리가 뇌물을 횡령하면 3배 배상하고 종신토록 금고형 등)

신라	• 사회 계층 : 왕족인 성골과 진골, 6~4두품 귀족, 평민, 천민 등
	• 귀족 회의 : 화백회의(귀족 합의제, 만장일치제, 국왕과 귀족 간의 권력 조절 기능)
	• 골품제
	  ㅡ 내용 : 출신 성분에 따라 골(骨)과 품(品)으로 등급을 나누는 신분 제도
	  ㅡ 역할 : 관직 진출 상한선, 일상생활 규제(가옥 규모, 장식물, 수레 등)
	• 화랑도
	  ㅡ 진흥왕 때 국가적 조직으로 정비, 원광의 세속 5계(행동 규범)
	  ㅡ 화랑(귀족)과 낭도(귀족과 평민)로 구성 ➡ 계층 간 대립과 갈등 조절

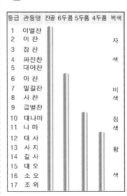
신라의 골품제

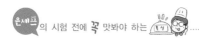
의 시험 전에 꼭 맛봐야 하는

신라의 골품제도

> 공복에 있어서 진골은 자색, 6두품은 비색, 5두품은 청색, 4두품은 황색으로 구분되었다. 집의 각 방의 길이와 넓이도 진골은 24척을 넘지 못하고, 6두품은 21척, 5두품은 18척, 4두품은 15척을 넘지 못하게 하였다. 느릅나무를 쓰지 못하고, 우물 천장을 만들지 못하며, 당 기와를 덮지 못한다. …… 담장은 6척을 넘지 못하고, 또 보를 가설하지 않으며, 석회를 칠하지 못한다. 대문과 사방문을 만들지 못하고, 마구간에는 말 2마리를 둘 수 있다.
>
> 「삼국사기」

골품제는 개인의 사회 활동과 정치 활동의 범위까지 엄격히 제한하였다. 또한 가옥의 규모와 장식물은 물론, 복색이나 수레 등 일상생활까지 규제하였다.

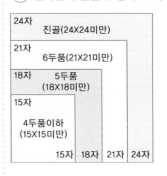
신라인의 골품과 방의 크기

삼국의 경제 활동

(2) 삼국의 경제

수취 제도	• 조세 : 재산의 정도에 따라 호를 나누어 곡물과 포를 수취 • 공물 : 각 지역의 특산물 납부 • 노동력 징발 : 왕궁, 성, 저수지 등을 만드는데 15세 이상의 남자 동원
농업	• 소를 이용한 우경 장려(지증왕), 철로 만든 농기구 보급, 수리 시설 확대
상업	• 상업 : 수도 같은 도시에서만 시장 형성, 신라의 경우 경주에 시장을 개설하고 시장 감독 관청인 동시전 설치(지증왕) • 수공업 : 수공업 제품을 생산하는 관청을 두고 물품 생산

2. 남북국의 사회와 경제

(1) 통일 신라의 사회 · 경제

① 사회
- 통일 후 : 백제와 고구려의 옛 유민 포섭, 진골의 주요 관직 독점, 6두품의 성장(관직 진출의 제한으로 반 신라적 성격을 가지게 됨), 골품제의 변화 (3두품에서 1두품 사이의 구분은 의미가 없어지고 평민과 동등하게 됨)
- 신라 말의 사회 모순 : 귀족들의 왕위 쟁탈전, 백성들 조세 부담 가중으로 농민 반란, 호족 세력의 성장
- 통일 신라인의 생활 : 금성의 발전(통일 신라의 정치, 문화의 중심지로서 대도시로 번성, 바둑판처럼 반듯하게 구획되어 궁궐, 관청, 사원, 귀족들의 저택, 민가로 구성)

② 경제
- 수취 제도의 변화 : 조세(생산량의 1/10 수취), 공물(지역의 특산물 징수), 역(16~60세 남자 대상, 요역 · 군역 부과)
- 상업의 발전
  - 수도 경주 인구 증가, 상품 생산 증가 ➡ 상업과 수공업의 발달
  - 주요 무역 교역항 : 울산항(국제 무역항), 당항성 등
- 토지 제도의 변화

목적	• 귀족에 대한 국왕의 권한 강화, 농민 생활의 안정 추구
변화	• 관료전 지급(687, 신문왕) : 관리에게 지급, 식읍 제한 · 녹읍 폐지 • 정전 지급(722, 성덕왕) : 일반 백성에게 지급 • 녹읍 부활(757, 경덕왕) : 귀족들의 반발로 부활, 왕권 약화

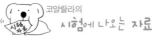

민정문서

- 일본 정창원에서 발견, 서원경에 속했던 4개 촌락을 조사한 신라 촌락 문서
- 목적 : 조세, 공물, 부역의 징수 및 근거
- 내용 : 촌주가 3년마다 작성
  - 남녀별 연령별 인구수, 말과 소의 수, 토지의 크기 등 기록
  - 호(가구)의 많고 적음에 따라 9등급으로 나눔
  - 연령, 성별에 따라 인구를 6등급으로 나눔

신라 토지 제도의 변화

- 신문왕 7년(687) 5월에 문무 관료전을 지급하되, 차등을 두었다.
- 신문왕 9년(689) 1월에 내외관의 녹읍을 혁파하고, 매년 조를 내리되, 차등이 있게 하여 이로써 영원한 법식을 삼았다.
- 성덕왕 21년(722) 8월에 처음으로 백성에게 정전을 지급하였다.
- 경덕왕 16년(757) 3월에 여러 내외관의 월봉을 없애고, 다시 녹읍을 나누어 주었다.
- 소성왕 원년(799) 3월에 청주 거노현으로 국학생의 녹읍을 삼았다.

신문왕은 문무 관리에게 관직에 복무하는 대가로 해당 지역의 조세를 수취할 수 있는 권리(수조권)만 인정하는 관료전을 지급하였다. 성덕왕은 귀족이 백성을 사적으로 지배하는 것을 막고 국가가 백성을 직접 지배하려는 의도로 정전을 지급하였다. 이후 8세기 후반 귀족들의 반발로 경덕왕 때 녹읍이 다시 부활하였다.

신라 상대	신라 중대	신라 하대
• 관리 : 녹읍 지급 • 공신 : 식읍 지급 • 수조권, 노동력 수취 권한 부여 • 왕권 약화, 귀족 권한 강화	• 녹읍 폐지(신문왕) • 관리 : 관료전 지급 (신문왕) • 관리에게 수조권만 부여 • 왕권 강화, 귀족 권한 약화 • 녹읍 부활(경덕왕)	• 녹읍제 유지 • 귀족 권한 강화, 왕권 약화

(2) 발해의 사회와 경제

① 사회

• 이원적 주민 구성

　┌ 지배층 : 왕족 대씨와 귀족 고씨 등 고구려계 사람들 ➡ 주요 관직 차지
　└ 피지배층 : 말갈족이 대다수, 토착 세력이 말갈 주민 통치

• 풍습 : 일부일처제, 말타기, 활쏘기, 격구 등 성행

② 경제

• 수취 제도 : 조세(조, 보리, 콩 납부), 공물(베, 명주, 가죽 등 특산물 납부), 부역(궁궐, 관청 등의 건축에 동원)
• 농업 : 논농사에 불리한 기후로 인해 밭농사 중심, 일부 지역에서 벼농사
• 목축과 수렵 발달 : 솔빈부의 말 수출, 모피·녹용·사양 등 수출
• 수공업 : 금속 가공업 발달, 직물업 발달, 도자기업 발달
• 상업 : 도시와 교통 요충지를 중심으로 상품 매매 활발

🐨 삼국 문화의 일본 전파

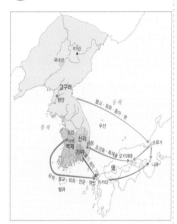

3. 고대의 대외 교류

(1) 삼국 문화의 일본 전파

고구려	• 혜자 : 쇼토쿠 태자의 스승 • 담징 : 종이와 먹, 벼루 만드는 기술 전파, 호류사 금당벽화 • 일본 다카마쓰 고분벽화는 고구려 수산리 고분벽화의 영향을 받음	
백제	• 일본과 활발히 교류 ➡ 오경박사, 의박사, 역박사, 천문박사, 공예기술자 등 파견 • 왕인 : 논어, 천자문 가르침 • 아직기 : 일본 태자에게 한자 교육 • 노리사치계 : 불경과 불상 전파 • 고류사 미륵반가사유상 제작에 영향을 주었음	일본의 고대 아스카 문화 형성에 영향
신라	• 조선술, 축제술, 도자기 만드는 기술 전파, 불상·음악 전래	
가야	• 토기 제작 기술 전파	일본 스에키 문화에 영향

▲고구려 수산리 고분벽화

▲삼국 미륵반가상

영향

▲일본 다카마쓰 고분벽화

▲일본 목조미륵반가상

▲가야 토기

영향

▲ 일본의 스에키 토기

(2) 삼국의 중국 및 서역과의 문화 교류

고구려	• 남북조 및 북방의 유목 민족과 무역 • 서역의 궁전 벽화에 고구려 사신 모습 등장, 고구려 고분벽화에 서역 계통 인물 등장(각저총 씨름도)
백제	• 남중국 및 왜와 무역
신라	• 고구려, 백제를 통해 중국과 무역 ➡ 한강 유역 차지한 이후 당항성을 통해 직접 무역 • 신라 무덤에서 유리그릇, 금제 장식 보검 등 중앙아시아와 페르시아 계통 물품 출토

▲아프라시압 궁전 벽화(고구려)

우즈베키스탄 사마르칸트의 아프라시압 궁전 벽화에는 새 깃털을 단 관을 쓰고 있는 고구려 사신의 모습이 보인다. 고구려가 서역과 직접 교류하였다는 것을 알 수 있다.

▲서역에서 온 제품(신라)

금제 장식 보검의 양식과 유리 제품의 질과 모양, 색깔 등으로 보아 서역에 전래된 것으로 보이며, 특히 유리병은 페르시아 계통에서 흔히 볼 수 있는 형태이다.

🐨 양직공도

양직공도는 중국 양나라에 조공을 바치러 온 외국의 사신과 그 나라의 풍속 등을 간략히 적은 그림이다. 여기서 중국 남조의 양나라와 활발한 교류를 한 백제의 모습을 알 수 있다.

🐨 각저총의 서역인

🐨 남북국의 대외 교류

🐨 괘릉의 석인상

신라인과 생김새가 다른 서역인의 모습을
통해 서역과의 교류를 짐작할 수 있다.

🐨 임신서기석

신라 두 젊은이가 국가에 대한 충성과 유
교 경전 학습이 힘쓸 것을 약속한 내용

(3) 남북국의 대외 교류

① 통일 신라

당	• 교류 : 발해 건국 후 당과 외교 관계를 회복하고 교역 재개 • 사신, 유학생, 승려 등 파견 ➡ 당의 선진 문화, 서역 문화 수용 • 수출품(금·은 세공품, 인삼 등) ↤ 수입품(귀족 사치품, 비단, 책) • 당에 신라방·신라촌(집단 거주지), 신라소(자치 기구), 신라관(여관), 신라원(절) 등 형성
일본	• 교류 : 정치적으로는 대립, 경제적으로는 교류 • 수출품(금·은·철, 서적, 불경) ↤ 수입품(풀솜, 직물 원료) • 율령, 불교 문화(심상의 화엄경) 전파 ➡ 일본 하쿠호 문화의 성립에 기여
서역	• 교류 : 울산항(국제 무역항)을 통해 아라비아, 페르시아 등의 서역 상인들 왕래
청해진 설치	• 배경 : 8세기 후반 이후 신라, 당, 일본 사이에 사무역 크게 성장 • 활동 : 장보고가 완도에 청해진 설치 후 해적 소탕 ➡ 남해·황해의 해상 무역권 장악 • 영향 : 당의 신라 교민 사회 형성, 법화원 건설

② 발해

당	• 초기에는 대립, 8세기 중반 이후 교역 ➡ 산둥 반도에 발해관 설치, 유학생, 승려 파견 • 수출품(담비 모피, 인삼, 불상·자기, 솔빈부의 말 등) ↤ 수입품(귀족의 수요품인 비단, 책 등)
신라	• 신라도를 통해 주로 견직물 교역
일본	• 일본도를 통해 주로 당에서 들어온 외래품 수출, 발해 사신단에 다수의 상인 포함

4. 고대의 문화

(1) 유학의 보급과 학문의 발달

고구려	• 학교 설립 : 태학(수도, 유교 경전과 역사 교육), 경당(지방, 한학과 무술 교육) • 역사서 : 「유기」 ➡ 이문진이 「신집」 5권(영양왕)
백제	• 박사제도 ➡ 5경 박사(유교 경전 교육), 의박사·역박사(기술학 교육) • 역사서 : 고흥이 「서기」 편찬(근초고왕)
신라	• 화랑도의 유교 경전 공부 ➡ 임신서기석 내용, 세속오계 • 역사서 : 거칠부가 「국사」 편찬(진흥왕)

통일 신라	• 국학 설치(신문왕) : 국립 교육 기관 • 독서삼품과 실시(원성왕) : 유교 경전의 이해 수준을 평가하고 이에 따라 관리로 채용 • 유학자 : 강수(외교 문서 작성), 설총(이두 정리), 김대문(「화랑세기」, 「고승전」 등 저술), 최치원(당의 빈공과 합격, 진성 여왕에 시무 10조 건의, 「계원필경」 저술)
발해	• 주자감 설립, 당에 유학생 파견(빈공과 급제)

 의 시험 전에 꼭 맛봐야 하는 ......

독서삼품과

> 처음으로 독서삼품을 정하여 벼슬을 하게 되었는데, "춘추좌씨전", "예기", "문선"을 읽어서 그 뜻을 능통히 알고 겸하여 "논어"와 "효경"에 밝은 자를 상(上)으로 하고 "곡례", "논어", "효경"을 읽은 자를 중(中)으로 하고 "곡례"와 "효경"을 읽은 자를 하(下)로 하였다.
>
> 「삼국사기」

원성왕은 독서삼품과를 마련하여 유교 경전의 이해 수준을 시험함으로써 관리를 채용하고자 하였다. 이 제도는 유학을 보급하는 데 기여하였다.

(2) 불교 문화
① 삼국의 불교 수용 : 새로운 국가 정신의 확립과 왕권 강화
- 고구려 : 소수림왕(372, 전진의 순도)
- 백제 : 침류왕(384, 동진의 마라난타)
- 신라 : 법흥왕(527, 고구려의 묵호자 ➡ 이차돈의 순교로 공인)

② 통일 신라 : 불교 사상의 발달과 대중화

원효	• 불교의 사상적 이해 기준 확립 : 「대승기신론소」, 「금강삼매경론」에 제시 • 종파 간의 사상적 대립 극복 노력 : 일심 사상과 화쟁 사상 제시 • 불교의 대중화에 기여 : '나무아미타불'이라고 외우면, 죽어서 극락정토에 갈 수 있다고 전도(아미타 신앙) • 무애가라는 노래를 지어 세상에 퍼트림 • 설총을 낳은 후로는 속인의 옷을 바꾸어 입고 스스로 소성거사라 일컬음
의상	• 당 유학 후 화엄 사상 강조 ➡ 화엄 사상을 바탕으로 화엄종 개창, 부석사 건립 • 관음 신앙 강조 : 현세의 고난 구제 • 「화엄일승법계도」 저술 : 모든 존재가 상호 의존적인 관계에 있으면서 서로 조화를 이룸

코알랄라의
시험에 나오는 자료

🐨 혜초의 서역 기행 경로

혜초의 서역기행 경로

혜초	• 인도로 구법, 「왕오천축국전」 저술 ➡ 당나라 바닷길로 중앙아시아, 인도 등 여러 나라를 순례하고, 각 나라의 풍물을 생생하게 기록
원측	• 당에 가서 현장에서 가르침을 받고 불교 사상을 발전시킴
선종의 유행	• 수행을 통한 깨달음 중시 ➡ 개인적 정신세계 추구, 실천적 경향 • 선종 9산 설립, 지방 문화 근거지, 승탑 발전 • 교종 중심의 권위 부정, 호족과 결탁 ➡ 고려 왕조 개창의 사상적 바탕

③ 발해 : 왕실과 귀족 중심, 고구려 불교 계승

④ 불교 예술의 발달

고구려	• 탑 : 주로 목탑 제작, 현존하는 것이 없음 • 불상 : 연가 7년명 금동 여래 입상(광배에 고구려 연호인 '연가'가 적힘)
백제	• 탑 ┌ 익산 미륵사지 석탑 : 현존하는 가장 오래된 탑, 일제강점기 때 시멘트로 보수 └ 부여 정림사지 5층 석탑 : 목탑 양식, 한때 '평제탑'이라 불리기도 함 • 불상 : 서산 마애삼존불(백제의 미소)
신라	• 탑 ┌ 황룡사 9층 목탑 : 선덕여왕 때 건립, 몽골의 침입으로 불에 탐 └ 분황사 모전 석탑 : 돌을 벽돌 모양으로 만들어 쌓음, 현존 신라 탑 중 가장 오래됨 • 불상 : 경주 배리 석불 입상

▲백제의 미륵사지 석탑

▲백제의 정림사지 5층 석탑

▲신라의 분황사 모전 석탑

▲고구려의 연가 7년명 금동 여래 입상

▲백제의 서산 마애삼존불

▲신라의 경주 배리 석불 입상

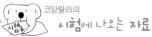
통일 신라	중대	• 탑 : 이중 기단 위에 3층으로 탑을 쌓는 형태 유행 ─ 감은사지 3층 석탑 : 신라 석탑 양식의 효시 ─ 불국사 다보탑 : 틀에 얽매이지 않는 기법, 석가여래 상징 ─ 불국사 삼층 석탑(=석가탑) : 무구정광대다라니경 발견, 다보여래 상징
	하대	• 탑 : 기단과 탑신에 부조, 승탑(사리 보관), 탑비 ─ 양양 진전사지 3층 석탑 : 기단, 탑신에 불상 부조 ─ 화엄사 4사자 3층 석탑 : 변형된 기단 ─ 쌍봉사 철감선사 승탑 : 팔각 원당형의 형태, 선종의 유행과 관련 • 석굴암 : 인공으로 만든 석굴 사원, 석굴 안에 새겨진 여러 조각들은 본존불을 중심으로 완벽한 통일과 조화를 이룸 • 불국사 : 청운교, 백운교, 석가탑, 다보탑 위치 ➡ 불교의 이상세계 표현
발해		• 탑 : 영광탑(당의 양식, 현재 온전히 남아 있는 유일한 발해의 탑) • 불상 : 이불병좌상(고구려 문화 계승)

▲감은사지 삼층 석탑

▲불국사 다보탑

▲불국사 삼층 석탑

▲양양 진전사지 삼층 석탑

▲화엄사 4사자 삼층 석탑

▲쌍봉사 철감선사 승탑

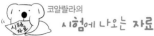
코알랄라의 시험에 나오는 자료

▲석굴암 본존불　　▲ 발해의 영광탑　　▲발해의 이불병좌상

(3) 도교 문화

특징	• 산천 숭배와 신선 사상이 결합하여 발달, 귀족 사회 중심으로 유행
고구려	• 강서대묘의 사신도, 연개소문 때 도교 장려
백제	• 금동대향로, 산수무늬 벽돌, 사택지적비, 무령왕릉 지석
신라	• 화랑도(풍류도, 풍월도), 세속 5계
통일 신라	• 최치원(사산비명)
발해	• 정효 공주 무덤 비문

▲강서대묘의 사신도(현무도)　▲ 백제 금동 대향로　▲산수무늬 벽돌　▲사택지적비

(4) 삼국의 예술
① 글씨
 • 고구려 : 광개토대왕릉 비문(웅건한 서체)
 • 신라 : 김생의 독자적 서체 개발
② 그림
 • 신라 : 천마총의 천마도
 • 솔거 : 황룡사 벽 소나무 그림
③ 음악 : 종교 및 노동과 밀접한 관련
 • 고구려 : 왕산악의 거문고(중국의 칠현금 개조), 고구려 고분벽화의 춤추는 장면
 • 신라 : 백결 선생의 방아 타령
 • 가야 : 우륵의 가야금

5. 고대 고분

구분	시기	고분 양식	특징
고구려	초기	돌무지무덤	• 시신 위에 돌을 덮거나 돌을 깎아 계단식으로 쌓음, 벽화가 없음 ⓔ 장군총
	후기	굴식 돌방무덤	• 내부에 돌로 널방을 만들고 통로로 연결함, 모줄임 천장 구조 • 벽과 천장에 그림을 그림 ➡ 고분벽화가 가장 많이 발견됨 ⓔ 무용총(무용도와 수렵도), 각저총(씨름도), 강서대묘(사신도)
백제	초기	돌무지무덤	• 고구려의 영향을 받음 ⓔ 석촌동 돌무지무덤
	웅진 시대	굴식 돌방무덤	ⓔ 송산리 고분
		벽돌무덤	• 벽돌무덤 양식(중국 남조의 영향) ⓔ 무령왕릉 지석(토지 매매, 도교적 요소), 양나라 동전(양나라와 교류)
	사비 시대	굴식 돌방무덤	ⓔ 능산리 고분(백제 금동 대향로 출토)
신라	초기	돌무지 덧널무덤	• 나무관(덧널)을 짜 시체를 넣고 그 위에 돌을 쌓은 다음 흙을 덮음 ➡ 도굴하기 어려움, 다양한 껴묻거리 발견 ⓔ 천마총 : 천마도, 금관 등 많은 유물 출토
	통일 직전	굴식 돌방무덤	• 고구려와 백제의 영향을 받음
통일 신라		굴식 돌방무덤	• 통일 후 무덤 규모 축소, 화장 유행(불교 영향) • 봉토 주위에 둘레돌, 12지 신상 조각 ➡ 고려·조선 왕릉에 계승 ⓔ 김유신 장군 묘, 성덕대왕릉, 괘릉

구분	무덤	고분 양식	특징
발해	정혜 공주 묘	굴식돌방 무덤	• 고구려 양식 계승(모줄임 천장 구조) • 벽화 없음, 돌사자상 출토
	정효 공주 묘	벽돌 무덤	• 당과 고구려 양식 반영, 벽화 있음 • 묘지석 : 죽은 자의 생애와 가족 관계가 기록되어 있음

천마도

 통일 신라 김유신 묘

▲백제 무령왕릉　　▲고구려 강서대묘　　▲신라 천마총

▲정혜 공주 묘　　▲정혜 공주 묘의 돌사자상　　▲정효 공주 묘의 벽화

6. 고대 건축

고구려	• 평양의 안학궁
백제	• 미륵사(무왕)
신라	• 황룡사(진흥왕)
통일 신라	• 사원 건축 : 불국사, 석굴암 • 안압지(월지) 　┌ 경주 월성에 소재한 신라 별궁(동궁)의 연못 ➡ 뛰어난 조경술을 보 　│ 여줌 　└ 14면 주사위 출토 : 상류층 음주 놀이 문화를 알 수 있음
발해	• 수도의 상경성 구조(당의 장안성 모방) : 외성의 주작대로(당 영향) • 온돌 장치, 발해 치미 및 기와 ➡ 고구려 문화 계승

▲안압지(월지)

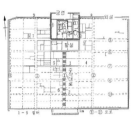

▲발해 상경성의 구조

▲발해 상경에서 출토된 석등

7. 과학 기술

고구려	• 천문학 : 별자리 그린 천문도 발견, 고분벽화에 별자리 그림
백제	• 금속 기구 발달 : 칠지도, 금동대향로
신라	• 천문학 : 첨성대 축조(선덕여왕) • 금속 기구 발달 : 금관
통일 신라	• 금속 기구 발달 : 성덕대왕 신종(비천상 무늬와 은은한 종소리) • 목판 인쇄술 : 무구정광대다라니경(세계에서 가장 오래된 목판 인쇄물)

▲ 첨성대

▲ 성덕대왕 신종

▲ 무구정광대다라니경

01.②

제시문에서 설명하고 있는 승려는 의상이다.

㉠ 의상은 화엄 종단에서 아미타신 앙과 함께 현세에서 고난을 구제받고자 하는 관음 신앙을 이끌었다.

㉢ 의상은 당나라로 유학 가서 화엄종을 공부하고 돌아와 왕실의 절대 지지를 받으며 신라 화엄종을 개창하였다.

㉡ 원효가 저술하였다.

㉣ 고려 시대 지눌은 선교 일치를 이루고자 하였다.

01 기출문제   17회 중급 7번

다음 인물 카드의 주인공에 대한 설명으로 옳은 것을 〈보기〉에서 고른 것은?

신라 진골 출신 승려로, 당에 유학한 후 귀국하여 여러 절을 세우고 많은 제자를 양성하였다. 특히 부석사 창건과 관련하여 설화가 전해오는데, 당에서 만난 '선묘' 라는 여인이 죽은 뒤 용이 되어 신라까지 와서 부석사 건립에 도움을 주었다고 한다.

―――――〈보기〉―――――

㉠ 관음 신앙을 신라 사회에 확산시켰다.
㉡ 금강삼매경론, 대승기신론소 등을 저술하였다.
㉢ 모든 존재의 조화를 강조하며 신라 화엄종을 개창하였다.
㉣ 선종을 중심으로 교종을 포용하여 선교 일치를 이루고자 하였다.

① ㉠, ㉡   ② ㉠, ㉢
③ ㉡, ㉢   ④ ㉡, ㉣
⑤ ㉢, ㉣

02.③

제시된 천마총은 돌무지 덧널무덤의 형태로 만들어졌다.

③ 돌무지 덧널무덤은 도굴이 어려워 많은 껴묻거리가 출토되었다.

① 고구려가 만든 굴식 돌방무덤의 고분벽화에서는 고구려인의 생활상을 볼 수 있다.

② 중국 남조의 영향을 받아 만들어진 것은 백제의 무령왕릉이다.

④ 굴식 돌방무덤에는 널방과 벽과 천장에 많은 벽화가 그려져 있다. 돌무지 덧널무덤에는 벽화가 그려져 있지 않다.

⑤ 김유신의 장군 묘는 굴식 돌방무덤의 형태로 12지 신상이 조각된 둘레돌이 무덤에 둘러져 있다.

02

다음 무덤에 대한 설명으로 옳은 것은?

① 고구려인의 생활상을 볼 수 있다.
② 중국 남조의 영향을 받아 만들어졌다.
③ 도굴이 어려워 많은 껴묻거리가 발견되었다.
④ 널방과 벽과 천장에 많은 벽화가 그려져 있다.
⑤ 12지 신상이 조각된 둘레돌이 무덤에 둘러져 있다.

03

자료에서 설명하고 있는 문화유산으로 옳은 것은?

△△신문 　　　　　　　　　　　2015년 ○○월 ○○일

오늘의 문화재

이 석탑은 경주 불국사에 위치하고 있으며, 이중 기단 위에 3층으로 쌓는 양식으로 만들어졌다. 1966년 10월 보수할 때 현존하는 세계 최고의 목판본인 무구정광대다라니경이 발견되었다.

---

①

②

③

④

⑤

03.③

제시문에서 설명하고 있는 것은 석가탑이다.

③ 통일 신라의 석가탑이다.

① 백제의 정림사지 5층 석탑이다.

② 신라의 분황사 모전 석탑이다.

④ 통일 신라의 진전사지 3층 석탑이다.

⑤ 통일 신라의 쌍봉사 철감선사 승탑이다.

04

다음 문화유산을 이용한 수행 평가의 주제로 옳은 것은?

① 고려의 대외 교류
② 일본에 전해진 삼국의 문화
③ 통일 신라와 일본과의 관계
④ 발해와 통일 신라의 대외 관계
⑤ 삼국 시대에 전래된 서역의 문화

05

다음과 같은 제도가 시행되었던 나라에서 볼 수 있는 모습으로 옳은 것은?

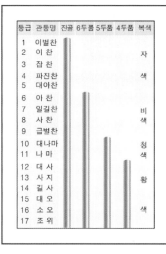

공복에 있어서 진골은 자색, 6두품은 비색, 5두품은 청색, 4두품은 황색으로 구분되었다.

① 솔빈부에서 말을 기르는 목동
② 정사암 회의에 참석하는 좌평
③ 형이 죽어 형수와 결혼하는 동생
④ 원광의 세속 5계를 공부하는 화랑
⑤ 진대법을 시행하여 빈민에게 쌀을 나누어 주는 관리

06

전시실에서 설명하고 있는 문화 유산으로 옳은 것은?

> 광배 뒷면에 고구려 승려들이 연가 7년에 만들었다는 내용이 기록되어 있어 제작 시기와 나라를 알 수 있습니다.

①

②

③

④

⑤

06.④

제시문은 연가 7년명 금동 여래 입상에 대한 설명을 하고 있다.

④ 고구려의 연가 7년명 금동 여래 입상이다.

① 통일 신라의 석굴암 본존불이다.

② 고려 전기의 관촉사 석조 미륵보살 입상이다.

③ 백제의 서산 마애삼존불이다.

⑤ 고려의 부석사 소조 아미타여래 좌상이다.

07.④

제시문은 일본 도다이사 정창원에서 발견된 서원경에 속했던 4개 촌락의 민정 문서이다. 장적은 조세를 징수하고 노동력을 동원할 목적으로 만들었다. 여기에는 촌의 면적, 호와 인구, 소와 말, 논과 밭, 뽕나무, 잣나무, 호두나무 등의 숫자와 3년 사이에 바뀐 사항이 함께 기록되어 있다.

08.②

제시된 지도는 혜초의 서역 기행 경로이다. 혜초는 당나라 바닷길로 중앙아시아, 인도 등 여러 나라 순례하며 왕오천축국전을 저술하였다.
② 신라의 승려 혜초는 8세기 인도와 중앙아시아의 자연환경, 문화, 역사, 사회풍습 등이 담긴 왕오천축국전을 저술하였다.
① 신라의 진흥왕은 황룡사를 창건하였다.
③ 고려의 승려 의천에 대한 설명이다.
④ 신라의 승려 의상에 대한 설명이다.
⑤ 신라의 승려 원효에 대한 설명이다.

07

㈎에 들어갈 내용에 대한 설명으로 옳은 것은?

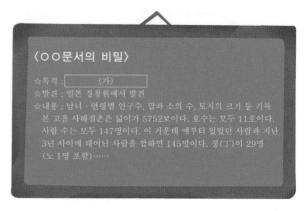

① 화랑도의 세속오계
② 화백 회의 기능 확대
③ 일본과의 활발한 문물 교류
④ 조세와 공물 징수와 노동력 동원
⑤ 독서 능력에 따라 상·중·하로 구분하여 관리 선발

08

지도에 나타난 지역을 여행한 신라 승려에 대한 설명으로 옳은 것은?

① 황룡사를 창건하였다.
② 왕오천축국전을 저술하였다.
③ 교관겸수 사상을 주장하였다.
④ 화엄종을 개창하고, 부석사를 건립하였다.
⑤ 아미타 신앙을 통해 불교 대중화를 이끌었다.

09

밑줄 그은 '관료전'에 대한 설명으로 옳은 것을 〈보기〉에서 고른 것은?

- 신문왕 7년(687) 5월에 문무 관료전을 지급하되, 차등을 두었다.
- 신문왕 9년(689) 1월에 내외관의 녹읍을 혁파하고, 매년 조를 내리되, 차등이 있게 하여 이로서 영원한 법식을 삼았다.

〈보기〉

- ㉠ 세습이 가능한 공음전이 있었다.
- ㉡ 관리에게 토지의 소유권을 지급하였다.
- ㉢ 관리의 힘이 약해지고 왕권이 강화되었다.
- ㉣ 지급받은 관리들은 농민의 노동력을 징발할 수 없었다.

① ㉠, ㉡   ② ㉠, ㉢

③ ㉡, ㉢   ④ ㉡, ㉣

⑤ ㉢, ㉣

10

(가)에 들어갈 인물의 활동으로 옳은 것은?

당에서 활동하다가 귀국해서 완도에 청해진을 설치한 (가) 에 대해서 들어봤어?

당연하지. 엄청 유명하잖아. 이번에 왕위 쟁탈전에 가담하여 신무왕을 추대했다는데.

① 후고구려를 건국하였다.

② 화쟁 사상을 주장하였다.

③ 대승기신론소를 저술하였다.

④ 안시성 전투에서 당의 군대를 물리쳤다.

⑤ 중국 산동 지역에 법화원을 건립하였다.

09. ⑤

통일 신라의 신문왕은 녹읍을 혁파하고 관료전을 지급하였다.

㉢ 녹읍과 달리 관료전을 지급받으면 조세만 수취하고, 사람들은 지배할 권한이 없었기 때문에 관리의 힘이 약해지고 왕권은 강화되었다.

㉣ 관료전은 토지로부터 조세만 수취하고 사람들은 지배할 권한이 없었으며 관리는 관직에서 물러나면 관료전을 반납해야 했다

㉠ 고려 시대에 공음전이 지급되었다.

㉡ 관료전은 관리에게 토지의 수조권을 지급한 것이다.

10. ⑤

두 농민이 대화를 나누고 있는 인물은 장보고이다.

⑤ 산동반도에 있는 사찰로 통일 신라 시대 해상왕 장보고에 의해 세워진 사찰(신라원) 중 가장 대표적인 사찰이다.

① 궁예는 후고구려를 건국하였다.

②③ 원효는 모든 논쟁을 화합으로 바꾸려는 불교사상인 화쟁 사상을 주장하고, 대승기신론소를 저술하였다.

④ 고구려의 양만춘 장군은 안시성 전투에서 당의 군대를 물리쳤다.

11

11.②

제시된 지도는 통일 신라와 발해의 무역로이다. 즉, 남북국 시대에 볼 수 있는 모습과 관련이 없는 내용을 찾는 문제이다.

② 고려 시대에 예성강 하구의 벽란도는 국제 무역항으로 번성하였다.

① 신라와 발해 모두 당에 유학생과 승려를 파견하였다.

③ 신라 시대에는 국제 무역항으로 울산항이 번성하였다.

④ 남북국 시대 때 신라와 발해가 서로 오가던 대외교통로이다.

⑤ 통일 신라 흥덕왕 때의 장군 장보고는 완도에 청해진을 설치하여 해상권을 장악하고 중국·일본과 무역을 하였다.

지도와 같은 형세를 이룬 시대에 대한 설명으로 옳지 않은 것은?

① 당에 유학생과 승려를 파견하였다.
② 벽란도가 국제 무역항으로 번성하였다.
③ 울산항에 아라비아 상인이 왕래하였다.
④ 발해는 신라도를 통해 신라와 교류하였다.
⑤ 장보고는 청해진을 설치하고 해상권을 장악하였다.

12.①

도교와 관련된 문화유산을 찾는 문제이다.

㉠ 백제 금동대향로로 불교와 도교와 관련이 있다.

㉡ 산수무늬 벽돌로 도교와 관련이 있다.

㉢ 백제의 서산 마애삼존불로 불교와 관련이 있다.

㉣ 백제의 왕이 왜왕에게 하사한 칠지도이다.

12

다음 종교와 관련된 문화유산으로 옳은 것은?

도교는 불로장생과 신선이 되기를 추구하는 종교로 삼국에 전래되어 귀족 사회를 중심으로 유행하였으며 예술에도 많은 영향을 주었다.

〈보기〉

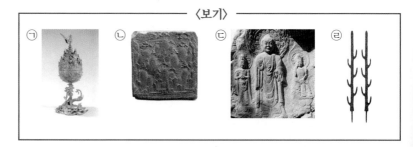

① ㉠, ㉡   ② ㉠, ㉢
③ ㉡, ㉢   ④ ㉡, ㉣
⑤ ㉢, ㉣

13

다음에서 설명하는 '이 석탑'으로 옳은 것은?

이 석탑은 양식상으로 볼 때 현존하는 석탑 중에서 건립 연대가 가장 오래었다고 할 수 있습니다. 건립 연대는 백제 말기의 무왕인 때인 600~640년으로 보는 견해가 가장 유력합니다. 안타까운 일이지만 일제강점기 때, 붕괴가 우려된다고 콘크리트를 발라놓아 훼손이 심합니다.

13. ③

제시문에서 설명하고 있는 탑은 백제 익산 미륵사지 석탑이다.

③ 백제의 익산 미륵사지 석탑이다.

① 백제의 부여 정림사지 5층 석탑이다.

② 신라의 분황사 모전 석탑이다.

④ 고려의 경천사지 10층 석탑이다.

⑤ 신라의 감은사지 3층 석탑이다.

①

②

③

④

⑤

II

고려 귀족 사회의 형성과 변천

06 고려의 건국과 정치 발전

은쌤의 은밀한 **시험포인트**

무료강의

통일 과정은 어디서부터 손을 대야 하는 거야?

왕건 아찌를 중심으로 고려 오픈부터 후삼국 통일까지의 큰 사건을 중심으로 먹으면 돼

까아악~~ 고려 왕 셋트 메뉴인가? 왕이 너무 많아요.

당황하지 말고, 결국 시험에는 4명의 고려 왕만 나오니 이 왕들의 주요 업적을 음미하면서 즐기면 돼.

반원 자주 공민왕

호족통합 태조 왕건

유교정치 성종

왕권강화 광종

은세프가 중앙 정치 조직은 고려, 조선을 비교하거나 각 기구의 역할을 물어본다고 하였죠?

잘 기억하고 있네요. 사실 그것보다 고려 전기의 지배층인 문벌귀족의 특권과 그들의 모순이 겉으로 드러난 이자겸과 묘청의 난에 대해 아는 것이 더 중요합니다.

칙칙

칙

문벌 귀족의 모순

이자겸의 난

묘청의 서경천도 운동

1. 고려의 성립

(1) 고려의 건국과 후삼국의 통일

고려 건국 (918)	• 배경 : 궁예 스스로 미륵불을 자칭하며 포악한 정치를 일삼음 ➡ 신하들이 왕건을 국왕으로 추대 • 건국 : 고구려 계승을 내세워 국호를 '고려', 연호를 '천수', 도읍을 '송악'으로 삼음

⬇

왕건의 통치	• 대내 : 지방 세력 흡수 통합, 민생 안정(세금 감면, 군대 규율 엄격) • 대외 : 중국 5대 여러 나라와 교류, 신라에는 화친 정책

⬇

통일 과정	• 공산 전투(927) : 고려와 후백제 간의 전투 ➡ 후백제 승리 • 안동(고창) 전투(930) : 고려와 후백제 간의 전투 ➡ 고려 승리 • 견훤의 귀순(935) : 왕위 계승권 둘러싸고 내분 ➡ 견훤 고려에 투항 • 신라 항복(935) : 백제 공격에 시달리던 신라 경순왕이 고려에 투항, 경순왕은 최초의 사심관이 됨 • 후백제 멸망(936) : 신검이 이끄는 후백제군 격파 ➡ 후삼국 통일

⬇

통일 의의	• 실질적인 민족 통일 완성 : 옛 고구려·백제·신라인 통합, 발해 유민 포용 • 민족 문화 발달의 토대 마련 : 옛 삼국의 다양한 사상과 전통 문화를 흡수 ➡ 개방성과 다양성을 가짐 • 새로운 지배 세력의 성장 : 지방 호족과 6두품 출신이 정치에 참여

(2) 왕건의 정책

호족 통합	포섭	• 혼인 정책(정략 결혼) : 왕실과 호족, 호족 간에 결혼 장려 • 사성 정책 : '왕'씨 성씨 부여
	견제	• 기인 제도 : 지방 호족 자제를 중앙에 머물게 함 • 사심관 제도 : 지방 호족에게 지역 관할권 부여
북진 정책		• 고구려 계승 의식, 서경(평양) 중시, 거란 강경책(만부교 사건) • 영토 확장 : 청천강~영흥만 일대
민족 통합		• 옛 고구려, 백제, 신라 출신 포섭, 발해 유민 수용
민생 안정		• 조세 경감 : 과도한 수취 금지, 조세는 1/10 수취 • 흑창 설치 : 흉년 때 빈민에게 곡식을 빌려주었다가 추수기에 상환하도록 하는 진대기관
통치 규범		• 훈요 10조 : 후대 왕에게 통치 방향 제시 • 정계·계백료서 : 관료들의 올바른 품행을 강조

🐨 고려의 후삼국 통일

🐨 태조의 청천강~영흥만 일대 확보

🐨 태조 왕건의 동상

은세프의 시험 전에 꼭 맛봐야 하는

태조의 훈요 10조

1조 불교의 힘으로 나라를 세웠으므로, 사원을 세우고 주지를 파견하여 불도를
닦게 하라.
➡ 불교 숭상
2조 도선의 풍수지리설에 맞추어 사원을 세우고, 함부로 짓지 말라.
➡ 풍수지리설 중시
4조 우리는 중국과 지역과 인성이 다르니 중국의 문화를 반드시 따를 필요가 없
으며, 거란은 짐승의 나라이므로 그들의 의관 제도는 따르지 말라.
➡ 자주성과 고구려 계승 의식
5조 서경은 우리나라 지맥의 근본이니 100일 이상 머물러라.
➡ 서경 중시, 북진 정책과 관련
6조 연등회와 팔관회는 소홀히 하지 말라.
➡ 연등회, 팔관회 중시

훈요 10조는 태조가 말년에 후손에게 내린 가르침으로 왕실과 국가의 안녕을 바라는 태조
의 사상과 정책 방향이 담겨 있다.

2. 고려의 중앙 집권 체제 정비

(1) 초기 체제 정비

① 왕위 계승을 둘러싼 갈등 : 2대 혜종(왕규의 난), 3대 정종(서경 천도
시도 실패)

② 광종의 왕권 강화
- 노비안검법 : 호족이 불법적으로 차지한 노비를 해방시킴 ➡ 호족의 경제
적·군사적 기반 약화, 국가 재정 확보
- 과거제 실시 : 쌍기 건의로 시행 ➡ 유교 지식과 능력을 갖춘 인재 등용
- 백관의 공복 제정 : 위계질서 확립
- 황제 칭호와 독자적 연호 사용(광덕, 준풍), 호족 세력 숙청

③ 성종의 유교 통치 체제 정비
- 유교 정치 : 최승로의 시무 28조 건의 받아들임 ➡ 유교를 국가 통치 이
념으로 삼음
- 제도 정비
  - 중앙 : 2성 6부제 관제 마련, 국자감 정비
  - 지방 : 12목 설치, 지방관 파견, 경학·의학 박사 파견, 향리제 마련

최승로의 시무 28조

> 제13조 우리나라에서는 봄에는 연등을 설치하고, 겨울에는 팔관을 베풀어 ……
> 노역이 심히 번다하오니, 원컨대 이를 감하여 백성이 힘을 펴게 하소서.
> ➡ 지나친 불교 행사 억제 주장
> 제20조 불교를 행하는 것은 수신의 근본이요, 유교를 행하는 것은 치국의 근원입니다. 수신은 내생의 복을 구하는 것이며, 치국은 금일의 중요한 업무입니다.
> ➡ 불교는 개인 수양을 위한 종교이므로 유교가 통치 이념이 되어야 한다는 주장
>
> -「고려사절요」-

최승로는 '시무 28조'에서 유교 중심의 정치를 주장하였다. 이 외에도 지방관 파견, 승려의 폐단 제거, 공신 자손의 처우 개선 등을 제시하였다.

(2) 중앙 정치 제도

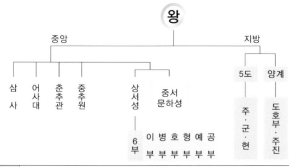

2성	중서문하성	• 국정을 총괄하는 최고 기구		
		• 2품 이상의 재신과 3품 이하 낭사로 구성		
	상서성	• 6부를 통해 정책 집행 담당		
중추원		• 왕명 전달, 군사 기밀 업무 담당		
		• 2품 이상의 추밀과 3품 이하 승선으로 구성		
도병마사		• 국방 문제를 담당하던 임시 기구 ➡ 고려 후기 도평의사사로 개칭	공통점	중서문하성(재신)과 중추원(추밀)의 고위 관료가 참여하는 회의 기구로 고려 귀족 정치의 특징과 독자성을 보여줌
식목도감		• 법제와 격식 개정		
어사대		• 정치의 잘잘못을 논의하고, 관리를 규찰 및 탄핵		
삼사		• 화폐와 곡식의 출납에 대한 회계만 담당		

 코알랄라의 **시험에 나오는 자료**

 은세프의 시험 전에 꼭 맛봐야 하는

고려의 대간(대성)제도

- 구성 : 중서문하성의 낭사 + 어사대
- 역할 : 정치 운영의 견제와 균형

  ┌ 간쟁권 : 왕의 부당한 처사나 과오에 대하여 잘못을 논하였다.
  ├ 서경권 : 정책 시행 및 법령 개폐와 관리 임명에 대간이 동의권을 행사하였다.
  └ 봉박권 : 잘못된 왕명을 시행하지 않고 되돌려 보내었다.

---

(3) 지방 행정 및 군사 조직

① 지방 행정 조직 = 이원적 구조

정비 과정	• 초기 : 호족 자치 허용 • 성종 : 12목 설치, 최초 지방관 파견 • 12목(성종) : 인구 많고, 물산이 풍부한 지방의 요지에 설치 • 현종 : 4도호부 8목 ➡ 5도 양계 체제 완비
5도	• 5도 = 일반 행정 구역 ➡ 안찰사 파견 • 5도 아래에 주, 군·현 설치 ┌ 주군·주현 : 지방관을 파견함 └ 속군·속현 : 지방관을 파견하지 않음 ➡ 향리가 실제 행정 담당
양계	• 양계(북계 + 동계) : 군사 행정 지역으로 병마사 파견 • 양계 아래에 도호부·방어군·진 설치
특수 행정구역	• 3경(풍수지리설과 밀접) : 개경, 서경, 동경(➡ 남경) • 향·부곡·소 : 신분상 양민이나 백정 농민에 비해 차별을 받음 ┌ 향·부곡 : 농업에 종사 ├ 소 : 광업, 수공업에 종사 ├ 거주 이전의 자유가 없음 └ 일반 양민에 비해 많은 세금을 부담

② 군사 제도

중앙군	• 2군(왕궁 수비), 6위(개경, 국경방어) ➡ 군인전 지급
지방군	• 군적에 오르지 못한 일반 농민으로 16세 이상 남자들로 조직 • 주현군 : 5도의 일반 군현에 주둔, 치안 업무와 잡역 담당 • 주진군 : 양계에 주둔하는 상비군
특수군	• 광군 : 정종 때 거란의 침입에 대비하기 위해 청천강에 배치한 상비군 ➡ 후에 지방군인 주현군으로 편입 • 별무반 : 숙종 때 윤관의 건의로 조직된 여진 정벌군 • 삼별초 : 야별초를 좌별초와 우별초로 나누고 신의군을 합하여 편성

고려의 5도 양계

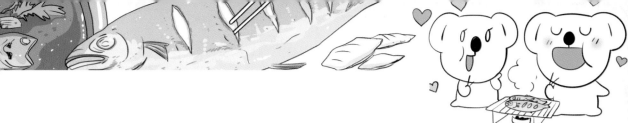

(4) 교육과 관리 선발 제도

① 관리 선발 제도

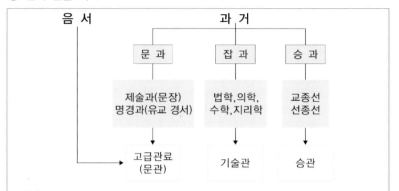

- 법적
  - 법제적으로 양인 이상이면 응시 가능
  - 실제로 문과는 귀족과 향리 자제들이 응시, 잡과는 백정 농민이 응시
- 구성
  - 문과 : 제술과, 명경과로 구성 ➡ 문관 선발
  - 잡과 : 법률, 회계, 지리 등 실용 기술 시험 ➡ 기술관 선발
  - 승과 : 교종, 선종 시험으로 구성 ➡ 승관 선발
- 음서 : 공신이나 5품 이상의 고관 자손은 과거를 거치지 않고 관리로 뽑는 제도
- 의의 : 능력 중심의 인재 등용, 유교적 관료 장치의 토대 마련
- 한계 : 무과 미실시, 과거 출신자보다 음서 출신자를 더 우대

② 교육 기관

중앙	• 국자감(개경) : 최고 교육기관 ➡ 유교 경전 가르침
지방	• 향교 : 지방에 세워 지방 교육 담당 • 사학 : 사학 12도와 같은 사립학교 설립

3. 고려 사회의 변천과 대외 관계

(1) 다원적 국제 질서 형성

① 송과 거란의 관계 : 중국 대륙의 지배권을 둘러싼 대립
  - 만주 : 유목 민족인 거란족이 발해를 멸망시키고 세력을 확장
  - 중국 : 5대 10국의 혼란기를 거쳐 송이 중국 대부분 지역을 통일

② 고려와 송의 관계 : 친선 관계 유지(고려는 거란 견제, 송은 거란 견제)

③ 고려와 거란과의 관계 : 고려의 북진 정책으로 거란과 충돌

🐨 **거란의 침입과 격퇴**

🐨 **척경입비도**

윤관이 동북 9성을 쌓은 후 '고려의 영토'라고 새겨진 경계비를 세우는 장면을 담음

(2) 거란의 침입

구분	배경	경과
1차 침입 (993)	• 고려의 거란 강경책 • 친송 정책	• 소손녕의 80만 대군 침입 • 서희와 소손녕의 외교 담판 ➡ 강동 6주 획득(고려는 송과 관계를 끊는다는 조건으로 압록강 하류 동쪽의 영토 획득)
2차 침입 (1010)	• 강조의 정변 • 친송 정책의 지속 • 강동 6주 반환 거부	• 40만 대군 침입 ➡ 개경 함락 • 현종 입조 조건으로 퇴군하는 거란군을 양규가 귀주에서 격퇴
3차 침입 (1019)	• 현종 입조 거부 • 강동 6주 반환 거부	• 소배압의 10만 대군 침입 • 강감찬의 귀주대첩 승리
결과		• 개경에 나성 축조(1029, 강감찬 건의) : 도성 수비 강화 • 천리장성 축조(1033~1044, 강감찬 건의) : 압록강 입구~동해안 도련포(거란·여진 대비) • 초조대장경 조판

(3) 여진의 침입과 관계 변화

고려 초		• 여진 : 고려를 부모의 나라로 생각하여 말과 가죽 등을 바침 • 고려 : 여진에게 식량과 옷, 관직 등을 주어 회유
12세기 초	여진의 남하	• 천리장성까지 남하 ➡ 기병 중심의 여진족에게 고려군 패배
	고려의 여진 정벌	• 별무반 편성(신기군 + 신보군 + 항마군) : 윤관 건의, 기병 중심 • 윤관과 별무반이 여진족 토벌 ➡ 동북 9성 축조(1107) ➡ 여진족의 간청으로 9성 환부
금 건국	금의 사대요구	• 여진족의 금 건국(1115) : 거란(요)를 멸망시키고, 송을 남쪽으로 몰아냄 • 금은 고려에 군신관계 요구 ➡ 이자겸의 사대 외교로 금 요구 수용 ➡ 북진 정책 중단

 은세<del>끄</del>의 시험 전에 꼭 맛봐야 하는

윤관의 별무반 조직

"제가 전날에 패한 원인은 적들은 말을 탔고 우리는 보행으로 전투한 까닭에 대적할 수가 없었던 것입니다." 이에 (숙종에게) 건의하여 비로소 별무반이 설립되었다.

– 「고려사」 –

고려의 별무반은 기병으로 이루어진 여진의 군대를 상대하기 위해 편성한 특수 부대로 신기군(기병), 신보군(보병), 항마군(승려)으로 구성되었다.

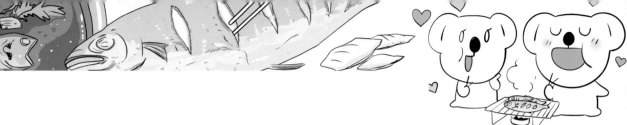

4. 문벌 귀족 사회의 동요

(1) 문벌 귀족의 형성

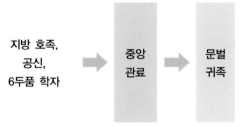

지방 호족, 공신, 6두품 학자 ➡ 중앙 관료 ➡ 문벌 귀족

- 대표 가문 : 경원 이씨, 해주 최씨, 경주 김씨
- 정치적 특권 : 음서, 과거, 왕실과의 통혼 등
- 경제적 특권 : 공음전, 과전, 고리대 사업 등

(2) 문벌 귀족의 동요

① 이자겸의 난(1126)

- 배경 : 거듭된 왕실과 통혼으로 경원 이씨가 정권 독점(왕권 능가) ➡ 인종 및 측근 세력과 대립
- 과정 : 이자겸의 왕권 위협 ➡ 인종의 이자겸 제거 시도 ➡ 인종의 사주로 척준경에 의해 이자겸 제거
- 영향 : 중앙 지배층의 분열과 왕실 권위 하락, 문벌 귀족 사회의 붕괴 촉진

② 묘청의 서경 천도 운동(1135)

배경	• 풍수지리설을 기반에 둔 서경 천도 여론 등장 • 왕실 권위 추락, 금과 사대 관계에 대한 비판 제기 • 자주적 전통 사상(개혁 세력) VS 사대적 유교 정치 사상(보수 세력)		
	개경파 보수 세력(신라 계승)	대립	서경파 개혁 세력(고구려 계승)
	• 대표 인물 : 김부식, 김인존 등 • 주장 : 금과 사대 관계 수용		• 대표 인물 : 묘청, 정지상 등 • 주장 : 금국 정벌, 칭제 건원
경과	• 서경 천도 추진(서경 길지설 주장-풍수지리적 요소) ➡ 개경파 반발로 중단 ➡ 묘청 등 서경파 반란(묘청의 난) ➡ 서경에 '대위국' 건립, '천개' 연호 사용 ➡ 김부식이 이끄는 관군에 의해 진압		
의의	• 문벌 귀족 사회 내부의 모순 표출, 지역 세력 간의 대립 • 고려인의 자주 의식 확인		

의 시험 전에 꼭 맛봐야 하는

묘청의 주장

서경 임원역의 땅은 풍수가들이 말하는 대화세(명당자리를 의미함.)입니다. 만약 이곳에
<u>풍수지리설을 바탕으로 서경 천도를 주장함</u>   서경
궁궐을 세우고 전하께서 옮기시면 천하를 합칠 수 있습니다. 금이 선물을 바치고 스스
로 항복할 것입니다.

– 「고려사」 –

왕실과 경원 이씨의 혼인 관계도

⑪ 문종
인예 태후(이자연의 딸)
인경 현비(이자연의 딸)   ⑫ 순종
인절 현비(이자연의 딸)   장경 궁주(이호의 딸)
                          ⑬ 선종   ⑭ 헌종
                          사숙 태후(이석의 딸)
                          정신 현비(이예의 딸)
                          원신 궁주(이정의 딸)
                  ⑮ 숙종   ⑯ 예종
                              문경 태후(이자겸의 딸)
                  ⑰ 인종
                  폐비(이자겸의 딸)
                  폐비(이자겸의 딸)

묘청의 난

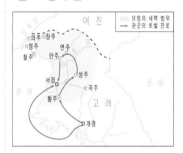

01.①

거란 장수 소손녕이 80만 대군을 끌고 고려를 침입하자(거란 1차 침입), 고려에서는 서희가 적장 소손녕과 담판을 벌여 거란 군을 철수시켰다.

① 서희는 외교 담판을 통해 강동 6주를 확보하였다.

② 최윤덕의 4군 설치는 조선 세종 때의 일이다.

③ 고려는 몽골의 1차 침입 이후 수도를 강화도로 옮겼다.

④ 고려 숙종 때 윤관이 여진을 정벌하기 위해 별무반을 편성하여, 여진족을 물리치고 동북 9성을 쌓았다.

⑤ 발해 무왕 때 장문휴로 하여금 수군을 이끌고 당의 산둥 반도를 공격하였다.

02.②

제시문에서 다루는 내용은 태조 왕건의 훈요 10조이다.

② 고려 태조는 기인제도를 시행하였다.

① 고려 무신 집권기 때 최우가 정방을 설치하였다.

③ 고려 광종은 노비안검법을 시행하였다.

④ 고려 공민왕은 전민변정도감을 설치하였다.

⑤ 고려 성종은 12목을 설치하고 지방관을 파견하였다.

01 기출문제

다음 외교 담판의 결과로 옳은 것은?

너희 나라는 신라 땅에서 일어났다. 옛 고구려 땅은 우리의 소유인데 너희 나라가 이를 침범하고 있다. 또 우리와 국경을 마주하면서도 송을 섬기는 이유는 무엇인가?

우리나라는 고구려를 계승하였기 때문에 나라 이름을 고려라 하였다. 너희가 압록강 동쪽의 여진을 내쫓고 우리 옛 땅을 돌려준다면 어찌 서로 왕래하지 않겠는가?

소손녕   서희

① 강동 6주를 확보하여 영토를 확장하였다.

② 최윤덕을 보내 압록강 지역에 4군을 설치하였다.

③ 수도를 강화도로 옮기고 장기 항전을 준비하였다.

④ 별무반을 이끌고 동북 지방에 9개의 성을 쌓았다.

⑤ 장문휴가 수군을 이끌고 산둥 반도를 공격하였다.

02

밑줄 그은 '이 왕'의 업적으로 옳은 것은?

이 왕은 자손들을 훈계하기 위해 열가지 가르침을 남겼어.

맞아. 불교 숭상, 풍수지리 중시, 서경 중시 등의 내용을 담고 있지.

① 정방을 설치하였다.   ② 기인제도를 시행하였다.

③ 노비안검법을 시행하였다.   ④ 전민변정도감을 설치하였다.

⑤ 12목을 설치하고 지방관을 파견하였다.

03

다음 검색창에 들어갈 인물의 활동으로 옳은 것은?

역사 통합 검색

검색어 [   ] 검색

↳ 검색결과

◎약력
· '광덕'과 '준풍' 연호 사용
· 스스로 황제라 칭함
· 후주 출신 쌍기의 건의를 받아들여 과거제 실시

① 사심관 제도를 시행하였다.
② 노비안검법을 시행하였다.
③ 12목에 지방관을 파견하였다.
④ 최승로의 시무 28조를 받아들였다.
⑤ 대광현 등 발해 유민을 포용하였다.

03.②

'광덕'과 '준풍'이라는 독자적인 연호를 사용하고, 스스로 황제라 칭하고 수도를 황도라고 한 왕은 고려의 광종이다.
② 고려 광종의 업적이다.
① 고려 태조 왕건의 업적이다.
③ 고려 성종의 업적이다.
④ 고려 성종의 업적이다.
⑤ 고려 태조 왕건의 업적이다.

04

다음 왕의 업적으로 옳은 것은?

지금 향촌의 호족들이 늘 나라의 일이라 속여 백성을 수탈하고, 백성은 그 명령을 감당하지 못하니 청컨대 외관을 두소서.

최승로 자네의 의견을 받아들이겠소.

① 12목을 설치하였다.
② 22담로를 설치하였다.
③ 전국을 8도로 나누었다.
④ 9주 5소경을 설치하였다.
⑤ 5경 15부 62주로 지방을 조직하였다.

04.①

고려 성왕의 즉위와 함께 최승로는 시무 28조를 건의를 하였고, 왕의 신임을 받아 유교적 통치 이념에 따른 제도 정비에 이바지하였다.
① 고려 성종의 업적이다.
② 백제 무령왕의 업적이다.
③ 조선 태종의 업적이다.
④ 신라 신문왕의 업적이다.
⑤ 발해 선왕의 업적이다.

06.③

(가)에 들어갈 기구는 식목도감이다.

③ 식목도감에 대한 설명이다.

① 상평창에 대한 설명이다.

② 어사대에 대한 설명이다.

④ 도병마사에 대한 설명이다.

⑤ 삼사에 대한 설명이다.

06

(가)에 들어갈 정치 기구에 대한 설명으로 옳은 것은?

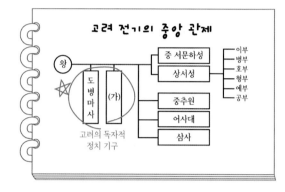

① 물가 조절을 관장하였다.

② 관리들의 비리를 감찰하였다.

③ 법제와 격식 제정을 관장하였다.

④ 국방과 군사 문제를 논의하였다.

⑤ 화폐와 곡식의 출납, 회계를 맡아보았다.

07.③

고려 인종(仁宗, 1122~1146) 때 최고 권력자였던 이자겸은 '십팔자(十八子)'가 왕이 될 것이라는 도참설을 내세워 인종을 폐위시키고 스스로 왕위를 찬탈하고자 난(1126)을 일으켰다.

07

다음 사건이 일어난 시기를 연표에서 옳게 고른 것은?

십팔자득국(十八子得國)! 이제 이씨가 왕이 되어 나라를 얻을 때이다!

918	936	1019	1135	1170	1270
	(가)	(나)	(다)	(라)	(마)
고려 건국	후삼국 통일	귀주 대첩	서경 천도 운동	무신 정변	개경 환도

① (가)

② (나)

③ (다)

④ (라)

⑤ (마)

08

대화에 나타난 부대에 대한 설명으로 옳은 것은

> 별무반은 윤관이
> 설치를 건의한 거였어?

> 응 맞아.
> 윤관이 신기군을 주축으로 한
> 별무반을 이끌고
> 큰 성과를 거두었어.

① 대마도를 정벌하였다.
② 처인성에서 몽골군을 격퇴하였다.
③ 4군 6진을 개척하여 영토를 확장하였다.
④ 강동 6주를 확보하여 영토를 확장하였다.
⑤ 여진을 정벌한 후 동북 9성을 축조하였다.

09

(가)에 들어갈 설명으로 옳지 <u>않은</u> 것은?

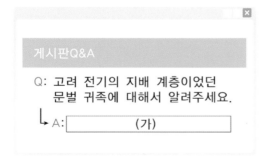

게시판Q&A

Q: 고려 전기의 지배 계층이었던
   문벌 귀족에 대해서 알려주세요.

A: [(가)   ]

① 대표 인물로 이자겸과 김부식이 있습니다.
② 공음전을 통해 경제적 특권을 누렸습니다.
③ 토지 개혁을 주장하여 과전법을 실시하였습니다.
④ 과거와 음서를 통해 고위 관직을 독점하였습니다.
⑤ 왕실과 결혼을 하거나 같은 귀족 가문 간에 결혼을 하였습니다.

08.⑤

윤관은 여진족과의 전투에서 매번 기병에게 패하자 기병인 신기군, 보병인 신보군, 승려군인 항마군으로 편성된 별무반을 만들었다.

⑤ 윤관은 별무반을 이끌고 여진을 정벌한 뒤 동북 지방에 9개의 성을 쌓았다.
① 세종 때 이종무의 업적이다.
② 김윤후의 업적이다.
③ 세종 때 김종서의 업적이다.
④ 서희의 업적이다.

09.③

고려 전기 지배 계층이었던 문벌 귀족의 특징을 알고 있는지를 물어보는 문제이다.

③ 과전법은 위화도 회군으로 권력을 장악한 이성계와 신진사대부들이 주도해 1391년(공양왕 3)에 실시한 토지제도이다.
① 이자겸과 김부식은 문벌 귀족의 대표 인물이다.
② 공음전은 고려 시대 문벌 귀족에게 지급한 토지로, 5품 이상의 관리에게 특별히 국가에서 지급하였고, 세습이 가능하였다.
④ 문벌귀족은 과거와 음서를 통해 고위 관직을 독점하였다.
⑤ 문벌귀족은 왕실과 혼인, 같은 귀족 간의 혼인을 통해 자신들의 권력을 유지시켜 나갔다.

10.⑤

제시문에서 설명하고 있는 인물은 후백제를 건국한 견훤이다. 후백제는 견훤이 892년에 건국하여 936년 9월 고려 태조 왕건에게 멸망당할 때까지 2대 45년간 존속하였다.

10

(가)에 들어갈 인물이 활동한 시기를 연표에서 옳게 고른 것은?

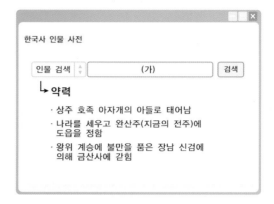

	427	562	660	732	822	936
	(가)	(나)	(다)	(라)	(마)	

| 고구려
평양 천도 | 신라
대가야
병합 | 백제
멸망 | 발해
등주 공격 | 신라
김헌창의
난 | 고려
후삼국
통일 |

① (가) ② (나)
③ (다) ④ (라)
⑤ (마)

11.④

제시된 지도는 묘청의 난의 지도이다.
④ 무신정변으로 무신들이 권력을 장악하게 되었다.
① 묘청은 서경에서 난을 일으켰다.
② 묘청을 비롯한 서경파는 금나라 정벌을 주장하였다.
③ 서경 천도 운동은 풍수지리설의 영향을 받았다.
⑤ 묘청을 비롯한 서경파는 서경 천도와 칭제 건원을 주장하였다.

11

지도를 통해 알 수 있는 사건과 관련된 설명으로 옳지 <u>않은</u> 것은?

① 서경에서 난을 일으켰다.
② 금나라 정벌을 주장하였다.
③ 풍수지리설의 영향을 받았다.
④ 무신이 권력을 자치하게 되었다.
⑤ 서경 천도와 칭제 건원을 주장하였다.

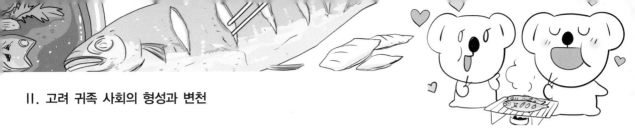

고려의 정치 변화와 개혁 07

핵심개념 한상 차리기

1. 무신 집권기

(1) 무신 정변(1170)

배경	• 문벌 귀족의 모순 심화, 의종의 실정과 향락 • 문신 우대 · 무신 차별 대우, 군인전 미지급 등 ➡ 하급 군인 불만 고조
과정	• 의종의 보현원 행차 ➡ 이의방, 정중부 등의 주도하에 무신 정변 발생 ➡ 문신 제거, 의종 귀양 ➡ 무신 정권 수립
결과	• 중방(최씨 정권 이전의 최고 권력 기구) 중심의 권력 행사 ➡ 주요 관직 독점
영향	• 무신 정권에 대한 저항 : 김보당의 난(1173), 조위총의 난(1174) 등 • 무신들 간의 권력 다툼 : 무신 정권 초기에는 무신들의 권력 쟁탈전이 치열했음

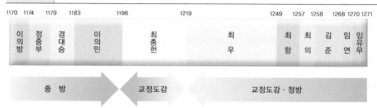

무신 정권의 변천

(2) 최씨 정권의 지배

① 무신 집권자의 변천 : 이의방 ➡ 정중부 ➡ 경대승 ➡ 이의민 ➡ 최충헌

② 성립 : 최충헌이 천민 출신 집권자 이의민을 제거하고 정권 장악
➡ 4대 60여 년간 최씨 정권 지속(최충헌 ➡ 최우 ➡ 최항 ➡ 최의)

③ 최씨 정권의 권력 기반

최충헌	• 봉사 10조 제시 : 사회 혼란을 극복하기 위한 사회 개혁안 제시 • 교정도감 : 최고 권력 기구, 국가 주요 정책의 결정 및 집행 • 도방 : 신변 경호를 위한 사병 집단, 경대승의 도방을 본떠 만듦
최우	• 정방 : 문 · 무관의 인사 행정 실무를 담당하는 기구 • 서방 : 문신들로 구성하여 정책에 대한 조언 · 자문 역할 • 삼별초 : 주로 치안 임무를 수행, 최씨 정권의 군사적 기반

(3) 무신 집권기 농민과 천민의 저항

① 배경 : 무신 집권자의 수탈, 신분 질서 동요, 향 · 부곡 · 소의 차별

② 저항

농민 저항	• 망이 망소이의 난 : 공주 명학소 주민들이 무거운 조세 부담에 반발하여 봉기(특수 행정 구역 차별에 대한 불만) • 김사미 · 효심의 난 : 운문(청도)과 초전(울산)을 중심으로 경상도 지역에서 봉기

무신 집권기의 민중 항거

봉기지

조위총
(1174)

최광수
(1217)

서경

만적
(1198)

동해

황해

개경

망이 · 망소이
(1176)

이비 · 패좌
(1202)

전주 관노
(1182)

공주
서경

동경

효심
(1193)

전주
합천
운문
초전

김사미
(1193)

이연년 형제
(1232)

담양
진주

광명 · 계발
(1200)

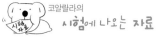

천민 저항	• 만적의 난 : 최충헌의 사노비인 만적이 개경에서 신분 해방 운동 주도 • 전주 관노의 난 : 지방관의 횡포에 불만을 품고 봉기
삼국 부흥	• 고구려, 백제, 신라의 부흥을 외치는 봉기가 일어남 ➡ 최광수 (고구려), 이연년 형제(백제), 이비와 패좌(신라)

2. 몽골과의 전쟁과 자주성 회복

(1) 몽골과의 접촉

① 몽골 제국의 성장 : 칭기즈 칸의 몽골 제국 건설 ➡ 동아시아 지역으로 세력 확장

② 몽골과의 관계 : 몽골이 금을 공격 ➡ 금의 지배를 받던 거란족은 이 틈을 이용하여 반란 ➡ 거란족은 몽골군에 쫓겨 고려 영토로 들어옴 ➡ 강동성에서 고려와 몽골군이 연합하여 거란족 물리침 ➡ 몽골과 고려 외교 관계를 맺음 ➡ 몽골의 무리한 공물 요구 ➡ 몽골 사신 저 고여 피살 사건 ➡ 외교 관계 단절 ➡ 몽골의 제1차 침입

(2) 몽골과의 항쟁

제1차 침입	• 귀주성에서 박서의 저항, 충주 관노비와 천민들의 항전 • 몽골군의 개경 포위 ➡ 고려 정부는 몽골과 강화를 맺음 ➡ 몽골은 다루가치를 남기고 철수 ➡ 최우의 강화도 천도
제2차 침입	• 처인성(용인) 전투에서 김윤후가 몽골 장수 살리타 사살
제3차~6차 침입	• 몽골은 금 정복 이후 여러 차례 침입, 충주성 전투(김윤후) • 황룡사 9층 목탑, 부인사 대장경 등 문화재 소실 • 팔만대장경 조판 : 강화도에서 조판, 민심을 모으고 부처의 힘 으로 몽골을 물리치려는 목적
개경 환도	• 최씨 정권의 붕괴, 몽골과의 강화 추진 • 무신 정권의 환도 거부 ➡ 임유무 피살(무신 정권 붕괴) ➡ 개 경 환도 단행(원종)

(3) 삼별초의 항쟁

① 배경 : 몽골과 강화 및 개경 환도에 반대

② 전개 과정 : 강화도(배중손) ➡ 진도의 용장산성(배중손) ➡ 제주도(김통정) 로 근거지를 옮기며 항쟁 ➡ 고려와 몽골의 연합군에 의하여 진압됨

③ 의의 : 고려인의 자주 정신을 보여줌

④ 결과 : 원은 제주에 탐라총관부를 설치하고, 목마장을 두었음(1273)

몽골의 침입과 삼별초의 항쟁

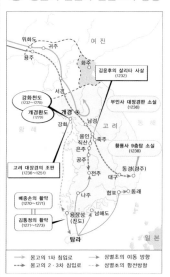

코알랄라의
시험에 나오는 자료

3. 원의 간섭과 공민왕의 개혁

(1) 원의 내정 간섭

영토 상실	• 동녕부(서경), 탐라총관부(제주도), 쌍성총관부(철령 이북) 　　　충렬왕 때 반환　　　　　　　　공민왕 때 무력 탈환
관제 격하	• 왕실 호칭 격하 　┌ 조(祖), 종(宗) 대신에 충○왕 사용 　└ 폐하 대신에 전하, 짐 대신에 고, 태자 대신에 세자 사용 • 관제 명칭 격하 　┌ 중서문하성과 상서성을 합하여 첨의부라고 함 　└ 중추원 대신에 밀직사, 6부는 4사라 함 • 도평의사사는 관제 격하가 아닌 도병마사의 기능 확대임 • 관제는 추후에 공민왕 때 다시 원상 회복됨
내정 간섭	• 고려 왕자는 원에서 교육, 원의 공주와 혼인(부마국) • 다루가치(감찰관), 만호부(군사) • 정동행성(일본 정벌 기구 ➡ 내정 간섭 기구)
인적 · 물적 수탈	• 물적 수탈 : 공물 징수(금 · 은 · 포 · 자기 · 인삼 등), 응방 설치 　(해동청인 매 징수) • 인적 수탈 : 결혼도감 설치 후 공녀 징수 ➡ 조혼 풍습이 생겨남
영향	• 고려 자주성 상실, 왕권이 원에 좌우 • 몽골풍 : 고려에 몽골식 의복 · 장도 · 연지 · 은장도 · 설렁탕 등 　유행 • 고려양 : 몽골에 고려 의복 · 고려병(떡) · 보쌈 등 유행 • 만권당 설치 : 충선왕이 원의 북경에 만든 학문연구소(고려 · 　원의 학자들이 학문 교류) • 성리학(주자학)의 전래, 목화의 전래(문익점)

은세프의 시험 전에 꼭 맛봐야 하는 ·····

몽골풍의 유래

　　▲ 족두리　　　　　▲ 변발　　　　　▲ 소줏고리　　　　　▲ 설렁탕

고려가 원의 간섭을 받았던 약 80년간 인적 교류와 함께 경제 · 문화적 교류로 인해 몽골의 풍속(몽골풍)이 고려에 유행했으며, 원의 지배층 사이에 고려의 풍습(고려양)이 전해지기도 하였다.

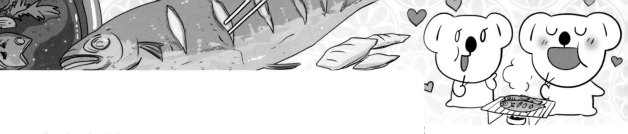

(2) 권문세족의 성장

① 배경 : 원의 간섭으로 왕의 정치적 기반 약화

② 등장 : 원의 세력을 등에 업고 새로운 지배 세력으로 성장

③ 유형 : 친원파, 문벌 귀족세력, 무신 정권 때 대두한 가문 등

④ 성격

- 도평의사사를 독점하여 중요 국가 중대사를 회의를 통해 결정
- 주로 음서를 통해 관직에 진출하였으며, 관료적 성향을 가짐
- 불법적으로 토지와 노비를 차지, 광대한 농장 소유(대토지 소유)

④ 개선 노력 : 충선왕 · 충목왕의 개혁 시도 ➡ 권문세족의 반발로 실패

(3) 공민왕의 개혁 정치

배경	• 14세기 중반 이후 원의 국력 쇠퇴(원 · 명 교체기)
반원 자주 정책	• 친원파 제거(기철 일파 숙청), 정동행성 이문소 폐지, 첨의 부 폐지 • 왕실 용어와 격하된 관제 복구 • 몽골풍 폐지 : 원 연호 폐지, 체두변발 금지, 원 복장 · 언어 풍습 • 유인우로 하여금 쌍성총관부 공격(철령 이북땅 회복)
왕권 강화	• 정방 폐지 : 왕이 인사권 장악, 신진사대부 등용 • 전민변정도감 설치(신돈 주도) : 권문세족이 불법적으로 차지 한 토지를 돌려주고, 억울하게 노비가 된 사람을 해방시킴 • 성균관 개편(순수 유교 교육기관), 과거제 정비
결과	• 원의 압력과 권문세족의 반발, 개혁 추진 세력의 미약, • 국내외 정세 불안(홍건적과 왜구의 침입) ➡ 신돈 제거, 공 민왕 시해 ➡ 개혁 중단

 코알랄라의
시험에 나오는 자료

 공민왕의 영토 수복

의 시험 전에 꼭 맛봐야 하는

공민왕의 전민변정도감 설치

> 신돈은 왕에게 전민변정도감을 설치할 것을 청원하고, "……근래에 기강이 파괴되
> 어 …… 공전과 사전을 권세가들이 강탈하였다. …… 스스로 토지를 반환하는 자
> 는 과거를 묻지 않는다."라고 공포하였다. 권세가들이 강점했던 전민(田民)을 그
> 주인에게 반환하였으므로 온 나라가 모두 기뻐하였다.
>
> — 「고려사」 —

신돈은 왕에게 청하여 전민변정도감을 설치하여 권문세족의 불법적인 농장을 없애고, 빼
앗은 토지를 원래 주인에게 돌려주었으며, 억울하게 노비가 된 사람을 양민으로 해방시키
는 등 개혁 정치를 추구하였다.

🐨 홍건적과 왜구의 격퇴

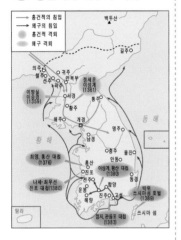

4. 새로운 세력의 등장과 고려의 멸망

(1) 신흥 무인 세력의 성장

① 배경 : 홍건적과 왜구의 침임 ➡ 최영, 이성계 등이 활약하며 신흥 무인 세력으로 성장

② 홍건적의 격퇴
- 배경 : 홍건적(한족의 농민 반란군)이 원에 쫓기자 고려 국경을 침입
- 1차 침입(공민왕, 1359) : 홍건적이 서경을 점령 ➡ 고려의 이승경·이방실 등이 격퇴
- 2차 침입(공민왕, 1361) : 개경이 함락되고 공민왕은 복주(안동)로 피란 ➡ 고려의 이승경·이방실·최영·이성계 등이 격퇴

③ 왜구의 격퇴
- 배경 : 왜구들의 약탈, 조세 운송의 어려움(국가 재정 궁핍)
- 최영(홍산 대첩), 최무선(진포 대첩, 화포를 이용하여 격파), 이성계(황산 대첩, 아지발도 사살), 박위(쓰시마 섬 정벌) 등의 활약

(2) 신진 사대부의 성장

① 출신 : 대부분 지방 향리 출신, 중소 지주층
② 대표 인물 : 정몽주, 정도전 등
③ 성장 : 성리학 수용, 과거를 통해 중앙 정계 진출 ➡ 충선왕, 충목왕의 개혁 정치에 참여 ➡ 공민왕의 개혁 정치에 적극 참여 ➡ 개혁 주도 세력으로 성장
④ 성향 : 권문세족과 불교 세력의 비리 비판, 친명 정책 지지

(3) 위화도 회군과 고려의 멸망

요동 정벌 계획	• 명이 철령 이북 땅 요구 ➡ 고려는 명의 요구 거절 ➡ 최영과 우왕은 요동 정벌 추진 ➡ 이성계는 4불가론을 내세워 반대
위화도 회군 (1388)	• 최영의 지시에 의해 이성계와 원정군 출정 ➡ 압록강 입구의 위화도에서 회군 ➡ 최영 제거, 우왕 폐위 ➡ 이성계의 정치적·군사적 실권 장악
과전법 실시 (1391)	• 목적 : 문란해진 토지 제도를 바로잡고, 신진 사대부의 경제적 기반 마련 • 결과 : 권문세족의 대농장 몰수 ➡ 신진 관료에 재분배
조선 건국 (1392)	• 정몽주 등의 온건파 사대부 제거 ➡ 급진파 사대부들이 이성계를 왕으로 추대 ➡ 조선 건국(1392)

달콤쌉살 디저트

01 🐨 기출 문제

(가)~(라)를 일어난 순서대로 옳게 나열한 것은?

고려 시대의 대외 관계

(가)

강감찬, 귀주에서 통쾌한 승리

(나)

서희, 적장과 담판하여 강동 6주 획득

(다)

윤관, 별무반을 이끌고 동북 9성 개척

(라)

김윤후와 처인 부곡민, 세계 최강 군대 격퇴

① (가) - (나) - (다) - (라)
② (가) - (나) - (라) - (다)
③ (나) - (가) - (다) - (라)
④ (나) - (라) - (다) - (가)
⑤ (다) - (나) - (라) - (가)

02

고려 시대를 배경으로 한 연극이다. 연극 속의 사건이 일어난 시기의 정치 상황으로 옳은 것은?

> 주인공 : (개경의 산에 노비들이 모여 앉아 이야기를 듣고 있다.) "무신 정변 이래로 천한 무리에서 높은 관직에 오르는 경우가 많이 일어났으니, 장군과 재상이 어찌 종자가 따로 있으랴? 때가 오면 누구나 할 수 있을 것이다. 어찌 우리는 고달프게 일하면서 모진 채찍 아래 곤욕을 당할 수 있느냐?"

① 원종과 애노가 수탈에 맞서 싸웠다.
② 고려 왕은 원나라 공주와 결혼하였다.
③ 최충헌은 교정도감을 설치하여 정권을 장악하였다.
④ 거란의 침입을 막기 위하여 천리장성을 축조하였다.
⑤ 몽골의 침입을 물리치기 위해 대장경이 제작되었다.

01. ③

제시문에서는 고려의 대외 항쟁을 보여주고 있다.

(나) 993년 소손녕이 이끄는 거란의 제1차 침입이 있었으나 서희의 담판으로 강동 6주를 획득하였다.

(가) 1018년 소배압이 이끄는 거란의 제3차 침략을 감행하였으나 강감찬이 귀주에서 대승을 거두어 물리쳤다.

(다) 1107년에 윤관은 여진족을 정벌하고 9성을 쌓는 공적을 세웠다.

(라) 1232년 몽골의 2차 침입에 김윤후의 부대가 처인성에서 몽골의 장군 살리타를 사살하고 크게 무찔렀다.

02. ③

제시된 대사는 최충헌의 사노비인 만적이 제기한 주장이다. 무신 집권기에 신분 상승에 대한 기대감이 상승하여 신분 해방 운동이 많이 일어났다.

③ 무신 정변 이후 최충헌은 이의민을 제거한 후 권력을 장악하였다.
① 신라 하대 진성여왕 대의 일이다.
② 원 간섭기 때의 일이다.
④ 거란 3차 침입 이후 강감찬의 건의로 축조하였다.
⑤ 몽골과 항쟁 시기에 제작되었다.

03.④

김윤후는 몽골의 2차 침입 때 처인성 전투에서 처인 부곡민과 함께 몽골 총사령관 살리타를 사살하였다. 제시문은 통해 몽골 항쟁 시기를 찾으면 되는 문제이다. 무신 집권기에 몽골 항쟁이 시작되었고, 오랜 전쟁 끝에 몽골과 강화 조약을 맺자 개경으로 환도하였다.

03

다음 사건이 일어난 시기를 연표에서 옳게 고른 것은?

> 승려인 김윤후는 백현원에 있다가 몽골군이 쳐들어오자 처인성으로 피난을 갔다. 몽골장수 살리타가 공격해 왔을 때 김윤후가 그를 사살하였다.
> ─「고려사」 열전 김윤후조 ─

936		1019		1107		1170		1270		1388
	(가)		(나)		(다)		(라)		(마)	
후삼국 통일		귀주 대첩		윤관의 여진 정벌		무신 정변		개경 환도		위화도 회군

① (가) ② (나)

③ (다) ④ (라)

⑤ (마)

04.⑤

⑤ 무신 집권기에 최우는 인사 행정을 담당하기 위한 정방이 설치하였다.

① 원은 어린 여성들을 결혼도감을 설치하여 공녀로 차출하였다.

② 원은 고려의 내정을 간섭하기 위해 설치한 민정 담당자로 다루가치를 파견하였다.

③ 원 간섭기에 원의 권세를 등에 업은 친원 세력인 권문세족이 등장하였다.

④ 고려 충선왕이 원나라 연경에 세운 독서당으로 고려와 원의 학자가 교류를 하였다.

04

다음 가상 대화가 이루어진 시기의 사실로 옳지 <u>않은</u> 것은?

① 어린 여성들이 공녀로 보내졌다.

② 감찰관으로 다루가치를 파견하였다.

③ 친원 세력인 권문세족이 등장하였다.

④ 고려와 원의 학자가 만권당에서 교류하였다.

⑤ 인사 행정을 담당하기 위한 정방이 설치되었다.

05

지도의 (가) 지역을 영토로 확보한 왕의 정책으로 옳은 것은?

① 별무반 설치　　　　② 강동 6주 획득
③ 기인제도 실시　　　　④ 교정도감 설치
⑤ 전민변정도감 설치

06

교사의 질문에 대한 답변으로 적절한 것은?

① 서경 천도를 추진하려고 했어요.
② 후손들을 위해 훈요 10조를 남겼어요.
③ 개경 환도에 반대하여 끝까지 저항했어요.
④ 정방을 폐지하여 인사권을 장악했어요.
⑤ 권문세족의 경제 기반을 강화하려고 했어요.

05. ⑤

지도는 공민왕의 영토 수복을 보여 준다.

⑤ 전민변정도감은 고려 공민왕이 권 문세족에게 빼앗긴 토지·농민을 되찾기 위해 설치한 임시 관서이다.

① 별무반은 고려 숙종 때 윤관이 여 진 정벌을 위해 만든 군대이다.

② 강동 6주는 고려 성종 때 거란 1 차 침입 때 서희가 거란 장수 소 손녕과 담판하여 얻은 영토이다.

③ 기인 제도는 고려 태조가 실시한 호족 통합 정책으로 지방 호족의 자제를 볼모로 중앙에 머물게 한 것이다.

④ 교정도감은 고려 희종 때 최충헌 이 설치한 무신 정권의 최고 정 치기관이다.

06. ④

공민왕은 원명 교체기에 반원 자주 정책을 실시하여 기철 등의 친원파 제거, 정동행성 이문소 폐지, 왕실 용어와 격화된 관제 복구, 유인우로 하여금 쌍성총관부를 공격하여 철령 이북 땅을 회복하였다.

④ 공민왕은 정방을 폐지하여 인사권 을 장악하고, 신진 사대부를 등용 하였다.

① 묘청은 서경 천도 운동을 추진하 였다.

② 태조 왕건은 후손들을 위해 훈요 10조를 남겼다.

③ 삼별초는 개경 환도에 반대하여 끝까지 몽골에 저항하였다.

⑤ 전민변정도감을 설치하여 권문세 족의 경제 기반을 약화시키고자 하였다.

07.②

제시문에서 설명하고 있는 부대는 삼별초이다.
- ㉠ 삼별초는 배중손, 김통정 등이 이끌었다.
- ㉢ 삼별초는 진도의 용장산성과 제주도의 항파두리성에서 몽골군에 맞서 싸웠다.
- ㉡ 결국 여·몽 연합군에 의해 진압되었다.
- ㉣ 고려인의 자주 정신을 보여주었다.

07

밑줄 그은 '이 부대'와 관련된 역사적 사실로 옳은 것은?

> 고려는 몽골과 40여 년간 항쟁하였으나, 결국 강화를 맺고 개경으로 환도하였다. 이에 반대한 '이 부대'는 강화도에서 진도로, 진도에서 제주도로 옮겨 가며 몽골군에 끝까지 맞서 싸웠다.

<보기>
- ㉠ 배중손, 김통정 등이 이끌었다.
- ㉡ 결국 여·몽 연합군을 물리쳤다.
- ㉢ 진도의 용장산성에서 맞서 싸웠다.
- ㉣ 고려 귀족의 사대 정신을 보여줬다.

① ㉠, ㉡   ② ㉠, ㉢
③ ㉡, ㉢   ④ ㉡, ㉣
⑤ ㉢, ㉣

08.②

원 간섭기에 고려와 원의 인적·물적 교류가 활발해짐에 따라 고려에서 몽골풍(몽골의 풍습)이 유행하여 변발, 몽골식 복장, 몽골어, 소주, 족두리, 연지곤지 등이 널리 퍼졌다.
- ② 무신 집권기에 무신들은 중방을 기반으로 세력을 강화하였다.
- ① 원 간섭기에는 친원파인 권문세족이 득세하였다.
- ③ 원 간섭기에 정동행성을 일본 원정을 위해 설치하였다가 원정 실패 후에도 고려 내정 간섭 기구로 활용하였다.
- ④ 원 간섭기에는 금, 은, 매 등을 조공으로 바쳐야 했다.
- ⑤ 원 간섭기에는 쌍성총관부(화주), 동녕부(서경), 탐라총관부(제주도)가 설치되었다.

08

다음과 같은 생활 모습이 전해진 시기에 있었던 사실로 옳지 않은 것은?

▲ 족두리

▲ 변발

① 권문세족이 득세하였다.
② 중방을 기반으로 세력을 강화하였다.
③ 정동행성이 고려의 내정을 간섭하였다.
④ 금, 은, 매 등을 조공으로 바쳐야 했다.
⑤ 쌍성총관부, 동녕부, 탐라총관부가 설치되었다.

09

다음과 같은 사건들이 있었던 시기의 지배 세력에 대한 설명으로 옳은 것은?

> 우리나라가 여러 대를 내려오면서 귀국에 충근한 지 무릇 80여 년이 되는데 해마다 빠짐없이 예물을 보냈으며 나는 일찍이 세자로 있을 때 숙위로 입시하였다가 황제실과 혼인하게 되어 황제와 장인·사위 관계를 맺게까지 되었으니……
>
> – 고려사 –

① 주로 과거를 통해 관직에 진출하였다.
② 경원 이씨의 이자겸이 대표 인물이다.
③ 국정 운영을 위한 교정도감이 설치되었다.
④ 도평의사사를 중심으로 권력을 장악하였다.
⑤ 성리학을 받아들여 사회 모순을 개혁하고자 하였다.

10

㈎ 인물의 활동으로 옳은 것은?

> 고려 말 ㈎는/은 화약 제조 기술을 습득하기 위해 힘썼다. 당시 중국에서는 화약 제조 기술을 비밀에 붙였으나 끈질기게 노력하여 이를 터득하였다. 이에 고려는 화약과 화포를 제작할 수 있었다. 고려 우왕 6년(1380년)에 ㈎는/은 화포를 만들어 진포에서 왜구 병선 500척을 패퇴시킬 수 있었다.

① 나선 정벌을 준비하였다.
② 별무반 설치를 건의하였다
③ 화통도감의 설치를 건의하였다.
④ 황산 대첩에서 대승을 거두었다.
⑤ 처인성 전투에서 살리타를 죽였다.

09.④

원 간섭기의 지배계층은 원의 세력을 등에 업고 성장한 권문세족이다.
④ 권문세족은 도평의사사를 장악하여 국정을 마음대로 하였다.
① 권문세족은 주로 음서를 통해 관직에 진출하였다.
② 경원 이씨의 이자겸은 문벌 귀족이다.
③ 무신 집권기에 최충헌은 국정 운영을 위해 교정도감을 설치하였다.
⑤ 신진 사대부는 성리학을 받아들여 권문세족을 비판하고, 사회 모순을 개혁하고자 하였다.

10.③

최무선은 한국 역사상 최초로 화약을 발명하고, 이를 이용한 무기를 만들어 왜구를 물리친 위대한 과학자이자 무인이다.
③ 화통도감은 고려 말기에 설치된 화약 및 화기 제조를 담당하는 기관으로 1377년 최무선의 건의에 따라 설립되었다.
① 나선 정벌은 조선 효종 때 조선이 청나라를 도와 러시아를 친 싸움으로 신유 장군의 통솔 아래 성과를 거두었다.
② 윤관은 별무반을 창설하는 등 여진족을 정벌하는 일에 매진하여 동북 9성을 축조할 수 있었다.
④ 황산 대첩은 이성계가 전라도 지리산 근방 황산에서 왜구를 격퇴시킨 싸움이다.
⑤ 2차 몽골 침입 때 김윤후는 처인성 전투에서 살리타를 죽였다.

11.①

제시된 글은 신진 사대부에 대한 내용이다.

① 친원적 성향을 띠었던 지배 세력은 권문세족이다.

② 신진 사대부들은 중소 지주 출신으로 향리 자식이나 중앙 하급 관료들이었다.

③ 고려 말 개혁 추진을 둘러싸고 온건 개혁파와 급진 개혁파로 분화되었다.

④ 권문세가의 관부가 된 정방의 폐지와 권세가에게 점탈된 토지나 농민을 되찾아 주는 전민변정도감을 환영하였다.

⑤ 신진 사대부는 고려에 성리학이 전래되면서부터 형성되기 시작하였다.

12.⑤

대화에서 말하는 인물은 이의민이다. 이의민은 경대승이 죽은 후 최고 권력자가 되었다.

⑤ 정권을 장악한 무신들은 중방을 중심으로 권력을 장악하였다.

① 묘청 등의 서경파는 금국 정벌을 주장하였다.

② 신진 사대부는 성리학을 사상적 기반으로 삼았다.

③ 원 간섭기에 원은 다루가치라는 감찰관을 파견하여 내정 간섭을 하였다.

④ 고려의 충선왕이 원나라 연경에 세운 독서당으로 고려 학자와 원의 학자가 교류를 하였다.

11

다음의 정치 세력에 대한 설명으로 옳지 <u>않은</u> 것은?

> 지방 향리의 자제들로 무신 집권기 이후 과거를 통해 중앙 정계에 진출하여 지배 세력으로 성장하였다.

① 대부분 친원적인 성향을 띠었다.

② 경제적으로 중소 지주층 출신이 많았다.

③ 고려 말 개혁 추진을 둘러싸고 분화되었다.

④ 정방 폐지와 전민변정도감 설치를 환영하였다.

⑤ 성리학을 적극적으로 수용하여 학문적 기반으로 삼았다.

12

다음 가상 대화가 이루어진 시기의 사실로 옳은 것은?

① 금국 정벌을 주장하였다.

② 성리학을 사상적 기반으로 삼았다.

③ 다루가치라는 감찰관을 파견하였다.

④ 만권당에서 고려와 원의 학자가 교류하였다.

⑤ 무신들이 중방을 중심으로 권력을 장악하였다.

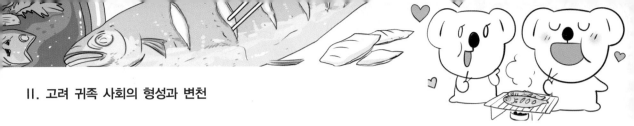

고려의 경제 활동과 생활 모습 08

코알라라의
시험에 나오는 자료

1. 고려의 경제 정책

(1) 전시과 제도의 성립과 변천

① 역분전 : 태조 때 실시, 후삼국 통일 과정에서 공을 세운 사람들에게 공로 · 인품을 기준으로 토지 지급

② 전시과

특징	• 원칙 : 수조권만 가지는 토지를 지급 • 대상 : 문무 관리 · 군인 · 향리 등을 18등급으로 나누어 전지(농토)와 시지(임야) 지급
시정 전시과(경종)	• 관직(공복 제도)과 인품 고려, 전 · 현직 관리에게만 지급
개정 전시과(목종)	• 관직만 고려, 전 · 현직 관리에게만 지급
경정 전시과(문종)	• 관직만 고려, 현직 관리에게만 지급

③ 전시과의 종류

국가 직역의 대가	• 과전 : 문무 관료에 복무의 대가로 지급 • 외역전 : 지방 향리에 직역 부담의 대가로 지급 • 군인전 : 군역의 대가로 중앙군에게 지급, 직역과 함께 세습 가능
지배층 우대	• 구분전 : 하급 관리나 군인의 유가족 생활 대책 마련을 위해 지급 • 한인전 : 6품 이하 하급 관리의 자제로 아직 관직을 갖지 못한 자에 지급
운영 경비 마련	• 내장전 : 왕실의 경비를 충당하기 위해 지급 • 공해전 : 각 관청 경비 충당을 위해 지급

④ 전시과의 붕괴 : 귀족들의 토지 세습과 농장 확대 ➡ 무신 집권기, 원 간섭기에 심화 ➡ 신진 관료의 생계유지를 위해 녹과전 지급 ➡ 위화도 회군 이후 과전법 시행

⑤ 민전 : 매매, 상속, 기증, 임대 등이 자유로운 개인의 사유지
• 형성 : 귀족이나 일반 농민의 상속, 매매, 개간 등을 통해 형성
• 세금 : 소유자는 국가에 생산량의 1/10을 조세로 납부

(2) 수취 제도의 운영

① 조세 : 논 · 밭 비옥도에 따라 3등급 나누어 부과

② 공물 : 각 지방의 특산물 수취, 수공업 제품을 거둠

③ 역 : 16~59세까지 남자(정남)의 노동력 징발, 군역과 요역으로 구분

④ 세금의 수취 및 운반
• 수취 : 세금 거두는 일은 수령 책임, 실무는 향리들이 담당
• 운반 : 조운을 통해 지방의 조세와 공물을 배에 실어 개경으로 운반

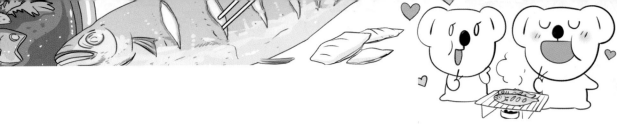

2. 고려의 경제 활동

(1) 농업 경제의 발전

① 농업 장려 정책 : 진전, 황무지 개간 시 소작료나 조세 감면, 연해안의 저습지나 간척지 개간

② 농업 기술의 발달

- 수리 시설 확충 : 김제 벽골제, 밀양 수산제 개축, 소규모 저수지 확충
- 농기구와 종자 개량 : 호미와 보습 등 농기구 개량
- 농업 기술

  ┌ 우경에 의한 심경법 확대, 시비법 발달 ➡ 휴경지 축소
  ├ 2년 3작의 보급(밭농사), 고려 말 남부 일부 지방에 이앙법 보급(논농사)
  └ 공민왕 때 문익점이 원에서 목화씨를 가지고 들어오면서 목화 재배가 시작

- 농서 : 충정왕 때 이암이 원의 농서인 「농상집요」 소개

③ 농민 몰락 : 고려 후기 권문세족의 대농장 경영 ➡ 농민은 권문세족의 토지를 경작하거나 노비로 전락

(2) 상업의 발달

① 상업

도시	• 개경에 시전 설치, 경시서 설치(상행위 감독) • 관영 상점 설치 : 대도시에 관청의 수공업장에서 생산한 물품을 판매하는 서적점, 약점, 주점, 다점 등
지방	• 관아 근처에서 장시가 열림, 행상의 활동(일용품 판매), 조운로가 상선의 상업로로 이용 • 사원에서 곡식이나 수공업품을 만들어 민간에 판매
사원	• 연등회, 팔관회를 거행하면서 사원이 물자 생산을 주도 • 솜씨 좋은 승려나 사원 소속 노비를 동원하여 직물, 기와, 술 등을 판매 • 육상교통의 요지에 있었던 원(여관)을 사원에서 관리하여 사원 중심의 상업이 더욱 활성화 • 농민을 상대로 고리대를 행하여 신진 사대부의 비판을 받음
화폐 경제	• 성종 때 건원중보 주조 ➡ 우리나라 최초의 화폐 • 숙종 때 삼한통보 · 해동통보 · 해동중보 · 은병 등 주조 ┌ 왕권을 강화하기 위해 화폐 사용을 적극적으로 추진 └ 의천의 강력한 화폐 유통 건의(송에 유학할 당시에 화폐 편리함 직접 경험) • 한계 : 자급자족적 경제 활동으로 화폐 유통 실패, 일반 거래에서는 삼베나 곡식 사용

 은세쁨의 시험 전에 **꼭** 맛봐야 하는

고려의 화폐

▲건원중보   ▲삼한중보   ▲해동통보   ▲해동중보   ▲활구(은병)

> 고려 시대에는 화폐는 널리 이용되지 못하였고, 일상적인 거래에서는 주로 베와 곡식을 사용하였다. 특히, 의천은 고려 숙종 때 화폐주조를 건의하여 1101년(숙종 6년)에 주전도감이 설치됨으로써 본격적으로 돈을 만들어졌다. 1102년(숙종 7년)부터 돈을 만들기 시작하여 처음으로 해동통보를 만들어 내고, 이어 해동중보·삼한통보·삼한중보·동국통보·동국중보 및 은병을 만들었다.

② 수공업

전기	관청 수공업	• 공장안에 등록된 수공업자와 농민을 부역으로 동원하여 왕실과 관청에 필요한 물품 생산
	소 수공업	• 금, 은, 철, 구리, 실, 종이, 먹, 차 등을 생산하여 국가에 납부
후기	사원 수공업	• 기술을 가진 승려, 노비들이 베, 모시, 술, 소금 등을 생산
	민간 수공업	• 농촌 가내수공업 중심(직접 생산하여 사용하거나 판매, 공물로 납부), 국가는 삼베나 비단 생산 장려

③ **무역 활동** : 예성강 하구의 벽란도가 국제 무역항으로 발전

 고려의 대외 교류

송	• 가장 활발하게 교류 ➡ 선진 문물 수용, 거란과 여진 견제 • 수출품(인삼, 나전칠기, 화문석 등) ↪ 수입품(비단, 서적 등 왕실·귀족 사치품)
거란, 여진	• 회유책과 강경책을 병행하며 교류 • 수출품(농기구, 식량 등) ↪ 수입품(모피, 말, 은 등)
일본	• 외교 관계가 다른 시대보다 활발하지 않음(11세기 후반부터 교역) • 수출품(인삼, 서적 등) ↪ 수입품(수은, 유황 등)
아라비아 (대식국)	• 수은, 향료, 산호 등 수입 • 고려가 '코리아'라는 이름으로 서방 세계에 알려짐

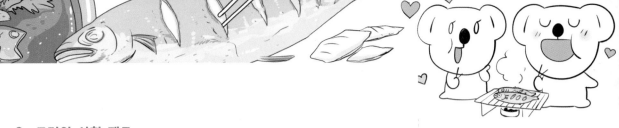

3. 고려의 사회 제도

(1) 신분 제도

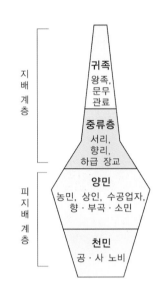
구분	특징
귀족	• 구성 : 왕족, 5품 이상의 문무 고위 관료들이 주축 • 특징 : 개경에 거주, 여러 특권 향유(음서, 공음전 등) • 생활 : 별장, 중국에서 수입된 사치품 등으로 화려한 생활 • 지배층의 변화 : 호족 ➡ 문벌 귀족 ➡ 무신 ➡ 권문세족 ➡ 신진 사대부
중류층	• 구성 : 서리(중앙 관청 말단), 남반(궁중 실무), 향리(지방 행정 실무 담당), 군반(하급 장교) 등 • 특징 ⌈ 지배층과 피지배층 사이의 계층, 지배 기구의 말단 행정 실무 담당 ⌊ 대개 직역 세습, 직역 대가로 국가에서 토지 지급
양민	• 구성 : 일반 농민(백정), 상인, 수공업자, 향·소·부곡민 • 생활 : 민전을 경작하거나 남의 땅을 빌려 생계 유지 • 백정(白丁) : 양민의 대다수인 농민으로 조세·공납·역을 부담 • 수공업자 : 농민에 비해 천시 • 향·소·부곡의 주민 ⌈ 법제적으로 양인이지만 일반 양민보다 낮은 사회적 지위 ⌊ 거주 이전의 자유가 없으며 군현민보다 더 많은 세금 부담
천민	• 구성 : 대부분 노비(공노비와 사노비로 구분), 재인, 기생 등 • 노비 : 매매·증여·상속 가능, 노비끼리 통혼, 부모 중 한명이 노비이면 자식도 노비 • 공노비 : 입역 노비(관청 잡역에 종사), 외거 노비(관청에 신공 납부) • 사노비 : 솔거 노비(주인과 함께 거주), 외거 노비(주인과 따로 거주, 재산 증식과 본인 토지 소유 가능)

(2) 사회 모습

① 농민 생활 안정책 : 농민 생활 안정을 통해 체제 유지 도모

제위보	• 기금을 마련한 뒤 그 이자로 빈민 구제
의창	• 진대법 계승, 춘대 추납의 빈민 구제 제도
상평창	• 물가 조절 기관, 개경, 서경, 12목에 설치
의료기관	• 혜민국 : 백성들의 의료를 맡아 의약을 담당함 • 동·서 대비원 : 개경의 동서에 설치하여 환자 진료 및 빈민 구휼을 담당한 국립 의료 기관 • 구제도감, 구급도감 : 각종 재해가 발생했을 때 백성을 구제하는 임시 기구

② 향도

- 기원 : 매향 활동을 하는 불교의 신앙 조직에서 기원
- 역할
  - 초기 : 불교 신앙 활동을 위해 조직된 단체로 사원·석탑·불상 등을 만들 때 주도적인 역할을 하거나 매향 활동을 함
  - 후기 : 상·장례 때 서로 돕고 마을 공동체 의식을 주관하는 농민 조직으로 발전

🐨 향도와 농민 생활

▲사천 매향비 : 매향은 바닷가에 향나무를 묻는 활동으로 이를 통해 미륵불을 만나 구원을 받을 수 있다는 불교 신앙의 하나이다.

(3) 여성의 지위 : 조선 시대에 비해 사회·경제적 지위가 높았음

혼인 풍습	• 여자는 18세 전후, 남자는 20세 전후에 혼인 • 솔서혼·남귀여가혼이 일반적, 일부일처제 • 주로 같은 계층 내에서 결혼(왕실에서는 근친혼 성행)
상속·제사	• 자녀 균분 상속 • 아들이 없을 경우 딸이 제사를 받듦(윤회 봉사)

가족 제도	• 호적
	  ┌ 남녀에 따른 차별이 없음
	  └ 호적에 아들·딸을 태어난 순서대로 기재
	• 재가
	  ┌ 여성의 재가가 비교적 자유로움
	  └ 재가녀의 소생이 사회적 차별을 받지 않음
	• 사위
	  ┌ 사위가 처가에서 생활하는 경우도 많음
	  └ 음서의 혜택이 사위·외손자에게도 주어짐

의 시험 전에 꼭 맛봐야 하는

박유의 상소

> 박유가 "청컨대 신하와 관료들에게 첩을 두게 하되 품위에 따라 그 수를 줄여 보통 사람에 이르러서는 1처 1첩을 둘 수 있도록 하십시오. 또한, 여러 첩에게서 낳은 아들들도 역시 본처가 낳은 아들들처럼 벼슬을 할 수 있게 하기를 바랍니다." 라고 말하였다. 부녀자들이 이 소식을 듣고 원망하고 두려워하지 않는 자가 없었다. 때마침 연등회에 박유가 왕의 행차를 호위했는데, 어떤 노파가 박유를 손가락질하면서 "첩을 두고 요청한 자가 바로 저 빌어먹을 놈의 늙은이다"라고 하였더니, 듣는 사람들이 서로 손가락질을 하였다. 당시 재상들 가운데에는 부인을 무서워하는 자가 있었기 때문에 결국 실행되지 못하였다.
>
> - 「고려사」 -

제시문은 첩을 두는 것을 허용하자는 박유의 주장으로 원에 보내는 공녀를 줄이고자 하는 의도가 있는 것으로 알려져 있다. 그렇지만 여성들은 이를 일부다처제 실시로 받아들여 크게 반발하였고, 이는 고려 여성의 지위가 높음을 간접적으로 보여 준다.

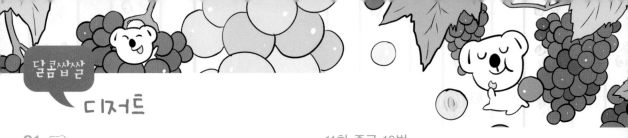

달콤사살
디저트

01 🐨 기출 문제

다음 건의를 받아들인 국왕이 주조한 화폐를 〈보기〉에서 고른 것은?

> 돈이라고 하는 것은 몸은 하나이지만 기능은 네가지 입니다. 첫째로 하늘과 땅처럼 만물을 완전하게 덮고 받쳐 줍니다. 둘째로 돈은 샘처럼 끝없이 흘러 한이 없습니다. 셋째로 돈은 민간에 퍼뜨리면 위와 아래에 골고루 돌아다녀 영원히 막힘이 없게 됩니다. 넷째로 돈의 이익을 가난한 사람과 부자에게 나누어 주는데, 그 날카로움이 칼날과 같아 매일 써도 둔해지지 않습니다.
>
> -의천, 「대각국사문집」 -

〈보기〉

㉠ 활구(은병)　㉡ 삼한통보　㉢ 해동통보　㉣ 상평통보　㉤ 당백전

① ㉠, ㉡, ㉢　　　　② ㉠, ㉣, ㉤
③ ㉡, ㉢, ㉣　　　　④ ㉡, ㉣, ㉤
⑤ ㉢, ㉣, ㉤

02

(가)에 들어갈 내용으로 옳은 것은?

역사 용어	고려 시대

제위보
-설치 연도 : 광종 14년(963)
-특징 : 기금을 마련한 뒤 그 이자로 운영
-주요 기능 : (가)

① 빈민 구호　　　　② 물가 조절
③ 매향 활동　　　　④ 불경 간행
⑤ 연등회 경비 마련

---

01. ①

고려 숙종 때 송나라에 다녀온 대각국사 의천의 건의를 수용하여 주전도감을 설치하고 삼한통보, 해동통보, 활구(은병)을 주조하였다.

㉠ 고려의 은병은 1101년(숙종 6년) 처음으로 발행하여 전화와 함께 통용케 하였다.

㉡ 고려의 삼한통보는 1097년(숙종 2년)에는 주전관을 두고 또한 4년 후에 주전도감을 설치하여 주조하였다.

㉢ 고려의 해동통보는 1102년(숙종 7년)에 만든 동전으로 한국에서 처음 사용한 엽전이다.

㉣ 조선의 상평통보는 1633년(인조 11) 주조하여 유통을 시도했는데 결과가 나빠 유통을 중지하였다. 그 후 1678년(숙종 4) 다시 주조하여 서울과 서북 일부에 유통하게 하였다.

㉤ 조선의 당백전은 흥선대원군이 1866년(고종 3) 11월에 주조하여 6개월여 동안 유통되었던 화폐이다.

02. ①

제위보는 고려 광종 14년(963) 설치된 빈민의 구호 및 질병 치료를 맡은 기관이다.
① 제위보의 기능이다.
② 상평창의 기능이다.
③ 향도의 불교 활동이다.
④ 대장도감, 장경도감 등이 있다.
⑤ 제위보와 관련이 없다.

03.③

대화에서 다루고 있는 내용은 고려 시대 문무 관리들에게 지급하던 토지 제도인 전시과이다.

③ 전시과는 관직 복무의 대가로 토지를 준 것이 아니라, 수조권을 부여하였다.

① 고려 말에 시행된 과전법에 대한 설명이다.

② 신라 때 지급된 녹읍과 식읍에 대한 설명이다.

④ 고려 말에 시행된 과전법에 대한 설명이다.

⑤ 통일 신라 때의 문서로 촌락의 경제 상황과 국가 세무행정을 알 수 있다.

03

다음 대화와 관련된 토지 제도에 대한 설명로 옳은 것은?

올해에는 관리의 등급에 따라 차등있게 지급된다면서?

그렇다는군 전지와 시지를 지급받게 될 거야.

① 경기에 한해 토지를 지급하였다.

② 노동력의 징발을 법적으로 보장하였다.

③ 관직 복무의 대가로 수조권을 부여하였다.

④ 휼양전, 수신전의 명목으로 토지가 세습되었다.

⑤ 민정 문서를 작성하여 촌락의 면적 등을 파악하였다.

04.①

제시문에서는 고려 시대 여성들이 비교적 자유롭게 재혼하였으며, 재혼한 여성과 그 자녀도 차별을 받지 않았음을 보여 준다.

① 부계 중심의 족보가 널리 편찬된 것은 조선 후기이다.

②③④⑤ 고려 시대에 볼 수 있는 모습이다.

04

자료를 통해 알 수 있는 당시 사회의 모습으로 옳지 않은 것은?

(이승장의) 어머니가 (재혼한 남편에게) 말하였다. "유복자가 자라나 학문에 뜻을 둘 나이가 되었습니다. 아이 아버지가 본래 속해 있던 무리에 속하게 하여 그 뒤를 따르게 하여야 합니다. 만약 그렇게 하지 못한다면 내가 무슨 얼굴로 지하에서 전 남편을 다시 보겠습니까?

– '이승장 묘지명' –

① 부계 중심의 족보가 널리 편찬되었다.

② 여성의 이혼과 재가가 비교적 자유로웠다.

③ 부모의 제사를 자녀들이 돌아가면서 지냈다.

④ 부모의 유산은 자녀들에게 골고루 분배되었다.

⑤ 남녀에 관계없이 태어난 차례대로 호적에 기재하였다.

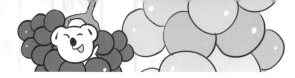

05

다음 두 인물이 속한 신분에 대한 설명으로 옳은 것은?

> 돌쇠 어디를 그리 바쁘게 가는감?

> 새로운 주인 어른께 신공을 바치러 가는 길이네.

① 법적으로 과거 응시가 가능하였다.
② 조세, 공납, 역을 부담할 의무가 있었다.
③ 소에 거주하면서 주로 수공업에 종사하였다.
④ 신분상 양민이었으나 상인보다 사회적 처지가 낮았다.
⑤ 매매, 증여, 상속의 대상이었으며, 주인에 예속되어 있었다.

06

(가)에 대한 설명으로 옳은 것은?

○○매향비

· 발견 : 1977년 6월
· 소재지 : 경상남도 사천시
　　　　　곤양면 흥사리

매향비는 (가)조직이 1387년에 매향한 곳에 세운 비석으로 4,100인이 결계하여 국태민안과 미륵보살의 출현을 염원하는 총 204자의 축원문이 새겨져 있다.

① 향약을 통해 운영되었다.
② 세속 5계를 엄수하려고 노력하였다.
③ 수령을 보좌하고 향리를 감찰하였다.
④ 사림에 의해 설립된 사설 교육기관이다.
⑤ 불교 신앙에 바탕을 둔 농민 공동체에서 기원하였다.

05.⑤

대화를 나누고 있는 인물은 주인 어른에게 신공을 바치는 외거 노비이다.
⑤ 천민 중 노비는 매매, 증여, 상속의 대상이었으며, 주인에 예속되어 있었다.
① 양민(백정)은 과거 응시가 가능하였지만, 노비는 불가능하였다.
② 양민(백정)은 조세, 공납, 역을 부담할 의무가 있었지만, 노비는 없었다.
③, ④ 향·부곡·소에 거주하는 주민은 신분상 양민이었으나 백정 농민에 비해 차별을 받아 사회적 처지가 낮았다.

06.⑤

제시문에서 설명하고 있는 (가) 조직은 향도이다. 향도는 불교의 신앙 조직으로 매향 활동을 하는 무리를 말한다.
⑤ 원래 불교 신앙 활동을 위해 조직된 단체로 사원·석탑·불상 등을 만들 때 주도적인 역할을 하다가, 점차 상·장례 때 서로 돕고 마을 공동체 의식을 주관하는 농민 조직으로 발전하였다.
① 향약은 사림에 의해 보급된 조선 시대 향촌 사회의 자치규약이다.
② 세속 5계는 신라 진평왕 때 원광 법사가 화랑에게 알려준 다섯 가지 계율을 뜻한다.
③ 조선 시대 유향소(향청)는 수령을 보좌하고 향리를 감찰하고 풍속을 교정하였다.
④ 조선 시대 서원은 사림에 의해 설립된 사설 교육기관이다.

09 다양한 사상과 귀족 문화의 발달

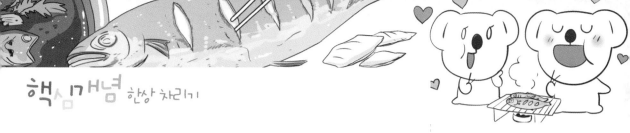

핵심개념 한상 차리기

1. 유학의 발달과 역사서의 편찬

(1) 유학의 진흥

① 초기 : 유교 정치와 교육의 기틀 마련, 자주적 · 주체적 성격
- 태조 : 신라 6두품 계열 유학자들의 활약
- 광종 : 과거제 실시, 유학에 능숙한 관리 등용
- 성종 : 유교 정치 이념 확립, 유학 교육 기관 정비(국자감, 향교)

② 중기 : 문벌 귀족 사회의 발달과 함께 유교 사상이 점차 보수화됨
- 최충 : 문종 때 '해동공자'라는 칭송을 들음, 9재 학당 설립 ➡ 사학 성행
- 김부식 : 인종 때 활약, 유교 경전에 대한 이해가 깊어짐

③ 무신 정변 이후 : 문벌 귀족 세력 몰락 ➡ 유학 위축

(2) 교육 기관

① 관학
- 중앙 : 국자감(성종 때 설치) ➡ 유학부와 기술학부로 구성
- 지방 : 향교 ➡ 지방 관리와 서민의 자제 교육

② 사학 : 최충의 문헌공도(9재 학당) 등 사학 12도 융성 ➡ 관학 위축

③ 관학 진흥책 : 서적포(서적 간행) 설치, 국자감에 전문 강좌 7재 설치, 양현고(장학 재단) 설치, 경사 6학 정비, 섬학전(학비 보조를 위한 교육 재단) 설치 등

(3) 성리학의 전래

① 특징 : 인간의 심성과 우주의 원리를 철학적으로 탐구하는 새로운 유학

② 수용 : 고려 말 안향에 의해 소개 ➡ 이제현 ➡ 이색 ➡ 정몽주, 권근, 정도전 등으로 계승

③ 영향 : 신진 사대부 성장 ➡ 사회 개혁 사상 · 새로운 국가 이념으로 대두, 권문세족의 부패 및 불교의 폐단을 비판

(4) 역사서 편찬

① 초기 : 「고려왕조실록」, 「7대 실록」 ➡ 현재 전해지지 않음

② 중기 : 「삼국사기」(김부식) ➡ 현존 최고의 역사서, 유교적 합리주의 사관에 기초, 기전체, 신라 계승 의식 반영

③ 후기 : 무신정변의 혼란과 대몽항쟁 및 원 간섭기 ➡ 민족적 자주 의식 강조(민족주의 사관 대두)
- 「해동고승전」(각훈) : 삼국 시대 이래 명승들의 전기 정리, 일부가 전해짐
- 「동명왕편」(이규보) : 고구려 시조 동명왕의 업적 칭송, 고구려 계승 의지
- 「삼국유사」(일연) : 단군신화, 민간설화, 불교에 관한 내용 수록
- 「제왕운기」(이승휴) : 민족 시조로서 단군 강조, 발해 서술, 유교 · 불교 및 도교 포괄

④ 말기 : 신진 사대부의 성장과 성리학의 수용으로 정통과 대의명분을 중시하는 성리학적 유교 사관 대두

- 「사략」(이제현) : 성리학적 역사관(정통의식 · 대의명분 강조) 등장

의 시험 전에 꼭 맛봐야 하는

삼국사기와 삼국유사 비교

구분	삼국사기	삼국유사
시기	인종 23년(고려 중기)	충렬왕 11년(고려 후기)
저자	김부식	일연
사관	유교적, 합리주의	불교적, 자주적
체제	기전체	기사본말체
내용	• 신라 정치사 중심 • 신라 계승 의식 반영 • 고조선, 삼한에 대한 내용이 없음	• 단군~고려 말 충렬왕까지 기록 • 단군 건국 이야기 수록(최초 언급) • 발해와 가야의 기록이 있음

2. 고려의 불교

(1) 국가 불교 진흥책

① 태조 : 개경에 사원 건립, 숭불 정책, 연등회 · 팔관회 개최 당부(훈요 10조)

② 광종 : 승과 제도 실시, 국사 · 왕사 제도 실시, 사원과 토지 지급

(2) 불교 사상

① 고려 전기

| 의천 | • 왕실과 문벌 귀족의 후원을 받음
• 교단 통합 운동
  ┌ 교종을 중심으로 선종의 통합을 주장
  ├ 흥왕사를 화엄종의 근거지로 두고, 교단 통합 운동 전개
  └ 선종과 교종을 함께 갖추는 내외겸전의 조화 중시
• 해동 천태종 창시
  ┌ 개경 국청사를 중심으로 천태종 창시 및 천태교학 강의 시작
  └ 이론과 실천을 강조하는 교관겸수를 제창
• 기타 : 속장경 간행, 화폐 유통 건의
• 사후 : 불교 교단 분열, 귀족 중심 불교 지속 |

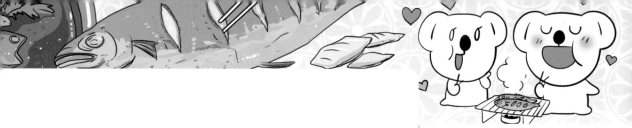

② 무신 집권기

지눌	• 무신 세력의 후원을 받음 • 수선사 결사 운동: 승려 본연의 자세로 돌아가 독경, 선 수행, 노동에 고루 힘쓰자! ➡ 송광사를 중심으로 전개, 지방민의 적극적인 호응을 얻음 • 선종을 중심으로 교종을 통합 주장(정혜쌍수, 돈오점수 제창)
요세	• 백련사에서 신앙 결사 운동 전개 ➡ 법화 신앙 내세우며 불교의 혁신과 민중 교화에 노력
혜심	• 유·불일치설 주장: 유교와 불교의 통합 시도 ➡ 성리학 수용의 사상적 토대 마련

③ 원 간섭기 ~ 고려 말

불교계의 세속화 가속, 대토지 소유, 상업 활동 전개 ➡ 신진 사대부, 불교 폐단 비판

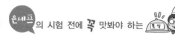의 시험 전에 꼭 맛봐야 하는

의천의 교관겸수

> 가만히 생각하면 성인이 가르침을 편 목적은 행(行)을 일으키려는데 있는 것이므로, 입으로만이 아니라, 몸으로 행동하게 하려는 것이다. 정원 법사는 '관(觀)을 배우지 않고 경(經)만 배우면 오주(五周)의 인과를 들었더라도 삼중(三重)의 성덕(性德)은 통하지 못하며, 경은 배우지 않고 관만 배우면 삼중의 성덕을 깨쳐도 오주의 인과는 분별하지 못한다. 그러므로 관도 배우지 않을 수 없고, 경도 배우지 않을 수 없다.'고 하였다. 내가 교관에 마음을 다 쓰는 까닭은 이 말에 깊이 감복하였기 때문이다.
>
> – 「대각국사문집」 –

의천은 양 극단을 극복하기 위해 불교 이론을 배우는 교학과 깨달음을 얻기 위한 실천으로서의 선을 함께 수행하는 교관겸수를 주장하였다.

지눌의 정혜결사문

> 하루는 같이 공부하는 사람 10여 인과 약속하였다. 마땅히 명예와 이익을 버리고 산림에 은둔하여 같은 모임을 맺자. 항상 선(禪)을 익히고 지혜를 고르는 데 힘쓰고, 예불하고 경전을 읽으며 힘들여 일하는 것에 이르기까지 각자 맡은 바 임무에 따라 경영한다. 인연에 따라 성품을 수양하고 평생을 호방하게 고귀한 이들의 드높은 행동을 좇아 따른다면 어찌 통쾌하지 않겠는가?
>
> – 「권수정혜결사문」 –

지눌은 불교계의 타락을 비판하고 승려 본연의 자세로 돌아가 독경과 선 수행, 노동에 고루 힘쓰자는 개혁 운동인 수선사 결사를 제창하였다.

의천

지눌

👀 팔만대장경

(3) 대장경 간행

① 초조대장경 : 부처의 힘으로 거란의 침입을 물리치고자 간행 ➡ 몽고 침략 때 소실, 인쇄본 일부만 전해짐
② 교장(속장경) : 의천이 「신편제종교장총록」 간행, 흥왕사에 교장도감 을 설치하여 4,700여 권의 "교장" 간행
③ 팔만대장경(재조대장경)
• 부처의 힘으로 몽골의 침입을 물리치고자 간행 ➡ 대장도감 설치 및 판각
• 경남 합천 해인사에 보관, 오자나 탈자가 거의 없음, 정밀하게 제작
• 1995년 유네스코에 세계 문화유산 등재

3. 도교와 풍수지리설의 유행

(1) 도교
① 성격 : 민간 신앙, 신선 사상, 도가 사상, 음양오행의 이론이 바탕
② 특징 : 불로장생과 현세 구복 추구 ➡ 초제 거행, 복원궁(도교 사원) 건 립, 수경신 풍습, 팔관회 등

(2) 풍수지리설
① 미래의 길흉화복을 예측하는 도참사상과 결합
② 도읍 지정(서경 명당설, 한양 명당설), 마을 입지 선택, 사찰 건립 등에 영향

4. 고려의 과학 기술과 귀족 문화의 발달

(1) 과학 기술

👀 직지심체요절

천문, 역법	• 천문 : 사천대 설치(천체와 기상 관측) • 역법 : 당의 선명력 ➡ 원의 수시력, 명의 대통력 수용
의학	• 태의감(의료 업무, 의학 교육 실시) 설치, 의과 시행 • 「향약구급방」 : 자주적 의서, 각종 질병에 대한 우리 풍토에 맞는 처방과 약재 등 소개
인쇄술	• 상정고금예문(1234) : 최초의 금속 활자본(서양보다 200년 앞 섬), 현재 전해지지 않음 • 직지심체요절(1377) ┌ 청주 흥덕사에서 간행 ├ 현존하는 가장 오래된 금속 활자본 └ 2010년에 유네스코 등재
무기 제조	• 화통도감 설치 : 최무선을 중심으로 화약, 화포 제작

(2) 건축 문화

전기	• <mark>주심포 양식</mark> : 지붕 무게를 기둥에 전달하면서 건물을 꾸미는 장치인 공포가 기둥 위에만 짜여 있음, 단아하게 보임 • 대표 건축물(<mark>배흘림 기둥</mark>＋주심포 양식) : 봉정사 극락전, 부석사 무량수전, 수덕사 대웅전 등
후기	• <mark>다포 양식</mark> : 공포가 기둥 위뿐만 아니라 기둥 사이에도 있음, 웅장한 지붕이나 건물을 화려하게 꾸밀 때 쓰임 • 대표적인 건축물 : 성불사 응진전(황해도 사리원), 석왕사 응진전 (함남 안변)

▲봉정사 극락전(주심포 양식)

▲부석사 무량수전(주심포 양식)

▲수덕사 대웅전(다포 양식)

▲성불사 응진전(다포 양식)

(3) 탑과 승탑

석탑	• 전기 ─ 신라 양식 계승 ➡ 현화사 7층 석탑, 불일사 5층 석탑 ─ <mark>다각 다층탑</mark> 유행 ➡ <mark>월정사 8각 9층 석탑(송의 영향)</mark> • 후기 : <mark>경천사 10층 석탑(원의 석탑 양식 모방, 대리석으로 만듦)</mark> ➡ 조선의 원각사지 10층 석탑에 영향
승탑	• 팔각 원당형, 석종형 등 다양한 형태 등장 • 고달사지 승탑, 법천사 지광국사 현묘탑

▲ 평창 월정사
8각 9층 석탑

▲ 경천사 10층 석탑

▲ 원각사지 10층
석탑(조선)

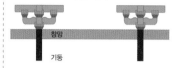
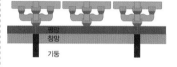

코알랄라의
시험에 나오는 자료

(4) 불상

특징	• 초기 대형 불상 : 논산 관촉사 석조 미륵보살 입상, 안동 이천동 석불 등 ┌ 시기와 지역에 따라 독특한 모습 ├ 인체 구성의 불균형, 신라에 비해 조형미 쇠퇴 └ 지방 호족의 후원 아래 다양한 지방 문화의 발달을 보여줌 • 신라 양식 계승 : 부석사 소조 아미타여래 좌상

▲ 관촉사 석조 미륵보살 입상

▲ 파주 용미리 이불 입상

▲ 안동 이천동 석불

▲ 지역 특색이 강한 대형 석불

▲ 광주 춘궁리 철불
(신라 양식 계승, 대형 철불)

▲ 부석사 소조
아미타여래좌상
(신라 양식 계승)

(5) 자기

특징	• 신라, 발해 전통 기술, 송의 기술 ➡ 11세기 독자적 경지 개척, 비취색 청자 • 주요 생산지 : 전남 강진, 전북 부안
초기	• 순수 청자 : 문종 대~인종 대에 절정(10세기 중반~11세기 중반)
중기	• 상감청자 ┌ 12세기 중엽~13세기 중엽(강화도 천도기)까지 발전 ├ 무늬를 훨씬 다양하고 화려하게 넣음 └ 아름다운 비색으로 중국에서도 천하제일로 평가
후기	• 원 간섭기 이후 상감청자 퇴조 ➡ 분청사기 등장

(6) 공예

금속 공예	• 은입사 발달 : 청동기 표면을 파내고 은을 채워 넣음 • 청동 은입사 표류 수금무늬 정병, 향로 등
나전 칠기	• 옻칠한 바탕에 자개를 붙여 무늬를 표현 • 경함, 화장품갑, 문방구 등

▲상감 청자

▲청자 칠보투각향로

▲청동 은입사 포류
수금 무늬 정병

▲나전칠기 염주합

(7) 회화와 서예, 음악

그림	• 도화원에 소속된 전문 화원의 그림과 문인이나 승려의 문인화로 구분 • 전기 : 예성강도를 그린 이령, 그의 아들 이광필이 유명(작품은 미전) • 후기 : 사군자 중심의 문인화 유행, 공민왕의 천산대렵도(원대 북화의 영향) • 불화 : 혜허의 수월관음도, 사경화 유행(부석사 조사당 벽화)
서예	• 초기 : 구양순체가 주류, 왕희지체의 대가인 탄연이 유명 • 후기 : 원의 조맹부 글씨체인 송설체가 유행, 이암이 유명
음악	• 아악 : 송에서 수입된 대성악이 궁중 음악으로 발전 • 향악(속악) : 고유 음악이 당악의 영향으로 발전, 동동, 한림별곡, 대동강

▲ 공민왕의 천산대렵도

▲ 혜허의 양류관음도

▲ 혜허의 수월관음도

달콤 디저트

01.③

고려 시대에 만들어진 유물과 유적을 찾는 문제이다.

③ (다) 충청북도 보은군 법주사 경내에 있는 조선 시대의 목조 건물로 우리나라 유일의 목조 5층탑이다.

① (가) 충청남도 예산군 수덕사에 있는 고려 후기의 불전이다.

② (나) 강원도 평창군 월정사에 있는 고려 시대의 석탑이다.

④ (라) 고려 고종 23년(1236)부터 38년(1251)까지 16년에 걸쳐 완성한 대장경이다.

⑤ (마) 경상북도 영풍군 부석사 무량수전에 주존으로 봉안된 고려 시대의 소조불좌상이다.

02.④

제시문에서 설명하고 있는 인물은 지눌이다.

④ 지눌은 문득 깨달음에 이르는 경지에 이르기까지에는 반드시 점진적 수행단계가 따른다는 돈오점수를 강조하였다.

① 혜심은 유불 일치설을 주장하여 성리학 수용의 사상적 토대를 마련하였다.

② 요세는 백련사에서 법화 신앙을 내세우며 신앙 결사 운동을 전개하였다.

③ 의천은 '교(敎)' 교리와 형식과, '관(觀)' 참선과 수양 둘 다 수양해야 한다고 하였다.

⑤ 지눌은 팔만대장경 조판 사업에 참여하지 않았다.

---

01 기출문제

15회 중급 13번

보고서의 (가)~(마) 사진 가운데 고려 시대의 문화재로 옳지 않은 것은?

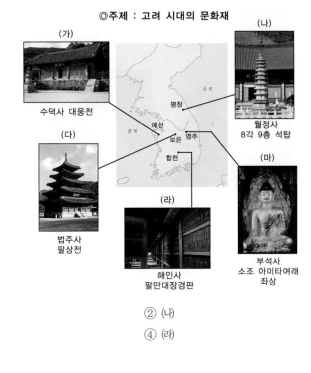

◎주제 : 고려 시대의 문화재

(가) 수덕사 대웅전
(나) 월정사 8각 9층 석탑
(다) 법주사 팔상전
(라) 해인사 팔만대장경판
(마) 부석사 소조 아미타여래 좌상

① (가)　　　② (나)
③ (다)　　　④ (라)
⑤ (마)

02

다음 인물에 대한 설명으로 옳은 것은?

- 조계종의 사상적 기초를 수립
- 선종 중심의 불교 통합 운동을 주도함
- 「권수정혜결사문」이라는 취지문을 지어 선포

① 유불 일치설을 주장하였다.

② 백련사에서 신앙 결사 운동을 주도하였다.

③ 교관겸수를 바탕으로 철저한 수행을 강조하였다.

④ 돈오점수를 바탕으로 철저한 수행을 강조하였다.

⑤ 해인사에 있는 팔만대장경 조판 사업에 참여하였다.

03

밑줄 그은 '불상으로 옳은 것은?

'고려 문화 탐방'에 참여해주서서 감사합니다. 우선, 고려의 지방색이 강하고, 규모가 거대한 불상을 볼 것 입니다. 불상을 제작한 지방 호족들의 독특한 개성과 자유분방함을 맘껏 느낄 수 있을 것입니다.

─── 〈보기〉 ───

ㄱ 논산 관촉사 석조 미륵 보살 입상   ㄴ 파주 용미리 이불 입상

ㄷ 서산 용현리 마애 여래 삼존상   ㄹ 석굴암 본존불상

① ㄱ, ㄴ   ② ㄱ, ㄷ
③ ㄴ, ㄷ   ④ ㄴ, ㄹ
⑤ ㄷ, ㄹ

04.③

제시문은 직지심체요절에 대한 설명을 하고 있다.

③ 직지심체요절은 승려인 백운 화상이 부처와 자신보다 먼저 세상을 살다 간 이름난 승려들의 말씀이나 편지 등에서 뽑은 내용을 수록해 놓은 책이다.

① 재조대장경은 몽골이 고려를 침입하자 부처의 힘으로 몽골군을 물리치기 위해 만든 대장경이다.

② 왕오천축국전은 신라의 승려 혜초가 고대 인도의 5천축국을 답사하고 쓴 여행기이다.

④ 상정고금예문은 고려 시대에 최윤의 등이 왕명을 받고 고금의 예문을 모아 편찬한 책으로 최초의 금속활자본이나 현재 전해지지는 않는다.

⑤ 무구정광대다라니경은 통일 신라 시대에 만들어진 세계에서 가장 오래된 목판 인쇄물이다.

05.②

무신 집권기와 몽골의 침략을 겪으면서 민족적 자주 의식이 반영되어 집필된 책이 삼국유사와 동명왕편이다.

㉠ 삼국유사와 동명왕편은 고려 후기에 편찬되었다

㉣ 삼국유사와 동명왕편은 민족적 자주 의식이 반영되어 있다.

㉡ 삼국유사에 단군신화가 수록되어 있고, 동명왕편은 동명왕(주몽)의 일대기를 다루고 있다.

㉢ 성리학적 유교 사관이 강조된 책으로는 이제현의 사략이 있다.

04

(가)에 들어갈 검색어로 옳은 것은?

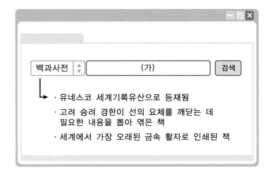

① 재조대장경   ② 왕오천축국전

③ 직지심체요절   ④ 상정고금예문

⑤ 무구정광대다라니경

05

다음 역사서의 공통점으로 옳은 것을 〈보기〉에서 고른 것은?

▲ 삼국유사   ▲ 동명왕편

─── 〈보기〉 ───

㉠ 고려 후기에 편찬되었다

㉡ 단군신화는 수록되어 있지 않다.

㉢ 성리학적 유교 사관이 강조되었다.

㉣ 민족적 자주 의식이 반영되어 있다.

① ㉠, ㉡   ② ㉠, ㉣

③ ㉡, ㉢   ④ ㉡, ㉣

⑤ ㉢, ㉣

06

밑줄 그은 ㉠에 해당하는 문화유산으로 옳은 것은?

> 고려 시대에는 4각형 평면에서 벗어난 다각형의 다층 석탑이 유행하게 되는데, ㉠이 탑도 그러한 흐름 속에서 만들어진 것으로, 고려 전기 석탑을 대표하는 작품이다. 2018년 동계 올림픽 개최지로 결정된 평창에 가면 볼 수 있다.

① 불국사 다보탑

② 감은사지 3층 석탑

③ 정림사지 5층 석탑

④ 월정사 8각 9층 석탑

⑤ 경천사 10층 석탑

06. ④

제시문은 월정사 8각 9층 석탑에 대한 설명이다.

④ 월정사 8각 9층 석탑은 고려 초기의 석탑으로 송의 영향을 받았다.

① 불국사 다보탑은 통일 신라의 석탑이다.

② 감은사지 3층 석탑은 통일 신라의 석탑이다.

③ 영광탑은 발해의 석탑이다.

⑤ 경천사 10층 석탑은 고려 후기의 석탑으로 원의 영향을 받았다.

07.①

제시문은 경천사 10층 석탑에 대한 설명이다.

① 경기도 개풍군에 위치하였던 경천사 10층 석탑이다.

② 전남 구례 화엄사 4사자 3층 석탑은 통일 신라의 석탑이다.

③ 양양 진전사지 3층 석탑은 통일 신라의 석탑이다.

④ 익산 미륵사지 석탑 사진은 백제의 석탑이다.

⑤ 분황사 모전 석탑은 신라의 석탑이다.

07

자료에서 설명하고 있는 문화 유산으로 옳은 것은?

△△신문　　　　　　　　　2015년 ○○월 ○○일

문화재 돋보기

이 석탑은 고려 후기 충목왕 때 조성되어 기존의 신라계 석탑과는 양식을 달리하는 특수형 석탑으로 원나라의 영향을 받았다. 1909년경 우리나라에 대사로 와 있던 일본 궁내대신 다나카에 의하여 일본 동경으로 불법 반출되었다가 그 뒤 반환되어 현재는 국립중앙박물관으로 옮겨져 실내에 전시되고 있다.

①

②

③

④

⑤

08

밑줄 그은 '이 도자기'로 옳은 것은?

> 이 도자기는 주로 14세기 후반부터 16세기 중엽까지 제작되어 유행되었습니다. 천진스러운 무늬와 거친 질감이 어우러져 우리의 멋을 느낄 수 있습니다. 이 도자기는 당시 일본인들이 사용하던 '미시마[三島]'란 용어에 반대하여 새롭게 지은 '분장회청사기'라는 이름을 붙였습니다.

①

②

③

④

⑤

08.③

제시문에서 설명되고 있는 도자기는 분청사기이다.

③ 고려 말~조선 후기에 유행한 분청사기이다.

① 고려 중기에 유행한 상감청자이다.

② 조선 전기에 극소수 제작된 철화백자이다.

④ 조선 중기에 유행한 순백자이다.

⑤ 조선 후기에 유행한 청화백자이다.

09.①

제시된 자료는 고려 중기 최충의 9재 학당인 사학에 학생들이 몰렸음을 보여 준다. 이와 같이 문벌 귀족이 사학을 선호하면서 국자감의 관학 교육이 위축되자, 예종은 학제를 개편하여 분야별 유학 교육을 강화하고 장학 재단을 설립하였다.
① 문벌 귀족이 사학을 선호하면서 국자감의 관학 교육이 위축되었다.
② 고려 후기에 볼 수 있는 모습이다.
③ 고려 후기에 볼 수 있는 모습이다.
④ 지방에 향교는 관학이다.
⑤ 고려 후기 들어온 성리학에 대한 설명이다.

10.②

의천과 지눌의 업적을 물어보고 있다.
㉠ 의천의 활동이다.
㉡ 요세가 전개하였다.
㉢ 도선의 의해 도입되었다.
㉣ 지눌의 주장한 내용이다.

09

자료에 나타난 상황이 가져온 결과로 가장 적절한 것은?

> 최충이 후진들을 모아 열심히 교육하니, 유생과 평민이 그의 집과 마을에 차고 넘치게 되었다. 마침내 9재로 나누었다. …… 이를 시중 최공의 도(徒)라고 불렀다. 의관자제(衣冠子弟)로서 과거에 응시하려는 자들은 반드시 먼저 이 도에 속하여 공부하였다.
>
> ─「고려사」─

① 국자감의 관학 교육이 위축되었다.
② 권문세족의 불법 행위와 불교계 타락이 심화되었다.
③ 성균관이 순수한 유교 교육 기관으로 확대, 개편되었다.
④ 지방에 향교가 설치되어 지방 관리와 서민 자제의 교육을 담당하였다.
⑤ 인간의 심성과 우주의 원리 문제까지 철학적으로 탐구하는 신유학이 성장하였다.

10

(가), (나) 인물에 대한 설명으로 옳은 것을 〈보기〉에서 고른 것은?

대각국사 의천
수행법으로 교관겸수를 주장하였다.

보조국사 지눌
수행법으로 정혜쌍수, 돈오점수를 주장하였다.

─── 〈보기〉 ───
㉠ (가) - 국청사를 창건하고 천태종을 창시하였다.
㉡ (가) - 백련사에서 신앙 결사 운동을 전개하였다.
㉢ (나) - 풍수지리설을 도입하였다.
㉣ (나) - 선종을 중심으로 교종을 통합할 것을 주장하였다.

① ㉠, ㉡   ② ㉠, ㉣   ③ ㉡, ㉢
④ ㉡, ㉣   ⑤ ㉢, ㉣

11

밑줄 친 '이것'에 해당하는 건축물을 보기에서 모두 고른 것은?

> 공포란 앞으로 내민 처마를 받치며 그 무게를 기둥과 벽으로 전달시켜 주는 조립 부분이다. 이것은 공포가 기둥 위에만 짜여 있는 건축 양식을 말한다.

─── 〈보기〉 ───

㉠ 창경궁 명정전

㉡ 수덕사 대웅전

㉢ 성불사 응진전

㉣ 부석사 무량수전

① ㉠, ㉡　　　② ㉠, ㉢　　　③ ㉡, ㉢
④ ㉡, ㉣　　　⑤ ㉢, ㉣

11.④

제시된 글은 주심포 양식에 대한 설명이다. 가장 오래된 목조 건축물인 안동 봉정사 극락전을 비롯하여 영주 부석사 무량수전, 예산 수덕사 대웅전 등이 주심포 양식으로 축조되었다.

㉡ 수덕사 대웅전은 주심포 양식으로 축조되었다.

㉣ 부석사 무량수전은 주심포 양식으로 축조되었다.

㉠ 창경궁 명정전은 현재 남아있는 조선 시대 궁궐의 전각 중에서 가장 오래된 목조건축물이다.

㉢ 성불사 응진전은 다포 양식으로 축조되었다.

III

조선 유교 사회의 성립과 변화

10 조선의 건국과 통치 체제 정비

핵심개념 한상 차리기

1. 조선의 건국

(1) 건국 과정

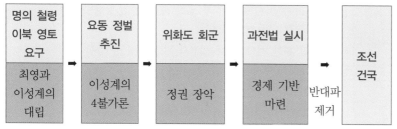

① 중심 세력 : 신진 사대부(정도전, 조준 등), 신흥 무인 세력(이성계 등)
② 한양 천도 : 한반도 중앙에 위치, 교통에 편리하고 외적 방어에 유리, 풍수지리상 명당
③ 건국 의의 : 신진 사대부가 새로운 지배 세력, 성리학이 국가 지배 이념으로 정립

(2) 국가 기틀의 마련

태조	• 국호 '조선', 한양 천도(궁궐, 종묘, 사직 등 건설) • 정도전 중용 ┌ 성리학적 통치 이념 확립, 재상 중심의 정치 주장 └ 「조선경국전」(통치 규범 마련), 「불씨잡변」(불교 비판) 저술
태종	• 왕자의 난 ➡ 종친, 외척의 정치 참여 제한 • 6조 직계제 실시 ➡ 왕권 강화 • 사간원 독립 : 대신들 견제 • 사병 혁파 : 군사권 일원화 • 사원전 몰수 : 재정 확충 • 양전 사업, 호구 조사 • 호패법 실시 : 인구 동태 파악, 조세 징수와 군역 부과에 활용
세종	• 유교 정치 이상 추구 ┌ 집현전 설치, 경연 활성화 └ 의정부 서사제 실시 ➡ 왕권과 신권의 조화 • 유교 윤리 보급 및 각종 제도 정비(연분 9등법 · 전분 6등법) • 영토 확장 : 4군 6진 설치(김종서), 대마도 정벌(이종무) • 기타 ┌ 갑인자, 앙부일구, 자격루, 측우기, 혼천의 등 제작 └ 「삼강행실도」, 「칠정산」, 「훈민정음」, 「농사직설」 편찬
단종	• 왕권 약화, 재상의 정치적 실권 장악

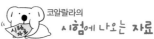 호패

호패는 조선 시대 신분 증명패로, 신분에 관계없이 16세 이상의 모든 남자에게 지급되었다.

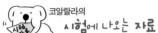
코알라의
시험에 나오는 자료

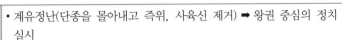

세조	• 계유정난(단종을 몰아내고 즉위, 사육신 제거) ➡ 왕권 중심의 정치 실시
	• 왕권 강화
	  ┌ 집현전과 경연 폐지, 의정부 권한 축소, 종친 등용
	  └ 6조 직계제 실시 ➡ 왕권 강화
	• 경국대전 편찬 시작 : 역대 법전과 각종 명령 등 종합
	• 직전법 실시 : 현직 관리에게만 토지 지급

성종	• 유교 통치 질서 완성
	  ┌ 홍문관 설치(집현전 계승), 경연 활성화
	  └ 경국대전 완성 : 통치 규범 확립(유교적 법치 국가 기틀 마련)
	• 관수 관급제 실시 : 국가가 직접 토지 관리하고 관리에게 녹봉 지급
	• 오가작통법 실시 : 다섯 집을 1통으로 묶어 유민 방지

은세프의 시험 전에 꼭 맛봐야 하는

6조 직계제

의정부의 서사를 나누어 6조에 귀속시켰다. .... 처음에 왕(태종)은 의정부의 권한이 막중함을 염려하여 이를 혁파할 생각이었지만, 신중하게 여겨 서두르지 않다가 이때에 이르러 단행하였다.

－「태종실록」－

상왕(단종)이 나이가 어려 무릇 조치하는 바는 모두 대신에게 맡겨 논의 시행하였다. 지금 내가 명을 받아 왕통을 물려받고 군국 서무를 아울러 자세히 듣고 헤아려다 조종의 옛 제도를 되살린다. 지금부터 형조의 사형수를 뺀 모든 서무는 6조가 저마다 직무를 맡아 직계한다.

－「세조실록」－

태종과 세조 때 실시된 6조 직계제는 6조가 의정부를 거치지 않고 왕에게 직접 보고하고 명령을 받도록 한 것으로, 왕권 강화를 위한 것이었다.

의정부 서사제

6조는 각기 모든 직무를 먼저 의정부에 품의하고, 의정부는 가부를 헤아린 뒤에 왕에게 아뢰어 (왕의) 전지를 받아 6조에 내려 보내어 시행한다. 다만, 이조‧병조의 제수, 병조의 군사 업무, 형조의 사형수를 제외한 판결 등은 종래와 같이 각 조에서 직접 아뢰어 시행하고 곧바로 의정부에 보고한다.

－「세종실록」－

의정부 서사제는 의정부가 6조로부터 국정에 관한 여러 일을 미리 보고 받아 논의한 후 왕에게 아뢰는 것이다. 세종은 의정부 서사제를 실시하여 왕권과 신권의 조화를 추구하였다.

6조 직계제

명령 ⟮ 국 왕 / 의정부(정승) / 6조(판서) ⟯ 보고

의정부 서사제

재가
명령 ⟮ 국 왕 / 의정부(정승) / 6조(판서) ⟯ 건의
보고

2. 통치 체제의 정비

(1) 중앙 정치 기구

의정부		• 재상의 합의로 운영 ➡ 최고 정무 기구 • 3정승이 모여 주요 정책 결정(국정 총괄)
6조 (이-호-예-병-형-공)		• 주요 행정 실무 담당, 아래에 여러 관청을 두고 업무 분담 ➡ 행정의 전문성과 효율성을 높임
왕권 강화기구	승정원	• 왕명 전달, 왕의 비서 기구
	의금부	• 왕의 직속 사법 기관
삼사 (언론 기관)	사간원	• 왕의 잘못 지적, 왕을 바른 말로 일깨움
	사헌부	• 관리 비행 감찰, 풍속 교정
	홍문관	• 국왕 자문, 왕명 대필, 경연 주관
	삼사 역할	• 왕권의 전제성 견제 및 신권의 독점과 부정 방지 • 고관은 물론 왕이라도 함부로 막을 수 없음 • 벼슬의 등급은 낮음, 학문과 덕망이 높은 사람이 임명
	양사(대간)	• 구성 : 사헌부, 사간원 • 역할 : 간쟁권, 봉박권, 서경권 행사
춘추관		• 역사서 편찬 및 보관
한성부		• 한성의 행정과 치안 담당
성균관		• 국립대학, 최고 유학 교육 기관

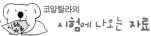

중앙 정치 조직

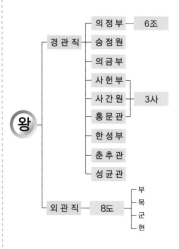

의 시험 전에 꼭 맛봐야 하는 ....

삼사의 역할

> 대관은 마땅히 위엄과 명망을 우선해야 하고 탄핵은 뒤에 해야 한다. 왜냐하면, 위엄과 명망이 있는 자는 비록 종일토록 말하지 않더라도 사람들이 스스로 두려워 복종할 것이요, 이것이 없는 자는 날마다 수많은 글을 올린다 하더라고 사람들은 더욱 두려워하지 않기 때문이다. …… 천하의 득실, 백성의 이로움과 해로움, 사직의 큰 계획은 직책에 얽매이지 않고 오로지 재상만이 행할 수 있고, 간관만이 그것에 대해 말할 수 있을 뿐이니, 간관의 지위는 비록 낮지만 직무는 재상과 대등하다.
>
> – 정도전, 「삼봉집」–

대관은 관리를 감찰하는 임무를 맡은 관리를, 간관은 왕에게 간언을 올리는 관리를 부르는 말이다. 조선 시대에는 3사가 언론의 기능을 수행한다고 하여 언론 3사라, 3사의 관리를 언관이라 하였다. 3사는 학문과 덕망이 높은 사람이 주로 임명되어, 추후에 고위직에 오르는 경우가 많았다.

🐨 지방 행정 조직

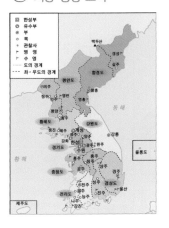

(2) 지방 행정 조직

행정 구역	• 도 – 부 · 목 · 군 · 현 – 면 · 리 · 통으로 조직 • 고려의 향 · 부곡 · 소를 일반 군 · 현으로 승격
특징	• 모든 군현에 수령(지방관) 파견 : 수령 권한 강화, 향리 지위 약화 ┌ 8도에 관찰사 파견 ➡ 수령을 지휘 및 감찰 └ 부 · 목 · 군 · 현에 수령 파견 ➡ 해당 지역의 행정 · 사법 · 군사권 행사 • 향리 : 수령 보좌, 지방 행정 실무 담당(아전) • 유향소 : 양반들로 구성된 향촌 자치 기구 ➡ 여론 수렴, 백성 교화, 수령 자문, 향리 감찰 • 경재소 : 유향소와 정부 사이 연락 담당 ➡ 중앙 집권 체제 강화

(3) 군사 제도와 교통 · 통신 제도

① 군역 제도

- 양인개병제(16세 이상~60세 미만 양인 남자) 및 농병일치
- 정군과 보인(봉족)으로 구성, 현직 관리 · 학생 · 향리는 면제

② 군사 조직

중앙군	• 체제 : 5위(궁궐 · 수도 경비 담당) • 구성 : 정군, 갑사, 특수군
지방군	• 체제 : 영진군(육 · 해 국방상 요지 영 · 진에 복무) ➡ 세조 이후 진관 체제 실시 • 구성 : 육군(병영, 병마절도사) + 수군(수영, 수군절도사) + 잡색군(서리 · 향리 · 노비, 일종의 예비군)

③ 교통, 통신 제도

- 조운제 : 각 지방의 세금을 해로와 수로를 통해 한양으로 운송
- 역참(역원)제 : 역마를 이용할 수 있는 역과 원을 설치하여 공문 전달 및 공물 수송
- 봉수제 : 군사적으로 위급한 상황을 횃불과 연기로 중앙에 전달

수령 7사(지방 수령의 일곱 가지 임무)

> 1. 농사와 양잠을 발전시킨다.   2. 가호와 인구를 늘린다.
> 3. 학교를 크게 일으킨다.   4. 군사 관련 업무를 잘 다스린다.
> 5. 세금과 부역을 고르게 매긴다.   6. 소송을 간소하고 공정하게 한다.
> 7. 간사함과 교활함을 없게 한다.
>
> － 「성종실록」 －

수령 7사는 조선 시대 지방을 다스리던 수령의 7가지 의무 규정이다. 수령은 국왕의 대리인으로서 행정 · 사법 · 군사권을 가지고 있었다.

(4) 관리 등용 제도와 교육 제도

① 과거

실시	• 법적으로 양인 이상 응시 가능, 주로 양반이 응시 • 식년시(정기시, 3년마다 시행), 부정기 시험(증광시, 별시, 알성시) 실시
문과	• 소과(생원시, 진사시) ➡ 성균관에 입학, 문과 응시, 하급 관리 • 대과(문과) : 초시 ➡ 복시(33명 선발) ➡ 전시(왕 앞에서 시험, 순위 결정) • 탐관오리의 아들, 재가한 여자의 아들과 손자, 서얼은 응시 불가
무과	• 문과와 같은 절차, 주로 양반, 서얼 응시
잡과	• 3년마다 실시, 주로 서얼과 중인 계층이 응시

② 교육 기관

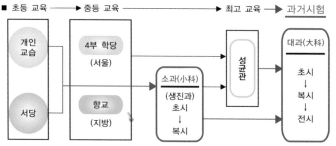

조선 과거 제도

• 국립 교육 기관

성균관	• 최고의 국립 교육기관 • 입학 자격은 생원, 진사를 원칙으로 함
4부 학당	• 중앙의 4부(중학, 동학, 서학, 남학)에 설치
향교	• 지방의 부·목·군·현마다 하나씩 설립 • 중앙에서 교수 및 훈도 파견 • 지방의 유학 교육을 위해 설립, 성현에 대한 제사와 유생의 교육 및 지방민의 교화

• 사립 교육 기관

서원	• 학문 연구와 선현 제향을 위하여 사림이 설립
서당	• 양반 자제뿐만 아니라 일반 서민 자제까지 문자 교육 • 초보적인 수준의 유학 입문 교육 ➡ 천자문·소학 등의 초등 교육 담당

③ 특별 채용

• 음서 : 음서 혜택의 폭이 고려보다 좁아짐(2품 이상)
• 천거 : 추천에 의한 등용, 대부분 기존 관리를 대상으로 함

④ 관리 등용 제도

• 상피제 운영 : 가까운 친인척이 같은 관서에 근무하지 않도록 하거나 출신 지역의 지방관으로 임명하지 않음 ➡ 권력 집중과 부정 방지
• 서경 제도 실시 : 사헌부와 사간원에서 관리 임명자를 동의해야 함 ➡ 인사의 공정성 확보

3. 사림의 성장과 붕당의 출현

(1) 조선 건국과 급진 개혁파

코알랄라의 시험에 나오는 자료

신진 사대부의 분화

신진 사대부 < 급진파 → 훈구파 / 온건파 → 사림파

개성에 위치한 선죽교

급진파(급진 개혁파)	vs	온건파(온건 개혁파)
• 온건파, 급진파 모두 성리학에 토대를 둔 신진 사대부 출신		
• 사회 개혁의 방향을 둘러싼 갈등이 원인이 되어 대립하게 됨		
• 정도전, 조준, 권근 등	인물	• 이색, 정몽주, 길재 등
• 고려 왕조를 부정하는 역성혁명 주장 • 이성계 세력과 결탁하고 새 왕조 건설	정치 성향	• 고려 왕조의 틀 안에서 점진적 개혁 주장
• 정도전 : 민본일치, 재상중심의 관료 정치, 요동 정벌 계획 건의, 「불씨잡변」, 「조선경국전」 저술	대표 인물	• 정몽주 : 왕자의 난 때 이방원 일파에 의해 선죽교에서 살해당함

(2) 훈구파와 사림파

훈구파(관학파)	vs	사림파(사학파)
• 15세기 근세 문화 창조	시기	• 16세기 이후 사상계 주도
• 정도전, 권근, 신숙주, 정인지 등	인물	• 김종직, 김일손, 조광조 등
• 혁명파 사대부 계승 ➡ 세조 반정 공신으로 권력 장악 • 성균관, 집현전 통해 등장	성장	• 온건파 사대부 계승 ➡ 세조 반정 반대 • 지방 중소 지주, 지방 사학을 통해 양성
• 사장 중심(한시와 한문학)	경향	• 경학 중심(유학 경전)
• 성리학 이외 타 학문도 수용	정치	• 성리학 이외의 학문은 배척
• 군사학, 기술학 중시 • 과학 기술 발달	학풍	• 의리와 도덕 숭상 • 정신문화 중시
• 중앙 집권 추구 • 민생 안정 및 부국강병 추구	정치 체제	• 향촌자치 추구(서원, 향약) • 유교적 이상 정치 추구 • 왕도정치 추구
• 단군 중시	역사관	• 기자 중시

(3) 사화와 사림의 정치적 성장

① 훈구 세력의 권력 장악 : 세조 집권 때 공을 세워 정권 장악 ➡ 고위 관직 독점, 토지 확대

② 사림 세력의 정계 진출 : 성종 때 훈구 세력 견제를 위해 사림 등용(김종직과 문인들) ➡ 전랑과 3사 언관직을 중심으로 훈구 세력 대토지 소유와 비행 비판

③ 사화의 발생 : 사림과 훈구 세력 간 갈등 심화 ➡ 4차례 사화 발생

연산군	무오사화 (1498년)	• 김일손이 사초에 실은 김종직 「조의제문」 문제 ➡ 훈구 대신의 공격(이극돈, 유자광 등) ➡ 사림파 제거
	갑자사화 (1504년)	• 연산군 생모 윤씨가 폐비가 되어 사약 받아 죽은 사건 ➡ 사약 공론에 참여한 훈구파 및 사림파 제거
중종	기묘사화 (1519년)	• 중종은 개혁 추진 위해 사림파 거두 조광조 등용

조광조의 개혁 정치 ➡ 급진적 개혁 ➡ 기묘사화	
현량과 실시	• 학문과 덕행이 뛰어난 인재를 무시험 추천
유교 윤리 보급	• 향약의 전국 시행 추진 ➡ 향촌 자치와 성리학적 윤리 강화 • 소학, 주자가례 삼강행실도, 이륜행실도 보급
소격서 폐지	• 도교 및 민간 신앙 배척 및 불교 · 도교 행사 금지
위훈 삭제	• 반정 공신 중 자격이 없는 인물의 공신호 · 토지 · 노비 박탈

명종	을사사화 (1545년)	• 왕위 계승을 둘러싸고, 인종의 외척 윤임(대윤)과 명종의 외척 윤형원(소윤)의 대립 ➡ 윤형원(소윤)이 집권 ➡ 윤임(대윤)과 사림 세력 축출

의 시험 전에 꼭 맛봐야 하는 ......

무오사화의 원인

> 김종직은 초야의 미천한 선비로 세조 시기 과거에 급제하였다. 성종 시기에 발탁되어 경연에 두어 오랫동안 시종의 자리에 있었다. 형조 판서에 이르러서는 은총이 온 조정을 기울게 하였다. 병으로 물러나게 되자 성종은 소재지 관리로 하여금 특별히 미곡을 내려 주도록 하였다. 지금 김종직의 제자 김일손이 찬수한 사초에 부도한 말로써 선왕조의 일을 거짓으로 기록하고, 스승 김종직의 '조의제문'을 실었도다.
>
> — 「연산군일기」 —

'조의제문'은 항우가 폐위한 중국 초의 마지막 왕인 의제를 애도하는 내용이다. 사림은 세조가 단종을 죽인 사실을 항우가 의제를 죽인 것으로 비유하여 세조의 왕위 승계가 유교적 명분에 어긋난다고 보았다. 결국, 이로 인해 이미 죽은 김종직뿐만 아니라 많은 사림이 피해를 당하였다.

조광조의 이상적인 유교 국가

> 아랫사람들을 일으켜 세우는 것은 윗사람에게 달린 것입니다. 성상께서 먼저 덕을 닦아 감동시킨다면 아래서도 감동되지 않는 사람이 없어, 정치가 지극히 바르게 될 것입니다.

조광조는 왕도 정치의 올바른 실현을 위해서는 왕이 올바른 품성을 갖춰야한다고 보았다.

코알랄라의
시험에 나오는 자료

조광조 영정

1750년 전 후반 경에 그려진 영정임

은세프의 시험 전에 꼭 맛봐야 하는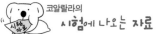

조광조의 개혁(현량과)

> 경연에서 조광조가 중종에게 아뢰기를, "국가에서 사람을 등용할 때 과거 시험에 합격한 사람을 중요하게 여깁니다. 그러나 매우 현명한 사람이 있다면 어찌 꼭 과거 시험에만 국한하여 등용할 수 있겠습니까, 중국 한을 본받아 현량과를 실시하여 덕행이 있는 사람을 천거하여 인재를 찾으십시오."라고 하였다.
>
> − 「중종실록」 −

조광조 등의 사림은 현량과를 설치하여 새로운 인재를 선발하고자 하였다. 현량과는 문장 실력을 보는 과거 시험에서 벗어나 행실 및 과거의 행적을 위주로 관리를 선발하여 도학 정치를 실현하고자 하였다.

정몽주
길 재
김숙자
김종직

정여창 김굉필 김일손

이언적 서경덕 조광조 김안국

조 식 이 황 이 이 성 혼

붕당
영남 학파(동인) vs 기호 학파(서인)

④ 사림의 정권 장악과 붕당의 형성

사림 정권 장악	• 서원과 향약을 바탕으로 성장 • 선조(16세기 후반) 때 사림이 대거 정계에 진출하여 정권 장악

붕당 형성	• 외척 정치의 잔재 청산, 이조 전랑 임명 문제로 사림 간 대립 ➡ 동인과 서인으로 나뉨	
	동인(신진 사림)	**서인(기성 사림)**
	• 김효원 지지 세력으로 척신 정치 개혁에 적극적 • 이황, 조식, 서경덕 문인 중심(영남 학파)	• 심의겸 지지 세력으로 척신 정치 개혁에 소극적 • 이이, 성혼의 문인 중심(기호 학파)

붕당 정치 발달	• 붕당 간 상호 견제와 비판을 통해 정치 발전 • 여론 중시 ➡ 3사의 언관직과 이조 전랑의 정치 비중 증가 • 산림(각 붕당의 사상적 지주)의 의견을 국정에 반영

 은세쌤의 시험 전에 꼭 맛봐야 하는

이조 전랑을 둘러싼 사림의 대립

> 심의겸이 이조 참의로 있을 때 예전의 잘못을 들어 김효원이 전랑이 되는 것에 반대했지만, 뒤에 김효원은 전랑이 되었다. 그 후 어떤 사람이 심의겸의 동생 심충겸을 전랑으로 천거하자, 김효원이 "이조의 관직이 외척의 물건인가? 심씨 집안에서 차지하려 한단 말이냐?"라고 반대하였다. …… 동인과 서인이라는 말이 여기서 비롯되었으니, 김효원의 집이 동쪽 건천동에 있고 심의겸의 집은 서쪽 정동에 있기 때문이었다.
>
> – 「연려실기술」 –

이조 전랑은 품계는 그리 높은 편은 아니었지만, 3품 이하 문관의 천거와 3사 청요직의 선발권, 후임 전랑의 추천권 등 여러 특권을 가지고 있었다. 이 때문에 누가 이조 전랑을 차지하느냐에 따라 권력의 향배가 결정되었기 때문에, 이 자리를 놓고 붕당 간의 경쟁이 더욱 심화되었다.

(4) 사림의 기반

① 서원

건립	• 주세붕이 유학자 안향을 기리기 위해 최초의 서원인 백운동 서원 건립(1543) ➡ 이황이 재직할 때 명종이 친필로 쓴 소수서원이란 편액 하사(최초의 사액서원)
성격	• 해당 지역에 연고가 있는 선현의 제사를 지냄 • 설립 주체는 사림, 정부로부터 토지, 노비, 서적 등을 지원 받음
발전	• 사화 이후 사림들의 활동 기반 ➡ 임진왜란 이후 급속히 발전
기능	• 유교 보급 및 사림을 결집 • 학문 발달, 사림의 사회적 위상 강화 • 붕당의 기반이 되어 붕당 대립에 영향

② 향약

보급	• 훈구파에 대항하여 사림이 전개 ➡ 조광조의 노력 ➡ 이이·이황의 노력으로 전국적으로 보급 • 각각의 지방을 중심으로 실정에 맞는 규약을 만듦
성격	• 전통적 공동조직과 미풍양속 계승, 삼강오륜 중심의 유교 윤리 가미 • 4대 덕목 채용 : 덕업상권·과실상규·환난상휼·예속상교 • 운영 : 신분에 관계없이 해당 지역 향민 전원을 대상(강제적)
기능	• 향촌의 자치적 기능 ➡ 사림의 농민 지배력 강화 • 유교 예속을 바탕으로 백성 교화 ➡ 지방 사족의 향촌 지배력 강화 • 폐단 : 사림의 농민 수탈 기구로 전락

👀 소수서원

🐨 향약의 4대 덕목

• 덕업상권 : 좋은 일은 서로 권한다.
• 과실상규 : 잘못한 일은 서로 꾸짖는다.
• 예속상교 : 예의와 풍속은 서로 나눈다.
• 환난상휼 : 재난과 어려움을 서로 돕는다.

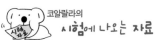

퇴계 이황의 성학십도

(5) 성리학의 보급과 발달

① 성리학의 보급
- 정착 : 조선 건국 이후 나라 통치 기본 이념 ➡ 16세기 일상의 생활 윤리로 확대
- 보급 : 선구자(서경덕, 이언적), 융성(이황, 이이 중심)

② 성리학의 발달

퇴계 이황(주리론)		율곡 이이(주기론)
• 이기이원론('이' 강조) • 관념적 도덕세계 중시(인식론)	사상	• 이기일원론('기' 강조) • 경험적 현실세계 중시(실천론)
• 동방의 주자, 도덕규범 확립 • 신분질서 유지	역할	• 이기론 집대성, 현실개혁 주장 • 통치 체제 정비와 수취 제도 개혁 주장(수미법)
• 성리학의 주류, 영남학파 형성 • 위정척사사상, 일본 성리학에 영향	영향	• 기호학파 형성(서인 주축) • 사회 개혁론 제시 • 실학 사상과 개화 사상에 영향
• 「성학십도」, 「주자서절요」	저서	• 「성학집요」, 「동호문답」, 「격몽요결」

cf) 성학
┌ 「성학십도」: 군주가 스스로가 성학에 따를 것을 제시
└ 「성학집요」: 현명한 신하가 군주에게 성학을 가르쳐 기질을 변화시킬 것을
　주장 ➡ 신하의 적극적 역할 중시

퇴계 이황

율곡 이이

은세프의 시험 전에 꼭 맛봐야 하는

이와 기를 바라보는 이황과 이이의 생각

> 천하의 사물은 반드시 각각 그렇게 되는 까닭이 있고 바로 그렇게 되어야 하는 법칙이 있는데, 그것을 이(理)라고 한다. …… 무릇 모든 사물은 능히 그렇게 되고 반드시 그렇게 되는 것이니, 이는 사물에 앞서 존재한다.
> 　　　　　　　　　　　　　　　　　　　　　　　　　　- 「퇴계집」, 이황 -
>
> 이가 아니면 기(氣)가 근거할 곳이 없고, 기가 아니면 이가 의거할 곳이 없다. 이미 두 개의 물건이 아닌 즉, 또한 하나의 물건도 아니다. …… 이와 기는 서로 떨어지지 않을 수 없으나 묘하게 결합된 가운데 존재한다. 이는 이이고 기는 기이지만 혼돈 상태여서 틈이 없고 선후가 없으며 떨어졌다 붙었다 하는 일이 없으니, 두 개의 물건이라고 볼 수 없다.
> 　　　　　　　　　　　　　　　　　　　　　　　　　　- 「율곡집」, 이이 -

이황은 이(理)가 만물의 근본이며, 사물에 앞서 존재한다고 보았다. 반면 이이는 이와 기의 상호 관련성을 강조하였다.

01 🐨 기출 문제

18회 중급 14번

(가), (나) 시대의 지방 통치에 대한 설명으로 옳은 것을 〈보기〉에서 고른 것은?

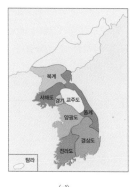
(가)

(나)

〈보기〉

㉠ (가) - 모든 군현에 수령이 파견되었다.

㉡ (가) - 특수 행정 구역인 향 · 부곡 · 소가 있었다.

㉢ (나) - 지방에 소경을 설치하였다.

㉣ (나) - 향리가 수령을 보좌하여 지방 행정 실무를 맡았다.

---

① ㉠, ㉡

② ㉠, ㉢

③ ㉡, ㉢

④ ㉡, ㉣

⑤ ㉢, ㉣

02

다음의 책을 편찬한 '왕'의 업적으로 옳은 것은?

▲칠정산

▲농사직설

① 경연을 폐지하였다.

② 직전법을 시행하였다.

③ 집현전을 설치하였다.

④ 경국대전을 반포하였다.

⑤ 6조 직계제를 시행하였다.

---

01. ④

(가)는 고려 시대, (나)는 조선 시대의 지방 행정 구역이다.

㉡ 고려 시대에는 특수 행정 구역인 향·부곡·소가 있었고, 조선 시대에 이르러 향·부곡·소는 일부 군현으로 편입되어 소멸되었다.

㉣ 조선 시대에는 모든 군현에 수령이 파견되면서, 향리는 수령을 보좌하여 지방 행정 실무를 맡게 되었다.

㉠ 모든 군현에 수령을 파견된 것은 조선 시대이다. 고려 시대에는 모든 군현에 수령이 파견되지 못하였다.

㉢ 통일 신라 신문왕 때 지방에 5소경을 설치하였다.

02. ③

한양을 기준으로 교정한 우리나라 최초의 역법서인 칠정산과 농민들의 경험을 바탕으로 지역마다 적절한 농법을 모아 편찬한 농사직설은 세종 때 편찬되었다.

③ 세종 때의 일이다.

① 세조 때의 일이다.

② 세조 때의 일이다.

④ 성종 때의 일이다.

⑤ 태종과 세조는 6조 직계제를 시행하였다.

03.③

정도전의 업적에 대해 묻고 있다.
㉠ 정도전은 본인이 수립한 도성축
조 계획에 따라 한양 도성을 수
축하였다.
㉢ 정도전의 조선경국전은 왕에게
지어 바친 사찬 법전으로, 조
선왕조를 다스리는 치국의 기
준을 종합적으로 서술하였다
㉡ 정도전은 재상 중심의 정치를
추구하였다.
㉣ 경제육전은 조선 시대 개국 초
에 반포된 국가의 공적인 법전
이다.

03

㈎에 해당하는 인물의 활동으로 옳은 것은?

> ㈎ 은(는) 조선 왕조 개창을 주도하고, 민본 사상을 강조하여 재상
> 이 왕으로부터 정치 권한을 부여 받아 위로는 왕을 받들어 관리를 통솔하
> 고, 아래로는 백성을 다스리는 재상 중심의 정치를 추구하였다. 불교의 폐
> 단을 비판하기 위해 불씨잡변을 저술하기도 하였다.

〈보기〉

㉠ 한양 도성의 기본 계획을 세웠다.
㉡ 6조 직계제의 실시를 강조하였다.
㉢ 조선경국전을 지어 건국의 기본강령을 논하였다.
㉣ 경제육전을 편찬하여 유교적 통치 규범을 성문화하였다.

① ㉠, ㉡   ② ㉠, ㉢
③ ㉡, ㉢   ④ ㉡, ㉣
⑤ ㉢, ㉣

04.②

신문고는 조선 시대 1401년(태종 1
년) 백성을 위해 설치된 고발 기구
로, 대궐 밖에 설치한 북이다.
② 태종 때의 일이다.
① 성종 때의 일이다.
③ 영조 때의 일이다.
④ 경국대전은 세조 때 편찬하기 시
작하여 성종 때 반포하였다.
⑤ 세종 때의 일이다.

04

㈎에 해당하는 왕의 정책으로 옳은 것은?

역사 용어 사전

○○○

백성들의 억울한 일을 직접 해결하여 줄
목적으로 대궐 밖 문루 위에 달았던 북이다.
조선시대에는 ㈎ 이/가 최후의 항고 및
직접 고발 시설의 하나로 신문고를 설치하여,
임금의 직속인 의금부당직청에서 이를 주관,
북이 울리는 소리를 임금이 직접 듣고 북을
친 자의 억울한 사연을 접수 처리하도록
하였다.

① 홍문관을 설치하였다.   ② 호패법을 실시하였다.
③ 탕평비를 건립하였다.   ④ 경국대전을 완성하였다.
⑤ 역법서인 칠정산을 만들었다.

05

다음에서 설명하는 교육 기관으로 옳은 것은?

조선 시대에 국가에서 인재 양성을 위하여 서울에 설치한 최고의 국립 교육기관이다.
서울은 사학, 지방은 향교에서 공부하면서 소과에 응시하여 생원, 진사의 칭호를 얻은 사람들이 입학하여 교육을 받았다.

① 서당
② 서원
③ 향교
④ 성균관
⑤ 4부 학당

06

다음 상황에 해당하는 시기를 연표에서 옳게 고른 것은?

김효원이 과거에 장원으로 급제하여 전랑의 물망에 올랐으나, 심의겸은 그가 윤원형의 문객이었다 하여 반대하였다. 그 후에 심충겸이 장원 급제하여 전랑으로 천거되었으나, 외척이라 하여 김효원이 반대하였다. 이때 양쪽 사람들이 다른 주장을 내세우면서 서로 배척하였다.

– 「연려실기술」 –

1506		1519		1545		1592		1623		1659
	(가)		(나)		(다)		(라)		(마)	
중종 반정		기묘 사화		을사 사화		임진 왜란		인조 반정		기해 예송

① (가)
② (나)
③ (다)
④ (라)
⑤ (마)

05.④

제시문은 조선을 대표하는 공식적인 최고의 교육기관인 성균관에 대한 설명이다.
① 서당은 초보적인 수준의 유학 입문 교육을 하는 사립 교육기관이다.
② 서원은 조선 중기 이후 사림이 학문연구와 선현제향을 위하여 설립된 사설 교육기관이다.
③ 향교는 지방의 유학 교육을 위해 국가에서 세운 국립 교육기관이다.
④ 성균관은 조선 시대 최고의 국립 교육기관으로 입학 자격은 생원, 진사를 원칙으로 한다.
⑤ 4부 학당은 조선 시대 한양에 설치한 국립 교육기관으로 중학, 동학, 서학, 남학이 있다.

06.③

제시문은 젊은 선비들 사이에 평판이 높았던 김효원을 지지하는 일파와 명종의 왕후의 아우로서 기성 선비들의 인정을 받고 있던 심의겸을 지지하는 일파 사이에 대립으로 동서 붕당이 이루어지는 것을 다루고 있다. 동서 붕당은 사화를 거치면서 중앙 정계를 사림이 장악하면서 일어나게 된다.

07.③

(가)는 6조 직계제이며 6조의 판서가 나랏일을 왕에게 직접 보고하도록 한 제도이다. (나)는 의정부 서사제로 6조의 업무가 의정부를 거쳐 국왕에게 올라가게 한 제도이다.

ⓘ 6조 직계제는 왕권 강화에 적합하였다.

ⓛ 6조 직계제는 태종과 세조 때에 실시되었다.

ⓒ 의정부 서사제는 6조에서 올라오는 모든 일을 의정부의 3정승이 의논한 다음 왕에게 보고하는 제도였기 때문에 왕권과 신권이 조화를 이룰 수 있었다.

ⓔ 영조와 정조는 붕당 간의 균형을 이루기 위해 탕평책을 실시하였다.

07

(가), (나) 정치 제도에 대한 설명으로 옳은 것을 〈보기〉에서 고른 것은?

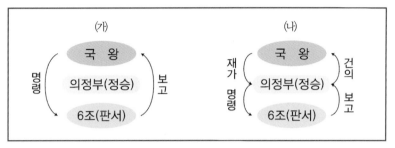

────── 〈보기〉 ──────

ⓘ (가) – 왕권 견제에 적합하였다.
ⓛ (가) – 태종과 세조 때에 실시되었다.
ⓒ (나) – 왕권과 신권의 조화를 추구하였다.
ⓔ (나) – 붕당 간의 균형을 이루기 위해 실시되었다.

① ⓘ, ⓛ   ② ⓘ, ⓒ
③ ⓛ, ⓒ   ④ ⓛ, ⓔ
⑤ ⓒ, ⓔ

08.①

조선 시대 율곡 이이에 대한 설명이다.

① 1569년 율곡 이이는 선조에게 공납을 쌀로 대신 내게 하는 수미법을 시행하기를 청하였으나 시행되지는 못하였다.

② 성학집도는 퇴계 이황이 저술하였다.

③ 율곡 이이 사후에 전개되었다.

④ 실학자인 중상학파가 주장하였다.

⑤ 고려 말 안향이 성리학을 도입 및 소개한 학자이다.

08

다음 인물에 대한 설명으로 옳은 것은?

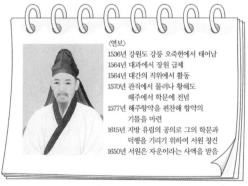

〈연보〉
1536년 강원도 강릉 오죽헌에서 태어남
1564년 대과에서 장원 급제
1564년 대간의 직위에서 활동
1570년 관직에서 물러나 황해도 해주에서 학문에 전념
1577년 해주향약을 편찬해 향약의 기틀을 마련
1615년 지방 유림의 공의로 그의 학문과 덕행을 기리기 위하여 서원 창건
1650년 서원은 자운이라는 사액을 받음

① 수미법을 제안하였다.
② 성학집도를 저술하였다.
③ 호락 논쟁을 전개하였다.
④ 청의 문물 수용을 주장하였다.
⑤ 성리학을 처음으로 소개하였다.

09

다음 대화와 관련된 관청의 업무로 옳은 것은?

> 오전에 국왕에게 관리 감찰 업무를 보고를 하였더니 피곤하구만

> 나는 오후에 국왕의 잘못된 언행에 대한 간쟁 내용을 모아야 한다네.

① 서경권을 행사하였다.
② 실록 편찬을 담당하였다.
③ 왕명 출납을 담당하였다.
④ 수도 한양의 치안과 행정을 담당하였다.
⑤ 왕 직속의 상설 사법기관의 역할을 하였다.

09.①

조선 시대 대간에 대한 설명이다. 좌측 캐릭터의 대화를 통해 사헌부, 우측 캐릭터의 대화를 통해 사간원임을 알 수 있다. 사헌부와 사간원을 함께 대간이라고 부르기도 하였다. 대간은 간쟁, 봉박, 서경권을 행사하였다.

① 서경권은 관리의 임명이나 법령의 제정 등에 있어 대간의 서명을 거치는 제도이다.
② 실록청에 대한 설명이다.
③ 승정원에 대한 설명이다.
④ 한성부에 대한 설명이다.
⑤ 의금부에 대한 설명이다.

10

다음과 같은 규약을 가진 향촌 조직에 대한 설명으로 옳지 <u>않은</u> 것은?

- 불효하며 공경하지 않고 화목하지 않는 자의 이름을 보고하여 일벌 백계토록 한다.
- 동네에 상사(喪事)가 있으면 조직에 가입한 사람들이 각자 쌀 1되, 빈 가마니 1장 씩을 낸다.
- 30세 이하의 문반도 무반도 아닌 자들은 소학, 효경, 동자습 등의 서적을 반드시 읽어야 한다.

① 매향을 통해 평안을 기원하였다.
② 상호 부조와 유교 윤리를 실천하였다.
③ 4대 덕목을 바탕으로 규약을 제정하였다.
④ 이이, 조광조 등에 의해 널리 보급되었다.
⑤ 주민 통제와 교화의 수단으로 이용되었다.

10.①

제시문은 조선시대 향촌사회의 자치규약인 향약의 구체적인 내용이다. 향약은 시행 시기나 지역에 따라 다양한 내용을 담고 있으나, 기본적으로 유교적인 예속을 보급하고, 주민 통제와 교화의 수단의 목적에서 실시되었다.

① 고려 시대 향도에 대한 설명이다.
②, ③, ④, ⑤는 향약에 대한 설명이다.

11.⑤

제시된 표는 사림파의 계보도이다.
ⓒ 사림파는 왕도 정치와 향촌 자치를 강조하였다.
ⓔ 사림파는 주로 전랑과 삼사의 언관직에 등용되어 훈구파의 비리를 비판하였다.
⊙ 사림파는 성리학을 사상적 기반으로 삼았다.
ⓒ 고려 시대 권문세족에 대한 설명이다.

12.③

제시문은 조광조에 대한 설명이다. 조광조는 중종반정 후 조정에 출사하여 유교적 이상정치를 현실에 구현하려는 다양한 개혁을 시도하였으나 기묘사화로 인해 끝이 나고 만다.

11

다음과 같은 계보를 가진 세력에 대한 옳은 설명을 〈보기〉에서 고른 것은?

─── 〈보기〉 ───
⊙ 불교를 사상적 기반으로 삼았다.
ⓒ 친원 세력으로 대농장을 소유하였다.
ⓒ 왕도 정치와 향촌 자치를 주장하였다.
ⓔ 주로 언관직에 진출하여 훈구파를 비판하였다.

① ⊙, ⓒ   ② ⊙, ⓒ
③ ⓒ, ⓒ   ④ ⓒ, ⓔ
⑤ ⓒ, ⓔ

12

밑줄 그은 '그'가 활동한 시기를 연표에서 옳게 고른 것은?

그는 유교적인 도덕 국가의 건설을 정치적 목표로 삼았다. 그는 정몽주와 김종직의 문묘종사를 주장하였고, 현량과를 실시하여 숨어 있는 인재를 등용할 것을 건의하였다.

(가)	(나)	(다)	(라)	(마)
연산군 즉위	무오 사화	중종 즉위	기묘 사화	을사 사화	선조 즉위

① (가)   ② (나)
③ (다)   ④ (라)
⑤ (마)

조선 전·후기의 대외 관계와 양 난

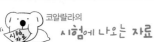
코알랄라의
시험에 나오는 자료

조선 전기의 대외 관계

이종무의 쓰시마섬 정벌

1. 조선 전기의 대외 관계

명나라	• 긴장 관계 : 태조 때 정도전의 요동 정벌 추진과 여진 문제 • 친선 관계 : 태종 이후 왕권의 안정과 국제적 지위의 확보를 위해 명과 사대 외교 전개 • 사대 외교 ┌ 조공 : 경제적·문화적 교류 ➡ 선진 문물 수용, 일종의 공무역 └ 책봉 : 국왕의 지위를 인정(형식적 절차) ➡ 정치 안정에 도움
여진	 • 강경책 : 4군 6진 설치(세종) ┌ 최윤덕(4군), 김종서(6진)의 개척 ├ 압록강 ~ 두만강에 이르는 국경선 확정 └ 사민 정책 : 삼남 지방민을 이주시켜 북방 개척 • 회유책 ┌ 귀순 장려 ➡ 토지, 관직, 주택 제공 ├ 토착민을 토관으로 임명(토관 제도) └ 국경 지대에 무역소를 설치하여 무역 허용, 사절 왕래를 통한 교역
일본	• 강경책 : 이종무의 쓰시마섬 정벌(세종) • 회유책 : 부산포, 제포(창원), 염포(울산) 등 3포 개항 ➡ 계해약조 체결(제한된 조공 무역 허용)
동남아시아	• 유구, 시암(타이), 자와(인도네시아) 등과 조공 형식으로 교역 • 유구 : 가장 적극적으로 교류, 특히 불경, 유교 경전, 범종, 부채 등을 전해 줌

의 시험 전에 꼭 맛봐야 하는

조선과 명의 관계

> 황제께서 후하게 대우하고, "너희 나라 사신의 행차가 왕래하는 데 길이 멀어서
> 비용이 많이 드니, 지금부터는 3년 만에 한 번 조회하라."라고 명령하였다.
> – 「태조실록」 –

동아시아 각국은 중국을 중심으로 한 책봉-조공의 외교 관계를 맺고 있었다. 한 나라에 새로운 왕이 즉위하면 중국이 인신(인장)과 고명(임명장)을 내려 주어 즉위를 국제적으로 인정하였다. 대신 주변국은 정기적, 혹은 중요 사안이 있을 때 사신과 특산물을 보내어 조공을 하였다. 특히 중국은 조선 사신을 다른 나라 사신보다 훨씬 우대하였다. 게다가 명에서 사신 파견을 줄여 달라고 요청할 만큼 조선은 경제적·문화적 실리를 얻기 위해 명에 사신을 적극적으로 파견하였다.

2. 임진왜란

코알랄라의
시험에 나오는 자료

(1) 배경

① 조선 : 양반 사회의 분열(붕당), 군역 제도의 문란(오랜 평화의 지속, 방군수포제) ➡ 국방력 약화

② 일본 : 도요토미 히데요시의 전국 시대 통일 ➡ 대륙 침략 도모 ➡ 조선에 명 정벌을 가는 길 요구(조선의 거절) ➡ 20만 대군이 조선 침략(임진왜란, 1592)

(2) 전개 과정

초기 (왜군 우세)		• 부산진, 동래성 함락 ➡ 신립의 충주성 함락 ➡ 20여 일만에 한양 함락, 선조의 의주 피난 ➡ 명에 원군 요청 ➡ 평안도, 함경도까지 왜군 북상
반격	수군 활약	• 이순신이 옥포·당포·한산도 대첩에서 승리 ➡ 남해안 제해권 장악(왜군 보급로 차단), 전라도 곡창 지대 수호
	의병 활약	• 익숙한 지리에 알맞은 전술과 전략(매복, 위장, 기습) • 주요 의병장 : 곽재우, 고경명, 유정, 조헌 등
	명군 참전	• 조선의 요청에 원군 파견 ➡ 조·명 연합군의 평양성 탈환
	관군 승리	• 권율은 행주 대첩(관민의 합심), 김시민의 진주 대첩
정유 재란		• 일본의 휴전 협상 제의 ➡ 일본의 무리한 요구로 결렬 ➡ 일본의 재침입(정유재란) • 조선의 전력 정비(훈련도감 설치, 화포 개량 및 조총 제작 등) ➡ 조·명 연합군의 직산 전투 승리, 이순신의 명량 전투 승리 ➡ 왜군 철수(도요토미 히데요시 사망, 전세 불리) ➡ 퇴각하던 왜군을 이순신이 격파(노량 해전)

(3) 결과

조선	• 많은 문화재 소실 : 경복궁, 사고 등 • 국토 황폐화, 인구 감소, 국가 재정 궁핍(공명첩 발급) • 많은 사람이 일본에 포로로 잡혀감(도공, 성리학자 등)
일본	• 도요토미 히데요시 정권 붕괴 ➡ 에도 막부 수립(정권 교체) ➡ 국교 재개, 통신사 초청 • 성리학자와 도공(이삼평) 등이 끌려가 일본 문화 발전 토대 마련
명나라	• 명나라의 국력 쇠퇴 • 여진족의 급속한 성장

임진왜란의 영향

> - 이삼평은 임진왜란 때 일본으로 끌려가 사가(佐賀) 현 다이묘로부터 '가나가에 산페이'라는 이름을 얻고 도자기를 생산하였다. 이삼평은 일본의 대표적인 아리타 도자기의 원조로 추앙받는 우리나라 출신의 도공이다. 일본에 끌려가 아리타(有田)의 이즈미야마(泉山)에서 도자기 원료를 발견해 백자를 만들어냄으로써 일본 도자기의 요시가 되었다. 이삼평이 생산한 '아리타(有田) 자기'는 유럽에 팔려 나가 큰 인기를 끌었다.
> - 도요토미 히데요시는 부하들에게 전공을 세운 표시로 죽은 사람의 목 대신 보관과 운송이 편리한 조선인들의 귀와 코를 잘라 오게 하였다. 그의 부하들은 그것들을 일본으로 가지고 와서 묻었으며, 귀무덤이라 한다.

이삼평을 비롯한 도자기 기술자들은 일본에 끌려가 일본 도자기의 발달에 결정적으로 기여하였으며, 임진왜란을 '도자기 전쟁'이라고도 한다. 귀무덤은 일본 교토시 히가시야마구에 있는 무덤으로, 임진왜란과 정유재란 때 왜군이 전리품으로 베어 간 조선 군사와 백성의 코와 귀를 묻은 곳으로 이총(耳塚)이라고도 한다.

3. 광해군의 정책

(1) 광해군의 국내 정치
① 북인의 집권 : 임진왜란 때 항일 공적과 능력을 인정받아 집권
② 전후 복구 사업
- 국가 재정 확충 : 토지 대장 및 호적 정리
- 무너진 성곽과 무기 수리, 대동법 시행, 「동의보감」 편찬(허준)

(2) 광해군의 국외 정치 = 실리적 중립 외교

의미	• 명과 후금 사이에서 중립 외교
배경	• 여진족의 후금 건국(1616) ➡ 후금이 명을 공격하자 명은 조선에 원군을 요청
전개 과정	• 후금에 강홍립과 1만의 군사를 출병하면서 실리적으로 대처하도록 명령 ➡ 강홍립이 후금에 항복 ➡ 명과 관계를 유지하면서 후금과 친선을 꾀함
결과	• 서인의 주도 아래 인조반정(1623) 발생

▲ 양수투항도의 「충렬록」

그림은 강홍립이 후금에 항복하는 모습이다. 조선과 명 연합군이 후금에 대패하자 강홍립은 조선군의 출병이 부득이하게 이루어진 사실을 통고한 후 후금에 항복하였다. 강홍립의 항복에 후금은 국서를 보내 조선이 명에 원군을 보낸 것을 이해한다고 하였고, 광해군도 후금과 우호적인 관계를 원한다는 답서를 보냈다.

광해군의 중립 외교

> 국왕이 도원수 강홍립에게 지시하였다. "원정군 가운데 1만은 조선의 정예병만을 선발하여 훈련했다. 이제 장수와 병사들이 서로 숙달하게 되었노라. 그러니 그대는 명군 장수들의 명령을 그대로 따르지만 말고 신중하게 처신하여 오직 패하지 않는 전투가 되도록 최선을 다하라.
> ―「광해군 일기」―

광해군의 명을 받은 강홍립은 조선과 명 연합군이 후금에 대패하자 조선군의 출병이 부득이하게 이루어진 사실을 통고한 후 후금에 항복하였다. 이를 통해 광해군은 후금과 우호적인 관계를 유지하려고 하였다.

---

(3) 인조반정(1623)
① 배경 : 광해군 정책에 대한 서인의 반발
- 광해군의 중립 외교 ➡ 명에 의리를 저버리는 행위라고 비판
- 광해군의 영창대군 살해 및 인목대비 폐위 ➡ 유교 윤리에 어긋난다고 비판
② 결과 : 광해군 축출, 북인 숙청 ➡ 인조 즉위, 서인 집권

4. 호란의 발발과 북벌 운동

(1) 호란의 발발
① 정묘호란(1627)

정묘호란과 병자호란

배경	• 서인의 친명배금 정책, 광해군의 복수를 한다는 명분(이괄의 난)
전개 과정	• 후금의 조선 침략 ➡ 인조 강화도로 피신 ➡ 정봉수(용골산성), 이립 등 의병의 승리 ➡ 후금과 강화 성립(형제 관계 맺음)
결과	• 형제 관계, 후금과 명 사이에 중립 유지

② 병자호란(1636)

배경	• 강성해진 후금이 국호를 '청'으로 고치고, 조선에 군신관계 요구 ➡ 조선에서는 주화론보다 주전론이 우세	
	주화파(외교적 교섭으로 문제 해결)	척화파(전쟁 주장)
	• 초기 양명학자로 현실론	• 전통적 성리학자로 화이론적 명분론
	• 친청 외교(최명길)	• 친명 외교(윤집 · 김상헌 · 홍익한 등)
전개 과정	• 청군의 침입 ➡ 남한산성에서 45일간 항쟁 ➡ 패배 ➡ 청과의 강화 성립(삼전도 굴욕)으로 군신관계 성립	
결과	• 두 왕자(소현세자, 봉림대군)와 척화론자 청에 압송 ➡ 청에 대한 반감 고조 ➡ 북벌론 대두	

삼전도비

병자호란 이후 청이 조선으로부터 항복 받은 사실을 기억시키기 위해 세운 것이다.

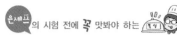
은세프의 시험 전에 꼭 맛봐야 하는

주화론자 vs 척화론자의 대립

> "화친을 맺어 국가를 보존하는 것보다 차라리 의를 지켜 망하는 것이 옳다고 하였으나 이것은 신하가 절개를 지키는 데 쓰이는 말입니다. … 자기의 힘을 헤아리지 아니하고 경망하게 큰소리를 쳐서 오랑캐들의 노여움을 도발, 마침내는 백성이 도탄에 빠지고 종묘와 사직에 제사를 지내지 못하게 된다면 그 허물이 이보다 클 수 있겠습니까.
>
> 「지천집」, 최명길의 주화론
>
> "화의가 나라를 망친 것은 어제 오늘의 일이 아니고 옛날부터 그러하였으나 오늘날처럼 심한 적은 없습니다. 명나라는 부모의 나라이고 오랑캐(청)는 부모의 원수입니다. 신하된 자로서 부모의 원수와 형제의 의를 맺고 부모의 은혜를 저버릴 수 있겠습니까.
>
> 「인조실록」, 윤집의 척화론

청의 압력에 대외정책을 둘러싸고, 주화론과 척화론으로 나누어졌다. 조선 조정은 척화론을 따르게 됐고 이에 청이 다시 한 번 침입하게 되었다.

(3) 북벌 운동

① 배경 : 청에 대한 적대 감정과 복수심, 서인의 패전 책임 회피와 정권 유지 목적
② 결과 : 효종의 사망과 청이 강성하여 실천에 옮기지 못함, 청의 문물을 수용하자는 북학론 등장
③ 나선 정벌 : 효종 대에 전개

배경	• 러시아 세력의 시베리아 지방 남하가 청과 조선을 자극 • 청의 강력한 원병 요청 ➡ 자주적 성격 아님, 북벌 계획과 무관
경과	• 제1차 나선 정벌(1654) : 변급 외에 150여명 조총군이 러시아군 격퇴 • 제2차 나선 정벌(1658) : 신유 외에 200여명 조총군이 러시아군 격퇴

나선정벌

은세프의 시험 전에 꼭 맛봐야 하는

북벌론 비판

> 원수를 갚겠다고 하면서, 그까짓 머리털 하나를 아끼고, 또 장차 말을 달리고 칼을 쓰고 창을 던지며, 활을 당기고 돌을 던져야 할 판국에 넓은 소매의 옷을 고쳐 입지 않고 딴에 예법이라고 한단 말이냐.
>
> – 박지원, 「허생전」 –

조선 후기 북학을 이끌었던 실학자 박지원은 허생전에서 북벌 운동을 추진한다면서 힘을 기르려는 노력을 제대로 하지 않는 권력층의 겉과 속이 다른 모습을 비판하였다.

5. 양난 이후의 대외 관계

(1) 청 : 간도 문제

① 배경 : 청이 만주 일대를 출입 금지 지역으로 설정 ➡ 조선과 분쟁 발생

② 백두산 정계비 건립(1712) : 숙종 때 조선과 청의 대표가 백두산 일대를
답사한 후 국경 확정 ➡ 서로는 압록강, 동으로 토문강을 경계로 정함

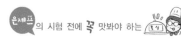

백두산 정계비

> 오라총관 목극등이 국경을 조사하는 교지를 받들어 이곳에 이르러 살펴보고 서쪽
> 은 압록강으로 하고 동쪽은 토문강으로 경계를 정하여 강이 갈라지는 고개 위에
> 비석을 세워 기록하노라.
>
> - 강희 51년(숙종 38, 1712) -

조선과 청 사이에 국경 분쟁이 일어나자, 영토 구분을 위해 공동으로 조사를 하고 이를
기반으로 국경을 확정하여 백두산에 정계비를 세웠다. 그러나 19세기에 이르러 백두산 정
계비에 나오는 토문강의 위치에 대한 해석상의 문제로 간도 귀속 문제가 발생하였다. 조
선은 토문강을 두만강과는 별개인 송화강의 지류라고 주장하였으며, 청은 토문강이 곧 도
문강(圖們江)이며, 도문강은 두만강이라고 하며 두만강이 국경임을 주장하였다.

(2) 일본

국교 재개	• 배경 : 왜란 후 외교 단절 ➡ 에도 막부의 국교 재개 간청 • 기유약조 체결(1609) : 왜관 설치 및 제한된 범위 내(부산포만 개방)에서 교섭 허용
조선 통신사	• 목적 : 일본은 쇼군이 바뀔때 마다 막부의 권위를 인정받기 위해 요청 • 성격 : 외교 사절의 역할과 일본에 선진 문화 전파 • 특징 : 임진왜란 이후 ~ 19세기 초까지 12회 파견(보통 300~500명, 국빈 대우를 받음)
울릉도와 독도	• 일본 어민이 울릉도와 독도 지역을 자주 침범 • 숙종 때 안용복이 조선의 영토임을 확인 ➡ 19세기 말 이주 장려, 관리 파견

▲ 400년 전 조선 통신사가 간 길

▲ 조선 통신사 행렬도

백두산정계비

에도 시대의 최고 화가들이
동원되어 그린 조선 통신사의
인물도

통신사를 인솔한 삼사, 음악과 행렬
을 담당한 사람들, 통역을 담당했던
통사와 훈도, 글로 문화 교류를 담
당한 사람들의 모습을 볼 수 있음

01 기출문제

다음 자료와 관련된 전쟁의 결과로 옳지 않은 것은?

명량 대첩비

행주산성 충장사

① 비변사의 기능이 강화되었다.
② 명이 쇠퇴하고 여진족이 성장하였다.
③ 불국사, 실록 등 귀중한 문화재가 소실되었다.
④ 조선의 성리학자와 도공 등이 일본에 끌려갔다.
⑤ 조선이 삼전도에서 굴욕적인 강화를 맺게 되었다.

01.⑤

명량 대첩은 이순신이 정유재란 때 명량에서 일본 수군을 쳐부순 싸움이고, 권율은 행주산성에서 왜군을 대파하여 행주 대첩을 이끌어 내었다.
⑤ 병자호란의 결과에 대한 설명이다.
① 비변사는 임진왜란 이후에는 비변사의 구성원이 확대되고 기능이 강화되었다.
② 임진왜란의 결과 명의 국력은 쇠퇴하고, 여진족은 성장할 수 있었다.
③, ④ 일본은 많은 도자기 도공, 성리학자들을 납치하고, 귀중한 문화재 등을 강탈하였다.

02

지도의 표시된 지역에 대한 탐구 활동으로 가장 적절한 것은?

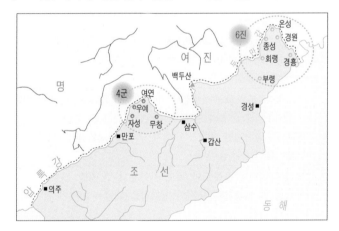

① 병자호란의 원인을 찾아본다.
② 사민 정책의 시행 목적을 살펴본다.
③ 진주 대첩의 승리 요인을 알아본다.
④ 조선 통신사의 이동 경로를 검색해본다.
⑤ 위화도 회군의 전개 과정을 조사해본다.

02.②

제시된 지도는 조선 세종 때 여진족을 몰아내고 설치한 행정 구역인 4군 6진이다.
② 세종 때 4군 6진 개척으로 두만강 유역을 차지하지만 그 지역에 백성들이 없자 남쪽 백성들을 북쪽으로 이주시키는 사민 정책을 실시하였다.
① 인조 때 친병배금 정책이 병자호란의 원인이다.
③ 진주 대첩은 임진왜란의 3대첩 중의 하나이다.
④ 조선 통신사의 이동 경로는 부산-쓰시마 섬-에도(오늘날의 도쿄)이다.
⑤ 위화도는 평안북도 신의주에 딸린 섬이다.

03

다음 두 사람의 대화에서 알 수 있는 왕 대의 사실로 옳은 것은?

이번 왕은 공납의 폐단을 막기 위해 대동법이라는 것을 실시할 거래.

그것뿐만 아니라, 곧 허준이 지은 동의보감이라는 의서도 편찬할거래.

① 척화비를 건립하였다
② 나선 정벌에 조총 부대를 파견하였다.
③ 4군 6진을 개척하여 영토를 확장하였다.
④ 청을 정벌하자는 북벌 운동을 전개하였다.
⑤ 명과 후금 사이에서 중립 외교를 추진하였다.

03.⑤

광해군은 즉위하자 1608년 5월에 경기도에 한하여 대동법을 실시할 것을 명하고, 선혜법이라는 이름으로 9월부터 실시되었다. 동의보감은 1610년(광해군 2) 허준이 지은 의서이다.
⑤ 광해군은 대의 일이다.
① 흥선 대원군 대의 일이다.
② 효종 대의 일이다.
③ 세종 대의 일이다.
④ 효종 대의 일이다.

04

(가) 전쟁의 결과에 대한 탐구 활동으로 적절한 것은?

남한산성은 북한산성과 함께 한양도성을 지키기 위해 쌓은 산성으로 산세를 그대로 이용하였습니다. 남한산성의 역사·문화적 가치가 높게 인정되어 2014년 6월 카타르 도하에서 개최된 유네스코 총회에서 세계문화유산으로 신규 등재되었습니다.
___(가)___ 때 인조는 남한산성으로 피난하여 청나라 군과 대치하여 격전을 벌였습니다. 후에 항복한 후 삼전도에서 굴욕을 당하였습니다.

① 천리장성의 축조 과정을 조사한다.
② 삼전도비의 건립 배경을 알아본다.
③ 위화도 회군의 추진 배경을 조사한다.
④ 경복궁의 소실과 중건 과정을 살펴본다.
⑤ 수도를 개성에서 강화도로 옮김 이유를 알아본다.

04.②

제시문에서 설명하고 있는 (가) 전쟁은 병자호란이다. 1639년 인조는 청나라의 침입에 남한산성에서 45일간 항쟁하다 결국 청나라 군대의 본영인 삼전도로 나와 항복하였다.
② 삼전도비는 병자호란이 끝난 후 청 태종이 전승기념을 위해 건립한 비이다.
① 고구려와 고려 때 각각 천리장성을 축조하였다.
③ 위화도 회군은 고려 말기 이성계가 압록강의 위화도에서 군사를 돌려 정변을 일으키고 권력을 장악한 사건이다.
④ 경복궁은 임진왜란 때 소실되었고, 흥선 대원군 때 중건하였다.
⑤ 고려는 몽고의 침입에 맞서 수도를 개성에서 강화도로 천도하였다.

05.④

인조는 친명배금 정책을 내세워 후금을 적대시하였고, 정묘호란이 일어나게 되었다. 정묘호란은 조선이 후금에 대해 형제의 맹약을 하면서 두 나라 관계는 일단락되었다. 이후 정묘호란 때 맺은 '형제의 맹약'을 '군신의 의'로 수정하자는 요청을 반대하자 일어나게 되는 것이 병자호란이다.

05

다음 가상 인터뷰가 이루어진 시기를 연표에서 옳게 고른 것은?

1392		1510		1592		1623		1636		1654
	(가)		(나)		(다)		(라)		(마)	
조선 건국		삼포 왜란		임진 왜란		인조 반정		병자 호란		나선 정벌

① (가)　　　　　② (나)

③ (다)　　　　　④ (라)

⑤ (마)

06.④

효종은 송시열, 송준길, 이완 등을 등용하여 군대를 양성하고 성곽을 수리를 통한 북벌 준비를 하였다.
④ 효종 대의 일이다.
① 흥선 대원군 대의 일이다.
② 세종 대의 일이다.
③ 세종 대의 일이다.
⑤ 광해군 대의 일이다.

06

다음 대화가 이루어진 시기에 추진된 대외 정책으로 옳은 것은?

① 척화비를 건립하였다.　　② 4군 6진을 설치하였다.
③ 쓰시마 섬을 토벌하였다.　　④ 북벌 운동을 전개하였다.
⑤ 실리적 중립 외교를 전개하였다.

07

다음 자료에 대한 탐구 활동으로 가장 적절한 것은?

동위토문 ‥‥‥ 서위압록 ‥‥‥

① 계해약조의 내용을 분석한다.
② 청·일 전쟁의 영향을 알아본다.
③ 거문도 사건의 배경을 파악한다.
④ 청과의 국경 분쟁 내용을 조사한다.
⑤ 일본에 조선 통신사를 파견한 목적을 살펴본다.

08

다음 대화가 이루어진 시기의 대외 정책으로 옳은 것은?

그대는 우리가 비록 명의 요청을 받아 출병은 하지만, 적극적으로 나서지 말고 상황에 따라 신중하게 대처하여 후금에게 싸우기를 원치 않는다는 것을 보여주도록 하라.

네, 알겠습니다.

강홍립

① 간도에 관리사를 파견하였다.
② 중립적인 외교를 추진하였다.
③ 우산국을 정벌하여 영토를 확장하였다.
④ 4군 6진을 개척하여 영토를 확장하였다.
⑤ 쌍성총관부를 공격하여 철령 이북을 회복하였다.

---

07. ④

백두산 정계비는 1712년(숙종 38) 조선과 청국 사이에 백두산 일대의 국경선을 표시하기 위해 세운 비석이다.

④ 비석 내용의 '토문'이라는 말을 놓고 의견이 엇갈리면서 국경 분쟁으로 나아갔다.

① 계해약조는 세종이 대마도주와 세견선 등 무역에 관해 맺은 조약이다.

② 청·일 전쟁은 1894년 6월~1895년 4월 사이에 청나라와 일본이 조선의 지배권을 놓고 다툰 전쟁이다.

③ 거문도 사건은 1885년 4월부터 약 2년간 영국이 러시아의 조선 진출을 견제하기 위해 거문도를 불법 점령한 것이다.

⑤ 조선 통신사는 조선 시대에 국왕이 일본 막부(幕府) 장군에게 파견한 공식 외교사절이다.

08. ②

대화는 광해군이 명과 후금 사이에서 전개한 실리적 중립외교이다.

② 광해군이 전개하였다.

① 고종은 간도에 이범윤을 관리사로 파견하였다.

③ 신라 지증왕 때의 일이다.

④ 조선 세종 때의 일이다.

⑤ 고려 공민왕 때의 일이다.

12 조선 전기의 사회 · 경제 · 문화

은쌤의 은밀한 **시험포인트**

무료강의

더운데...
직접 채소를
뽑아서
먹으라는 거야?

채소를 뽑으러
온 것이 아니라,

이 땅을 보면서
토지 제도인
과전법 – 직전법 –
관수관급제의 시행 배경과
그 내용을
잊지 말라는 것인데...

이미
먹고 있네

은세프 문화사는
종류도 많고,
어떤 것부터
손을 대야하죠?

일단 제가 꼭 한번
맛 봐야 하는 것은
책에다 붉은색으로
표시를 하였습니다.

더 꼼꼼하게
알려드리면
조선왕조실록과
몽유도원도에

세종 대 만들어진
칠정산, 삼강행실도,
농사직설, 과학 기구는
자주 단독 출제
메뉴로 등장합니다.

그럼 은세프가
알려준 것만 알면
문화사는 다
맛 본 건가요?

앞에서 알려준 것 말고도
조선 전기와 후기의
유적·유물 차이를
구분할 수 있는지를
볼 것입니다.

끝으로 도자기는
고려 시대를 포함해서
조선 후기까지
각 시기마다 유행하였던
도자기에 주목해 주세요.

조선 전기
문화

조선 후기
문화

핵심개념 한상 차리기

코알랄라의
시험에 나오는 자료

1. 신분제도

(1) 양천 제도 : 법제화, 양인과 천민으로 구분

① 양인 : 과거에 응시할 수 있는 자유민으로, 국가에 조세·부역을 바칠 의무가 있음

② 천민 : 비자유민, 개인이나 국가에 소속되어 천역 담당

(2) 반상 제도 : 양천 제도는 법적인 구분일 뿐 실제로는 반상제로 운영

① 문무 관직자를 의미하던 양반이 점차 독자적 신분으로 발전

② 점차 양반, 중인, 상민, 천민의 신분 제도 정착, 양인 내에서 양반과 상민 간의 차별이 뚜렷해짐

③ 신분 제도

구분	특징
양반	• 의미 : 문반과 무반을 아울러 부르는 명칭 ➡ 그 가족이나 가문까지 포함 • 지위 : 고위 관직 독점, 국역 면제, 경제적으로 풍요로운 삶 • 기득권 유지 노력 : 하급 지배층과 중인 격하, 서얼의 관직 진출 제한
중인	• 의미 : 양반과 상민의 중간 신분 계층, 기술관만 지칭 • 지위 : 전문 기술이나 행정 실무 담당 • 서리, 향리, 기술관 : 직역 세습, 신분 내에서 혼인, 관청 근처에 거주 • 서얼 : 문과 응시 금지, 무과 또는 잡과 통해 관직 진출
상민	• 지위 : 과거에 응시 가능한 자유민, 조세·국역의 의무 담당 • 농민 : 조세, 공납, 역의 의무 • 수공업자 : 관영이나 민영 수공업에 종사 • 상인 : 시전 상인, 보부상 ➡ 국가 통제 하에 활동 • 신량역천 : 신분은 양인이나 천민의 역 담당(봉군, 역졸, 나장, 수군 등)
천민	• 구성 : 노비, 백정, 광대, 무당, 창기 등 • 지위 : 비자유민으로 개인이나 국가에 소속되어 천역 담당 • 노비 : 매매·증여·상속 가능, 비자유민으로 국가에 소속되어 천역 담당, 부모 중 한쪽이 노비이면 자식도 노비 • 공노비 : 관청에 소속(잡무 처리, 토지 경작 등) • 사노비 : 개인에 소속 ┌ 솔거 노비(주인과 함께 거주) └ 외거 노비(주인과 따로 거주, 재산 증식과 토지 소유 가능)

🐨 조선의 신분 제도

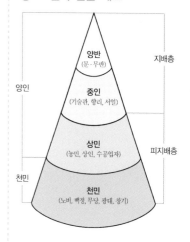

2. 사회 정책과 법률 제도

(1) 사회 정책 : 농민의 유망 방지 ➡ 신분 질서 유지, 농민 생활 안정

의창	• 평상시에 곡식을 저장해 두었다가 흉년에 들었을 때 저장한 곡식을 풀어 빈민을 구제
상평창	• 곡식의 가격이 낮을 때 사들이고, 높을 때 내다 팔아 곡식의 가격을 조절함
사창제	• 세종 때 향촌 사회에서 양반 지주들이 자치적으로 실시 ➡ 양반 중심의 향촌 사회 질서 유지
의료 시설	• 혜민국, 동서 대비원 : 서울에 사는 가난한 환자에게 약재 판매 및 치료 • 제생원 : 지방 사람들의 구호와 치료 • 동·서 활인서 : 유랑자를 수용하고 옷과 음식을 제공

(2) 법률 제도

① 기본법 : 경국대전과 대명률로 형벌과 민사에 관한 사항 규율

② 형법 : 대명률 적용, 반역죄·강상죄를 가장 무겁게 취급, 연좌제 시행, 태·장·도·유·사의 5형

③ 사법 기관

┌ 중앙 : 사헌부, 의금부, 형조, 한성부, 장례원(노비 관련 문제 담당)
└ 지방 : 관찰사와 수령이 사법권 행사

④ 기타 : 상고 가능, 신문고나 징을 쳐서 임금에 호소 ➡ 일반적으로 시행 안 함

(3) 향촌 사회의 조직과 운영

① 향촌 자치 : 향안(지방 사족 명단), 향규(향회 운영 규칙), 향약 등을 통해 사족 중심의 향촌 사회 질서 유지

② 촌락의 구성과 운영

• 촌락 : 농민 생활과 향촌 구성의 기본 단위, 동·리로 편제

• 면리제(몇 개의 리를 면으로 편제)와 오가작통제 실시

• 반촌 : 양반 거주, 18세기 이후 동성 촌락으로 발전

• 민촌 : 평민과 천민으로 구성

③ 향촌 조직

• 사족 : 동계, 동약(동 단위로 만들어진 자치 규약) ➡ 임진왜란 이후 평민층도 함께 참여

• 농민 공동 조직 : 두레, 향도

3. 조선 전기의 경제

(1) 농본주의 경제 정책

① 농경지 확대 : 개간 장려, 양전 사업 실시, 농업 기술 개발, 농기구 개량

② 농업 생산력 확대 노력
- 새로운 농업 기술, 농기구 개발, 「농사직설」 편찬
- 조·보리·콩의 2년 3작 확대, 남부 일부에 모내기법 확대에 따라 이모작 가능, 휴경지 소멸(시비법 발달), 목화 재배 확대

(2) 상업과 수공업

① 상공업 통제책 : 자유로운 상업 활동 규제, 사농공상의 직업적 차별 강조 ➡ 16세기 이후 국가 통제력이 약화되면서 상공업과 무역 활동 활발

② 상업과 장시 : 시전 상인은 왕실이나 관청에 물품을 공급하고 특정 상품에 대한 독점 판매권 행사, 경시서(불법적인 상행위 통제, 물가 조절) 설치, 15세기 후반부터 장시 등장

③ 관영 수공업 체제 : 공장안에 등록된 기술자(관장)가 관청에 소속되어 필요 물품 생산, 부역 기간 동안은 책임량을 초과한 생산품 판매(세금 납부) ➡ 16세기 이후 부역제의 해이와 상업의 발전으로 쇠퇴하고 민영 수공업이 발전

(3) 수취 제도

① 조세
- 조선 초기 : 과전법의 경우 수확량의 1/10징수(최고 30두)
- 세종 때 전분 6등법·연분 9등법 실시
  - 전분 6등 : 전세를 거둘 때 토지 비옥도에 따라 6단계로 나누어 1결의 면적을 달리함
  - 연분 9등 : 해마다 풍흉에 따라 거둘 양을 9등급으로 나눔
  - 토지 비옥도와 풍흉에 따라 1결당 최하 4두에서 최고 20두까지 징수

② 공납 : 각 호를 기준으로 토산물 부과 ➡ 빈부 차이 무시, 대납·방납 발생 ➡ 조세보다 큰 부담, 농민 몰락 증가

③ 역 : 16세 이상 ~ 60세 미만 양인(정남) 남자에게 부과
- 역의 구성
  - 군역 : 직접 군사 복무 또는 해당 비용 부담
  - 요역 : 토지 8결 기준 장정 1명, 각종 토목 공사에 동원
- 역의 변질(16세기 이후) : 군역 기피 현상 심화 ➡ 군 복무 대신에 군포를 받는 경우가 늘어남

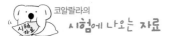

(4) 토지 제도의 정비

과전법	• 배경 : 고려 말 토지 제도의 모순 ➡ 국가 재정 궁핍
	• 시행 목적 : 고려 공양왕(1391), 신진 사대부의 경제 기반 마련, 국가 재정 확보
	• 특징
	  ┌ 현·퇴직 관리에게 지급 ➡ 사망 및 반역 시 반환이 원칙
	  ├ 경기 지방의 토지에 한해서 지급, 농민 경작권 인정
	  └ 수신전·휼양전의 명목으로 토지 지급 ➡ 세습 가능
	• 수신전 : 과전을 지급받은 관리가 죽은 뒤에도 재혼하지 않은 부인에게 물려준 토지
	• 휼양전 : 과전을 받은 부부가 다 죽고 그 자식이 어릴 경우 생계를 유지할 수 있도록 지급한 토지

직전법	• 배경 : 수신전·휼양전·공신전 증가 ➡ 경기도의 과전 부족
	• 시행 목적 : 세조(1466), 토지 부족 문제 해결, 국가 재정 안정
	• 특징
	  ┌ 현직 관리에게만 지급
	  └ 수신전·휼양전 폐지

관수
관급제
	• 배경 : 관리의 수조권 남용 ➡ 농민에 대한 과도한 수취
	• 시행 목적 : 성종(1470), 국가의 토지 지배권 강화
	• 특징
	  ┌ 국가가 직접 수취하여 현직 관리에게 지급(국가가 직접 수조권 행사)
	  └ 양반의 사적인 농민 지배 약화 ➡ 지주층의 토지 사유 욕구 강화

의 시험 전에 맛봐야 하는

과전법

> 경기는 사방의 근본이니 마땅히 과전을 설치하여 사대부를 우대한다. 무릇 서울에 거주하면서 왕실을 시위하는 자는 전·현직을 막론하고 과전을 받는다. …… 토지를 받은 자가 죽은 후, 그의 아내가 자식이 있고 수절하는 자는 남편의 과전을 모두 전해 받고, 자식이 없이 수절하는 자는 반을 감하여 전해 받는다. 부모가 모두 죽고 그 자손이 유약한 자는 마땅히 가엾게 여겨 부양해 주어야 할 것이므로 그 아버지의 과전 전부를 전해 받게 하고, 20세가 되면 본인의 과에 따라 받게 한다.
> – 「고려사」 –

고려 말에 과전법이 시행하여 백성들의 생활을 안정시키면서도 관리들의 경제 기반을 보장하고 국가의 재정을 유지하였다. 원칙적으로 과전은 경기 지방의 토지로 한정하여 받은 사람이 죽거나 반역을 하면 국가에 반환하도록 하였다. 그러나 수신전과 휼양전으로 자손에게 세습되었다.

4. 민족 문화의 발달

(1) 발달 배경
① 15세기 집권층인 관학파의 지원
② 민생 안정과 부국강병을 위하여 과학 기술과 실용적 학문을 중시

(2) 한글 창제
① 목적 : 자유롭게 표현할 우리글의 필요성, 피지배층에 대한 도덕적 교화 ➡ 1446년 반포
② 보급 : 「용비어천가」, 「월인천강지곡」 간행, 각종 윤리서 등을 훈민정음으로 편찬하여 보급, 서리의 행정 실무에 이용
③ 의의 : 백성들도 문자 생활 가능, 민족 문화 발전의 기반 마련

(3) 다양한 서적의 편찬

역사서	목적	조선 건국의 정당성 확보
	• 「고려국사」, 정도전 : 조선 건국 정당성 옹호 • 「고려사」, 「고려사절요」 : 고려 역사를 자주적 입장에서 재정리 • 「동국통감」 : 고조선 ~ 고려 말까지의 역사를 정리 • 조선왕조실록 : 태조~철종 때까지 25대 왕의 역사 기록	
지리	목적	국가 통치 및 운영의 자료로 활용
	• 「혼일강리역대국도지도」(태종) : 동양에서 현존하는 가장 오래된 세계 지도 • 「동국여지승람」(성종) ┌ 각 군현의 위치와 역사, 면적, 인구, 풍속 등 상세한 정보 └ 「팔도지리지」, 「세종실록지리지」 참고	
윤리와 예법	목적	유교적 질서 확립
	• 「삼강행실도」(세종) ┌ 우리와 중국의 효자, 충신, 열녀들의 모범 사례를 모아 편찬 └ 글을 모르는 사람도 이해할 수 있도록 글과 함께 그림으로 되어 있음	
의학	목적	국산 약재 및 치료법 정리
	• 「향약집성방」(세종) : 우리 풍토에 맞는 약재, 치료 방법 개발 정리 • 「의방유취」(세종) : 의학 백과사전	
농업	목적	농업 기술 정리
	• 「농사직설」(세종) ┌ 각지의 나이 많은 농민의 실제 경험을 종합하여 편찬 └ 우리 풍토와 현실에 맞는 농사법을 소개한 우리나라 최초의 농서	

🐨 훈민정음

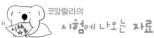

훈민정음은 백성을 가르치는 올바른 소리란 뜻이다.

🐨 혼일강리역대국도지도

🐨 삼강행실도

코알랄라의
시험에 나오는 자료

(4) 과학 기술의 발달

발달 배경	• 부국강병과 민생 안정을 위해 과학 기술 중요시
활자 인쇄술	• 태종 : 주자소 설치, 계미자 주조 • 세종 : 갑인자 주조, 인쇄 기술 발달
천문 기구	• 천체 관측 기구 ┌ 간의 : 천체의 위치를 측정하는 천문관측기 └ 혼의 : 천체의 운행과 그 위치를 측정하던 천문관측기 • 시간 측정 기구 ┌ 자격루(물시계) : 자동 시보 장치를 갖추어 시간이 되면 자동으로 │ 북이나 종을 침 └ 앙부일구(해시계) : 물체의 그림자가 햇빛에 의하여 생겼을 때 그 그림자의 위치로 시간 측정 • 강우량 측정 기구 : 측우기(세계 최초) • 세종 때 장영실이 혼천의 · 간의 · 앙부일구 · 자격루 · 측우기 제작  ▲ 간의  ▲ 자격루  ▲ 앙부일구  ▲ 측우기
천문도	• 천상열차분야지도(태조) ┌ 고구려의 천문도를 바탕으로 제작 └ 조선의 건국이 하늘의 뜻에 따라 이루어졌다는 것을 강조
역법	• 「칠정산」(세종) ┌ 최초로 한양을 기준으로 천체 운동을 계산한 역법서 ├ 일식과 월식 및 날짜와 계절의 변화 등을 보다 정확하게 알 수 있음 └ 원의 수시력과 서역의 회회력 참고
무기 제조	• 화포, 화차(신기전 장착), 거북선, 비거도선(작고 날쌘 싸움배)

천상열차분야지도

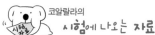

코알랄라의
시험에 나오는 자료

(5) 조선 전기 예술의 발달

① 건축

15C	• 궁궐, 관아, 성곽, 학교 건축 중심 : 창경궁의 명정전, 창덕궁의 돈화문, 개성의 남대문, 평양의 보통문 등 ➡ 신분에 따라 건축물의 크기와 장식 제한 • 불교 건축 : 서울 원각사지 10층 석탑(세조)
16C	• 서원 건축 중심 : 옥산 서원, 도산 서원 등 • 가람 배치와 주택 양식 결합 : 자연과의 조화 중시

② 도자기

• 분청사기 : 15C에 유행

▲ 분청사기

• 14세기 후반부터 제작 ➡ 조선 초기 15세기에 유행하여 16세기 중엽까지 제작
• 회색 또는 회흑색의 태토(胎土) 위에 백토를 입히고, 표면을 분장한 뒤 유약을 씌워 구운 회청색의 도자기
• 청자에 흰 흙을 씌우고 여러 가지 방법으로 선과 무늬 새김
• 거친 질감과 소박하고 천진스러운 무늬가 조화를 이루어 우리의 멋을 잘 나타내고 있음
• 1930년대에 고유섭은 청자에 분을 발라 장식한 자기라는 뜻의 '분장회청사기'라는 이름을 붙임

• 순백자 : 16C에 유행

▲ 순백자

• 조선 중기 16세기 이후에 유행
• 흰 흙으로 형태를 만들어 투명한 백색 유약을 입힌 것
• 순도 백색은 흙의 선택 및 정제, 번조 과정에서 특별히 청결 요구
• 조선을 대표하는 도자기로, 검소한 조선 선비의 정신을 담고 있음
➡ 순백의 고상함이 선비들의 취향과 잘 어울림

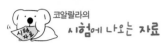

③ 그림

〈15C〉

▲ 몽유도원도	▲ 고사관수도
• 안평대군이 꿈에서 본 장면을 안견(전문 화원)이 표현(3일 만에 완성) • 현실 세계와 이상 세계를 조화롭게 묘사 • 안평 대군의 발문과 시문 이외의 당시 문사들의 찬시가 실려 있음	• 강희안(사대부 화가) • 무념무상의 선비 모습을 표현 ➡ 인간의 내면적 세계 표현

〈16C〉

- 선비의 지조와 절개를 표현하는 사군자 그림 유행
- 이정의 목죽도, 이상좌의 송하보월도, 어몽룡의 매화도, 신사임당의 초충도 등

▲ 송하보월도	▲ 매화도	▲ 초충도

④ 서예 : 안평대군의 송설체, 한호의 석봉체

⑤ 음악 : 「정간보」(세종), 「악학궤범」(성종)

01 기출문제
26회 22번

밑줄 그은 '이 책'으로 옳은 것은?

> 이 책은 백성들이 유교 윤리를 쉽게 알 수 있도록 우리나라와 중국의 효자, 충신, 열녀들의 모범 사례를 모아 편찬되었다. 글을 모르는 사람도 이해할 수 있도록 함께 그림으로 되어 있다.

①
동의보감

② 악학궤범

③
의방유취

④
삼강행실도

⑤
국조오례의

02

(가)신분에 해당하는 사람으로 옳은 것은?

조선의 신분 구조

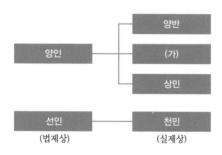

① 환자를 치료하는 의관
② 시전에 인삼을 파는 상인
③ 주인의 땅을 경작하는 노비
④ 판매할 물건을 싸고 있는 보부상
⑤ 과거 공부를 하는 병조 판서의 아들

01.④

제시문에서 설명하고 있는 것은 삼강행실도이다.
④ 삼강행실도는 세종 때 엮어진 도덕서이다.
① 동의보감은 광해군 때 허준이 지은 의서이다.
② 악학궤범은 성종 때 조선의 의궤와 악보를 정리하여 성현 등이 편찬한 악서이다.
③ 의방유취는 세종 때 왕명으로 편찬된 동양 최대의 의학사전이다.
⑤ 국조오례의는 세종 때 편찬하여 성종 때 완성된 오례의 예법과 절차에 관하여 기록한 책이다.

02.①

(가)에 해당하는 신분은 중인이다.
① 의관은 중인이다.
② 상인은 상민이다.
③ 노비는 천민이다.
④ 보부상은 상민이다.
⑤ 병조 판서의 아들은 양반이다.

03.③

사람을 사고파는 것을 통해 ㈎는
노비임을 알 수 있다.
③ 노비는 천인이다.
① 중인이다.
② 양반이다.
④ 중인이다.
⑤ 신량역천은 상민이다.

04.③

㈎는 고려 말 공양왕 때 처음 실시
된 과전법이다.
③ 과전법에서는 관인층에 대한
우대의 뜻으로 수신전, 휼양
전이 지급되었다.
① 과전법은 경기 지방에 한정하여
토지를 지급하였다.
② 과전법은 노동력 징발을 법적으
로 보장받지 못하였다.
④ 세종 때 시행된 직전법에 대
한 설명이다.
⑤ 성종 때 시행된 관수관급제에
대한 설명이다.

03

㈎에 대한 설명으로 옳은 것은?

> 형조 산하의 노비 담당 부서인 형조도관(장례원의 전신)에서 태조에게
> " ㈎ 가격은 대부분의 경우에 오승포(五升布) 150필을 넘지 않습니
> 다. 말의 가격은 400~500필에 달합니다. 이는 가축은 중히 여기고 사람
> 은 가벼이 여기는 것이니 이치에 맞지 않습니다"라고 보고했다.
>
> ─「태조실록」─

① 서리직을 세습하였다.
② 고위 관직을 독점하였다.
③ 최하층으로 천인 신분이었다.
④ 서얼이라고 불리기도 하였다.
⑤ 신분은 양인이나 천민의 역을 담당하였다.

04

㈎에 들어갈 제도에 대한 설명으로 옳은 것은?

조선시대 토지 제도 변천 과정
㈎
직전법 실시
관수관급제 실시

① 토지를 지급하는 제도를 폐지하였다.
② 노동력 징발을 법적으로 보장받았다.
③ 일부가 수신전, 휼양전으로 세습되었다.
④ 현직 관리를 대상으로 지급하였다.
⑤ 관청에서 조세를 거두어 관리에게 나누어 주었다.

05

(가) 제도의 시행 결과로 옳은 것은?

조선 전기의 토지 제도

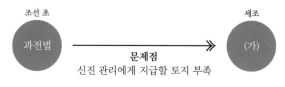

조선 초　　　　　　　　　　　　　세조

과전법　─────────────▶▶　(가)

문제점
신진 관리에게 지급할 토지 부족

① 전지와 시지를 각각 지급하였다.
② 현직 관리에게만 수조권이 지급되었다.
③ 인품과 관품에 따라 차등을 두어 지급하였다.
④ 풍흉에 따라 납부하는 조세의 양을 달리하였다.
⑤ 관청에서 직접 세금을 거두어 관리에게 나누어 주었다.

06

다음 기구들이 처음 제작된 시기에 볼 수 있는 사실로 옳지 <u>않은</u> 것은?

① 혼의를 만들어 천체 운행을 관측하였다.
② 거중기를 만들어 무거운 물체를 쉽게 들어올렸다.
③ 칠정산을 편찬하여 한양을 기준을 천체 운동을 계산하였다.
④ 농사직설을 간행하여 우리 풍토에 맞는 농사법을 보급하였다.
⑤ 삼강행실도를 간행하여 백성들이 유교 윤리를 쉽게 알 수 있도록 하였다.

05.②

(가)는 직전법이다.
② 직전법에 대한 설명이다.
① 전시과에 대한 설명이다.
③ 전시과에 대한 설명이다.
④ 전분 6등법, 연분 9등법에 대한 설명이다.
⑤ 관수관급제에 대한 설명이다.

06.②

제시문 왼쪽의 자격루와 오른쪽의 측우기는 세종 대에 만들어진 조선 초기의 과학 기술이다.
② 정조 때 정약용이 제작한 것이다.
① 세종 때 제작되었다.
③ 세종 때 제작되었다.
④ 세종 때 제작되었다.
⑤ 세종 때 편찬되었다.

07.②

농사직설에 대한 옳은 설명을 찾는 문제이다.

㉠ 농사직설은 세종 때의 문신인 정초·변효문 등이 왕명에 의하여 편찬하였다.

㉢ 농사직설은 각 도의 감사에게 명하여 각지의 농민들의 경험을 자세히 들도록 하여 이를 반영하였다.

㉡ 담배는 임진왜란 이후에 조선에 전래되었다.

㉣ 고려 말 농상집요가 들어오면서 원의 농법이 고려에 들어오는 계기가 되었다.

07

다음 자료에 대한 설명으로 옳은 것을 〈보기〉에서 고른 것은?

이 책의 서문에 의하면 "풍토가 같지 않으면 농법도 같을 수 없다 하여 각도의 감사에게 명하여 주현의 경험 많은 농부들에게 지역에 따라 경험한 바를 자세히 듣고 수집하도록 해서 본서를 편찬하게 되었다"고 했다.

―――――― 〈보기〉 ――――――

㉠ 세종 때에 편찬되었다.
㉡ 담배와 인삼 재배법이 소개되었다.
㉢ 농민의 실제 경험을 종합하여 편찬되었다.
㉣ 원의 농법이 고려에 들어오는 계기가 되었다.

① ㉠, ㉡　　　　　　　② ㉠, ㉢
③ ㉡, ㉢　　　　　　　④ ㉡, ㉣
⑤ ㉢, ㉣

08.②

제시문은 칠정산에 대한 설명이다.

② 칠정산은 세종 때 편찬된 역법서이다.

① 농사직설은 세종 때의 정초·변효문 등이 왕명에 의하여 편찬한 농서이다.

③ 악학궤범은 성종 때 조선의 의궤와 악보를 정리하여 성현 등이 편찬한 악서이다.

④ 경국대전은 세조 때 집필을 시작하여 성종 때 완성된 조선 시대 기본 법전이다.

⑤ 화성성역의궤 정조 때 화성성곽 축조에 관한 경위와 제도·의식 등을 기록한 책이다.

08

다음 설명에 해당하는 책으로 옳은 것은?

한양을 기준으로 천체 운동을 계산한 역법서이다. 이를 통해 일식과 월식 및 날짜와 계절의 변화 등을 보다 정확하게 알 수 있다. 내편은 중국 최고의 역법으로 알려진 수시력을 바탕으로 하는 재래의 동양 역법이고, 외편은 명나라에서 편찬된 이슬람의 회회력을 연구 교정하여 만든 아라비아의 역법이었다.

① 농사직설　　　　　　② 칠정산
③ 악학궤범　　　　　　④ 경국대전
⑤ 화성성역의궤

조선 후기의 정치 변동과 제도 개편

13

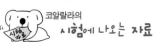
코알랄라의 시험에 나오는 자료

핵심개념 한상 차리기

1. 양 난 이후 통치 체제의 변화

(1) 정치 구조의 변화

① 비변사의 기능 확대

변화 과정	• 중종 때 삼포왜란을 계기로 임시기구로 설치(1510) ➡ 명종 때 을묘왜변을 계기로 상설기구화가 됨(1555) ➡ 선조 때 임진왜란을 거치면서 문무 고위 관원들의 합의 기관으로 확대 ➡ 인조 때 호란을 겪으면서 최고 정치기구가 됨 ➡ 이후 군사, 외교, 재정, 인사 등 거의 모든 정무 총괄
확대의 결과	• 왕권 약화, 의정부와 6조 중심의 행정 체계는 유명무실

② 3사의 언론 기능 변질

• 각 붕당의 이해관계 대변, 공론 반영보다 자기 세력 유지와 상대 세력 견제에 주력
• 이조 · 병조 전랑의 권한 확대 : 인사권, 후임자 추천권 남용 ➡ 영조 · 정조의 탕평 정치를 거치면서 혁파

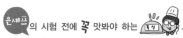
은세프의 시험 전에 꼭 맛봐야 하는

비변사의 기능 강화

> 요즘 큰일이건 작은 일이건 모두 비변사에서 처리합니다. 의정부는 이름만 남았고 6조는 할 일을 모두 빼앗기고 말았습니다. (비변사는) 이름은 '변방 방비를 담당하는 것'이라고 하면서 과거 시험에 대한 판정과 왕비나 세자빈의 간택까지 모두 여기서 합니다.
>
> -「효종실록」-

비변사는 원래 16세기 초에 왜구와 여진의 침입에 대비하기 위해 설치한 임시회의 기구였다. 그런데 임진왜란을 거치면서 구성원이 고위 관원으로 확대되었고, 두 차례 호란을 겪으면서 최고 정치 기구로 자리 잡았다.

(2) 군사 제도의 변화

① 중앙군 : 5군영 체제(임란 중 ~ 17c말 완성)

• 훈련도감, 어영청, 총융청, 수어청, 금위영 ➡ 서인의 군사 기반
• 훈련도감(임진왜란 중에 설치)
  ┌ 포수, 사수, 살수의 삼수병으로 편제
  └ 직업 군인(상비군)을 주축으로 유지 ➡ 급료는 매월 쌀로 지급

② 지방군 : 속오군 체제, 진관 체제 복구

• 속오군 체제 : 양반에서 노비까지 편제, 평상시 생업에 종사하다 유사시에 동원

2. 붕당 정치의 전개와 탕평 정치

(1) 붕당 정치의 전개

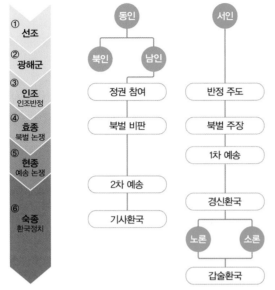

① 선조 : 정여립의 모반 사건을 계기로 동인이 남인과 북인으로 분열

② 광해군 : 북인 집권 및 권력 서인과 남인은 권력에서 배제

③ 인조 : 인조반정으로 북인 축출 ➡ 서인의 권력 독점(친명배금 정책)

④ 효종
- 서인이 집권 ➡ 북벌 운동 추진
- 북벌 준비 : 송시열, 송준길, 이완 등을 등용하여 군대 양성 및 성곽 수리 등

⑤ 현종 : 효종의 왕위 계승에 대한 정통성 문제로 2차례 예송 전개
- 1차 예송논쟁(1659, 기해예송) : 효종 사후 자의대비의 상복 입는 기간을 둘러싸고 대립 ➡ 서인의 주장 채택(효종 정통성 불인정, 신권 강조)
- 2차 예송논쟁(1674, 갑인예송) : 효종비 사후 자의대비의 상복 입는 기간을 둘러싸고 대립 ➡ 남인의 주장 채택(효종 정통성 인정, 왕권 강조)

⑥ 숙종 : 국왕의 편당적 인사로 세 차례 환국 발생, 일당 전제화 추세
- 경신환국(1680) : 서인이 남인을 역모로 몰아 대거 숙청하고, 정권 장악 ➡ 남인의 처분과 정국 운영 방식을 놓고, 서인이 노론(송시열)과 소론(윤증)으로 분화
- 기사환국(1680) : 남인이 장희빈 소생 아들의 세자 책봉에 반대한 서인(노론)을 몰아내고, 정권 장악
- 갑술환국(1694) : 서인이 폐비 민씨(인현 왕후) 복위 운동에 반대하는 남인을 숙청하고, 정권 장악 ➡ 남인 재집권 불능, 노론·소론의 연합 가운데 노론이 정국 주도

🐨 송시열

- 노론의 영수
- 남인에 대해 강경한 입장
- 효종의 스승이자 북벌 주장
- 예송 때 신권을 강조하는 상복설 주장
- 남인의 윤휴와 소론의 박세당을 사문난적이라고 비판

코알릴라의
시험에 나오는 **자료**

 탕평채

탕평채라는 음식명은 영조 때 여러 당파가 잘 협력하자는 탕평책을 논하는 자리의 음식상에 처음으로 등장한 데서 유래

(2) 탕평책의 실시

① 영조의 정책

탕평책	• 탕평교서 발표, 탕평비 건립, 탕평채(궁중 음식) 즐김 • 탕평파(붕당을 없애자는 입장에 동의)를 중심으로 정국 운영 • 붕당 기반 제거 : 산림의 존재 부정, 서원 대폭 정리, 이조 전랑 권한 약화
개혁	• 민생 안정 : 균역법 실시, 신문고 부활 • 형벌 제도 개선 : 가혹한 악형 금지, 사형수 삼심제 시행 • 편찬사업 : 「속대전」, 「동국문헌비고」, 「속오례의」 편찬
한계	• 왕권의 강화로 붕당 간의 극단적 대립 소멸 • 노론에 의존하여 정치하는 과정에서 외척 세력 성장

의 시험 전에 맛봐야 하는

영조의 탕평교서

> 전교하기를, "붕당의 폐단이 요즈음보다 심한 적이 없었다. 처음에는 사문(斯文)에 소란을 일으키더니, 지금에는 한편 사람을 모조리 역당으로 몰고 있다. 세 사람이 길을 가도 역시 어진 사람과 불초한 사람이 있게 마련인데, 어찌 한편 사람이라고 모두가 같은 투일 이치가 있겠는가? … (중략) … 우리나라는 본래 치우쳐 있고 작아서 사람을 쓰는 방법 역시 넓지 못한데, 요즈음에 이르러서는 그 사람을 임용하는 것이 모두 당목 가운데 사람이었으니, 이와 같이 하고도 천리의 공에 합하고 온 세상의 마음을 복종시킬 수 있겠는가?

제시된 자료는 영조의 탕평교서이다. 영조는 붕당 정치의 폐단을 지적하면서 탕평의 필요성을 강조하였다.

영조의 탕평비

> 왕은 「논어」 위정편 14장에 있는 구절(君子는 周而不比하고 小人은 比而不周한다)을 활용하여 "두루 사랑하고 편당하지 않는 것은 군자의 공정한 마음이며, 편당하고 두루 사랑하지 않는 것은 소인의 사사로운 마음이다.(周而弗比 乃君子之公心 比而弗周 寔小人之私意.)"라고 재구성한 내용을 친서하여 비에 새김

영조는 강력한 왕권으로 붕당 간의 균형을 이루고자 하였고, 성균관 유생들에게 탕평책을 알리기 위해 성균관 입구에 탕평비를 건립하였다.

② 정조의 정책

탕평책	• 적극적인 탕평책 추진 ➡ 각 붕당의 주장이 옳은지 그른지를 명백히 가림 • 붕당에 관계없이 능력 위주 인사 ➡ 노론, 소론, 남인 고루 등용

개혁	• 왕권 강화
	  ┌ 초계문신제 실시 : 유능한 인재 재교육
	  ├ 장용영 설치 : 왕의 군사적 기반으로 삼음
	  └ 규장각 설치 : 정책 자문 기구로 국왕의 권력과 정책 뒷받침
	• 수원 화성 건설
	  ┌ 정조의 정치적 이상을 실현하는 상징적 도시로 육성
	  ├ 아버지 사도세자 묘를 수원 화성으로 이장하고 현릉원이라 부름
	  └ 정약용은 거중기로 성곽 세우고, 화성행차를 위해 한강 배다리 설치
	• 신해통공(1791) 단행 : 시전 상인의 금난전권 폐지 ➡ 상업 발달
	• 수령의 권한 강화 ➡ 향약 직접 주관, 지방 사림의 향촌 지배력 억제
	• 서얼과 차별 완화 : 서얼 출신을 규장각 검서관에 등용(이덕무, 박제가, 유득공 등)
	• 편찬 사업 : 「대전통편」, 「탁지지」, 「무예도보통지」, 「동문휘고」 등

한계	• 붕당 간의 대립 완화 ➡ 근본적인 문제 해결은 못함 • 정치 권력이 소수 정치 집단에 집중 ➡ 정조 사후 세도 정치 전개의 배경

화성 능행도

정조는 어머니인 혜경궁 홍씨와 함께 수원 화성에 있는 아버지 사도세자의 묘소에 성묘하고, 혜경궁에게 진찬례를 베풀었는데, 이 작품은 이때 거행된 중요한 행사들을 뽑아서 그린 것이다.

3. 세도 정치와 농민의 저항

(1) 세도 정치

전개	• 정조 사후 왕의 외척 등 소수의 특정 가문이 권력 장악 • 순조-헌종-철종 3대에 걸쳐 60여 년간 외척 세력(안동 김씨, 풍양 조씨)이 권력 독점

특징	• 세도 가문이 비변사(정치)와 훈련도감(군사) 장악 ➡ 왕권 약화 초래, 남인·소론 등이 권력에서 배제, 붕당의 의미 퇴색
	• 정치 기강 해이 : 과거 시험 부정 성행, 매관매직 ➡ 탐관오리의 수탈
	• 삼정의 문란 ➡ 농민 생활 피폐
	  ┌ 전정(토지세) : 규정된 세금액보다 훨씬 많은 액수 징수
	  ├ 군정(군포) : 군역 부과의 부당성(백골징포·인징·족징·황구첨정 등)
	  └ 환곡(구휼 제도) : 세금이 되어 탐관오리의 고리대 구실을 함

폐단	• 매관매직의 비리 성행, 탐관오리의 수탈, 자연 재해와 기근 질병 ➡ 삼정의 문란 ➡ 수령과 향리의 수탈 ➡ 농민의 저항 증가

세도 가문

홍경래의 난

- 홍경래, 중소 상인과 유랑 농민을 규합함
- 정주성에서 관군에 패함
- ○ 홍경래 군대가 점령한 고을
- ◯ 홍경래 군대가 점령한 지역
- ← 관군의 토벌 진격로

19세기 농민 봉기

- 홍경래의 난(1811)
- 개령 농민 봉기(1862)
- 제주 농민 봉기(1862)
- 진주 농민 봉기(1862)

(2) 농민 봉기의 확산

① 배경 : 세도 정치, 탐관오리의 부정과 탐학, 삼정 문란, 흉년과 전염병 등

② 농민의 항거
- 소극적 저항 : 벽서, 괘서 등
- 적극적 저항 : 농민 의식 성장, 양반 중심의 통치 체제 붕괴 ➡ 농민 봉기 발생

③ 홍경래의 난(1811)

배경	• 세도 정치와 삼정의 문란, 평안도 지방에 대한 부당한 차별 대우
전개	• 몰락 양반 홍경래의 지휘 아래 영세 농민, 상인(신흥 상공업 세력), 광부, 품팔이 꾼 합류 ➡ 청천강 이북의 여러 고을 점령 ➡ 정주성 싸움 패배, 5개월 만에 관군에 진압
의의	• 탐관오리의 착취와 지방 차별에 반대한 농민 항쟁 • 이후의 농민 봉기에 영향 ➡ 19세기 농민 봉기의 선구적 역할

은세프의 시험 전에 **꼭** 맛봐야 하는

홍경래의 난

> 평원대원수는 급히 격문을 띄우노니 관서의 부로와 자제와 공·사 천민들은 모두 이 격문을 들으라. 무릇 관서는 성인 기자의 옛터요, 단군 시조의 옛 근거지로서 의관이 뚜렷하고 문물이 아울러 발달한 곳이다. …… 그러나 조정에서는 관서를 버림이 분토와 다름없다. 심지어 관세 있는 집의 노비들도 서토의 사람을 보면 반드시 '평안도 놈'이라고 말한다. 어찌 억울하고 원통하지 않은 자 있겠는가, ……
>
> -「홍경래 격문」-

홍경래는 평안도 지역에 대한 차별과 세도 정치로 인한 지배층의 수탈에 불만을 품고 난을 일으켰음을 알 수 있다. 한때 청천강 이북의 대부분 지역을 차지할 정도로 위세를 떨쳤으나 결국 정부군에 의해 진압되었다.

④ 농민 봉기의 발생 : 임술 농민 봉기

배경	• 관리들의 부정과 탐학(삼정의 문란), 사회 불안
전개	• 경상우도병마사 백낙신의 부정부패 ➡ 몰락 양반 유계춘 등을 중심으로 봉기 ➡ 진주에서 시작(진주 농민 봉기)되어 전국적인 농민 봉기로 확대
결과	• 정부에서 안핵사와 암행어사 파견, 삼정이정청 설치 ➡ 별다른 성과는 없었음
의의	• 삼정의 문란, 탐관오리의 횡포에 항거한 농민의 자각 운동

4. 새로운 사회 변혁의 움직임

(1) 사회 불안 심화

① 배경 : 신분제 동요, 탐관오리 횡포, 자연재해와 전염병의 유행, 이양선의 출몰

② 예언 사상 대두 : 말세의 도래 왕조의 교체, 변란의 예고 ➡ 정감록 유행

③ 미륵 신앙 확산 : 미래의 구세주인 미륵의 출현을 기대

④ 의의 : 민중의 변혁 의지 내포 ➡ 사회 변혁 운동의 이념적 바탕

(2) 천주교의 전파

전래	• 16세기 말~17세기 초에 청을 통해 서학으로 유입
발전	• 18세기 후반 일부 남인 계열 실학자에 의해 점차 신앙으로 수용 • 신자 수 증가 : 세례를 받은 이승훈 귀국, 서양인 선교사의 포교 활동
성격	• 인간 평등 주장, 제사 의식 거부, 내세의 영생 약속하는 교리 • 양반 중심 신분 질서 부정, 성리학적 이념 위배 ➡ 정부 탄압
탄압	• 신해박해(1791, 정조) : 윤지충이 유교식으로 제사를 지내지 않고 조상의 신주를 불태우고, 어머니가 상을 당하자 장례를 천주교식으로 치름 ➡ 신앙을 버릴 것을 거부하고 처형당함(최초의 천주교도 박해사건) • 신유박해(1801, 순조) : 권력 잡은 노론 강경파가 교세가 확대된 천주교의 많은 신자에게 대대적인 박해와 처형을 가함 • 황사영 백서 사건(1801) : 신유박해 당시 황사영이 프랑스 군대의 도움을 요청하는 편지를 작성 ➡ 정부에 편지가 발각되어 탄압이 더 심해짐

(3) 동학의 전파

🐨 동학 창시자 최제우

발생	• 1860년 몰락 양반 최제우가 창시 • 유·불·선 3교 교리를 절충하고, 민간 신앙(주문, 부적)을 결합하여 창시
발전	• 삼남 지방을 중심으로 급속히 확산 • 탄압 : 백성을 속인다는 죄명(혹세무민)으로 최제우 처형 • 2대 교주 최시형이 교리를 정리하고 교단 조직 정비 ➡ 교세 확장 ┌「동경대전」 편찬 : 순한문체로 지어진 동학의 경전 └「용담유사」 편찬 : 최제우가 한글로 지은 포교가사집 • 포접제 조직으로 교단조직 형성 : 각 지방에 접주(接主)가 각 지방에 설치된 포(包), 장(帳), 접(接)의 교단 통솔
성격	• 인간의 존엄성과 평등 강조 ┌시천주 사상 : 마음속의 한울님을 모심(동학의 근본 사상) └인내천 사상 : 사람이 곧 하늘(인간 존중 사상) • 외세 배척(보국안민), 농민의 사회 변혁 운동에 영향(후천 개벽 사상) • 반상의 차별 반대, 노비 제도 폐지, 여성과 어린이의 인격 존중 주장

01.①

제시문에 설명하는 인물은 송시열
이다.

① 송시열은 조선 후기 문신으로
   노론의 영수로 정치계와 사상계
   에 많은 영향을 끼쳤다.
② 박지원은 조선 후기 실학자 겸
   소설가로 이용후생의 실학을
   강조하였다.
③ 신숙주는 조선 전기의 대표적
   관료이다
④ 김정희는 조선 후기 문신 겸 실
   학자로 실사구시를 주장하였고,
   독특한 추사체를 대성하였다.
⑤ 채제공은 조선 후기의 문신으로
   정조의 탕평책을 추진한 핵심적
   인 인물이다.

01 기출문제

18회 중급 22번

(가)에 들어갈 인물로 옳은 것은?

OO박물관 특별 전시회

(가)

· 일시 : 0000년 00월 00일 ～ 00월 00일
· 장소 : OO박물관 기획전시실
· 관람시간 : 09:00 ～ 17:00

북벌 운동의 대표적 인물이자 노론 영수였던 OOO선생의 특별전을 개최합니다.
이번 전시회에서는 효종이 선생에게 하사한 담비 가죽옷이 처음 공개됩니다.

① 송시열   ② 박지원   ③ 신숙주

④ 김정희   ⑤ 채제공

02.②

제시된 표는 세도 정치기를 보여준
다. 정조 사후 정치 세력 간의 균
형이 붕괴되면서 소수의 유력 가문
에 권력이 집중되는 현상이 벌어지
면서 세도 정치기가 시작되었다.
② 세도 정치기에 관직을 사고 파
   는 일이 성행하였다.
① 선조 대에 사림이 동인과 서인
   으로 나뉘었다.
③ 현종 대에 예송논쟁이 벌어졌다.
④ 영조 대의 일이다.
⑤ 흥선 대원군 집권기 때의 일이다.

02

표를 통해 알 수 있는 시기의 상황으로 옳은 것은?

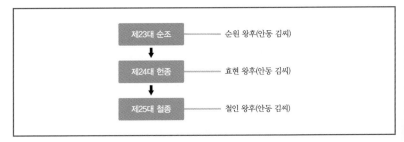

① 사림이 동인과 서인으로 나뉘었다.
② 관직을 사고 파는 일이 성행하였다.
③ 두 차례에 걸쳐 예송이 전개되었다.
④ 탕평파를 중심으로 정국이 운영되었다.
⑤ 의정부의 기능이 부활되고 삼군부가 설치되었다.

03

교사의 질문에 대한 답변으로 옳은 것은?

이와 같은 공고문에 해당하는 군사 조직에 대해서 설명해 볼까요?

조선 후기 중앙군

군영 명칭	설치 시기
(가)	선조 26년
어영청	인조 2년
총융청	인조 2년
수어청	인조 4년
금위영	숙종 8년

① 포수, 사수, 살수로 구성되었다.
② 몽골의 침략에 맞서 끝까지 저항하였다.
③ 을묘왜변을 거치면서 상설기관이 되었다.
④ 평상시 생업에 종사하다 유사시에 동원되었다.
⑤ 국가의 거의 모든 정무를 총괄하는 역할을 하였다.

04

다음 '논쟁'에 대한 설명으로 옳은 것은?

전하, 돌아가신 효종 대왕을 장자의 예로 대우하여 대비께서는 3년 동안 상복을 입으셔야 합니다.

전하, 선왕이 비록 왕위를 이었으나 적장자가 아니므로 대비께서는 1년 동안 상복을 입으셔야 합니다.

① 남인과 서인 간에 발생한 상례 문제이다.
② 서인이 환국을 통해 권력을 독점하게 되었다.
③ 북인 세력이 정권을 장악하는 배경이 되었다.
④ 외척 세력인 대윤과 소윤 간의 대립으로 일어났다.
⑤ 안동 김씨 등 특정 가문이 권력을 독점하게 되었다.

05.④

조선 숙종 때 급작스럽게 정권이 교체되는 정치적 상황인 환국이 일어났다. 당시 서인과 남인은 치열한 붕당 정치를 벌여 경신환국, 기사환국, 갑술환국이 일어났다.
④ 숙종 대의 일이다.
① 정조 대의 일이다.
② 정조 대의 일이다.
③ 흥선 대원군 집권 시기의 일이다.
⑤ 중종 대의 일이다.

05

㈎에 들어갈 내용으로 적절한 것은?

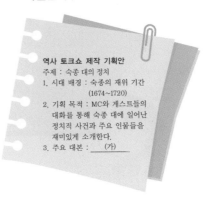

역사 토크쇼 제작 기획안
주제 : 숙종 대의 정치
1. 시대 배경 : 숙종의 재위 기간 (1674~1720)
2. 기획 목적 : MC와 게스트들의 대화를 통해 숙종 대에 일어난 정치적 사건과 주요 인물들을 재미있게 소개한다.
3. 주요 대본 : ____(가)____

① 규장각의 설치
② 국왕의 수원 화성 행차
③ 전국 각지에 척화비 건립
④ 남인들이 쫓겨난 경신환국
⑤ 현량과를 통해 등용된 신진 세력

06.⑤

두 대화에서 말하는 종교는 동학이다.
⑤ 천주교에 대한 설명이다.
①, ②, ③, ④ 동학에 대한 설명이다.

06

대화에 나타난 종교에 대한 설명으로 옳지 않은 것은?

서양 세력과 연결된 서학을 배격한다는 뜻에서 붙여진 이름을 가진 종교가 요즘 급속하게 퍼지고 있다네.

그렇다네. 게다가 사람이 곧 하늘이라는 인내천 사상을 내세워 인간의 존엄성과 평등성을 강조하니 사람들의 호응이 클 수 밖에 없네 그려.

① 동경대전을 경전으로 삼았다.
② 몰락 양반인 최제우가 창시하였다.
③ 혹세무민의 죄로 교조가 처형되었다.
④ 유·불·선 사상을 바탕으로 교리를 마련하였다.
⑤ 중국에 다녀온 사신들이 서학으로 소개하였다.

07

㈎ 왕의 재위 기간에 있었던 사실로 옳은 것은?

이 비는 성균관 반수교 옆에 세운 탕평비입니다. 비에는 ㈎ 왕께서 반드시 붕당을 타파하고 치우치지 않는 원칙을 세워 공정하게 다스릴 것을 약속한 내용이 적혀있습니다.

① 비변사를 혁파하였다.
② 규장각을 설치하였다.
③ 대전통편을 편찬하였다.
④ 나선 정벌을 추진하였다.
⑤ 신문고 제도를 부활하였다.

07.⑤

탕평비는 영조가 성균관 유생들에게 탕평책을 알리기 위해 성균관 입구에 탕평비를 건립하였다.

⑤ 신문고 제도는 태종 때 처음 실시하다 연산군 대에 이르러 오랫동안 폐지되었다가 영조 대에 다시 부활하여 병조에서 주관하였다.
① 흥선 대원군 집권기 때의 일이다.
② 정조 대의 일이다.
③ 정조 대의 일이다.
④ 효종 대의 일이다.

08

밑줄 그은 '이 왕'의 업적으로 옳은 것은?

이 편지는 이 왕이 예조판서와 우의정에 있던 노론의 거두 심환지에게 보낸 비밀편지를 모은 어찰첩입니다. 그는 국왕 친위 부대인 장용영을 창설하기도 하였습니다.

① 집현전을 설치하여 학문을 장려하였다.
② 속대전을 편찬하여 통치 체제를 정비하였다.
③ 균역법을 실시하여 국가 재정을 개혁하였다.
④ 관리를 재교육하는 초계문신제를 실시하였다.
⑤ 왕실의 권위를 높이기 위해 경복궁을 중건하였다.

08.④

제시문에서 설명하고 있는 왕은 정조이다.
④ 정조 대의 일이다.
① 세종 대의 일이다.
② 영조 대의 일이다.
③ 영조 대의 일이다.
⑤ 흥선 대원군 집권기의 일이다.

08.①

제시문은 홍경래의 난에 대한 설명이다. 몰락 양반인 홍경래는 신흥 상공업 세력과 광산 노동자, 빈농 등을 규합한 뒤, 평안도에 대한 지역 차별 정책과 지배층의 수탈에 항거하여 봉기를 일으켰다.

① 홍경래의 지휘 아래 봉기가 일어났다.

② 홍경래의 난은 관군에 의해 진압되었다.

③ 홍경래의 난은 세도 정치, 삼정의 문란, 평안도 지방에 대한 차별 대우에 의해 일어났다.

④ 홍경래의 난은 청천강 이북 지역을 5개월 동안 장악하였다.

⑤ 경상 우병사 백낙신의 탐학이 계기가 된 것은 진주 농민 봉기이다.

08

다음 가상 뉴스에서 보도하고 있는 사건에 대한 설명으로 옳은 것은?

① 홍경래가 주도하였다.

② 청나라 군대에 의해 진압되었다.

③ 서양 열강과의 수교에 반발하여 일어났다.

④ 황토현 전투에서 관군에게 크게 승리하였다.

⑤ 경상 우병사 백낙신의 탐학이 계기가 되었다.

09.①

제시문에 설명하는 종교는 천주교이다. 평소 서학과 천주교에 관심이 높았던 이승훈은 북경 천주교를 방문하여 조선 사람 처음으로 세례를 받고 베드로라는 세례명을 받았다.

① 천주교에 대한 설명이다.

② 도교에 대한 설명이다.

③ 미륵 신앙에 대한 설명이다.

④ 예언 사상에 대한 설명이다.

⑤ 동학에 대한 설명이다.

09

밑줄 그은 '종교'에 대한 설명으로 옳은 것은?

① 조상에 대한 제사를 거부하였다.

② 하늘에 제사 지내는 초제를 거행하였다.

③ 미륵불이 내려와 세상을 구제한다고 하였다.

④ 왕조 교체를 예언하며 백성의 호응을 얻었다.

⑤ 교리에 유·불·선과 민간 신앙의 요소가 포함되어 있다.

조선 후기의 경제와 사회 변동

14

코알라의
시험에 나오는 자료

1. 수취 체제의 개편

(1) 대동법(공납)

배경	• 방납의 폐단 ┌ 그 지역에 없는 물품의 배정으로 농민 부담 가중 └ 토지가 많고 적음에 관계없이 호별로 징수하여 농민 부담 가중
목적	• 부족한 국가 재정을 보완하고, 농민 부담을 경감시키고자 함
시행	• 광해군(1608)때 선혜청을 설치하고, 경기도에 처음 실시 ➡ 기존 방납 관련자와 양반 지주층의 거센 반발 ➡ 1708년에 이르러 전국에서 시행(평안도, 함경도, 제주도는 제외)
내용	• 집집마다 부과하던 토산물을 토지 결수에 따라 쌀(1결당 쌀 12두)·삼베·동전 등으로 징수 • 특산물 대신에 쌀·무명·돈으로 납부하여 정부가 필요한 물품 구입
결과	• 국가 재정 확충, 지주 부담 증가 • 토지 소유 면적이 적은 농민들의 부담은 크게 완화 • 한계 ┌ 대동세를 소작농에 전가 └ 별공, 진상은 여전히 남아 토산물을 수시로 징수
영향	• 공인(어용상인)의 등장 : 중앙 관청에서 공가를 받아 필요한 물품을 사서 납부 • 상품 화폐 경제의 발달 : 상품 수요와 공급의 증대 ┌ 공인 : 시장에서 많은 물품 구매 └ 농민 : 토산물 시장에 팔아 대동세 마련

대동세의 징수와 운송

대동법 시행 시기

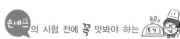의 시험 전에 꼭 맛봐야 하는

대동법 실시

> 강원도에서 대동법을 싫어하는 이가 없는데, 충청·전라도에는 좋아하는 이와 싫어하는 이가 있습니다. 왜 그렇겠습니까? 강원도에는 토호가 없으나 충청·전라도에는 토호가 있기 때문입니다. 특히 전라도에 싫어하는 자가 더 많은데 이는 토호가 더 많은 까닭입니다. 이렇게 볼 때 토호들만 싫어할 뿐, 백성은 모두 대동법을 보고 기뻐합니다.
>
> – 조익, 「포저집」 –

대동법의 시행으로 공물 납부를 토지 결수에 따라 쌀, 포목, 동전을 납부하였다. 이에 토지를 많이 소유하고 있는 양반 지주들의 부담이 커지기 때문에 대지주들 또한 크게 반발하였다. 또한, 공물 납부를 대납하는 과정에서 큰 이익을 취하였던 방납업자들은 크게 반발할 수밖에 없었다. 이러한 반대로 대동법이 전국적으로 확대 시행되는데 100년 가까이 걸리게 되었다.

(2) 영정법(조세)

배경	• 양 난 이후 토지 대장 소실, 농경지의 황폐, 조세의 비효율성
시행	• 인조(1635) 때 실시
내용	• 풍흉에 관계없이 토지 1결당 미곡 4~6두 납부
결과	• 전세율이 낮아졌으나, 대다수 농민에게 도움이 되지 못함 • 부과세의 액수가 전세액보다 훨씬 많아 결국 농민 부담이 증가 • 여러 명목의 수수료, 운송비, 자연 소모에 대한 보충비용을 농민에 부과

(3) 균역법(군역)

배경	• 군포 징수 과정의 폐단으로 농민의 유망, 군역 기피 증가
시행	• 영조(1750) 때 실시
내용	• 1년에 군포 2필 ➡ 1년에 군포 1필 납부 • 부족분 보충 ┌ 결작 : 지주에게 토지 1결당 쌀 2두 징수 ├ 선무군관포 : 일부 상류층에 포 1필 징수 └ 잡세(어장세·염세·선세) : 왕실 수입을 정부 재정 수입으로 전환
결과	• 농민 부담의 일시적 경감 ➡ 군적 문란, 지주가 결작을 소작농에게 전가 ➡ 농민 부담이 다시 가중

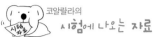
의 시험 전에 꼭 맛봐야 하는 ....

군역의 폐단

> 현재 10여 만 호로써 50만 호가 져야 할 양역을 감당해야 합니다. 한 집안에 비
> 록 남자가 4, 5명 있어도 모두 군역에서 벗어나지 못합니다. 군포를 마련할 길이
> 없어 마침내 죽거나 도망을 가게 되고, 이러한 자의 몫을 채우기 위해 백골징포,
> 황구첨정의 폐단이 생겨나는 것입니다. 황구는 젖 밑에서 군정으로 편성되고, 백
> 골은 지하에서 징수를 당하며, 한 사람이 도망하면 열 집이 보존되지 못하니, 비
> 록 좋은 재상과 현명한 수령이라도 역시 어찌할지를 모릅니다.
>
> -「영조실록」-

군역의 폐단으로 도망간 농민의 군포를 이웃이나 친척에게 징수하는 인징·족징, 죽은 자
에게 군포를 징수하는 백골징포, 어린아이에게 군포를 징수하는 황구첨정 등의 폐단이 계
속되면서, 농민은 여전히 무거운 군포 부담에 시달렸으며, 균역법 시행 이후에도 해결이
되지 않았다.

2. 농업 생산력 증대와 수공업의 경영 변화

(1) 양반 지주의 경영 변화

① 토지 소유 확대 : 양난 이후 개간이나 매입으로 토지 확대, 지주전호제로 경영

② 지주전호제의 변화 : 상품 화폐의 경제 발달, 소작인의 저항 ➡ 소작권 인정, 소작료 정액화, 지주와 전호의 관계가 경제적 관계로 변화

(2) 농촌 경제의 변화

조선 후기 농업의 모습

농업 기술 발달	• 견종법 확대, 황무지 개간, 수리 시설 확충, 영농 기술 개량 • 모내기법(이앙법)의 확대 : 수확량의 증대 ┌ 벼 · 보리의 이모작 가능 └ 김매기에 필요한 노동력 감소
농업 경영 변화	• 광작의 유행 ┌ 한 농가당 경작지 규모 확대 ➡ 농민 계층 분화 └ 일부 서민 지주 등장(부농층), 대다수 농민은 몰락(임노동자층) • 상품 작물의 재배 ┌ 쌀의 상품화로 밭을 논으로 바꾸는 현상 활발 └ 장시에 팔기 위한 목화, 채소, 담채, 약초 등 재배 • 지대 납부 방식의 변화

타조법(조선 전기)	도조법(조선 후기)
• 수확의 절반을 소작료로 냄 • 신분적 예속의 성격이 강함	• 수확의 일정액을 소작료로 냄 • 경제적 예속의 성격이 강함

의 시험 전에 꼭 맛봐야 하는

이앙법의 도입

> 이앙을 하는 것은 세 가지 이유가 있다. 김매기의 노력을 더는 것이 첫째요, 두 땅의 힘으로 하나의 모를 기르는 것이 둘째요, 좋지 않은 것은 솎아 내고 싱싱하고 튼튼한 것을 고를 수 있는 것이 셋째이다. 어떤 사람은 큰 가뭄을 만나면 모든 노력이 헛되니 이를 위험하다고 하나 그렇지 않다. 벼를 심는 논은 반드시 하천이 있어 물을 끌어들일 수가 있으며, 하천이 없다면 논이 아니다. 논이 아니더라도 가뭄을 우려하는데 어찌 이앙만 그렇다고 하는가?
>
> – 「임원경제지」, 서유구 –

이앙법(모내기법)이 가뭄에 약하였기 때문에 초기에 조선 정부는 경작을 반대하였으나, 이 모작의 가능, 김매기의 노력 감소에 따른 노동력 절감, 수확량의 증가 등으로 인해 조선 후기에는 널리 확산되었다.

상품 작물의 재배

> 서울과 대도시 주변의 파, 마늘, 배추, 오이 밭에서는 적은 땅으로도 수백 냥의
> 수입을 올린다. 서북 지방의 담배, 관북 지방의 삼, 한산의 모시, 전주의 생강, 강
> 진의 고구마 밭은 쌀 농사가 가장 잘 되었을 때보다 이익이 열 배나 된다.
>
> — 「경세유표」 —

조선 후기에는 농촌 사회의 분화와 인구 증가로 농산물의 상품화가 촉진되어 도시와 농촌
어느 곳에서도 농산물의 수요가 증가하였다. 이에 담배, 채소, 염료, 약재 등 특수 농작물
을 상품 작물로 재배하여 높은 수익을 올렸다.

(3) 수공업과 광업의 발달 : 민영 형태의 발달

① 민영 수공업의 발달

조선 시대 수공업의 모습

배경	• 제품 수요 증가(인구 급증), 대동법 실시 ➡ 상품 화폐 경제 발달
특징	• 관영 수공업의 쇠퇴 : 민간 수공업자들이 장인세(납포장)를 납부하고, 자유롭게 생산 활동에 종사 • 선대제 수공업 유행 : 상인이 수공업자들에게 미리 원료나 도구, 대금 등을 미리 지급하고 필요한 물품을 생산시키는 체계 • 점(店) 운영 : 민간 수공업자들이 철점, 사기점 등의 작업장 운영 • 독립 수공업자의 등장(18세기 후반) : 독자적으로 제품을 생산하여 판매

② 광업의 발달

배경	• 수공업 발달에 따른 광물 수요 증대 • 대청 무역 확대로 은의 수요 증가

광산 정책 변화	• 조선 초기 : 정부가 농민 부역을 동원하여 광물 독점 채굴
	• 조선 후기
	  ┌ 설점수세제 실시(17C 이후) : 정부의 감독 아래 민간인의 광산 채굴을 허용하고 세금 징수 ➡ 70개소의 은광 개발
	  └ 덕대제 실시(18C 이후) : 덕대(광산 경영 전문가)가 상인 물주의 자본을 조달 받아 채굴업자와 채굴 노동자를 고용 ➡ 분업에 토대를 둔 협업으로 진행
	• 민영 광산 발달
	  ┌ 은광 개발 활발 : 17C 이후 청과 무역 활발로 은의 수요 증가
	  ├ 불법적인 잠채 성행 : 18C 중엽에 높은 세금을 피하기 위해 몰래 금광과 은광 개발
	  └ 금광 개발 활발 : 18C 후반부터 사금 채출 활발

조선 후기의 상업과 무역 활동

3. 상품 화폐 경제의 발달

(1) 공인의 활동

① 의미 : 대동법 실시 이후 정부가 필요로 하는 물품을 대주던 어용상인

② 특징 : 서울 시전과 지방 장시를 무대로 특정 물품을 대량 취급 ➡ 독점적 도매 상인인 도고로 성장

(2) 사상의 대두

배경	• 금난전권의 폐지(정조, 신해통공)로 자유로운 상업 활동 보장
특징	• 칠패 · 송파 등 도성 주변과 개성, 평양, 의주, 동래 등 지방 도시에서 활동 ➡ 각지에 지점을 두어 상권 확장, 지방 장시를 연결하여 물품 교역 ➡ 도고로 성장
대표 사상	• 송상(개성) ┌ 주로 인삼 재배와 판매, 대외 무역에 깊은 관여 ├ 만상과 내상 사이에서 중계 무역 └ 전국에 송방이라는 지점망 설치 • 경강상인(한강) ┌ 한강이 근거지 ➡ 미곡 · 소금 · 어물 등의 운송 및 판매 장악 └ 운송업에 종사 ➡ 선박의 건조 등 생산 분야까지 진출 • 만상(의주) ┌ 중국 무역 주도(개시 · 후시 무역) └ 수출(은, 종이, 무명, 인삼)↪수입(비단, 약재, 문방구) • 내상(동래) : 대일 무역 주도 ┌ 대일 무역 주도(왜관 개시) └ 수출(인삼, 쌀, 무명)↪수입(은, 구리, 황, 후추)

의 시험 전에 꼭 맛봐야 하는

허생전(도고의 성장)

> 허생은 안성의 한 주막에 자리 잡고서 밤, 대추, 감, 배, 귤 등의 과일을 모두 사들였다. 허생이 과일을 도거리로 사두자, 온 나라가 잔치나 제사를 치르지 못할 지경에 이르렀다. 따라서 과일 값은 크게 폭등하였다. 허생은 이에 10배의 값으로 과일을 되팔았다. 이어서 허생은 그 돈으로 곧 칼, 호미, 삼베, 명주 등을 사 가지고 제주도로 들어가서 말총을 모두 사들였다. 말총은 망건의 재료였다. 얼마 되지 않아 망건 값이 10배나 올랐다. 이렇게 하여 허생은 50만 냥에 이르는 큰돈을 벌었다.
> —「연암집」, 박지원—

허생의 행동은 물건을 매점매석하는 것으로 '도고'라고 한다. 이러한 상행위를 통해 매점매석이라는 독점을 하여 물건 값을 인위적으로 올려 이익을 취하는 것으로 결국 그 손실이 소비자에게 전가되는 문제점이 있다.

(3) 장시의 발달

① 발생 : 15세기 말 남부 지방에서 처음 등장 ➡ 18세기 전국에 1,000여 개 개설

② 특징 : 지방민의 교역 장소로 5일장이 일반적, 일부 장시의 상설 시장화, 인근 장시와 연계하여 지역적 상권을 형성

③ 대표 장시 : 광주 송파장, 은진 강경장, 덕원 원산장 등이 유명

④ 보부상의 활동 : 생산자와 소비자 연결, 농촌의 장시를 하나의 유통망으로 연계 ➡ '보부상단' 조합 결성

(4) 포구에서의 상업 활동

① 특징 : 장시보다 규모가 큼

② 선상의 활동 : 경강 상인 ➡ 한강을 근거지로 서남 연해안을 오가며 미곡, 소금, 어물 거래

③ 여각과 객주 : 선상의 상품의 매매 중개, 운송 · 보관 · 숙박 · 금융 등 영업, 지방의 큰 장시에서도 활동

 의 시험 전에 🌶 맛봐야 하는

포구 상업의 발달

> 우리나라는 동, 서, 남의 3면이 모두 바다이므로, 배가 통하지 않는 곳이 없다. 배에 물건을 싣고 오가면서 장사하는 장사꾼은 반드시 강과 바다가 이어지는 곳에서 이득을 얻는다. …… 충청도 은진의 강경포는 육지와 바다 사이에 위치하여 바닷가 사람과 내륙 사람이 모두 여기에서 서로 물건을 교역한다.
>
> – 「택리지」, 이중환 –

포구는 일찍부터 물화를 운송하는 기지 역할을 하였는데, 특히 조선 후기 유통 경제가 발달하면서 새로운 상업 중심지가 되었다.

(5) 대외 무역의 발달

① 대외 무역의 유형

• 개시 무역 : 공인된 장소에서 이루어지는 공적 무역(중강 · 회령 · 왜관 개시 등)

• 후시 무역 : 사적으로 이루어지는 밀무역(책문 · 왜관 후시 등)

② 대청 무역(17세기 중엽 이후 활발)

수출품(은, 종이, 무명, 인삼 등) ⇆ 수입품(비단, 약재, 문방구 등)

③ 대일 무역(17세기 이후 활발)

수출품(쌀, 인삼, 무명 수출, 청에서 수입한 물품을 중계 무역) ⇆ 수입품(은, 구리, 황, 후추)

코알랄라의 시험에 나오는 자료

상평통보

조선 후기 직역별 인구 변동

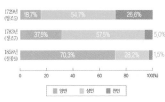

1729년(영조5)	18.7%	54.7%	26.6%
1783년(정조7)	37.5%	57.5%	5.0%
1858년(철종9)	70.3%	28.2%	1.5%

0 20 40 60 80 100(%)

■ 양반 ■ 상민 ■ 천민

조선 후기에는 하층민의 신분 상승으로 양반 수가 증가하고 상민과 노비의 수는 감소하였다.

공명첩

⑹ 화폐 유통의 발달

① 배경 : 상공업 발달, 세금과 소작료의 동전 납부 가능 ➡ 상평통보의 전국적 유통(18세기 후반)

② 전황 발생 : 재산 축적 기능만 강조되면서 나타난 현상 ➡ 물가가 내려가고, 화폐 가치는 올라감

③ 신용 화폐의 등장(환, 어음 등) : 상품 화폐 경제의 진전과 상업 자본의 성장을 보여줌

4. 조선 후기 사회 변동

⑴ 신분제의 동요

양반의 분화	• 배경 : 붕당 정치의 변질(일당 전제화) ➡ 권력에서 밀려난 양반은 향반·잔반으로 몰락
	• 특징 : 양반의 절대적 수 증가
	• 양반층의 분화
	  ┌ 권반 : 권력을 장악한 소수의 양반 가문
	  ├ 향반 : 정권에 밀려난 양반으로 낙향하여 지방 세력화된 양반
	  └ 잔반 : 양반 체통을 유지할 수 없고, 농업이나 상업에 종사하면서 생계 유지

중인의 신분 상승 운동	• 특징 : 신분 상승 운동 전개
	• 서얼
	  ┌ 서얼 허통 상소, 납속책 등 통해 관직 진출
	  └ 정조 때 규장각 검서관으로 등용(유득공, 이덕무, 박제가 등)
	• 중인
	  ┌ 축적한 재산과 실무 경력을 바탕으로 신분 상승 추구
	  ├ 철종 때(19c) 대규모 소청 운동 실패
	  └ 역관의 활약 : 외래문화 수용, 개화사상 형성에 기여

상민의 신분 상승	• 특징 : 신분 상승 기회 확대 ➡ 합법(납속, 공명첩), 불법(족보 매입·위조)
	• 농민층 분화
	  ┌ 일부 부농층 ➡ 양반으로 신분 상승
	  └ 대부분 농민층 ➡ 소작농, 품팔이꾼, 도시 임노동자 전락

노비의 해방	• 특징 : 노비의 절대적 수 감소 ➡ 군공·납속을 통해 신분 상승 시도, 잦은 도망
	• 노비 해방 : 양인 증가, 노비 감소
	  ┌ 노비종모법 실시(영조) : 노비 신분 상승 추세 촉진
	  └ 공노비 해방(순조) : 6만 6천여 명 해방

(2) 향촌 질서의 변화

① 양반의 향촌 지배력 약화
- 평민·천민 중 부농층 성장, 몰락 양반 등장 ➡ 양반 권위 하락
- 향전 발생 : 재지사족(구향) vs 관권과 결탁한 신흥 부농층(신향)의 대립

② 부농층의 정치 참여 확대
- 향안에 이름 등재 ➡ 향회 장악 시도
- 정부의 부세 제도 운영에 적극 참여, 향임직 진출

③ 양반의 대응 : 족보 제작, 청금록·향안 제작, 동족 마을 형성, 문중 중심으로 서원·사우 설립

④ 관권의 강화
- 수령 중심의 국가 권력 향촌 침투 확대
- 향회 기능 축소(세금 징수 관련 자문 기구화), 향리 역할 증대
- 농민 수탈 강화 : 세도 정치 시기에 수령과 향리의 자의적인 농민 수탈이 강화됨

5. 가족 제도와 혼인 제도의 변화

구분	조선 전기	조선 후기(17세기 이후)
가족 제도	• 부계와 모계 함께 영향	• 부계 위주, 동성 마을 형성 • 부계 위주의 족보 편찬 • 아들이 없는 경우 양자 입적 • 성리학적 윤리 강조 : 효와 정절 강조
혼인 제도	• 남자가 여자 집에서 생활	• 친영 제도 정착(남자 집에서 생활) • 부인과 첩 엄격히 구분, 서얼 차별 • 여성의 재가 금지
상속 제도	• 균등 상속 ➡ 대를 잇는 자식에게 1/5 추가 상속	• 장남 위주 상속
제사	• 형제가 돌아가면서 분담	• 장남이 주도
공통점	• 유교적 효와 정절 강조 : 과부의 재가 금지(성종 이후), 효자와 열녀 표창 • 일부 일처제의 원칙하에 첩을 허용 : 첩과 서얼에 대한 엄격한 차별	

김홍도의 신행도

신부가 혼례를 마치고 신랑의 집으로 곧바로 가는 풍습을 그린 것으로 친영 제도를 유행을 볼 수 있다.

01 기출문제

다음 주제의 역할극 대사로 적절하지 않은 것은?

> 주제 : 조선 후기 상인의 모습

① 만상
청 상인과 거래할 때는 인삼이 최고야.

② 내상
일본 상인이 온다니 미리 준비해야겠네.

③ 시전 상인
떠돌아다니며 물건을 파니 힘들군. 가게를 가진 상인은 참 좋겠네.

④ 객주
숙박업과 창고 운영을 함께하는 것이 좋겠어.

⑤ 공인
대동법 덕분에 돈을 많이 벌게 되었군.

01. ③

조선 후기에 활발한 활동을 한 사상들에 대해 알고 있는지를 묻는 문항이다.

③ 시전상인은 국가로부터 점포를 대여 받고, 점포세와 상세를 납부하였다.

① 만상은 17세기 말 이후 인삼을 중심으로 대청 무역활동을 한 의주 상인을 말한다.

② 내상은 동래상인들을 줄인 말이다. 내상은 동래의 왜관을 무대로 일본과 무역 활동을 한 상인을 말한다.

④ 객주는 상인의 물건을 위탁받아 팔아주거나 매매를 거간하며, 숙박업과 창고 운영도 함께한 중간 상인이다.

⑤ 공인은 조선 후기 대동법 실시 이후, 중앙관청에서 필요로 하는 물품을 사서 납부하던 어용상인이다.

02

다음 상황이 나타난 시기의 사회 모습으로 옳지 않은 것은?

> 근래 세상의 도리가 점점 썩어 가서 돈 있고 힘 있는 백성들이 군역을 피하고자 간사한 아전, 임장(호적을 담당하는 하급 임시직)과 한통속이 되어 뇌물을 쓰고 호적을 위조하여 유학이라고 거짓으로 올리고 면역하거나 다른 고을로 옮겨 가서 스스로 양반 행세를 한다. 호적이 밝지 못하고 명분의 문란함이 지금보다 심한 적이 없었다.
>
> – 「일성록」 –

① 신분 계층 구조에 변화가 일어났다.
② 사족 중심의 향촌 지배 질서가 무너졌다.
③ 족보 매입, 족보 위조가 공공연히 이루어졌다.
④ 부농층과 전통 사족이 결탁하여 관권이 약화되었다.
⑤ 일부 상민이 수령에게 뇌물을 바치고 향안에 이름을 올렸다.

02. ④

제시된 자료는 조선 후기에 신분 질서가 동요하여 상민이 양반으로 신분을 상승하였음을 보여 준다.

④ 이 시기 새로이 양반으로 성장한 부농층인 신향은 관권과 결탁하여 향촌 지배력을 확대하고자 하였다. 신향의 도전으로 향전이 발생하였으며, 이 과정에서 전통 사족인 구향의 힘은 약화되었다.

①, ②, ③, ⑤ 조선 후기에 나타난 모습이다.

03

다음 가상 뉴스에서 보도하고 있는 정책에 대한 설명으로 옳은 것은?

극심한 방납의 폐단을 막기 위해 공납의 수취 기준을 가호에서 토지로 바꾸기로 하였습니다.

백성 편에 선 세제 개편

① 토지 1결당 결작미 2두를 부과하였다.
② 1년에 2필씩 걷던 군포를 1필로 줄어주었다.
③ 줄어든 재정 수입을 결작과 잡세로 보충하였다.
④ 특산물을 쌀, 면포, 동전 등으로 납부하게 하였다.
⑤ 호포제를 실시하여 양반에게도 군포를 징수하였다.

04

밑줄 그은 ㉠에 해당하는 정책으로 옳은 것은?

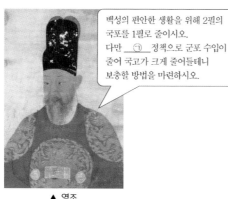

백성의 편안한 생활을 위해 2필의 군포를 1필로 줄이시오.
다만 ㉠ 정책으로 군포 수입이 줄어 국고가 크게 줄어들테니 보충할 방법을 마련하시오.

▲ 영조

① 원납전을 거두고 당백전을 발행하였다.
② 각 지방 군현의 촌락에 사창을 설치하였다.
③ 풍흉에 관계없이 1결당 미곡 4두를 수취하였다.
④ 특산물을 쌀, 면포, 동전 등으로 납부하게 하였다.
⑤ 일부 상류층에게 선무군관이라는 칭호를 주고 포를 징수하였다.

03.④

제시문은 대동법에 대한 설명이다. 대동법은 광해군 때 공납 제도의 문제점을 시정하기 위해 현물을 쌀로 납부하게 한 제도이다.
④ 대동법에 대한 설명이다.
① 균역법에 대한 설명이다.
② 균역법에 대한 설명이다.
③ 균역법에 대한 설명이다.
⑤ 호포제에 대하 설명이다.

04.⑤

영조는 균역법을 시행하여 종래의 군포 징수의 폐단을 없애고, 국민의 부담을 덜어 주고자 군포를 2필에서 1필로 줄이고, 재정상의 부족분은 어세·염세·선세 등으로 보충하였다.
⑤ 균역법에 대한 설명이다.
① 흥선 대원군이 경복궁 중건을 위한 재정 확충을 위해 시행하였다.
② 환곡의 폐단을 시정하기 위해 설치하였다.
③ 영정법에 대한 설명이다.
④ 대동법에 대한 설명이다.

05.③

제시문은 이앙법(모내기법)의 단점을 말하고 있다. 당시 조정에서는 가뭄의 피해 때문에 이앙법을 법령으로 금지하고 있었다.

③ 이앙법은 봄 가뭄 극복에 어려움이 많았다.

① 이앙법을 통해 많은 이익을 얻은 일부 농민은 부농층이 되었다.

② 이앙법의 단점을 극복하기 많은 저수지와 같은 수리 시설을 갖추었다.

④ 이앙법을 통해 노동력을 절감하게 되면서 이모작을 할 수 있게 되었다.

⑤ 이앙법은 잡초 제거에 필요한 노동력이 직파법보다 2배 가량 절감되었다.

05

다음 자료에 나타난 농업 기술의 확산이 끼친 영향으로 적절하지 <u>않은</u> 것은?

이 법이 한 번 유행되자 농사를 망치는 백성이 많이 생겨났습니다. 절기가 곡우 때가 되어서야 모판에 볍씨를 뿌리는데 이때 만약 가뭄이 들면 아무리 부지런한 농사꾼이더라도 매번 하늘의 구름만 쳐다보다가 시기를 놓친 다음에야 볍씨를 뿌리게 됩니다. 또 하지 때에 가서 다시 이 법을 할 수 있지만 하늘이 이때에 가뭄을 내리면 번번이 비가 적은 것을 걱정하는데, 한 번이라도 제 시기를 놓치기만 하면 농사를 망치고 맙니다.

– 「영조실록」 –

① 농민층이 분화되었다.
② 저수지가 증가하게 되었다.
③ 봄 가뭄 극복에 이점이 있었다.
④ 벼와 보리의 이모작이 가능해졌다.
⑤ 잡초 제거에 필요한 노동력이 절감되었다.

06.②

신윤복과 김홍도는 조선 후기를 대표하는 풍속 화가이다. 조선 후기의 경제 변화에 대해 묻고 있다.

② 사상들은 대외 무역 활동으로 막대한 부를 축적하였다.

① 조선 후기 상업의 발달로 상평통보는 전국적으로 통용되었다.

③ 조선 후기에는 도시 인구가 증가하고 상품 유통이 활발해지면서 상품 작물 재배가 확대되었다.

④ 조선 후기에는 개인에게 광산 채굴을 허용하고 세금을 받는 정책을 시행하여 광산 개발이 촉진되었다.

⑤ 조선 후기에는 수공업자들이 공인이나 사상에게 물품의 주문과 함께 자금과 원료를 미리 받아 제품을 생산하는 선대제 수공업이 성행하였다.

06

다음 그림이 그려진 시기의 경제 상황으로 옳지 <u>않은</u> 것은?

단오풍경(신윤복)

서당도(김홍도)

① 상평통보가 전국적으로 통용되었다.
② 송상, 만상 등의 무역 활동이 저조하였다.
③ 인삼, 담배 등이 상품 작물로 재배되었다.
④ 민간인에 의한 광산 개발이 활발하게 이루어졌다.
⑤ 자금과 원료를 미리 받는 선대제 수공업이 성행하였다.

07

다음 정책이 시행된 시기의 경제 상황으로 옳은 것은?

> 육의전을 제외한 시전 상인들의 특권을 폐지하고 백성들의 자유로운 상업 활동을 허락하는 신해통공을 시행하겠노라.

① 국가의 상공업 통제가 강화되었다.
② 사상들의 상업 활동이 활발해졌다.
③ 지방 장시가 처음 등장하게 되었다.
④ 벽란도가 국제 무역의 중심 역할을 하였다.
⑤ 부역제에 기반을 둔 관영 수공업이 성행하였다.

07. ②

신해통공 실시의 결과에 대해 묻고 있다. 신해통공은 정조가 육의전을 제외한 다른 시전들의 금난전권을 폐지하고 상인들의 자유로운 상업 활동을 인정한 조치이다.
② 신해통공으로 육의전 이외의 모든 시전이 갖고 있던 금난전권이 폐지되어 사상들이 성장할 수 있게 되었다.
① 조선 후기에는 국가의 상공업 통제는 초기보다 약화되었다.
③ 지방 장시는 신해통공 시행 이전부터 있었다.
④ 고려 시대에 벽란도는 국제 무역항이었다.
⑤ 조선 후기에는 민영 수공업이 성행하였다.

08

(가)에 들어갈 내용으로 옳지 <u>않은</u> 것은?

이 그림은 조선 후기 풍속 화가인 김근수가 당시의 혼인 풍습을 그린 것이다. 그림이 그려진 조선 후기에는 일반적으로 _____ (가)

① 부계 위주의 족보가 편찬되었다.
② 재가한 여성의 자식은 벼슬에 나아갈 수 없었다.
③ 아들이 없는 경우 양자를 들이는 것이 일반화되었다.
④ 제사는 형제가 돌아가면서 지내거나 책임을 분담하였다.
⑤ 혼인 후에 곧바로 남자 집에서 생활하는 경우가 보편화되었다.

08. ④

조선 후기에 유교적 가족 윤리가 확립이 되면서 여성은 억압받기 시작하면서 사회적 지위가 낮아졌다.
④ 여성의 사회적 지위가 비교적 높았던 고려 시대와, 유교적 가족 윤리가 확고히 확립되지 않았던 조선 초기에 볼 수 있는 모습들이다.
①, ②, ③, ⑤ 조선 후기에 여성의 사회적 지위가 낮아지면서 나타난 모습들이다.

15 조선 후기의 문화

핵심개념 한상 차리기

1. 학문의 새 경향

코알랄라의
시험에 나오는 자료

(1) 새로운 학문 경향의 대두

① 배경 : 양난 이후 성리학적 질서 강화 ➡ 사회·경제적 변화 외면, 현실 문제 해결력 상실, 사상의 경직화

② 성리학의 재해석

성리학의 절대화		성리학의 상대화
• 인조반정 이후 서인 집권 ➡ 의리 명분론 강화, 주자 중심의 성리학 절대화 • 대표 인물 : 송시열(노론)	서인(노론)의 공격 ➡	• 17~18세기에 새로운 성리학 연구 • 대표 인물 : 윤휴·박세당 • 6경과 제자백가의 이론 폭넓게 수용 • 주자의 학문, 유교 경전 재해석

③ 양명학의 도입

• 전래 : 임진왜란 이후 일부 소개 ➡ 18세기 초 정제두가 본격적으로 연구
• 정제두 : 「존언」, 「만물일체설」 등을 저술 ➡ 양명학을 체계화하여 강화학파 형성
• 계승 : 정권에 소외된 소론, 정제두의 후손들을 중심으로 계승
• 내용 : 성리학의 비현실성 비판, 지행합일설(실천 강조)

(2) 실학의 발달

① 배경 : 성리학의 절대화 비판 및 경전에 대한 스스로의 해석 노력, 사회 개혁의 필요성 대두, 청의 고증학과 서양의 과학 기술 수용

② 중농학파(경세치용 학파) : 경기 남인 출신, 토지 제도 개혁을 통한 자영농 육성 주장

학자	개혁 사상
유형원	• 저서 : 「반계수록」 • 균전론 : 신분(관리, 선비, 농민)에 따라 토지의 차등 분배 주장
이익	• 저서 : 「성호사설」 • 유형원 계승 발전 ➡ 성호(이익)학파 형성(정약용, 안정복 등) • 한전론 : 생계 유지에 필요한 토지를 영업전으로 정하여 매매를 금하고 나머지 토지만 매매를 허용 • 국가를 좀 먹는 6가지 폐단 지적 : 양반 문벌 제도, 노비 제도, 과거 제도, 사치와 미신 숭배, 승려, 게으름
정약용	• 저서 : 「경세유표」, 「목민심서」, 「흠흠신서」 등 • 여전론 : 한 마을을 단위로 토지를 공동 소유·경작하여, 노동량에 따라 그 수확량 분배(공동 농장 제도) ➡ 정전론으로 발전 • 실학을 집대성, 과학 기술과 상공업에 관심(거중기 제작)

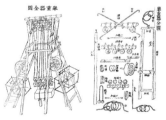

거중기와 분해도

좌측은 「화성성역의궤」에 나오는 거중기의 전도이며, 우측은 분해도이다.

③ **중상학파**(이용후생 학파, 북학파) : 경기 노론 출신, 청의 선진 문물 수용 및 상공업의 진흥 주장

학자	개혁 사상
유수원	• 저서 : 「우서」 • 사농공상의 직업적 평등화와 전문화 주장
홍대용	• 저서 : 「임하경륜」, 「의산문답」 • 중국 중심의 세계관 비판 ➡ 지전설 주장 • 성리학의 극복, 기술 혁신, 문벌 철폐 주장
박지원	• 저서 : 「열하일기」, 「연암집」, 「양반전」, 「허생전」 등 • 수레와 선박의 이용 강조, 화폐 유통의 확대 주장 • 양반의 위선과 무능 비판
박제가	• 저서 : 「북학의」 • 청나라 문물의 적극적 수용 주장 ➡ 청과의 통상 강화 • 수레와 선박의 이용 강조 • 생산력을 높이고자 소비를 권장(우물에 비유)

의 시험 전에 꼭 맛봐야 하는

유형원의 균전론

> 토지 경영이 바로잡히면 모든 일이 제대로 될 것이다. 백성은 일정한 직업을 갖게 되고, 군사 행정에는 도피자를 찾는 폐단이 없어지며, 귀천상하가 모두 자기 직책을 갖게 될 것이므로 민심이 안정되고 풍속이 도타워질 것이다. …… 농부 한 사람이 토지 1경을 받아 법에 따라 조세를 낸다. 4경마다 군인 1인을 낸다. 사대부로서 처음 학교에 입학한 자는 2경을 받는다. 내사에 들어간 사람은 4경을 받고 병역 의무를 면제한다. …… 토지를 받은 자가 죽으면 반납한다.
>
> - 「반계수록」 -

유형원은 자영농을 육성하기 위해 균전제를 주장하였다. 그러나 관리, 선비, 농민의 신분에 따라 토지의 차등 분배를 주장하였다.

이익의 한전론

> 국가는 마땅히 한 집의 생활에 맞추어 재산을 계산해서 토지 몇 부를 한 집의 영업전으로 하여 당나라의 제도처럼 한다. 땅이 많은 자는 빼앗아 줄이지 않고 모자라는 자도 더 주지 않는다. 돈이 있어 사고자 하는 자는 비록 1,000결이라도 허락해준다. ……오직 영업전 몇 부 안에서 사고파는 것만을 철저히 살핀다.
>
> - 「곽우록」 -

이익은 한 집의 토지 면적을 제한하여 일정한 크기의 영업전 이외의 농토에 한해서만 자유로이 매매를 하자고 주장하였다.

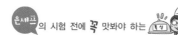

정약용의 여전론

> 이제 농사를 짓는 사람에게는 토지를 갖게 하고, 농사짓지 않는 사람에게는 토지를 갖지 못하게 하려면 여전제를 실시해야 한다. …… 1여(閭)에는 여장을 두며, 무릇 1여의 토지는 여민이 공동으로 경작하도록 하고, 내 땅 네 땅의 구별을 없게 하며, 오직 여장의 명령에만 따른다. 여민들이 농경하는 경우 여장은 매일 개개인의 노동량을 장부에 기록해 두었다가 가을이 되면 오곡의 수확물을 모두 여장의 집에 가져온 다음 분배한다. 이때 국가에 바치는 세를 먼저 제하고, 다음에는 여장의 봉급을 제하며, 그 나머지를 가지고 노동량에 따라 여민에게 분배한다.
>
> – 「여유당전서」 –

정약용은 한 마을을 단위로 하여 토지를 공동으로 소유하고 경작하여 수확량을 노동량에 따라 분배하는 일종의 공동 농장제도를 주장하였다.

박제가의 소비관(재물론)

> 재물은 대체로 샘과 같다. 퍼내면 차고, 버려두면 말라 버린다. 그러므로 비단옷을 입지 않아서 나라에 비단 짜는 사람이 없게 되면 여공이 쇠퇴하고, 쭈그러진 그릇을 싫어하지 않고 기교를 숭상하지 않아서 공장(工匠 : 수공업자)이 도야(陶冶 : 기술을 익힘.)하는 일이 없게 되면 기예가 망하게 되며, 농사가 황폐해져서 그 법을 잃게 되므로 …… 사농공상의 사민이 모두 곤궁하여 서로 구제할 수 없게 된다.
>
> – 「북학의」 –

박제가는 적절한 소비를 통해 생산 활동을 자극해 생산력을 증대시킬 수 있다고 보았기 때문에 소비를 강조하였다.

(3) 국학 연구의 발달

① 역사 연구

학자	저서	내용	
안정복	동사강목	• 중국 중심의 역사관 탈피, 고증 사학의 토대 마련	
한치윤	해동역사	• 다양한 외국 자료를 인용하여 민족사 인식 확대	
이긍익	연려실기술	• 객관적인 서술로 조선 시대의 정치와 문화를 정리	
김정희	금석과안록	• 북한산비가 진흥왕 순수비임을 밝힘	
이종휘	동사	• 고구려와 발해 연구	고대사 연구 시야를 만주와 연해주로 확대
유득공	발해고	• 발해를 우리 역사로의 체계화 강조	

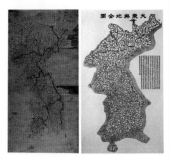
② 지도

학자	저서	내용
김정호	대동여지도	• 산맥, 하천, 포구, 도로망 표시가 정밀하게 표시 • 대량 인쇄가 가능한 전체 22첩의 목판본으로 제작 • 도로망에 10리마다 눈금을 표시하여 거리를 쉽게 앎 • 병풍처럼 접고 펼 수 있는 분첩 절첩식 지도로 제작
정상기	동국지도	• 최초로 100리척 사용(축척 사용)

③ 지리서

학자	저서	내용
이중환	택리지	• 인문 지리서, 각 지역의 환경과 물산, 풍속, 인심 등 서술
한백겸	동국지리지	• 고대 지명을 새롭게 고증한 역사 지리서
정약용	아방강역고	• 고대사의 강역을 새롭게 고증

④ 기타
- 국어 연구 : 신경준의 「훈민정음운해」, 유희의 「언문지」, 최석정의 「경제정운」 등
- 백과사전류 : 이수광의 「지봉유설」(백과사전 류의 효시), 임유구의 「임원경제지」(자급자족의 경제론을 편 실학적 농촌경제 정책서), 정약전의 「자산어보」(우리나라 최초의 해양 생물학서) 등

2. 과학 기술의 발달

(1) 서양 문물의 수용
① 전래 : 17세기경 중국에 간 사신들이 서양 선교사를 통해 수용 ➡ 세계 지도(곤여만국전도), 화포, 천리경, 자명종, 서학(천주교) 전래
② 외국인의 표류
- 벨테브레이 : 인조 때 제주도에 표류 귀화, 박연이라는 이름 가짐 ➡ 서양식 대포의 제조법과 조종법 전수
- 하멜 : 제주도에 표류, 「하멜 표류기」 저술 ➡ 조선의 사정을 서양에 전함

(2) 과학 기술
① 천문학 : 김석문의 지전설(최초)과 홍대용의 지전설·무한 우주론 주장 ➡ 중국 중심 세계관 탈피, 성리학적 세계관을 비판하는 근거
② 지도 : 곤여만국전도 전래 ➡ 세계관 확대(중국 중심의 세계관 탈피)
③ 역법 : 김육 등의 노력으로 청의 시헌력 도입

 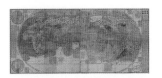

(3) 의학

학자	저서	내용
허준	동의보감	• 조선 최대의 의학서 • '동양 의학 천년 역사의 정수'라고 평가 받음 • 선조의 명으로 편찬이 시작되어 광해군 때 완성 • 한국과 중국의 서적 500여 권을 참조하여 편찬 • 각 병증에 대한 고금의 처방을 일목요연하게 정리 • 세계 최초의 공중 보건 안내서로 높이 평가되어 유네스코 세계기록유산으로 지정
허임	침구경험방	• 침구술 집대성, 침구에 관한 전문 의서
정약용	마과회통	• 마진(홍역)에 대한 연구 진전
이제마	동의수세보원	• 사람의 체질을 연구하여 사상 의학을 확립 • 질병 치료에 있어 사람 체질을 4개로 구분(소음인, 소양인, 태양인, 태음인) ➡ 한의학 전통을 벗어난 획기적인 것

(4) 농서

① 이앙법 보급에 공헌 : 신속의 「농가집성」

② 상업적 농업의 발달에 기여 : 박세당의 「색경」(채소, 과수, 화초의 재배법 등 소개), 홍만선의 「산림경제」(농업과 일상생활에 관한 광범위한 사항을 기술), 박지원의 「과농소초」(농업 기술과 정책 논함), 서호수의 「해동농서」 등

3. 문화의 예술의 새 경향

(1) 서민 문화의 발달

① 배경 : 경제력 향상, 서당 교육의 보급 ➡ 서민 의식의 확대

② 특징 : 인간 감정을 솔직하게 표현, 양반의 비리와 위선 고발, 사회 모순 풍자, 중인층(역관, 서리)과 서민층이 주도

③ 문학

한글 소설	• 사회 현실 비판, 평등 의식 향상에 기여 예 홍길동전, 춘향전, 사씨남정기, 구운몽, 토끼전 등
사설 시조	• 일정한 형식에 구애받지 않음 • 감정을 꾸밈없이 표현 ➡ 남녀 간의 사랑, 현실 비판 등
한문학	• 양반층 중심, 사회 비판과 풍자의 경향이 두드러짐 • 박지원 : 양반전, 허생전, 호질 등의 소설로 양반 허구성 폭로 • 정약용 : 애절양 등 한시로 탐관오리와 부패한 사회 모습 고발
시사 조직	• 중인과 서민층의 창작 문학 활동

🐨 동의보감

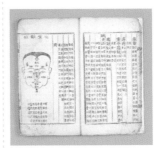

④ 공연 예술

판소리	• 하층민과 양반 모두에게 호응 예 춘향가, 심청가, 흥부가, 적벽가, 수궁가 등
가면극	• 양반 사회의 허구와 위선 풍자 예 봉산 탈춤, 안동 화회 탈춤, 양주 산대놀이 등

⑤ 그림

풍속화	• 김홍도 : 서당, 씨름, 추수 등 서민의 일상생활 모습을 표현 • 신윤복 : 양반들의 풍류, 남녀 간의 애정 표현 등을 해학적 묘사

▲ 김홍도의 서당도

▲ 김홍도의 무동도

▲ 김홍도의 씨름도

▲ 신윤복의 미인도

▲ 신윤복의 단오풍경

▲ 신윤복의 월하정인

민화	• 가장 일상적이고 넓은 저변, 생활 문화를 가진 그림 • 나무나 동물 등을 소재 ➡ 부유한 중인 · 상민들이 집안 장식, 민중의 소원 기원

(2) 예술의 새 경향

① 그림

진경산수화	• 우리 자연의 사실적 반영 및 표현 예 정선의 인왕제색도, 정선의 금강전도
기타	• 강세황의 영통골 입구도 ➡ 서양화 기법 반영 • 김정희의 세한도 ➡ 문인화, 지조 있는 선비의 정신 표현

▲ 정선의 인왕제색도

▲ 정선의 금강전도

▲ 강세황의 영통골 입구도

▲ 김정희의 세한도

② 글씨
- 18c : 이광사의 동국진체 완성 ➡ 우리 정서와 개성 추구, 단아함
- 19c : 김정희의 추사체 ➡ 굳센 기운과 다양한 조형감

③ 청화 백자 : 조선 후기에 널리 유행 및 보급
- 순도 높은 백자에 청색의 코발트 안료로 무늬를 넣고, 투명 유약을 입힘
- 흰 바탕에 푸른 빛깔로 그림을 넣음
- 문방구, 일상 생활 용품 등 다양한 용도로 제작
- 조선 후기 산업 부흥에 따라 민간에까지 널리 사용

김정희의 추사체

④ 건축

특징	• 양반, 부농, 상공업 계층 지원 아래 큰 사원 건립 • 정치적 필요에 의해 대규모 건축물 건립

17c	• 불교의 사회적 지위 향상과 양반 지주층의 경제적 성장으로 규모가 큰 다층 건물이 건축됨
	• 김제 금산사 미륵전, 구례 화엄사 각황전
	• 보은 법주사 팔상전 : 국보 제55호
	    [현존하는 우리나라 유일의 조선 시대 5층 목탑
	      석가모니의 생애를 여덟 장면으로 표현한 팔상도가 그려져 있음

18c	• 부농층의 성장으로 장식성이 강한 사원 건축 • 논산 쌍계사, 평양 대동문, 부안 개암사, 수원 화성
19c	• 재건한 경복궁의 근정전 · 경회루 등

▲ 법주사 팔상전

▲ 금산사 미륵전

▲ 화엄사 각황전

▲ 수원 화성

▲ 경복궁 근정전

▲ 경복궁 경회루

달콤샵샤 디저트

01 기출문제

25회 28번

교사의 질문에 대한 학생의 답변으로 옳지 <u>않은</u> 것은?

> 이 작품은 당시 사람들에게 큰 인기를 끌었던 판소리 공연 장면을 그린 것입니다. 판소리가 유행했던 시기의 문화에 대해 말해볼까요?

① 사설시조가 널리 유행하였습니다.
② 양반 사회를 풍자한 탈춤이 성행하였습니다.
③ 동동, 한림별곡 등의 노래가 유행하였습니다.
④ 한글 소설이 서민들 사이에 널리 읽혔습니다.
⑤ 민중의 정서가 반영된 민화가 성행하였습니다.

02

다음 지도에 대한 설명으로 옳은 것은?

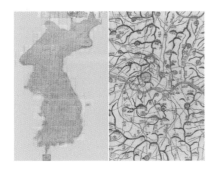

① 22첩의 목판본으로 제작되었다.
② 최초로 100리 척을 사용하여 제작되었다.
③ 유네스코 세계 기록 유산으로 등재되었다.
④ 현존하는 우리나라에서 가장 오래된 세계 지도이다.
⑤ 각 지방의 산천, 인물, 풍속 등이 자세히 나타나 있다.

01. ③

판소리는 조선 후기에 유행하였다. 조선 후기에 나타난 새로운 문화 경향에 대해 묻고 있다.
③ 동동은 고려가요, 한림별곡은 고려의 경기체가이다.
①, ②, ④, ⑤ 조선 후기에 유행하였다.

02. ①

제시된 지도는 대동여지도이다.
① 대동여지도는 대량 인쇄가 가능한 목판으로 제작되었다.
② 동국지도에 대한 설명이다.
③ 대동여지도는 유네스코 세계 기록 유산에 등재되지 않았다.
④ 혼일강리역대국지도에 대한 설명이다.
⑤ 택리지에 대한 설명이다. 각 지방의 산천, 인물, 풍속 등이 자세히 나타나 있다.

03.③

제시문은 정약용에 대한 설명이다.
③ 정약용은 한강에 배다리를 설계·가설하고, 수원성 축조에 거중기를 이용하여 비용을 절감하였다.
① 김정희의 독특한 서체이다.
② 박지원의 열하일기에 대한 설명이다.
④ 정제두는 양명학을 연구 발전시켜 체계화하였다.
⑤ 박제가가 주장하였다.

04.②

박지원은 양반전을 지어 양반의 무능과 허례를 비판하였다.
② 박지원은 중상학파로 수레와 선박의 이용을 강조하였다.
① 홍대용이 저술하였다.
③ 정약용이 주장하였다.
④ 이제마에 대한 설명이다.
⑤ 유형원에 대한 설명이다.

03

㈎에 들어갈 인물에 대한 설명으로 옳은 것은?

① 추사체를 창안하였다.
② 청에 다녀와 기행문을 남겼다.
③ 거중기와 배다리를 설계하였다.
④ 강화 학파로서 양명학을 체계화시켰다.
⑤ 소비를 권장하여 생산을 늘려야 한다고 주장하였다.

04

다음 글을 쓴 인물에 대한 설명으로 옳은 것은?

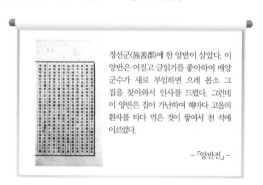

① 의산문답을 저술하였다.
② 수레와 선박의 이용을 강조하였다.
③ 토지 제도 개혁의 방안으로 여전론으로 내세웠다.
④ 사람의 체질을 연구하여 사상 의학을 확립하였다.
⑤ 사·농·공·상의 직업적 평등화와 전문화를 주장하였다.

05

밑줄 그은 '이 책'에 대한 설명으로 옳은 것을 〈보기〉에서 고른 것은?

이 책은 원래 1596년 선조의 명을 받아 편찬하기 시작하여 정유재란으로 일시 중단되었다가 그 뒤 선조가 다시 명하여 계속 편찬하다 1610년 광해군 대에 완성되었다. 한국과 중국의 책 약 500권을 참조한 조선 최고의 의학 서적이다.

──── 〈보기〉 ────
㉠ 허준의 주도로 편찬되었다.
㉡ 홍역의 치료에 관하여 정리하였다.
㉢ 유네스코 세계 기록 유산으로 지정되었다.
㉣ 사상의학에 관한 이론과 치료법들을 정리하였다.

① ㉠, ㉡   ② ㉠, ㉢
③ ㉡, ㉢   ④ ㉡, ㉣
⑤ ㉢, ㉣

05.②

제시문은 동의보감에 대한 설명이다.
㉠ 동의보감은 허준의 주도로 편찬되었다.
㉢ 동의보감은 유네스코 세계 기록 유산으로 지정되었다.
㉡ 정약용이 저술한 마과회통에 대한 설명이다.
㉣ 이제마가 저술한 동의수세보원에 대한 설명이다.

06

(가), (나) 그림과 관련된 설명으로 옳은 것을 〈보기〉에서 고른 것은?

(가) 몽유도원도

(나) 금강전도

──── 〈보기〉 ────
㉠ (가)는 (나)보다 제작된 시기가 늦다.
㉡ (가)는 안평대군이 꿈에서 본 광경을 안견이 그렸다.
㉢ (나)는 우리 자연을 사실적으로 그렸다.
㉣ (나)와 같은 화풍은 김홍도에 의해 개척되었다.

① ㉠, ㉡   ② ㉠, ㉢
③ ㉡, ㉢   ④ ㉡, ㉣
⑤ ㉢, ㉣

06.③

(가)는 조선 전기 안견이 그린 몽유도원도, (나)는 조선 후기 정선이 그린 금강전도 이다.
㉡ 안평대군의 꿈에서 본 광경을 듣고, 3일 만에 안견이 완성하였다.
㉢ 금강전도는 진경산수화로 우리 자연을 사실적으로 표현하였다.
㉠ (나)가 (가)보다 후대에 그려졌다.
㉣ 진경산수화는 정선에 의해 개척되었다.

07.①

조선 후기에 그려진 작품을 찾는 문제이다.

㉠ 조선 후기 풍속화가인 신윤복의 미인도이다.

㉡ 민화는 조선 후기 서민들 사이에서 유행한 실용적인 그림이다.

㉢ 조선 전기의 화가 강희안이 그린 산수인물화이다.

㉣ 조선 전기의 화가 안견이 그린 산수화이다.

07

밑줄 그은 '이 시기'에 제작된 작품으로 옳은 것을 〈보기〉에서 고른 것은?

<u>이 시기</u>에는 사회경제적인 측면에서 새로운 변화가 나타난다. 농민층의 성장과 경제 발전으로 신분 질서가 무너지면서 서민들의 의식이 성장하게 되었다. 따라서 양반이 아닌 평민들이 주인공이 되어 그들의 일상생활을 다루는 서민 문화가 발달하기 시작하였다.

〈보기〉

① ㉠, ㉡   ② ㉠, ㉢   ③ ㉡, ㉢
④ ㉡, ㉣   ⑤ ㉢, ㉣

08.②

제시된 책을 저술한 실학자들은 중농학파로 토지 제도 개혁을 통한 자영농의 육성을 주장하였다.

② 중농학파가 강조한 내용이다.

① 실학자들이 신분 제도 폐지를 주장하지는 않았다.

③ 중상학파가 강조한 내용이다.

④ 중상학파가 강조한 내용이다.

⑤ 중상학파가 강조한 내용이다.

08

다음 책을 저술한 사람들의 공통된 주장으로 옳은 것은?

▲ 반계수록   ▲ 성호사설   ▲ 경세유표

① 신분 제도 폐지   ② 토지 제도 개혁
③ 화폐 사용 장려   ④ 청의 선진 문물 수용
⑤ 수레와 선박 이용 장려

09

다음 자료와 같은 모습이 나타난 시기의 그림으로 적절한 것은?

서울과 대도시 주변의 파, 마늘, 배추, 오이 밭에서는 적은 땅으로도 수백 냥의 수입을 올린다. 서북 지방의 담배, 관북 지방의 삼, 한산의 모시, 전주의 생강, 강진의 고구마 밭은 쌀농사가 가장 잘 되었을 때보다 이익이 열 배나 된다.

－「경세유표」－

① 　② 　③

④ 　⑤

09.④

제시문은 조선 후기에 볼 수 있는 모습이다.
④ 조선 후기에 우리 자연을 사실적으로 반영하고 표현하는 진경산수화가 등장하였다.
①, ②, ③, ⑤ 조선 초기의 회화이다.

IV

국제 질서의 변동과 근대 국가 수립 운동

16 제국주의 열강의 침략과 조선의 대응

은쌤의 은밀한 **시험포인트**

무료강의

오늘은 자주 출제되는 흥선 대원군의 국내 정치를 맛보는 거야?

중요한 만큼 흥선 대원군이 실시한 왕권 강화 정책과 민생 안정 정책을

하나도 놓치지 말고 꼼꼼하게 먹어야 해

왕권 강화 정식

1. 세도 가문 축출
2. 비변사 축소
3. 법전 정비
4. 경복궁 중건 '빈출'

민생 안정 정식

1. 양전 사업
2. 호포법 '빈출'
3. 사창제 '빈출'
4. 서원 철폐 '빈출'

MENU

맙소사, 은세프 흥선 대원군 국외 정치도 맛을 봐야 해요?

이것도 자주 출제가 됩니다. 큰 사건을 중심으로 시간 순으로 흐름을 파악하고, 병인양요와 신미양요는 배경—전개 과정—결과까지 완벽하게 맛을 봐주세요.

배부른데

통상 수교 거부 정식
(순서대로 드세요)

1. 병인양요(1866) '빈출'
2. 오페르트 도굴 사건 (1868)
3. 신미양요(1871) '빈출'
4. 척화비 건립(1871)

핵심개념 한상 차리기

1. 흥선 대원군 국내 정치

(1) 흥선 대원군 집권 무렵의 국내외 정세

국내	• 세도 정치의 폐단 ➡ 왕권 약화, 삼정의 문란(민란 발생) • 동학과 천주교의 확산
국외	• 서양에 대한 위기의식 고조 ┌ 러시아의 남하 ➡ 연해주 차지 └ 이양선 출몰, 일본과 중국의 개항

(2) 흥선 대원군의 내정 개혁

배경	• 세도 정치 폐단, 왕권 약화 • 고종 즉위 ➡ 흥선 대원군의 섭정
왕권 강화 정책	• 안동 김씨 세력 축출, 문벌에 가리지 않고 인재 등용 • 정치 기구 개편 : 비변사 축소(사실상 폐지) ➡ 의정부와 삼군부 기능 강화(정치·군사 업무 분리) • 법전 정비 : 「대전회통」, 「육전조례」 등 편찬 • 경복궁 중건 : 왕실의 권위 회복 ┌ 경비 마련 : 원납전 징수, 당백전 남발(물가 급등) ├ 양반 묘지림 벌목, 통행세 징수, 백성들 부역 동원 └ 결과 : 양반과 농민들 모두 반감 고조
서원 철폐	• 배경 : 붕당의 근거지, 국가 재정 부담, 민생 피폐 • 전국에 47개소의 서원을 제외한 600여 개는 철폐(만동묘 포함) ➡ 서원의 토지와 노비 몰수 • 결과 : 왕권 강화, 민생 안정, 국가 재정 확보

의 시험 전에 꼭 맛봐야 하는

경복궁 중건을 위한 원납전 징수

> • 경복궁을 지을 비용과 백성들의 노역에 대한 절차를 의논하는데, 백성의 노역 문제는 신중을 기하고 안으로는 재상 이하, 밖으로는 수령 이하가 역량에 따라 보조하며, 선비와 서민층은 서울과 지방을 막론하고 자진 납부하는 자는 상을 주기로 하고 이를 8도에 알리게 하였다. 이미 지금까지 원납이 10만이 되었다.
> ―「승정원일기」―
>
> • 남문을 열고 파루를 치니 계명산천이 밝아 온다
>   을축 사월 갑자일에 경복궁을 이룩하세
>   …… 우리나라 좋은 나무는 경복궁 중건에 다 들어간다
> ― '경복궁타령' ―

흥선 대원군의 경복궁의 무리한 중건 과정 때문에 양반층과 백성 모두에게 반감을 샀다.

 의 시험 전에 꼭 맛봐야 하는

서원 철폐

> "진실로 백성에게 해가 되는 것이 있으면 비록 공자가 다시 살아난다 해도 용서하지 않겠다. 지금 서원은 도둑의 소굴이 되어버렸으니 말할 것도 없다."

흥선 대원군은 서원 철폐령이 내려지자 각지의 유생들이 격렬하게 반대 운동을 전개하자 위의 제시문과 같이 호통을 치며 유생들을 해산시켰다.

---

(3) 흥선 대원군의 수취 체제 개혁 : 삼정의 문란 시정

배경	• 삼정의 문란, 민생 피폐
목적	• 국가 재정 확보, 민생 안정
민생 안정 정책	• 전정 : 양전 사업 실시, 토지 겸병 금지 • 군포 : 호포제 실시 ➡ 양반에게도 군포 부과 • 환곡 : 사창제 시행 ➡ 지방관과 토호의 중간 수탈 방지

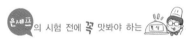 의 시험 전에 꼭 맛봐야 하는

호포제 실시

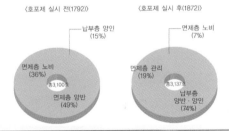

〈호포제 실시 전(1792)〉 〈호포제 실시 후(1872)〉

> 대원군은 동포(洞布)라는 법을 제정하였다. 가령 한 동리에 200호가 있으면 매 호에 더부살이 오가 약간씩 있는 것을 정밀하게 밝혀내어 계산하고, 군포를 부과하여 고르게 징수하였다. 이 때문에 예전에는 면제되던 자라도 군포를 바치지 않을 수 없게 되었다.
>
> －「근세조선정감」, 박제형－

호포제 시행으로 과세 기준을 사람에서 호로 바꾸고 군포를 면제받던 양반도 군포를 내게 되었다.

---

(4) 흥선 대원군의 국내 개혁 정치의 의의
① 의의 : 국가 기강 정립, 민생 안정에 이바지
② 한계 : 조선 왕조 체제 내에서 전제 왕권 강화 목표

2. 흥선 대원군의 통상 수교 거부 정책과 양요(국외 정책)

(1) 병인박해(1866.1.)

배경 및 전개	• 러시아 견제를 위해 프랑스 선교사와 교섭을 하지만 실패 ➡ 국내에서 천주교 금지 주장 고조 ➡ 천주교도 탄압(프랑스 선교사 9명, 8천여 명 신자 처형)
결과	• 병인양요의 구실이 됨

(2) 제너럴셔먼호 사건(1866.7.)

배경 및 전개	• 미국 상선 제너럴셔먼호가 대동강에서 통상을 요구하다가 평양 주민과 충돌 ➡ 평양 감사 박규수의 지휘 아래 관민이 배를 불태워 침몰
결과	• 4년 후 신미양요의 구실이 됨

(3) 병인양요(1866.9.)

배경	• 병인박해(프랑스 선교사 처형 구실)
전개 과정	• 프랑스 함대의 강화도 점령 ➡ 문수산성(한성근), 정족산성(양헌수)의 항전 ➡ 40여 일 만에 프랑스 군의 퇴각 및 철수
결과	• 외규장각 의궤를 비롯한 각종 문화재와 보물을 약탈당함

(4) 오페르트 도굴 사건(1868.5.)

배경 및 전개	• 독일인 오페르트의 통상 요구를 2번 거절 ➡ 남연군 묘의 유골을 빌미로 통상을 요구하고자 함 ➡ 도굴하려다 미수에 그침
결과	• 서양에 대한 배척과 흥선 대원군의 통상 수교 정책 강화

(5) 신미양요(1871.4.)

배경	• 제너럴셔먼호 사건에 대한 미국의 배상금 지불과 개항 요구
전개 과정	• 미국의 요구 거부 ➡ 미국의 강화도 침입 ➡ 초지진, 덕진진 점령 ➡ 어재연의 항전(광성보 전투) ➡ 미군 퇴각
결과	• 척화비 건립

(6) 척화비 건립(1871)

의미	• 흥선 대원군의 통상 수교 거부 의지를 전국에 알림
내용	• "서양 오랑캐가 침범하였을 때 싸우지 않음은 곧 화의하자는 것이요, 화의를 주장함은 나라를 파는 것이다."(洋夷侵犯 非戰則和 主和賣國)

(7) 의의와 한계
① 의의 : 서양 열강의 침략을 일시 방어
② 한계 : 근대화 지연, 세계 정세의 흐름을 따라잡지 못함 ➡ 외세 침탈 가속화

🐨 병인양요와 신미양요의 전개

🐨 어재연의 장군 깃발

신미양요 때 미군은 광성보 전투에서 깃발 한가운데 장수를 뜻하는 帥(수)자가 적혀 있는 어재연 장군의 깃발을 전리품으로 가져갔다.

🐨 척화비

01. ④

제시문에서 설명하고 있는 것은 신미양요이다.

④ 신미양요의 배경이다.
① 강화도 조약 체결의 계기이다.
② 병인양요의 결과이다.
③ 병인양요의 내용이다.
⑤ 병인박해는 병인양요의 배경이다.

01 🐨 기출 문제

24회 중급 29번

밑줄 그은 ㉠에 대한 설명으로 옳은 것은?

> 이 수자기(帥字旗)는 어재연 장군이 이끄는 ㉠ 조선군이 미군과 전투하는 과정에서 빼앗긴 유물입니다. 미국에서 보관되어 있다가 2007년에 우리나라에 돌아왔습니다.

① 운요호의 초지진 공격으로 시작되었다.
② 외규장각의 의궤가 국외로 약탈되었다.
③ 양헌수 부대가 정족산성에서 활약하였다.
④ 제너럴셔먼호 사건이 빌미가 되어 일어났다.
⑤ 조선 정부가 병인박해를 일으키는 계기가 되었다.

02. ①

제시문에서 설명하고 있는 인물은 흥선 대원군이다. 흥선 대원군은 전국의 서원 600여 개를 정리하여 47개만 남겼다.

① 흥선 대원군은 양전 사업은 실시하였지만 지계는 발급하지 않았다. 고종의 광무개혁 때 지계를 발급하였다.
②, ③, ④, ⑤ 흥선 대원군의 업적이다.

02

(가)인물이 시행한 정책으로 옳지 <u>않은</u> 것은?

> [(가)]이/가 말하기를, "진실로 백성에게 해가 되는 것이 있으면 비록 공자가 다시 살아난다 해도 용서하지 않겠다. 지금 서원은 도둑의 소굴이 되어버렸으니 말할 것도 없다."라고 말하였다.

① 양전 사업을 실시하고 지계를 발급하였다.
② 왕실의 권위를 세우기 위해 경복궁을 중건하였다.
③ 환곡의 폐단을 없애기 위해 사창제를 실시하였다.
④ 양반에게도 군포를 부과하는 호포제를 실시하였다.
⑤ 조선시대 최후의 통일 법전인 대전회통을 편찬하였다.

03

밑줄 그은 ㉠에 해당하는 정책으로 옳은 것을 〈보기〉에서 고른 것은?

이번에 흥선 대원군이 경복궁을 중건하기로 결정했다네.

진짜인가?
그럼 자네 혹시 ㉠ 경복궁 중건을 위해 필요한 재정을 보충하기 위한 방법도 알고있는가?

─────── 〈보기〉 ───────

㉠ 지계를 발급하였다.　　㉡ 집강소를 설치하였다.
㉢ 당백전을 발행하였다.　　㉣ 원납전을 징수하였다.

① ㉠, ㉡　　　　　　② ㉠, ㉢
③ ㉡, ㉢　　　　　　④ ㉡, ㉣
⑤ ㉢, ㉣

03. ⑤

흥선 대원군은 왕실의 권위를 회복하기 위해 경복궁을 재중건하였다.

㉢, ㉣ 흥선 대원군은 경복궁 중건 사업을 재정을 충당하기 위해 당백전을 발행하고, 원납전이라는 강제 기부금을 거둬들였다.

㉠ 광무개혁 때 고종이 지계를 발급하였다.

㉡ 집강소는 동학농민운동 때 농민군이 설치한 민정 자치기관이다.

04

다음의 대화에서 말하는 사건으로 옳은 것은?

독일의 상인이 이번에 덕산 묘지에서 저지른 사건에 대해 들어 보았는가?

나도 들었네. 그건 차마 사람이라면 해서는 안되는 일이라 생각하고 있다네.

① 신미양요　　　　　② 병인양요
③ 거문도 사건　　　　④ 오페르트 도굴 사건
⑤ 제너럴셔먼호 사건

04. ④

제시문의 대화에서 말하는 사건은 오페르트 도굴 사건이다. 오페르트는 흥선 대원군의 아버지인 남연군의 무덤을 도굴하여 시체와 부장품을 가지고 대원군과 통상 문제를 흥정하고자 하였으나, 미수에 그쳤다.

① 신미양요는 미국이 1866년의 제너럴셔먼호 사건을 빌미로 침입을 한 것이다.

② 병인양요는 프랑스가 병인박해에 대한 보복으로 침입을 한 것이다.

③ 거문도 사건은 영국이 러시아의 조선 진출을 견제하기 위해 거문도를 불법 점령한 사건이다.

⑤ 제너럴셔먼호 사건은 미국의 상선 제너럴셔먼호가 대동강으로 들어와 교역을 요구하며 행패를 부리다가 불태워진 것이다.

05.②

㉮의 사건은 병인양요이다. 흥선 대원군이 일으킨 천주교도 및 외국 선교사에 대한 박해사건(병인박해)에 대항하여 프랑스 함대가 강화도에 침범하여 병인양요가 일어나게 되었다.

㉠ 병인양요 때 프랑스군은 외규장각에서 의궤 297책을 약탈하였다.

㉢ 양헌수 장군은 병인양요 때 강화도 정족산성에서 프랑스군을 격파하였다.

㉡ 어재연 장군은 신미양요 때 광성보에서 전사하였다.

㉣ 신미양요가 일어나게 된 배경이다.

05

㉮의 사건과 관련된 내용으로 옳은 것을 〈보기〉에서 고른 것은?

이곳은 절두산 순교성지로 1866년에 일어난 병인박해 당시 많은 천주교 신자들이 순교를 한 곳입니다. 특히 9명의 프랑스 선교사들이 순교하자, 이에 대한 책임을 묻겠다며 프랑스 함대가 1866년 9월과 10월에 조선을 침범하면서 (가) 이/가 발생하였습니다.

─────〈보기〉─────

㉠ 외규장각의 의궤가 국외로 약탈되었다.
㉡ 어재연 장군이 광성보에서 전사하였다.
㉢ 양헌수 부대가 정족산성에서 항전하였다.
㉣ 평양 관민이 제너럴 셔먼호 사건을 불태웠다.

① ㉠, ㉡   ② ㉠, ㉢
③ ㉡, ㉢   ④ ㉡, ㉣
⑤ ㉢, ㉣

06.⑤

⑤ 제시문은 흥선 대원군의 통상 수교 거부 정책에 대한 설명이다.

① 갑오개혁의 자율성은 흥선 대원군의 대외 정책과 관련이 없다.

② 조선책략은 러시아의 남하정책에 대비하기 위해 조선, 일본, 청국 등 동양 3국의 외교정책에 대해 서술한 책이다.

③ 강화도 조약은 고종이 주도하여 강화도에서 일본과 체결한 조약이다.

④ 흥선 대원군이 삼정의 문란에 대한 대책을 세웠지만, 제시문에서 묻는 것은 대외 정책이다.

06

다음 검색창에 들어갈 제목으로 가장 적절한 것은?

검색어   (가)   검색

↳ 검색 결과

○ 시대 배경 : 이양선의 등장과 통상요구
○ 관련 사건 : 병인양요, 오페르트 도굴사건, 신미양요
○ 배경 사상 : 위정척사론

① 갑오개혁의 자율성   ② 조선책략과 국제 관계
③ 강화도 조약의 불평등성   ④ 삼정의 문란에 대한 대책
⑤ 흥선 대원군의 통상 수교 거부 정책

문호 개방과 개화 정책의 추진

17

은쌤의 은밀한 **시험포인트**

무료강의

코알랄라의 **시험에 나오는 자료**

1. 개항과 불평등 체제의 성립

(1) 강화도 조약(조·일 수호 조규 조약, 1876)

배경	• 국내 ┌ 흥선 대원군 하야(1873), 고종 친정(민씨) └ 통상 개화파의 활동(박규수, 유홍기, 오경석 등) • 국외 : 일본은 운요호 사건(1875)을 구실로 조선에 문호 개방 요구

〈조약의 내용〉

〈제1관〉 조선국은 자주국이며, 일본국과 평등한 권리를 가진다.

* 청의 종주권 부인 ➡ 청의 간섭 배제

〈제4관〉 조선국은 부산 이외 제5관에서 제시하는 두 곳의 항구를 개항하고 일본인이 왕래 통상함을 허가한다.

* 부산(경제적 목적) + 인천(정치적 목적) + 원산(군사적 목적) = 거점 확보

〈제7관〉 조선국 연해의 섬과 암초는 극히 위험하므로 일본국의 항해자가 자유롭게 해안을 측량하도록 허가한다.

* 해안 측량권 허가 ➡ 주권 침해

〈제9관〉 인민은 각자 임의에 따라 무역을 하고 양국의 관리는 조금도 이에 관여하지 못하며, 제한, 금지하지 못한다.

* 일본 상인들의 자유로운 상업 활동 보장

〈제10관〉 일본국 인민이 조선국이 지정한 각 항구에서 죄를 범할 경우 일본국 관원이 재판한다.

* 치외법권(영사 재판권) 허용 ➡ 주권 침해

성격	• 최초의 근대적 조약 • 불평등 조약 : 치외법권, 연안 측량권 등

⬇

강화도 조약과 함께 부속 조약과 통상 장정 체결
일본의 경제적 침략 발판 마련

조·일 수호 조규 부록 (강화도 조약 부록, 1876. 8.)	조·일 통상 장정 (조·일 무역 규칙, 1878. 8.)
• 개항장에서 일본인 거류지(조계) 설정 ➡ 간행이정 10리 이내에서 무역 허가(거류지 무역) ➡ 조선인 중개 상인 활동이 활발 • 개항장 내 일본 화폐 유통 허용	• 개항장에서 조선 양곡의 무제한 일본 유출 허용 • 일본 정부 소속 선박은 항세 면제 • 일본의 수출입 상품의 무관세 허용

운요호 사건

- 운요호 침범 경로
- ⊗ 운요호 사건 발생지
- 일본전권 대표 내항로
- ⊔ 돈대(포대)

강화 담판
강화도 조약 체결

강화

갑곶돈

문수산성

일본 대표
상륙 지점

용진진

조선 대표 : 신헌
일본 대표 : 구로타

광성보

덕포진

덕진진

정족산성

초지진

5척의 군함

상륙하여 살인,
방화, 약탈

영종도

강화도 조약 체결 모습

조·일 통상 장정 체결 기념 연회도

(2) 조·미 수호 통상 조약(1882)

배경	• 청의 알선 ➡ 조선에 대한 종주권 확인 • 2차 수신사로 파견된 김홍집에 의해 황준헌의 「조선책략」 유포(1880) ┌ 국내에 연미론이 대두됨 └ 반발 : 이만손의 영남만인소(1881)

〈조약의 내용〉

〈제1조〉 제3국이 한쪽 정부에 부당하게 또는 억압적으로 행동할 때에는 다른 한쪽 정부는 원만한 타결을 위해 주선을 한다.
* 거중조정권 ➡ 다른 나라에 핍박 받을 경우, 돕고 분쟁 해결 주선
〈제4조〉 조선 백성이 미합중국 국민에게 범행을 하면 조선 당국이 조선 법률에 따라 처벌한다. 미합중국 국민이 조선 인민을 때리거나 재산을 훼손하면 미합중국 영사나 그 권한을 가진 관리만이 미합중국 법률에 따라 체포하고 처벌한다.
* 치외법권 인정
〈제5조〉 무역을 목적으로 조선국에 오는 미국 상인 및 상선은 모든 수출입 상품에 대하여 관세를 지불해야 한다.
* 저율의 관세권을 인정받음
〈제14조〉 본 조약에 의하여 부여되지 않은 어떤 권리나 특혜를 다른 나라에 허가할 경우 이와 같은 권리나 특혜는 미국 관민과 상민에게도 무조건 균점된다.
* 최혜국 대우 조항 ➡ 열강들에게 이권 침탈 빌미 제공

성격	• 서양과 맺은 최초의 조약 • 불평등 조약 : 치외법권, 최혜국 대우 등

윤세푸의 시험 전에 꼭 맛봐야 하는

조선책략(친 중국, 결 일본, 연 미국)

> 조선이라는 땅덩어리는 실로 아시아의 요충을 차지하고 있어 그 형세가 반드시 다툼을 불러올 것이다. 조선이 위태로우면 중동(中東)의 형세도 위급해진다. 따라서 러시아가 강토를 공략하려 한다면 반드시 조선이 첫 번째 대상이 될 것이다. …… 러시아를 막을 수 있는 조선의 책략은 무엇인가? 오직 중국과 친하며[親中] 일본과 맺고[結日] 미국과 연합[聯美]함으로써 자강을 도모하는 길뿐이다.

일본에 2차 수신사로 파견된 김홍집이 가져온 조선책략은 러시아를 견제하기 위해 미국과의 수교가 필요함을 강조하여 미국과 수교를 맺게 되는 것에 큰 영향을 끼쳤다. 그러나 이만손 등 영남 지방의 유생들은 이 책의 유포에 반발하여 집단 상소문을 올리기도 하였다.

🐨 조선책략

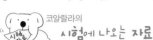
(3) 다른 서양 열강과의 조약 체결

영국(1883)	• 청의 알선, 최혜국 대우, 내지 통상권	불평등 조약 (최혜국 대우 조항 포함)
독일(1883)	• 청의 알선, 최혜국 대우	
러시아(1884)	• 독자적 수교	
프랑스(1886)	• 프랑스와 포교 문제로 지체, 천주교 포교 묵인	

2. 개화파 세력의 형성과 성장

(1) 개화파의 형성 : 북학 사상 ➡ 통상 개화론자 ➡ 개화파

① 통상 개화론자 : 박규수, 오경석, 유홍기 등 ➡ 서양 문물 소개, 통상 개화 주장

② 개화파 : 김옥균, 박영효, 김윤식 등 양반 지식인 중심, 정계에 진출한 후 개화 정책 추진

(2) 개화파의 분화 = 임오군란 이후

개화파의 형성과 분화

북학파 실학자	홍대용, 박지원, 박제가

개화사상의 선구자	박규수, 오경석, 유홍기

┌ 온건 개화파
│ 김홍집, 어윤중, 김윤식
│
└ 급진 개화파
  김옥균, 박영효, 홍영식, 서광범

구분	온건 개화파(사대당, 수구당)	급진 개화파(개화당, 독립당)
주요 인물	• 김홍집, 김윤식, 어윤중 등	• 김옥균, 박영효, 홍영식 등
개혁 모델	• 청의 양무운동	• 일본의 메이지 유신
개화 방법	• 동도서기론 ➡ 점진적 개혁 • 전통 유교 사상 유지	• 문명개화론 ➡ 급진적 개혁 • 입헌군주제 지향
활동	• 민씨 정권과 결탁 • 청과의 관계 중시(친청 사대)	• 민씨 정권의 친청 사대 정책 반대
영향	• 갑오개혁	• 갑신정변

 의 시험 전에 꼭 맛봐야 하는

개화사상의 대두

> • 저들의 기술은 이롭다. 잘 이용하여 백성들을 잘 살게 할 수 있다면 농업, 양잠, 의약, 병기, 배, 수레에 대한 기술을 꺼릴 이유가 없다.
> — 김윤식의 상소 —
>
> • 유교를 부흥시켜 문덕(文德)을 닦게 하면 국세(國勢)도 또한 이에 따라 일어날 것을 기대할 수 있으나, 무릇 종교는 국민들이 자유롭게 믿게 하고 정부에서 간섭해서는 안됩니다.
> — 박규수의 상소 —

실학사상을 계승한 오경석, 유홍기, 박규수를 비롯한 초기 통상 개화론자들이 양반 자제들에게 개화의 필요성을 인식시키면서 개화파가 형성되었다.

3. 개화 정책의 추진과 반발

(1) 초기 개화 정책의 추진 : 1880년대 전반

수신사 파견	• 1차 수신사(1876) : 김기수, 일본 근대 시설 시찰 • 2차 수신사(1880) : 김홍집, 「조선책략」 전래, 일본 근대 문물 시찰	

⬇

개화파의 등용 ➡ 개화 정책의 추진

⬇

제도 개편	관제 개편	• 통리기무아문 설치(1880) : 개화 정책 총괄 기구 • 12사 설치 : 외교 군사, 통상, 재정 등 담당
	군제 개편	• 기존의 5군영 개편 ➡ 무위영, 장어영 2영으로 통합 • 별기군 창설(1881) : 신식 군대, 일본인 교관 초빙, 근대식 훈련

⬇

해외 사절단 파견	• 조사시찰단(신사유람단, 1881) : 일본 근대 시설과 제도를 시찰 후 보고서 제출(박정양 등) • 영선사(1881) : 청의 무기 제조술과 근대 군사 훈련법 습득 ➡ 기술 습득 한계와 경비 부족으로 조기 귀국(김윤식 등) ➡ 기기창 설치(1883) • 보빙사(1883) : 미국 근대 시설 시찰 및 대통령 접견, 유길준은 미국 잔류

⬇

근대 기구 설치	• 전환국(1883~1904) : 화폐 주조 • 기기창(1883~94) : 무기 제작, 영선사의 건의 • 박문국(1883~84, 1885~88) : 한성순보 간행 • 우정국(1884) : 근대 우편 제도 도입

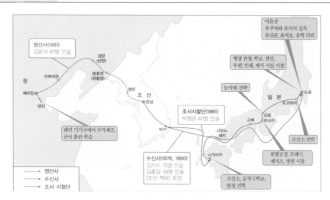

▲ 근대 문물의 시찰

(2) 위정척사 운동 : 보수적 유생의 주도

① 의미 : 옳은 것(성리학)을 지키고 그른 것(성리학 외의 모든 종교와 사상)을 배척하는 운동

② 배경 : 정부의 적극적인 개화 정책에 대하여 보수 유생들의 반발 확산

③ 전개 과정 : 전통 체제 유지 주장

시기	배경	전개
1860년대	• 열강의 통상 요구 ➡ 병인양요, 신미양요	• 통상 반대 운동(이항로, 기정진) • 척화주전론, 통상 수교 거부 정책 뒷받침
1870년대	• 문호 개방 전후 ➡ 강화도 조약 전후	• 개항 반대 운동(최익현) • 왜양일체론과 개항 불가론 주장
1880년대	• 개화 정책 추진 ➡ 조선책략의 유포	• 개화 반대 운동(이만손, 홍재학) • 「조선책략」 유포와 개화 정책에 반발 ➡ 이만손 중심의 영남 만인소 등
1890년대	• 일본 침략의 본격화 ➡ 을미사변과 단발령	• 항일 의병 운동(유인석, 이소응) • 을미의병

④ 의의 : 서양 열강과 일본의 침략에 저항한 반침략·반외세 운동

⑤ 한계 : 전통적인 봉건 체제 및 성리학적 질서 고수, 근대화를 위한 방법론을 제시하지 못함

은세픔의 시험 전에 꼭 맛봐야 하는

이만손 중심의 영남 만인소

> 수신사 김홍집이 가지고 온 황준헌의 "조선책략"이라는 책이 유포된 것을 보니, 저도 모르게 머리털이 곤두서고 가슴이 떨렸으며 이어서 통곡하면서 눈물을 흘렸습니다. …… 미국으로 말하면 우리가 원래 잘 모르던 나라입니다. ……
> 만일 그들이 우리나라의 허점을 알고서 우리가 힘이 약한 것을 업신여겨 따르기 어려운 요구로 강요하고 댈 수 없는 비용을 떠맡긴다면 장차 어떻게 응대하겠습니까? …… 하물며 러시아, 미국, 일본은 같은 오랑캐입니다. 그들 사이에 누구는 후하게 대하고 누구는 박하게 대하기는 어려운 일입니다.
>
> – 「고종실록」 –

1880년대에 「조선책략」이 유포되자, 이만손을 중심으로 영남 유생들은 집단 상소인 만인소를 올려 정부의 개화 정책과 서양과의 수교에 반대하였다.

이항로

최익현

(3) 임오군란(1882)

배경	• **구식 군대 차별 대우** : 별기군 우대, 구식 군인의 급료로 겨와 모래가 섞인 쌀 지급 • 도시 빈민층의 반발 : 쌀 값 폭등, 개화 정책에 대한 불만		
전개 과정	① 구식 군대 봉기 : 고관 살해, 일본인 교관 살해 및 공사관 습격 ② **도시 빈민층 합세** : 궁궐 습격 ➡ 명성 왕후 피신 ➡ 고종이 흥선 대원군에 수습 요청 ③ **흥선 대원군 재집권** : 개화 정책 중단 ➡ 통리기무아문과 별기군 폐지, 5군영 복귀 ④ **청의 개입** : 민씨 정권의 요구로 청의 출병 ➡ 흥선 대원군을 청으로 납치, 봉기 진압 ➡ 민씨 정권의 재집권		
영향	청	• **청의 내정 간섭 심화** : 군대 주둔, 고문 파견(마건상-내정, 묄렌도르프-외교) • **조·청 상민수륙무역장정(1882)** : 청 상인의 특권 보장	
	일본	• **제물포 조약** : 배상금 지불, 일본 공사관 경비군 주둔 • 조일 수호 조규 속약 : 일본 상권 확대(50리로 확대 ➡ 1년 뒤 양화진 개시 ➡ 2년 뒤 100리로 확대) • 3차 수신사 파견(1882) : 박영효, 사과 사절단	
	조선	• 청에 대한 입장과 개화 정책의 추진 방법 둘러싸고 **온건 개화파, 급진 개화파로 분화**	

🐨 임오군란

은세프의 시험 전에 꼭 맛봐야 하는 ··············

제물포 조약(1882)

> 제1조 금일부터 20일 안에 책임자를 체포하여 처벌한다.
> 제3조 조선국은 5만원을 내어 해를 당한 일본 관리들의 유족과 부상자에게 주도록 한다.
> 제5조 일본 공사관에 군인 약간을 두어 경비한다. 그 비용은 조선국이 부담한다.

일본과 제물포 조약을 체결해 사과 사절단 파견, 배상금 지불, 공사관 경비를 위한 군대 주둔 등 일본의 요구를 받아들였다.

조·청 상민수륙무역장정(1882)

> 제4조 중국 상민은 북경과 한성의 양화진에서의 개잔무역을 허용하되 양국상민의 내지 채판(내륙 지방의 시장에 상품을 운반해 판매하는 상업행위)을 금지한다. 단 내지채판 및 유력이 필요할 경우 지방관의 집조를 받을 것

조·청 상민수륙무역장정을 계기로 조선은 청나라에게 개항장이 아닌 한성과 양화진에서 청국인이 점포를 개설할 수 있는 권리와 도성에서의 상행위 허용하였고, 호조(일종의 여행증명)를 가진 자에게는 개항장 밖의 내륙통상권과 연안무역권까지 인정을 하였다.

(4) 갑신정변(1884)

배경	국내	• 청의 내정 간섭 심화 : 친청 정책, 개화 정책 후퇴 • 급진 개화파의 입지 약화 : 일본 차관 도입 실패(김옥균)
	국외	• 청의 군대 일부 철수(청·프 전쟁) • 일본의 재정·군사적 지원 약속
전개 과정		• 우정국 개국 축하연을 계기로 정변 ➡ 개화당 정부 수립, 입헌군주제의 개혁 추진(14개조 정강 마련) ➡ 청군 개입 ➡ 3일 천하로 실패(개혁 추진 세력의 기반 미약, 청군의 개입, 일본의 약속 불이행)

〈갑신정변 14개조 정강〉

1. 대원군을 속히 귀국시키고, 청국에 대한 사대 허례를 폐지할 것
   ➡ 청과의 사대 관계 청산
2. 문벌을 폐지하고 인민의 평등권을 제정하고 재능에 따라 인재를 등용할 것
   ➡ 문벌 타파, 인민 평등권 확립
3. 전국의 지조법을 개정하고 간사한 관리를 몰아내며 가난한 백성을 구제하고 국가 재정을 충실히 할 것
   ➡ 지조법 개혁, 토지 개혁에 미온적
9. 혜상공국을 폐지할 것
   ➡ 자유 상행위 보장
12. 일체의 국가 재정은 호조로 하여금 관할 것
   ➡ 재정 일원화
13. 대신과 참찬이 정령을 의결할 것
   ➡ 입헌군주제적 요소(군주권 제한)

결과	• 청의 내정 간섭 심화 ➡ 개화 세력 위축, 개화 운동 약화 • 한성조약 체결(조선-일본) : 배상금 지불, 공사관 신축비 부담 • 톈진조약 체결(청-일본) : 양국군 동시 철수, 파병 전 통보
의의	• 근대 국민 국가 건설을 목표로 한 최초의 정치 개혁 운동
한계	• 소수 지식인 중심(위로부터의 개혁), 일본에 의존 • 급진적 개혁 방법 채택, 토지 제도 개혁 외면(민중의 지지를 못 얻음)

(5) 갑신정변 이후 한반도를 둘러싼 국제 정세(1880년대 중반)

① 거문도 사건(1885)
- 배경 : 조선과 러시아 사이의 비밀 협약 체결 시도 ➡ 러시아의 영향력 확대
- 과정 : 영국이 러시아의 남하에 위기의식을 가짐 ➡ 영국의 거문도 불법 점령(1885) ➡ 러시아의 견제 ➡ 거문도에서 철수(1887)

② 한반도 중립론의 대두
- 부들러(Budler, 조선 주재 독일 부영사) : 조선 중립화론 제기
- 유길준 : 열강이 보장하는 한반도 중립론 구상

③ 자주 외교 추진 : 일본과 미국에 공사관 개설, 외국인 고문과 기술자를 초빙하여 개화 정책 지속

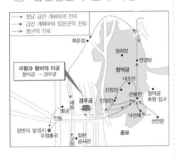
갑신정변의 전개 과정

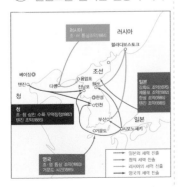
한반도를 둘러싼 열강의 각축

01 기출문제

(가) 장면에 들어갈 수 있는 모습으로 옳지 <u>않은</u> 것은?

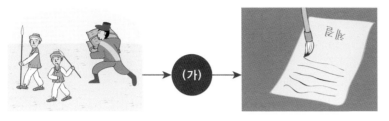

구식 군인들의 불만 폭발 → (가) → 제물포 조약 체결

① 선혜청 습격

② 청으로 끌려가는 흥선 대원군

③ 전주성 점령

④ 청군의 도착

⑤ 장호원으로 피신하는 왕비

01.③

구식 군인들의 불만 폭발로 일어난 것이 임오군란이고, 임오군란으로 인해 맺어진 조약이 제물포 조약이다. 즉, 임오군란의 내용이 아닌 것을 고르는 문제이다.

①, ②, ④, ⑤는 임오군란의 전개 과정에 해당한다.

③ 전주성 점령은 동학 농민 운동과 관련이 있다.

02.②

제시문에 설명하는 것은 강화도 조약(조·일수호조규)이다. 강화도 조약은 1876년 2월 강화도에서 조선과 일본이 체결한 조약으로 일본의 군사력을 동원한 강압에 의해 체결된 불평등 조약이다.
② 조·일 통상장정(1883) 때 일본에게 최혜국 대우를 인정하였다.
①, ③, ④, ⑤ 강화도 조약에 대한 내용이다.

02

다음 조항이 포함된 조약에 대한 설명으로 옳지 <u>않은</u> 것은?

> 제1관 조선국은 자주국이며, 일본국과 평등한 권리를 가진다.
> 제7관 조선국 연해의 섬과 암초는 극히 위험하므로 일본국의 항해자가 자유롭게 해안을 측량하도록 허가한다.
> 제10관 일본국 인민이 조선국이 지정한 각 항구에서 죄를 범할 경우 일본국 관원이 재판한다.

① 일본에게 치외법권을 인정하였다.
② 일본에게 최혜국 대우를 인정하였다.
③ 원산과 인천을 개항하는 계기가 되었다.
④ 운요호 사건이 조약 체결의 계기가 되었다.
⑤ 최초로 외국과 맺은 근대적 조약으로 불평등한 내용을 담고 있다.

03.①

제시된 자료는 전통적 유교 질서를 수호하면서 서양 과학 기술만을 수용하자는 동도서기론으로, 온건 개화파의 개화 입장과 관련 있다.
① 온건 개화파는 청의 양무운동을 개화의 모델로 삼았다.
② 급진 개화파에 대한 설명이다.
③ 임오군란을 일으킨 구식 군인들과 관련 있다.
④ 위정척사 세력에 대한 설명이다. 온건 개화파는 개항을 지지하였다.
⑤ 급진 개화파에 대한 설명이다.

03

다음 주장과 같은 개화 입장을 가진 세력에 대한 설명으로 옳은 것은?

김윤식

"서양에서 유행하고 있는 천주교가 우리나라에서 유포되는 것을 금지해야 합니다. 과학 기술은 인간의 도리에 해롭지 않고 백성들이 살아가는 데 도움이 되기 때문에 이를 배워야 합니다. 서양에서 들여온 서적에 과학 기술에 대한 설명이 나와 있는데, 이것을 오늘날 우리가 구하여 활용해야 합니다.".

① 청의 양무운동을 개화의 모델로 삼았다.
② 갑신정변이 일어나자 적극적으로 참여하였다.
③ 청과의 전통적인 우호 관계를 배제하고자 하였다.
④ 정부의 적극적인 개화 정책에 적극적으로 반대하였다.
⑤ 박영효, 홍영식, 김옥균 등이 대표적인 인물이다.

04

다음 가상 인터뷰의 (가)에 들어갈 내용으로 옳지 <u>않은</u> 것은?

정부에서 개항 이후 개화 정책을 본격적으로 추진하기 위해 통리기무아문을 설치하였다네.

그것 말고도 개화정책을 위해 _____ (가) _____.

① 5군영을 2영으로 개편하였다.
② 신식 군대인 별기군을 창설하였다.
③ 청에 영선사를 파견하여 군수 공장을 시찰하였다.
④ 일본에 조사시찰단을 파견하여 근대 시설을 시찰하였다.
⑤ 삼정 이정청을 설치하여 수취 제도를 개선하고자 하였다.

05

밑줄 친 '이 일'에 대한 설명으로 옳지 <u>않은</u> 것은?

나는 청나라 당으로 지목되었고, 청국이 우리의 자주권을 침해하는 데 분노해 <u>이 일</u>을 일으켰던 김옥균은 일본 당으로 지목되었다. …… 세상은 그를 역적이라 하였는데, 나는 정부에 몸을 담고 있어 그를 공격할 수밖에 없었다.

– 김윤식, 「속음청사」 –

① 우정총국 개국 축하연을 이용하여 일어났다.
② 메이지 유신을 모델로 한 급진적인 개혁 운동이었다.
③ 근대 국가 건설을 목표로 한 최초의 정치 개혁 운동이었다.
④ 청의 내정 간섭이 약해져 전통적 사대 관계를 청산하는 계기가 되었다.
⑤ 문벌을 폐지하고 인민 평등권을 확립하여 신분 제도를 타파하려고 하였다.

04.⑤

제시된 정책들은 강화도 조약 이후 조선 정부가 추진한 것이다. 개항 이후 정부는 기존의 의정부 체제로는 개화 정책을 본격적으로 추진하기 힘들다고 판단하여 1880년 근대적 행정 기구인 통리기무아문을 설치하였다.

⑤ 1862년 세도 정치의 폐단인 삼정의 문란을 바로 잡기 위해 설치한 관청이다.

①, ②, ③, ④는 개화 정책의 일환으로 전개되었다.

05.④

밑줄 친 '이 일'은 김옥균, 박영효, 홍영식 등 급진 개화파가 일으킨 갑신정변이다. 급진 개화파는 갑신정변을 일으켜 청에 대한 사대 관계 폐지, 인민 평등권 확립, 내각제 수립을 추구하였지만 청 군대에 의해 진압되었다.

④ 갑신정변의 결과 조선에 대한 청의 내정 간섭이 더욱 심화되었다.

①, ②, ③, ⑤는 갑신정변에 대한 내용이다.

06.⑤

제시된 자료는 1880년 2차 수신사로 일본에 다녀온 김홍집이 가지고 온 "조선책략"의 내용이다.

ⓒ 조·미수호통상조약(1882)은 황쭌셴의 조선책략의 유포와 청의 알선으로 미국과의 수교가 진행되었다.

ⓔ 조선 책략의 내용에 반대하여 이만손이 중심이 되어 영남 만인소를 올렸다.

㉠ 조선 통신사는 조선에서 일본의 막부 장군에게 파견되었던 공식적인 외교사절이다.

ⓛ 척화비는 흥선 대원군이 서양 세력의 침략을 경계하기 위해 전국 각지에 세운 것이다.

07.③

대화에서 말하고 있는 사건은 갑신정변이다. 갑신정변은 김옥균을 중심으로 청국의 속방화정책에 저항하여 조선의 완전 자주독립과 자주 근대화를 추구하여 1884년에 일으킨 정변이다.

③ 임오군란으로 인해 흥선 대원군이 재집권하였다.

①, ②, ④, ⑤ 갑신정변에 대한 설명이다.

06

다음 책이 국내에 소개된 이후의 사실로 것을 〈보기〉에서 고른 것은?

> 조선이라는 땅덩어리는 실로 아시아의 요충을 차지하고 있어 그 형세가 반드시 다툼을 불러올 것이다. 조선이 위태로우면 중동의 형세도 위급해진다. 따라서 러시아가 강토를 공략하려 한다면 반드시 조선이 첫 번째 대상이 될 것이다. …… 러시아를 막을 수 있는 조선의 책략은 무엇인가? 오직 중국과 친하고 일본과 맺고 일본과 연합함으로써 자강을 도모하는 길뿐이다.

---〈보기〉---

㉠ 통신사가 일본에 파견되었다.
ⓛ 척화비가 전국 각지에 건립되었다.
ⓒ 조·미 수호 통상 조약이 체결되었다.
ⓔ 이만손이 중심이 되어 영남 만인소를 올렸다.

① ㉠, ⓛ ② ㉠, ⓒ
③ ⓛ, ⓒ ④ ⓛ, ⓔ
⑤ ⓒ, ⓔ

07

다음 대화와 관련된 사건에 대한 설명으로 옳지 <u>않은</u> 것은?

① 근대 국가 수립을 목표로 하였다.
② 청군의 개입으로 3일 만에 실패하였다.
③ 흥선 대원군이 재집권하는 계기가 되었다.
④ 개화 정책의 소극적 추진에 대한 불만으로 일어났다.
⑤ 메이지 유신을 모델로 한 급진적인 개혁 운동이었다.

구국 운동과 근대 국가 수립을 위한 노력

18

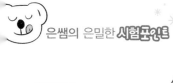
은쌤의 은밀한 **시험포인트**

은셰프
동학 농민 운동이
그렇게 중요한가요?

맞습니다. 일단
1차 ~ 2차 동학 농민 운동의
전개 과정에서 일어난 주요 사건을
시간 순으로 나열할 수 있어야 하고,
주요 사건의 구체적인 내용까지
꼼꼼하게 알아야 합니다.

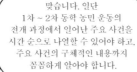

①고부 민란
②1차 백산 봉기
③전주성 점령
⑦우금치 전투
④전주화약
⑤집강소 시기
⑥2차 봉기

은셰프가 시킨 대로 했더니
배가 터질 것 같아.

그래도
디저트는 먹어야지.

독립협회의 활동과
광무개혁의 내용은
각각 자주 단독 출제가 되니
한 번 맛을 느껴봐

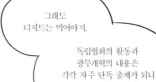

코알라의 시험에 나오는 자료

1. 농민층의 동요와 동학의 성장

(1) 농민층의 동요
① 정치 기강 문란 : 지배층의 수탈, 삼정의 문란
② 농민의 부담 증가 : 각종 배상금, 근대 문물 수용의 비용 부담
③ 외국의 경제적 침투 : 곡물 일본 유출로 쌀값 폭등, 외국 공산품 유입으로 국내 면포 산업 몰락

(2) 교조 신원 운동의 전개
① 동학의 확대 : 최시형의 「동경대전」, 「용담유사」 편찬 및 포접제 정비와 포교 활동 ➡ 삼남 지방을 중심으로 교세 확장
② 교조 신원 운동 : 정치 운동으로 발전
• 공주 · 삼례 집회(1892) : 교조 최제우의 신원 회복, 동학교도 석방, 포교의 자유 주장
• 복합 상소(1893) : 서울 경복궁 앞에서 교조 신원과 동학 공인 요구
• 보은 집회(1893) : 교조 신원 운동, 정치적 요구 제기(신앙의 자유, 탐관오리 숙청, 척왜양창의, 보국안민 등 요구)

교조신원 운동

2. 동학 농민 운동

(1) 고부 농민 봉기(1894)

배경	• 고부 군수 조병갑의 횡포 : 만석보 수축, 수세 강제 징수 등
전개 과정	• 전봉준이 사발통문을 돌려 농민을 모음 ➡ 고부 관아 습격 ➡ 군수 축출, 아전 징벌 ➡ 정부는 사태 수습을 위해 안핵사 이용태 파견

은세프의 시험 전에 꼭 맛봐야 하는

사발통문

사발통문

> 민중이 곳곳에 모여서 말하되 "났네 났어, 난리가 났어", "에이 참, 잘되었지, 그냥 이대로 지내서야 백성이 한 사람이라도 남아 있겠는가?" 하며 그날이 오기만 기다리더라. …… 결의된 내용은 아래와 같다.
> • 고부성을 격파하고 군수 조병갑을 효수할 것
> • 군기창과 화약고를 점령할 것
> • 군수에게 아첨하여 인민의 것을 빼앗은 탐관오리를 공격하여 징계할 것

사발통문은 전봉준 등의 주동자들이 1893년 11월에 작성한 것으로 주동자들의 이름이 둥글게 쓰여 있고, 민심의 동향 결의 사항 등이 기록되어 있다.

(2) 제1차 농민 봉기(1894.1.) = 반봉건

배경	• 고부 민란 수습 과정에서 안핵사 이용태의 실정 ➡ 봉기 관련자를 역적으로 몰아 탄압
과정	• 전봉준, 김개남, 손화중 등이 무장에서 재봉기 ➡ 고부 점령 후 백산 1차 봉기(4대 강령과 백산 격문 발표) ➡ 황토현 전투 승리 ➡ 황룡촌 전투 승리 ➡ 전주성 점령

  의 시험 전에 꼭 맛봐야 하는

농민군의 4대 강령과 백산 격문

> 1. 사람을 죽이거나 가축을 잡아먹지 말라.
> 2. 충효를 다하여 세상을 구하고 백성을 편안하게 하라.
> 3. 일본 오랑캐를 몰아내고 나라의 정치를 깨끗이 하라.
> 4. 군대를 몰고 서울로 들어가 권세가와 귀족을 모두 없애라.
>
> – 「대한계년사」, 정교 –
>
> "우리가 의를 들어 여기에 이른 것은 그 뜻이 다른 데 있는 것이 아니라 창생을 도탄에서 건지고 국가를 반석 위에 두고자 함이다. 안으로는 탐학한 관리의 머리를 베고 밖으로는 횡포한 강적의 무리를 쫓아 내몰고자 함이라. 양반과 부호의 앞에 고통을 받는 민중과 수령 밑에서 굴욕을 받는 소리(小吏)들은 우리와 같이 원한이 깊은 자다. 조금도 주저 말고 이 시각으로 일어서라. 만일 기회를 잃으면 후회해도 미치지 못하리라."
>
> – 「동학사」, 오지영 –

1894년 3월 25일 백산에서 농민군들은 전봉준을 대장으로 선출하여 봉기를 하면서 농민군의 4대 강령과 격문을 발표하였다. 동학 농민군은 4대 강령처럼 농민들을 약탈하거나 겁박하지 않아 농민들로부터 큰 호응을 얻었고, 격문에는 보국안민, 제폭구민이라는 내용이 담겨 있었다.

 1차 농민 봉기

(3) 전주 화약과 집강소 시기

전주 화약	전주성 점령 이후 ➡ 정부는 동학군 진압을 위해 청에 파병 요청 ➡ 청군 출병 ➡ 톈진조약을 빌미로 일본군 출병 ➡ 전주 화약 체결(정부와 농민군 화해) ➡ 폐정개혁에 합의 ➡ 정부는 교정청 설치(농민군 요구 일부 반영, 일본 개혁 요구 대응), 농민군은 집강소 설치
집강소 시기	• 전라도 각 고을에 자치기구 설치 ➡ 폐정개혁안 실천 • 농민의 의사를 모으고 행정을 집행하였으며, 치안을 담당 • 농민군은 지방 수령과 손을 잡고, 수탈에 앞장섰던 지주와 부호 처벌

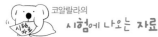
코알랄라의 **시험**에 나오는 **자료**

〈폐정개혁안 12개조〉

1. 동학도는 정부와의 원한을 씻고 서정에 협력한다.
2. 탐관오리는 그 죄상을 조사하여 엄징한다.
3. 횡포한 부호를 엄징한다.
4. 불량한 유림과 양반의 무리를 징벌한다.
5. 노비문서를 소각한다.
6. 7종의 천인차별을 개선하고 백정이 쓰는 평량갓을 없앤다.
7. 청상과부의 개과를 허용한다.
8. 무명의 잡세는 일체 폐지한다.
9. 관리 채용에는 지벌을 타파하고 인재를 등용한다.
10. 일본인과 몰래 통하는 자는 엄징한다.
11. 공·사채는 물론이고 기왕의 것은 무효로 한다.
12. 토지를 농민에게 균등하게 분배하라.

* 부패한 봉건 지배 세력 타도(2·3·4조), 봉건적 신분 제도와 악습 철폐(5·6·7·9조), 경제 분야 봉건적 폐단 개선(8·11조), 반외세(10조), 토지 소유의 불균형 해소(12조)

(4) 제2차 농민 봉기(1894.9.) = 반외세

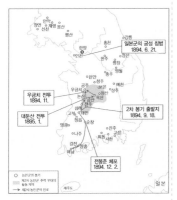

2차 봉기

배경	• 조선의 청군·일본군 철수 요구 ➡ 일본의 경복궁 점령 ➡ 교정청 폐지, 군국기무처 설치(1차 갑오개혁) ➡ 청·일 전쟁 발발(1894)
과정	• 일본 내정 간섭에 반발 ➡ 삼례에서 동학 농민군 2차 봉기(남접) ➡ 논산에서 남접·북접 연합 부대 형성 ➡ 공주 우금치 전투에서 패배 ➡ 전봉준 등 농민군 지도자 체포 및 사형

(5) 의의와 한계

① 반봉건 근대화 운동 : 반봉건 성격(신분제 철폐, 조세 제도 개혁 등)은 갑오개혁에 영향을 주었고, 성리학적 전통질서 붕괴에 기여
② 반외세 민족 운동 : 일본의 침략을 물리치기 위한 구국 운동으로 일부 농민군 세력이 항일 의병 항쟁에 참여
③ 한계 : 근대국가 건설을 위한 구체적 방안 제시가 없음, 농민층 이외의 지지기반이 없음

3. 갑오·을미개혁의 추진

(1) 제1차 갑오개혁(1894.7.)

① 배경 : 일본의 내정 개혁 강요 ➡ 일본군의 경복궁 점령 ➡ 교정청 폐지, 군국기무처 설치(초정부적 회의 기구) ➡ 제1차 김홍집 내각 성립(표면적으로는 흥선 대원군 섭정)
② 특징 : 일본의 간섭을 받지 않고 자주적으로 추진, 군국기무처의 주도

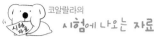

③ 주요 개혁 내용

정치	• 중국 청의 연호 대신 '개국' 연호 사용 • 궁내부 설치 : 국정과 왕실 사무 분리 • 8아문 설치 : 기존 6조를 확대 개편 • 과거제 폐지 : 근대적 관리 임명 마련 • 경무청 설치 : 경찰제도 시행
경제	• 국가 재정 일원화 : 모든 재정 사무를 탁지아문에서 관리 • 조세의 금납화, 은본위 화폐 제도 실시 • 도량형 통일, 조세 항목 축소
사회	• 신분제 폐지, 공·사노비 제도 폐지 • 봉건적 인습 타파 : 고문과 연좌제 폐지, 조혼 금지, 과부의 재가 허용 • 모든 공문서의 국문 또는 국한문 사용

(2) 제2차 갑오개혁(1894.12.)

① 배경 : 청·일 전쟁에서 승세를 잡은 일본이 조선 내정 간섭 ➡ 흥선 대
   원군 퇴진, 군국기무처 폐지 ➡ 제2차 김홍집·박영효 연립 내각 성립
② 과정 : 독립 서고문 발표, 홍범 14조 반포
③ 주요 개혁 내용

정치	• 중앙 정치 기구 : 의정부를 내각으로 바꾸고, 8개 아문을 7부로 개편 • 지방 제도 : 8도를 23부로 개칭, 행정구역 명칭을 '군'으로 통일 • 재판소 설치 : 사법권을 행정권에서 분리 ➡ 지방관의 권한 축소 • 교육입국 조서 반포 : 한성 사범학교, 소학교, 외국어 학교 관제 등 ➡ 근대 교육제도 마련
군사	• 훈련대와 시위대 각각 2개 대대 설치

홍범 14조

> 1. 청국에 의존할 생각을 버리고 자주독립의 기초를 확실히 세운다.
> 3. 대군주는 정전에 나가 정사를 보되 친히 각 대신들에게 물어 결정하고 왕비와
>   후궁, 종친과 외척의 간섭을 허용하지 않는다.
> 6. 인민이 내는 세금은 법령에 따라 세율을 정하되 멋대로 명목을 붙이거나 함부
>   로 징수해서는 안 된다.
> 8. 왕실 비용과 각 관청의 비용은 1년 예산을 정하여 재정의 기초를 확립한다.
> 11. 나라의 총명한 젊은이들을 파견하여 외국 학술과 기예를 전달받아 익힌다.
>
> — 「고종실록」 —

1894년 12월 고종은 홍범 14조를 포함한 독립 서고문을 바쳤다. 홍범 14조는 국가 전반의
개혁과 교육, 민권 보장, 관리 임용 등의 내용이 있으며, 제2차 갑오개혁의 기본이 되었다.

단발을 한 고종

(3) 을미개혁(1895.8.)

삼국 간섭	• 배경 : 일본의 청·일 전쟁 승리 ➡ 시모노세키 조약 체결(막대한 배상금, 랴오둥 반도 획득) ➡ 러시아가 프랑스, 독일을 끌어들여 일본 견제 • 결과 : 일본이 랴오둥 반도를 청에 돌려줌 ➡ 일본 세력 약화, 러시아 영향력 강화

⬇

을미사변	• 조선 정부의 친러 정책 추진 ➡ 제3차 김홍집 내각(친미·친러 내각)구성 ➡ 배일 정책 추진 ➡ 일본의 명성 왕후 시해(을미사변, 1895.8.)

⬇

을미 의병	배경	• 을미사변, 단발령 실시
	주도 세력	• 위정척사 유생 주도 : 유인석, 이소응, 허위 등 • 동학 농민군 잔여 세력
	활동	• 지방 관청이나 일본군 공격, 친일 관리 처단
	한계	• 양반 유생 의병장들의 신분 차별 의식으로 전력 약화 • 아관파천 이후 단발령 철회 ➡ 고종의 해산 조칙으로 해산 • 잔여 세력은 활빈당 조직, 을사 의병에 합류

⬇

을미 개혁	배경	• 을미사변 ➡ 제4차 김홍집 내각(친일 내각)구성
	주요 개혁 내용	• 정치 : 건양 연호 사용, 행정 업무에서 태양력 사용 • 사회 : 단발령 실시, 종두법 실시, 소학교 설치, 우편 사무 시작 • 군사 : 중앙에 친위대, 지방에 진위대 설치
	중단	• 을미의병 발생 ➡ 아관파천으로 친일 내각 붕괴 ➡ 개혁 중단(친러 내각 수립)

⬇

아관 파천	배경	• 조선 정부 내 친러 세력 성장, 을미사변으로 일본의 위협 증대
	결과	• 고종이 러시아 공사관으로 처소를 옮김 ➡ 러시아의 내정 간섭(재정·군사 고문 파견) 및 열강의 이권 침탈 심화

(4) 갑오·을미개혁의 성과

① 의의 : 자주적 근대적 개혁(갑신정변~동학농민 운동 요구 반영), 근대 국가로 나가는 데 이바지
② 한계 : 위로부터의 개혁, 일본 간섭 아래 추진 ➡ 일본의 침략 기반 마련을 위해 추진

4. 독립 협회의 창립과 활동

(1) 창립(1896)

배경	• 아관파천 이후 국가 위신 추락, 러시아 등 열강 이권 침탈 심화
창립 과정	• 서재필이 귀국하여 독립신문 발간(1896.4.) ➡ 독립 협회 창간(1896. 7.) ➡ 전국에 지회 설립 ➡ 독립문 및 독립관 건립, 강연회와 토론회 개최
구성	• 서재필, 윤치호, 이상재 등 개화 지식인과 개혁적 정부 관료 • 도시 시민층, 학생, 노동자, 여성, 천민 등 다양한 계층 참여

(2) 활동

국민 계몽	• 독립신문 발간, 독립문 및 독립관 건립 • 경연회·토론회 개최 : 당면 현안 문제, 계몽적 주제
자주 국권	• 만민 공동회 개최(1898.3.) : 이권 침탈 반대 운동 전개 ┌ 러시아의 군사 고문과 재정 고문 철수 └ 부산 절영도 조차 요구 철회, 한러 은행 폐쇄
자유 민권	• 법률에 의한 신체의 자유, 재산권 보호 운동 전개 • 언론·출판·집회·결사의 자유 요구
자강 개혁	• 관민 공동회(1898.10.) 개최 : 만민 공동회 + 정부 대신 ┌ 헌의 6조 채택 ➡ 황제의 재가를 받음 ├ 중추원 관제 반포 : 관선 25명 + 민선 25명(독립협회 회원) └ 최초의 의회 설립 운동 시도

(3) 해산

보수 세력의 모함(독립 협회 공화정 추진설) ➡ 고종의 해산 명령, 독립 협회 간부 구속 ➡ 독립 협회 반발(만민 공동회 개최) ➡ 황국협회(보부상)의 독립 협회 공격 ➡ 강제 해산(1898.12.)

(4) 의의

① 자주 국권 운동 : 민중들의 힘을 통해 열강의 내정 간섭과 이권 요구 저지 운동 전개

② 자유 민권 운동 : 국민의 기본적 자유권과 정치적 자유권을 위한 투쟁 전개 ➡ 입헌 군주제를 실시를 위한 의회 설립 운동으로 발전

③ 자강 개혁 운동 : 근대적 개혁을 통해 근대 국민 국가를 만들고자 노력

④ 근대적 민중 운동 : 민중의 개화 운동과 함께 민중에 의한 자주적 근대화 운동 전개

(5) 한계

보수적 집권 세력의 탄압, 독립 협회와 만민 공동회 지도자들의 지도력 부족, 민중 세력의 미성숙 등

코알랄라의 시험에 나오는 자료

독립신문

독립문

 의 시험 전에 꼭 맛봐야 하는

헌의 6조(1898. 10.)

1. 외국에 의존하지 말고 관과 민이 협력하여 전제 황권을 공고히 할 것.
   * 자주 국권의 확립
2. 광산, 철도, 석탄, 산림, 차관, 차병(借兵)과 외국과의 조약에 각부 대신과 중추원 의장이 합동으로 서명하지 않으면 시행하지 말 것.
   * 열강의 이권 침탈 방지와 입헌 군주제적 요소
3. 전국의 재정은 모두 탁지부에서 관할하여 정부의 다른 기관이나 사회사(개인 회사)가 간섭하지 못하게 하고 예산과 결산을 인민에게 공포할 것.
   * 재정의 일원화
4. 중대 범죄는 공개 재판을 시행하되, 피고가 자복한 후에 재판할 것.
   * 재판 공개와 피고인의 자백 중시
5. 칙임관(1~2품의 최고 관직)은 황제가 정부의 과반수 동의를 받아 임명할 것.
   * 입헌 군주제적 요소
6. 장정(정해진 규정)을 실천할 것.
   * 법치 행정 중시

5. 대한 제국과 광무개혁(1897~1904)

(1) 대한 제국의 수립(1897)

① 배경 : 아관 파천 이후 ➡ 백성들의 환궁 요구, 유생들의 상소, 독립 협회와 국제 사회의 요구

② 성립 : 고종 경운궁(덕수궁)으로 환궁(1897. 2.) ➡ 연호를 '광무'라 칭함 (1897. 8.) ➡ 환구단에서 황제 즉위식 ➡ 대한 제국 수립 및 선포(1897. 10.), 국호를 '대한 제국'이라 칭함

 의 시험 전에 꼭 맛봐야 하는

환구단과 환궁우

환구단은 황제가 하늘에 제사를 지내는 곳으로, 고종은 이곳에서 황제 즉위식을 거행하였다. 황궁우는 천지신령의 위패를 모신 곳이다.

(2) 광무 개혁

① 성격 : 구본신참의 원칙 아래 추진 ➡ 점진적 개혁, 복고성과 개혁성 절충

② 개혁

정치	• 대한국 국제 제정(1899) : 자주 독립 국가 천명, 전제 황권 강화 • 황제권 강화 : 원수부 설치(황제가 직접 육·해군 통솔), 궁내부의 조직과 권한 보강, 내장원의 기능 확대 • 군사 : 시위대(서울)와 진위대(지방) 증강, 무관 학교 설립(장교 양성) • 외교 : 이범윤을 간도 관리사로 파견
경제	• 양전 사업 실시 : 양지아문을 설치하여 지계 발급(근대적 토지 소유제도 확립 목표 ➡ 국가 재정 확충) • 상공업 진흥책 : 근대적 공장과 회사 설립(철도, 전기, 해운, 금융 분야 등)
사회	• 교육 : 실업학교(상공 학교, 광무 학교)와 기술 교육 기관 설립, 외국에 유학생 파견 • 근대 시설 확충 : 교통, 통신, 전기, 의료 분야에 각종 근대 시설 도입

🐨 지계

지계는 토지 소유권을 증명하는 문서로, 근대적 토지 소유권 확립을 통한 조세 수입원을 정확히 파악하기 위해 발급하였다.

의 시험 전에 꼭 맛봐야 하는

대한국 국제(일부)

> 제1조 대한국은 세계 만국이 공인한 자주 독립 제국이다.
> 제2조 대한국의 정치는 만세 불변의 전제 정치이다.
> 제3조 대한국의 대황제는 무한한 군권을 누린다.
> 제5조 대한국 대황제는 육·해군을 통솔한다.
> 제6조 대한국 대황제는 법률을 제정하여 반포, 집행을 명하고, 대사, 특사, 감형, 복권 등을 명한다.
> 제7조 대한국 대황제는 행정 각부의 관제를 정하고, 행정상 필요한 칙령을 발한다.
> – 「관보」, 광무 3년 8월 22일조 –

대한국 국제를 통해 '대한국은 세계 만국이 공인한 자주 독립국'이며 황제가 전제 정치를 실시한다는 점을 천명하였다. 또한 황제가 군 통수권, 입법권, 행정권, 사법권 등 모든 권한을 갖는다고 규정하였다.

③ 의의 : 근대적 토지 소유권 확립, 국방력 강화, 상공업 진흥 등을 통해 근대 자본주의 국가로의 전환 도모

④ 한계 : 황제권 강화 목적, 재정 부족 및 외국 자본 유입, 집권층의 보수적 성향, 일본의 간섭으로 큰 성과를 거두지 못함

01.③

제시문은 우리나라 개화파 관료들인 군국기무처에 의하여 1894년 7월에 추진된 제1차 갑오개혁이다.

ⓛ, ⓒ 1차 갑오개혁의 내용이다.

㉠ 1883년에 창간된 우리나라 최초의 근대 신문이다.

㉣ 흥선 대원군은 재정 확충과 왕권 강화를 위해 서원 철폐를 단행하였다.

02.④

(가)에는 농민군은 정부와 정치를 개혁할 것을 합의하여 맺은 전주 화약부터 2차 동학 농민 운동의 우금치 전투 직전의 내용이 들어가야한다.

④ 농민군은 정부와 정치를 개혁할 것을 합의하는 전주 화약을 맺었다. 그 후 농민군은 전라도 각 지역에 자치적 민정 기구인 집강소를 설치해 행정과 치안을 담당하였다.

①, ②, ③은 (가) 시기 이전의 일이다.

⑤ 우금치 전투에서 패하면서 지도자인 전봉준이 체포되어 처형당하였다.

---

01 기출 문제

밑줄 그은 '개혁'의 내용으로 옳은 것을 〈보기〉에서 고른 것은?

> 군국기무처의 주도로 개혁을 한다는군.

> 사노비를 없애고 과거제도 폐지한다네.

〈보기〉

㉠ 박문국을 설치하여 한성순보를 발행하였다.
ⓛ 조혼을 금지하고 과부의 재가를 허용하였다.
ⓒ 청의 연호를 폐지하고 개국 기원을 사용하였다.
㉣ 전국의 서원을 47개만 남기고 모두 철폐하였다.

① ㉠, ⓛ   ② ㉠, ⓒ
③ ⓛ, ⓒ   ④ ⓛ, ㉣
⑤ ⓒ, ㉣

02

(가) 시기 동학 농민군의 활동으로 옳은 것은?

톈진 조약을 근거로 파병한 청과 일본 군대가 상륙하였다.

⇩

(가)

⇩

일본의 침입에 맞서 우금치에서 일본군과 격전을 벌였다.

① 황토현에서 관군을 격파하였다.
② 백산에서 4대 강령이 발표되었다.
③ 조병갑의 탐학에 맞서 봉기하였다.
④ 전라도 일대에 집강소가 설치되었다.
⑤ 지도자인 전봉준이 체포되어 처형당하였다.

03

다음은 동학 농민 운동의 전개 과정을 나타낸 것이다. (개~(대) 시기에 대한 설명으로 옳은 것은?

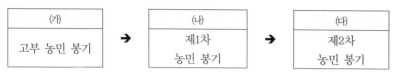

(가)		(나)		(다)
고부 농민 봉기	→	제1차 농민 봉기	→	제2차 농민 봉기

① (가) - 일본군의 경복궁 점령
② (나) - 조병갑의 탐학
③ (나) - 잡혀가는 전봉준
④ (다) - 황토현 전투
⑤ (다) - 우금치 전투

04

다음 개혁이 이루어진 시기를 연표에서 옳게 고른 것은?

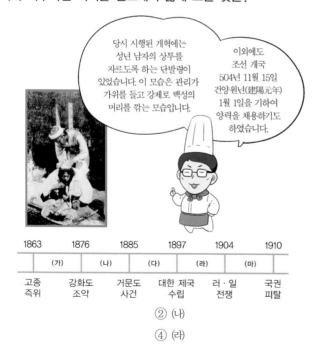

당시 시행된 개혁에는 성년 남자의 상투를 자르도록 하는 단발령이 있었습니다. 이 모습은 관리가 가위를 들고 강제로 백성의 머리를 깎는 모습입니다.

이외에도 조선 개국 504년 11월 15일 건양원년(建陽元年) 1월 1일을 기하여 양력을 채용하기도 하였습니다.

	(가)	(나)	(다)	(라)	(마)	
1863	1876	1885	1897	1904	1910	
고종 즉위	강화도 조약	거문도 사건	대한 제국 수립	러·일 전쟁	국권 피탈	

① (가)
② (나)
③ (다)
④ (라)
⑤ (마)

03.⑤

동학 농민 운동의 전개 과정에 대해 묻고 있다.

⑤ 제2차 농민 봉기 때 농민군은 공주 우금치에서 일본군과 정부군을 상대로 치열하게 싸웠지만 크게 패하였다.

① 제1차 농민 봉기는 당시 농민군이 전주를 점령하고 정부와 전주 화약 맺으며 해산하였다.

② 조병갑의 탐학에 맞서 고부 농민 봉기가 일어났다.

③ 제2차 농민 봉기 때 농민군은 우금치 전투에서 패배하면서 전봉준도 체포되었다.

④ 제1차 농민 봉기 때 농민군은 전라감영군을 맞아 황토현 전투에서 크게 승리하였다.

04.③

을미개혁은 1895년 을미사변으로 수립된 친일 내각이 단행한 개혁이다. 태양력 실시, 종두법(우두법) 실시, 소학교 설립, 우편제도 실시, 연호 사용(건양), 군제 개편(친위대, 진위대) 등의 개혁과 함께 단발령을 반포하였다.

05.①

제시된 자료는 독립 협회가 발표한 '구국 운동 상소문'이다. 이 글에서 독립 협회는 러시아의 내정 간섭과 이권 요구를 강하게 비판하면서 재정, 군사, 인사권을 자주적으로 행사하여 자주독립을 지켜야 한다고 주장하고 있다.

① 청나라의 사신을 영접하던 장소인 영은문과 모화관을 허물고 독립문을 건립하였다.
② 신민회의 활동이다.
③ 국채 보상 운동은 1907년부터 1908년 사이에 국채를 국민들의 모금으로 갚기 위하여 전개된 국권회복운동이다.
④ 대한 자강회의 활동이다.
⑤ 신민회의 활동이다.

06.②

제시문에서 묻는 답안은 광무개혁이다. 광무개혁은 국가의 자주독립과 근대화를 추구하는 방향으로 추진되었다. 이에 따라 국방력을 강화하고 교육과 상공업 진흥, 근대 시설 확충을 위한 개혁 정책이 실시되었다.
② 대한민국 임시 정부의 활동이다.
①, ③, ④, ⑤는 광무개혁의 내용이다.

05

다음 주장을 펼친 단체가 전개한 활동으로 옳은 것은?

> 신들은 나라의 나라 됨이 둘이 있으니, 자립(自立)하여 타국에 의뢰하지 않는 것이요, 자수(自修)하여 한 나라에 정치를 행하는 것이라고 생각합니다. 이 두 가지는 하느님께서 우리 폐하에게 주신 바의 하나의 대권입니다. 이 대권이 없은즉 그 나라가 없습니다.
>
> – 독립신문, 1898. 3. –

① 독립문을 건립하였다.
② 대한매일신보 발행하였다.
③ 국채 보상 운동을 주도하였다.
④ 고종 퇴위 반대 운동을 전개하였다.
⑤ 국외 독립 운동 기지를 건설하였다.

06

다음 서술형 평가의 답안에 들어갈 내용으로 옳지 <u>않은</u> 것은?

서술형 평가

○ 다음 자료와 관련된 정부의 정책으로 옳은 것에 대해 서술해보세요.

답안

① 황제권 강화를 위해 원수부가 설치되었다.
② 재정 확보를 위해 애국 공채를 발행하였다.
③ 상공업 진흥을 위해 상공 학교가 건립되었다.
④ 황제권 강화를 위해 대한국 국제를 선포하였다.
⑤ 근대적 토지 소유권 확립을 위해 양지아문을 설치하였다.

일제의 침략과 국권 수호 운동

19

은쌤의 은밀한 시험포인트

무료강의

은셰프, 일제의 지가 되는 과정 따윈 먹지 않겠어요!

일본에 당한 치욕의 역사는 잊으면 안 됩니다. 우리가 국권을 피탈하는 과정에서 맺어진 조약을 시간 순으로 알고,

을사조약과 정미조약은 단독으로 자주 출제가 되므로 조약의 내용과 그에 대한 우리의 항거를 잊지 말고 꼭 챙기세요.

①한·일 의정서

②제1차 한·일 협약

③을사조약

④정미조약

⑤한·일 병합 조약

국권을 수호하기 위한 항일 의병 전개와 애국 계몽 운동에서 꼭 먹어야 하는 것이 있어?

음... 의병에서는 을사의병과 정미의병으로 시작된 서울진공 작전과,

애국 계몽 운동에서는 신민회의 모든 활동에 집중하면서 맛을 음미해봐!

평민의병장 최익현 신돌석 을사의병

신민회 공화정체 대한매일신보 신흥무관학교 태극서관 오산 대성 학교

해산 군인참여 서울 진공 작전 정미 의병 남한대토벌 작전

핵심개념 한상 차리기

1. 국권 피탈 과정

(1) 러·일 전쟁(1904)

전쟁 발발	• 배경 : 한반도를 둘러싼 러시아와 일본의 대립 ➡ 제1차 영일동맹 (1902) ➡ 일본의 기습 공격 • 대한 제국의 국외 중립 선언(1904.1.) : 러·일 전쟁 발발 직전에 선언하였지만 일본이 이를 무시함

🐨 러·일 전쟁 풍자화

(2) 한·일 의정서 체결(1904.2.)

내용	• 일본이 러·일 전쟁을 빌미로 한반도 내 전략상 필요한 지역을 군사 기지로 확보 • 외교권 제한 : 일본의 동의 없이 제3국과 조약 체결 금지

 윤세훈의 시험 전에 꼭 맛봐야 하는

🐨 한·일 의정서 체결 사진

한·일 의정서(1904.2.)

> 제4조 제3국의 침해나 혹은 내란으로 인하여 대한 제국 황실의 안녕과 영토의 보전에 위험이 있을 경우에는 일본 제국 정부는 속히 정황에 따라 필요한 조치를 취할 수 있다. 그러나 대한 제국 정부는 위 일본 제국의 행동을 용이하게 하기 위하여 충분한 편의를 제공한다. 일본 제국 정부는 군사 전략상 필요한 지점을 정황에 따라 차지하여 이용할 수 있다.
>
> -「고종 실록」, 1904.2. -

한·일 의정서를 체결하여 일본은 한국 내에서 군사 기지를 마음대로 사용할 수 있게 되었다.

(3) 제1차 한·일 협약(1904.8.)

고문 정치	• 과정 : 일본이 러·일 전쟁에서 승리가 확실시되자 재차 정부에 조약 강요
	• 내용 : 고문 정치
	  ┌ 일본인 메가타를 재정 고문으로 초빙
	  ├ 외국인 스티븐스를 외교 고문으로 초빙(일본 정부가 추천)
	  ├ 협약에 없는 군부·내부 등 각 부에도 일본인 고문 파견
	  └ 외국과의 조약 체결이나 그 외 중요 안건은 일본과 협의하여 시행
	• 영향 : 내정 간섭 강화, 식민지화 추진

제1차 한·일 협약(1904.8.)

> 1. 대한 정부는 일본 정부가 추천한 일본인 1명을 재정 고문으로 삼아 대한 정부에 용빙하여 재무에 관한 사항은 일체 그의 의견을 물어서 시행해야 한다.
> 2. 대한 정부는 일본 정부가 추천한 외국인 1명을 외교 고문으로 삼아 외부에 용빙하여 외교에 관한 중요한 사무는 일체 그의 의견을 물어서 시행해야 한다.
> - 「고종 실록」, 1904. 8 -

1차 한·일 협약을 체결하여 고문 정치를 실시하고 조선의 내정을 마음대로 간섭하고자 하였다.

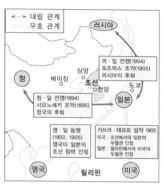

한국 지배를 묵인한 국제 조약

(4) 열강이 일본의 한국 지배 승인(1905)

가쓰라·태프트 밀약 (1905.7.)	• 미국의 필리핀 지배와 일본의 한반도 지배 상호 인정
제2차 영일 동맹 (1905.8.)	• 영국의 인도 지배와 일본의 한반도 지배 상호 인정
포츠머스 조약 (1905.9.)	• 러시아 군대의 만주 철수와 일본의 한반도 지배 인정

(5) 제2차 한·일 협약(을사조약, 1905.11.)

통감 정치	• 과정 : 일제가 고종 황제와 대신 위협 ➡ 을사 5적의 동의만으로 일방적인 조약 체결 • 외교권 박탈 : 사실상 주권 상실, 일본의 보호국화 • 통감부 설치(1906.2.) : 통감 정치, 초대 통감 이토 히로부미가 내정 장악 • 고종의 조약 무효화 노력(실패) : 헤이그 특사 파견(1907), 미국에 헐버트를 특사로 파견(1907)

을사조약 원문

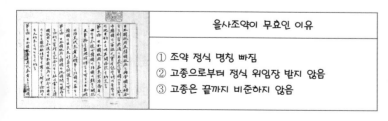

	을사조약이 무효인 이유
	① 조약 정식 명칭 빠짐 ② 고종으로부터 정식 위임장 받지 않음 ③ 고종은 끝까지 비준하지 않음

코알랄라의
시험에 나오는 자료

온세푸의 시험 전에 꼭 맛봐야 하는

을사조약(제2차 한·일 협약, 1905.11.)

> 제2조 일본국 정부는 한국과 타국 간에 현존하는 조약의 실행을 완수하는 임무를 담당하고 한국 정부는 지금부터 일본국 정부의 중개를 거치지 않고서는 국제적 성질을 가진 어떤 조약이나 약속을 맺지 않을 것을 서로 약속한다.
> 제3조 일본국 정부는 그 대표자로 한국 황제 폐하 밑에 1명의 통감을 두되, 통감은 오로지 외교에 관한 사항을 관리하기 위하여 경성에 주재하고, 친히 한국 황제 폐하를 만날 수 있는 권리를 가진다.
>
> – 「고종 실록」, 1905.11. –

을사조약은 일본이 외교권 박탈을 위하여 강제로 체결한 조약으로 원명은 한·일 협상조약이며, 제2차 한·일 협약, 을사 보호 조약, 을사5조약이라고도 한다.

---

(6) 을사조약 반대 투쟁

을사 의병 (1905)	• 계기 : 을사조약 체결 • 목표 : 을사조약 폐기 및 국권 회복을 위한 무장 투쟁 전개 • 구성 : 양반 유생, 전직 관료, 평민 출신 의병장(신돌석) 등장 • 민종식 : 전직 관리, 일본군과 싸워 충남 홍주성 점령 • 최익현 : 유생, 전북 일대 장악 ➡ 관군에 맞서다 싸우다 체포 ➡ 쓰시마 섬에 유배, 순국 • 신돌석 : 평민 의병장, 강원도 관동 지방 산악 지대를 중심으로 유격전
각종 투쟁	• 상소 운동 : 이상설, 조병세, 이근명 등 • 순국 자결 : 민영환, 조병세, 이한응 등 • 언론 : 황성신문에 장지연의 '시일야방성대곡' 논설 게재 • 의거 : 나철, 오기호의 5적 암살단(자신회) 조직(1906) ➡ 실패
외교 활동	• 고종의 을사조약 무효 선언 ┌ 열강의 지원을 얻기 위한 외교 활동 전개 └ 헐버트는 고종의 밀서를 휴대하고 미국의 국무장관과 대통령을 면담하려 했으나 실패(거중조정) • 헤이그 특사 파견 : 이상설·이준·이위종 ┌ 네덜란드 헤이그에서 열린 만국 평화 회의에 특사 파견 ├ 을사조약 무효와 일본의 만행을 알리고자 함 ├ ➡ 일본 방해로 실패 └ 고종 강제 퇴위의 계기가 됨

시일야방성대곡

....아 원통하고 분하도다. 우리 이천 만 동포여 살았느냐 죽었느냐, 단군 기자 이래 사천년의 국민정신이 하룻밤 사이에 망하고 말 것인가, 원통하고 원통하다, 동포여, 동포여

– 황성신문 –

황성신문에는 을사조약의 부당함을 알리는 '시일야방성대곡(이 날을 목 놓아 통곡하노라!)'이라는 장지연의 논설이 실렸다.

헤이그 특사

왼쪽부터 이준, 이상설, 이위종 열사

(7) 한·일 신협약(정미 7조약, 1907.7.)

차관 정치	• 배경 : 헤이그 특사를 빌미로 고종 강제 퇴위(1907) ➡ 순종 즉위 • 통감의 내정 간섭 권한 강화 • 차관 정치 : 통감이 추천하는 일본인들 정부의 주요 관직 차지 • 조약의 부서 각서에 의해 군대 해산 ➡ 지방 각지의 의병에 가담

윤세프의 시험 전에 꼭 맛봐야 하는

한·일 신협약(정미 7조약, 1907.7.)

> 제1조 한국 정부는 시정 개선에 관하여 통감의 지도를 받을 것.
> 제2조 한국 정부의 법령 제정 및 중요한 행정상의 처분은 미리 통감의 승인을 거
> 칠 것.
> 제4조 한국 고등 관리의 임명은 통감의 동의로써 이를 행할 것.
> 제5조 한국 정부는 통감이 추천한 일본인을 한국 관리로 임명할 것.
> – 「순종 실록」, 1907.7. –

정미 7조약은 일본이 고종을 강제 퇴위시킨 직후에 강압적인 분위기로 체결되었기 때문에
국제조약으로 법적 유효성에 의문이 있다.

(8) 항일 의병 운동과 열사의 항일 투쟁

정미의병의 모습

정미의병 (1907)	• 계기 : 고종의 강제 퇴위, 군대 해산 • 구성 : 유생, 농민, 군인 등 • 특징 : 해산 군인 참여(전투력 강화) ➡ 의병 전쟁으로 발전, 각 계각층의 참여로 전국적 확산 • 서울 진공 작전(1907.12.) : 13도 창의군 결성(이인영, 허위) ➡ 총사령관 이인영이 부친상으로 이탈, 국제법상 교전 단체 승인 요구 실패 ➡ 서울 진공 작전 계획 실패
남한 대토벌 작전 (1909.9.)	• 서울 진공 작전 실패 후에도 호남 지역 중심으로 의병 활동 활 발 ➡ 일본의 무자비한 탄압 ➡ 의병 활동 위축, 국내 의병 활 동 종료 ➡ 만주·연해주로 의병 이동
의사와 열사의 항일 투쟁	• 전명운, 장인환의 미국인 외교 고문 스티븐스 사살(1908) • 안중근이 만주 하얼빈에서 이토 히로부미 사살(1909) • 이재명의 이완용 저격(1909) ➡ 실패

의병의 궐기

안중근 의사

이토 히로부미가 러시아 대신과의 회담을 위해 하얼빈을 방문하자 안중근이 기차에서 내리는 그를 사살하였다.

은세프의 시험 전에 꼭 맛봐야 하는

항일 의병 투쟁

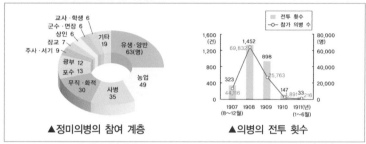

▲정미의병의 참여 계층　　▲의병의 전투 횟수

의병 운동은 민족의 독립을 지키려는 무장 투쟁으로, 전국적으로 전개되었다. 특히 정미의병(1907)은 해산된 군인들의 참여로 병력과 화력이 증강되었다. 유생, 군인, 상인, 포수 등 다양한 계층이 참여하였다.

(9) 국권 침탈(1910)

기유각서(1909.7.)	• 사법권 · 감옥 사무권 강탈
각종 침탈	• 신문지법 제정(1907.7.) : 언론 탄압 • 보안법 제정(1907.7.) : 집회 · 결사 금지 • 출판법 제정(1909.2.) : 서적 출판 금지
경찰권 박탈(1910.6.)	• 경찰권 위탁 협정 후 경찰권 강탈
한 · 일 병합 조약 (1910.8.)	• 일진회의 합방 청원서 제출 ➡ 총리 대신 이완용과 통감 데라우치 합의 • 대한제국 주권 상실, 일본 식민지화 ➡ 조선 총독부 설치

은세프의 시험 전에 꼭 맛봐야 하는

한국 병합에 관한 조약(1910.8.)

> 제1조 한국 황제 폐하는 한국 전체에 관한 일체 통치권을 완전하고도 영구히 일본 황제 폐하에게 양여한다.
> 제2조 일본국 황제 폐하는 앞 조에 기재된 양여한다는 것을 수락하고, 또 완전히 한국을 일본 제국에 병합하는 것을 승낙한다.
> 제3조 일본국 황제 폐하는 한국 황제 폐하, 태황제 폐하, 황태자 전하와 그들의 황후, 황비 및 후손으로 하여금 각각 그 지위에 따라서 상당한 존칭, 위엄과 명예를 향유하게 하고, 또 이것을 유지하는 데 충분한 세비를 공급할 것을 약속한다.

일제는 대한 제국을 완전히 식민지로 삼기 위해 병합 조약을 강제로 체결하였다. 병합 조약은 을사조약과 마찬가지로 군대를 동원한 위협적인 분위기 속에서 강요되었고, 위임-조인-비준의 절차를 제대로 거치지 않았기 때문에 국제법상 불법이다.

2. 애국 계몽 운동

(1) 애국 계몽 운동의 성격
① 시기 : 을사조약(1905) 전후로 활발히 전개
② 성격 : 개화 운동과 독립 협회 계승, 사회 진화론의 영향을 받음
③ 목표 : 교육·언론·민족 산업의 진흥을 통한 실력 양성과 국권 회복 추구

(2) 애국 계몽 단체의 활동

보안회 (1904)	• 관료와 유생이 주도 • 일본의 황무지 개간권 요구 반대 운동 ➡ 일본 요구 철회
헌정 연구회 (1905)	• 독립협회 계승 • 의회 설립을 통한 입헌군주제 실시 주장 • 일진회의 친일 행위 규탄 ➡ 일제 탄압으로 해산
대한 자강회 (1906)	• 헌정 연구회 계승 • 전국 각지에 지회 설치, '대한 자강회 월보' 간행 • 고종 강제 퇴위 반대 운동 전개 ➡ 일제 탄압으로 해산
대한 협회 (1907)	• 대한 자강회 계승 • 민권 신장을 위해 노력 ➡ 친일적 성격으로 변화
신민회 (1907)	• 구성 : 안창호, 이승훈, 양기탁 등이 조직한 비밀 결사 • 특징 : 애국 계몽 운동 + 의병 운동 노선 ➡ 독립 전쟁 준비론 • 목표 : 국회 회복, 공화정 체제의 근대 국민 국가 건설 • 활동 내용 **국내** • 교육 : 대성 학교(평양), 오산 학교(정주) 설립 • 산업 : 자기 회사, 태극 서관, 방직 공장 등 설립 • 문화 : 대한매일신보 발행, 학회와 강연 등 활동(국민 계몽) **국외** • 남만주 삼원보에 한인 집단 거주 지역 건설 • 독립운동 기지 건설 : 신흥 무관 학교 설립 ➡ 장기적인 독립운동 기반 마련 • 해산 : 일제가 날조한 105인 사건으로 와해(1911)

(3) 애국 계몽 운동의 의의
① 국민 계몽과 교육을 통해 장기적인 독립운동의 인재 양성
② 근대적 민족 산업을 진흥시켜 독립운동의 경제적 토대 마련에 노력

(4) 애국 계몽 운동의 한계
① 제국주의 침략 속성에 대해 이해하지 못함
② 일제에 정치적·군사적으로 예속되어 성과가 미약
③ 사회 진화론에 따른 일제의 한반도 통치 인정

 윤세프의 시험 전에 꼭 맛봐야 하는

대한 자강회 취지문

> 무릇 우리나라의 독립은 오직 자강(自強)의 여하에 있을 따름이다. …… 자강의 방법은 다른 데 있는 것이 아니라 교육을 진작하고 산업을 일으키는 데 있다. 무릇 교육이 일어나지 못하면 국민의 지식이 열리지 않고, 산업이 일어나지 않으면 나라의 부가 늘어나지 못하는 것이다. 그러므로 국민의 지식을 열고 국력을 기르는 길은 무엇보다도 교육과 산업의 발달에 있지 않겠는가? 교육과 산업의 발달이 곧 하나뿐인 자강의 방도임을 알 수 있을 것이다. ……
>
> – 「대한자강회월보 제1호」(1906) –

대한 자강회는 산업 육성을 통해 나라의 부를 증대시키고, 교육을 통해 국민의 지식수준을 높여 국권을 수호하려 하였다

신민회

> 신민회의 목적은 한국의 부패한 사상과 습관을 혁신할 국민을 유신(維新)케 하며, 쇠퇴한 발육과 산업을 개량하여 사업을 유신케 하며, 유신한 국민이 통일 연합하여 유신한 자유 문명국을 성립케 한다고 말하는 것으로서, 그 깊은 뜻은 열국 보호하에 공화 정체의 독립국으로 함에 목적이 있다고 함.
>
> – 주한일본공사관기록, 일본헌병대기밀보고(1909) –

신민회는 '오직 신정신을 불러 깨우쳐서 신단체를 조직한 후에 신국가를 건설할 뿐이다'를 취지문을 통해 천명하였으며, 이는 공화 정체의 근대 국가를 수립하고자 한 것과 관련이 있다.

3. 간도와 독도

(1) 간도

① 간도 귀속 문제 : 백두산정계비 건립(1712, 숙종) ➡ 19세기 후반 토문강의 해석 문제를 두고 간도 귀속 문제 발생

② 대한 제국의 정책 : 간도 관리사 이범윤 파견, 간도를 함경도의 행정 구역에 편입(1902)

③ **간도 협약**(1909) : 을사조약 이후 청·일 간에 체결 ➡ 일본은 만주 철도 부설권 획득, 청은 간도 확보

(2) 독도

① 독도 영유권 : 삼국시대 이래 울릉도와 더불어 우리 영토 ➡ 조선 숙종 때 안용복은 일본에 건너가 독도가 우리나라 영토임을 확인 ➡ 대한 제국 때 울릉도를 군으로 승격시켜 독도 관할(1900)

② 일제의 불법 영토 침탈 : 러·일 전쟁 중 독도를 자국 영토에 편입(1905)

01 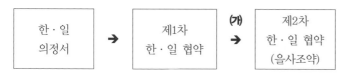기출문제

(가) 단체의 활동으로 옳은 것은?

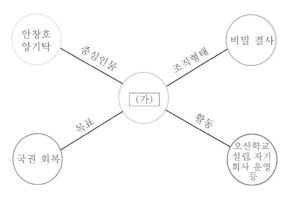

① 정부에 헌의 6조를 건의하였다.
② 한글 맞춤법 통일안을 제정하였다.
③ 조선 혁명 선언을 활동 지침으로 삼았다.
④ 국외에 독립운동 기지 건설을 추진하였다.
⑤ 백정에 대한 사회적 차별 철폐를 주장하였다.

02

(가) 시기에 있었던 사실로 옳은 것은?

한·일 의정서	→	제1차 한·일 협약	(가) →	제2차 한·일 협약 (을사조약)

① 통감부가 설치되었다.
② 해산된 군인이 의병 투쟁에 합류하였다.
③ 일본이 대한 제국의 외교권을 박탈하였다.
④ 일본인 메가타가 재정 고문으로 파견되었다.
⑤ 고종은 만국 평화 회의에 헤이그 특사를 파견하였다.

01. ④

제시된 자료는 신민회와 관련 있다. 1907년에 결성된 신민회는 국권 회복을 위한 실력 양성을 주장하며 교육 진흥, 국민 계몽, 산업 진흥을 강조하였다.

④ 신민회는 장기적인 독립운동을 계획하고 만주에 독립운동 기지를 건설하였다.
① 독립협회의 활동이다.
② 1933년에 조선어 학회가 제정·공표하였다.
③ 조선 혁명 선언은 신채호가 1923년 1월 의열단의 독립운동이념과 방략을 이론화하여 천명한 선언서이다.
⑤ 1923년 4월25일 창립된 조선형평사의 활동이다.

02. ④

일본은 러·일 전쟁에서 전세가 유리해지자 제1차 한·일 협약을 체결하였다. 이 조약에 따라 일본은 대한 제국의 재정 고문에 일본인 메가타, 외교 고문에 미국인 스티븐스를 임명하여 한국의 내정과 외교에 간섭하였다.

④ 제1차 한·일 협약 때 일이다.
① 제2차 한·일 협약 때 일이다.
② 한·일 신협약 때 일이다.
③ 제2차 한·일 협약 때 일이다.
⑤ 제2차 한·일 협약 체결 이후의 일이다.

03.②

제시된 자료는 1905년에 체결된 을사조약이다. 을사조약이 체결되자 우리 민족은 의병 항쟁, 순국, 동맹 휴학 등의 방법으로 저항하였다.

② 105인 사건은 1911년 일제가 날조한 사건으로, 신민회의 국내 조직이 와해되는 원인이 되었다.

①, ③, ④, ⑤ 을사조약은 대한제국이 일본의 보호국으로 전락하자, 전국에서 이에 대한 항거이다.

04.②

② 고종이 을사늑약의 무효화를 위해 헤이그에 특사를 파견하였는데, 일본은 이를 구실로 고종을 강제 퇴위시켰다.

① 명성 왕후가 시해된 을미사변은 1895년에 일본 자객들이 저질렀다.

③ 가쓰라-태프트밀약은 1905년 7월 미국과 일본이 필리핀과 대한제국에 대한 서로의 지배를 인정한 협약이다.

④ 우정총국은 우리나라 최초로 근대적인 우편업무를 실시하기 위해 설치된 관청으로 1884년에 건립되었다.

⑤ 1905년 일본이 한국의 외교권을 박탈하기 위해 강제로 체결한 을사조약에 반대하여 최익현, 신돌석 등이 의병을 일으켰다.

03

다음 조약에 맞선 우리 민족의 대응으로 옳지 않은 것은?

> 제2조 일본 정부는 한국과 타국 간에 현존하는 조약의 실행을 완전히 하는 책임을 맡고, 한국 정부는 금후에 일본 정부의 중재를 거치지 아니하고 국제적 성질을 가진 어떠한 조약이나 약속을 맺지 않을 것을 서로 약속한다.
>
> 제3조 일본 정부는 그 대표자로 하여금 한국 황제 폐하의 밑에 1명의 통감을 두되, 통감은 오로지 외교에 관한 사항을 관리하기 위해 경성에 주재하고 친히 한국 황제 폐하를 알현할 권리를 가진다.

① 신돌석이 의병을 일으켰다.
② 신민회가 105인 사건을 일으켰다.
③ 장지연은 시일야방성대곡을 발표하였다.
④ 나철, 오기호 등이 자신회를 조직하였다.
⑤ 민영환, 조병세 등은 울분을 참지 못하고 자결하였다.

04

다음 자료와 관련된 사실이 끼친 영향으로 옳은 것은?

◀1907년 네덜란드의 헤이그에서 열린 만국 평화 회의에 특사로 파견된 이준, 이상설, 이위종

① 명성 왕후가 시해되었다.
② 고종이 강제로 퇴위당하였다.
③ 일본과 미국이 밀약을 맺게 되었다.
④ 우정총국이 세워지는 계기가 되었다.
⑤ 최익현, 신돌석 등이 항일 의병을 일으켰다.

05

다음 자료에 나타난 사건으로 일어난 의병에 대한 설명으로 옳은 것은?

전(前) 승지 김복한이 찾아와 눈물을 흘리며 말하기를, "8월에 국모를 시해한 원수를 잊지 못해 지금도 마음이 한없이 아프거늘, 이제 또 내각이 당을 이루어 이금을 협박하고 명령을 내렸다. 이는 상투를 제거하고 오랑캐의 옷을 입게 하여 부모께 물려받은 몸은 온전히 되돌릴 수 없도록 한 것이다. 이에 의병을 일으켜 분한 마음을 성토하고자 하는데 그대도 함께 거사하겠는가?"라고 하였습니다.

① 신돌석이 대표적인 의병장이었다.
② 고종의 권고 조칙으로 해산하였다.
③ 일본의 외교권 강탈에 반발하였다.
④ 해산 군인의 합류로 전투력이 향상되었다.
⑤ 국제법상의 교전 단체로 인정해 줄 것을 요구하였다.

06

다음 격문과 관련된 의병 활동에 대한 설명으로 옳은 것은?

오호라 작년 10월에 저들이 한 행위는 만고에 일찍이 없던 일로서, 억압으로 한 조각의 종이에 조인하여 5백 년 전해오던 종묘사직이 드디어 하룻밤에 망했으니, …… 나라가 이와 같이 망해 갈진대 어찌 한번 싸우지 않을 수 있는가. 또 살아서 원수의 노예가 되기보다는 죽어서 충의의 혼이 되는 것이 나을 것이다.

– 최익현, 「면암집」 –

① 서울 진공 작전을 추진하였다.
② 13도 연합 부대를 결성하였다.
③ 동학의 잔여 세력이 참여하였다.
④ 해산 이후 일부가 활빈당을 조직하였다.
⑤ 평민 출신 의병장이 등장하기 시작하였다.

05.②

제시문의 '국모를 시해한 원수', '상투를 제거하고' 등을 통해 을미의병임을 알 수 있다. 을미의병은 1895년 명성황후의 시해사건과 단발령에 분격한 유생들이 일으킨 항일의병이다.
② 을미의병에 대한 설명이다.
①, ③ 을사의병에 대한 설명이다.
④, ⑤ 정미의병에 대한 설명이다.

06.⑤

제시된 자료는 을사의병 당시 전라북도 지방에서 봉기한 최익현의 격문이다. 을사의병에는 농민들이 적극 가담하였고, 신돌석과 같은 평민 출신 의병장이 등장하였다.
⑤ 을사의병에 대한 설명이다.
①, ② 정미의병에 대한 설명이다.
③, ④ 을미의병에 대한 설명이다.

07.④

ⓒ, ⓔ 정미의병에 대한 내용이다.
ⓐ 제2차 동학농민운동에 대한 내용이다.
ⓑ 을미의병에 대한 내용이다.

07

다음 격문과 관련된 의병 활동에 대한 설명으로 옳은 것을 〈보기〉에서 모두 고른 것은?

> 동포들이여! 우리는 함께 뭉쳐 조국을 위해 헌신하여 독립을 되찾아야 한다. 우리는 야만 일본 제국의 잘못과 광란에 대해 전 세계에 호소해야 한다. 간교하고 잔인한 일본 제국주의자들은 인류의 적이요, 진보의 적이다.
> – 대한 관동 창의대장 이인영(1907) –

〈보기〉

ⓐ 우금치에서 일본군과 전투를 벌였다.
ⓑ 전국적인 항일 전쟁으로 발전하였다.
ⓒ 고종의 해산 권고 조칙을 계기로 해산하였다.
ⓔ 해산 군인의 참여로 전투력이 강화되었다.

---

① ⓐ, ⓑ   ② ⓐ, ⓒ
③ ⓑ, ⓒ   ④ ⓑ, ⓔ
⑤ ⓒ, ⓔ

08.③

제시된 자료는 애국 계몽 운동 단체인 대한 자강회의 설립 취지문으로, 민족의 자강을 강조하고 있다. 대한 자강회는 1906년 서울에서 조직되었던 사회운동단체로, 1907년 고종 황제의 퇴위와 순종 황제의 즉위를 반대하는 국민운동을 전개하여 일본에 의해 강제 해산을 당하였다.

08

다음 자료를 통해 알 수 있는 단체가 조직된 시기로 옳은 것은?

대한자강회

대저 방국(邦國)의 독립은 오직 자강(自強)의 여하에 달려 있다. 아한(芽韓)이 종전 자강지술을 강구하지 않아 인민이 스스로 우매해지고 국력이 스스로 쇠퇴히져, 드이어 금일의 고난에 이르러 필경 외인의 보호를 받으니, 이는 모두 자강지도에 뜻을 두지 않은 연고라.

1876		1894		1905		1910		1919		1927
	(가)		(나)		(다)		(라)		(마)	
강화도 조약		갑오 개혁		을사 조약		국권 피탈		대한민국 임시정부수립		신간회 조직

① (가)   ② (나)
③ (다)   ④ (라)
⑤ (마)

09

다음 사건의 피의자에 해당하는 인물로 옳은 것은?

• 검사 : 범행 동기가 무엇인가?
• 피의자 : 나는 일본 재판소에서 재판 받을 의무가 없다는 점을 먼저 말하겠다. 나는 의병의 참모장으로 독립 전쟁을 하는 중이고, 그 일환으로 이토 히로부미를 죽였다. 따라서 나는 형사범이 아니라 전쟁 포로이다.

① 나석주
② 안중근
③ 전명운
④ 이봉창
⑤ 윤봉길

09.②

제시문의 피의자의 말 중 '의병장', '이토를 죽였다'는 내용을 통해 피의자인 '나'는 안중근임을 알 수 있다. 연해주와 두만강 일대에서 의병 투쟁을 전개하던 안중근은 1909년 러시아와 밀약을 체결하기 위해 중국 하얼빈에 온 이토 히로부미를 저격하였다.

10

다음 대화에 대한 탐구 활동으로 가장 적절한 것은?

> 1904년에 일본 공사는 우리 정부의 전국 황무지 개간권의 50년간 위임을 요구하고, 그 곳에서 얻어지는 모든 권리를 독차지하려고 합니다.

> 우리는 일본의 터무니 없는 요구를 묵과할 수 없습니다.

① 보안회의 활동을 찾아본다.
② 기유 각서의 내용을 분석한다.
③ 아관 파천의 배경을 조사한다.
④ 105인 사건의 전개 과정을 살펴본다.
⑤ 헤이그 특사 파견의 결과를 알아본다.

10.①

보안회는 1904년 7월 13일 일본의 조선황무지 개간권 요구에 대항하기 위하여 서울에서 조직된 항일단체이다.
① 보안회는 적극적인 황무지 개척권 저지 운동을 전개하였다.
② 기유각서로 대한제국의 사법권과 감옥 사무권이 일제에 강제 이양되었다.
③ 국채보상운동은 1907년부터 1908년 사이에 국채를 국민들의 모금으로 갚기 위하여 전개된 국권회복운동이다.
④ 105인 사건은 1911년 일제가 민족운동을 탄압하기 위해 사건을 조작하여 105명의 애국지사를 투옥한 사건이다.
⑤ 헤이그 특사는 1905년 일본이 강제로 체결한 을사조약의 부당함을 알리기 위해 네덜란드 헤이그에 특사를 파견한 것이다.

20 개항 이후 경제 · 사회의 변화

무료강의

은쌤의 은밀한 시험포인트

개항 이후에 벌어지는
경제침탈은 무엇부터
손을 대야 해?

개항 초기부터 ~ 청·일 전쟁 이후
아관파천까지 외세 침탈에 의한
각 시기별 경제적 특징을 알아야 해!

외세의 경제침탈

(1) 개항 초기
거류지 무역

(2) 청·일
경쟁기
내륙 진출

(3) 청·일
전쟁 이후
일본 독점

(4) 아관파천
열강들의
이권 침탈

가기 전에
자주 출제되는
화폐 정리 사업과
국채 보상 운동의 내용을
놓쳐서는 안 됩니다.

그리고 근대 문화의 수용은
교육 기관과 언론 기관에
집중을 하고,
간혹 나오는 근대 시설은
1880년대-1890년대-1900년대
3시기로 나누어 맛을 보고
다음 코너로 가세요.

은셰프 저는 이제
일제 강점기 코너로
가겠어요!

화
화

핵심개념 한상 차리기

1. 열강의 경제 침탈

(1) 개항 초기의 무역(1876~1882)

① 배경 : 강화도 조약 체결 후 ➡ 부산 · 원산 · 인천 개항 ➡ 일본 상인 진출

② 특징 : 일본 상인의 무역 독점 및 특권 보장(강화도 조약과 속약에 규정)

③ 무역의 형태

약탈 무역	• 치외법권, 일본 화폐 사용, 상품 무관세 등의 특권 바탕
중계 무역	• 일본(영국산 면직물 수입) ↰조선(쇠가죽 · 쌀 · 콩 · 약재 · 금 반출)
거류지 무역	• 개항장 10리 이내로 활동 범위 제한(조계 내에서만 무역) ➡ 조선인 객주와 여각, 거간, 보부상 등을 매개로 활동

④ 영향 : 곡물 가격 폭등으로 농민 생활 궁핍화, 국내 면직물 산업과 가내 수공업자 타격

(2) 청과 일본의 무역 경쟁 심화(1882~1895)

① 배경

청	• 임오군란 이후 조 · 청 상민 수륙 무역 장정 체결(1882) : 청 상인의 서울에서의 점포 개설, 내지 통상 허용 ➡ 최혜국 대우를 근거로 다른 외국 상인들도 내륙 진출
일본	• 조일 수호 조규 속약(1882) ➡ 일본 상인의 간행 이정 확대 • 조일 통상 장정(1883) ➡ 관세 자주권 일부 회복, 최혜국 대우, 방곡령 선포 등

② 전개 : 청의 무역량 증가 ➡ 일본과 무역 비중 대등 ➡ 청과 일본의 상권 침탈 경쟁 심화 ➡ 청 · 일 전쟁 원인

③ 무역의 형태(미면 교환체제) : 청 · 일(영국산 면제품) ↰조선(쌀, 콩 등)

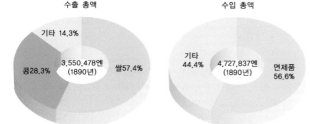

수출 총액

기타 14.3%
콩28.3%
쌀57.4%
3,550,478엔 (1890년)

수입 총액

기타 44.4%
면제품 56.6%
4,727,837엔 (1890년)

▲ 대일 수출입 상품의 품목별 비율(1890)

④ 영향 : 조선의 중개 상인 몰락, 시전 상인들 타격, 지주의 수탈 심화

(3) 청 · 일 전쟁 이후(1894)

일본 상인의 조선 무역 독점 ➡ 미면 교환체제 지속

🐨 열강의 이권 침탈

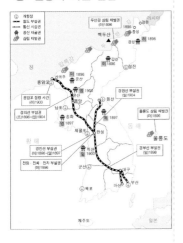

🐨 심화

화폐 정리 사업으로 발행된 새 화폐

(4) **제국주의 열강의 이권 침탈**(아관파천 이후 1896~)

① **배경** : 아관파천 이후 최혜국 대우 조항을 내세워 이권 침탈

② **내용**

러시아	• 광산 채굴권, 울릉도 등의 삼림 채벌권, 용암포 불법 점령 등 침탈
미국	• 광산 채굴권, 철도 · 전기 · 전차 부설권 등의 개발권 획득
일본	• 서양 열강의 철도권 매입(미국의 경인선 · 프랑스의 경의선), 경부선 철도 부설권 획득 • 남해와 서해의 어장권 등 획득
영국	• 거문도 불법 점령(1885~1887)

③ **결과** : 열강의 원료 공급지 및 자본 투자 대상으로 전락

2. 일제의 금융 장악과 토지 약탈

(1) **일본의 금융 장악**

① **개항 이후** : 일본의 국립 제일 은행을 전국 주요 도시에 지점 설치

② **러 · 일 전쟁 이후** : 대한 제국의 화폐 정리와 시설 개선의 명목으로 차관 강요 ➡ 대한 제국의 재정이 일본에 예속

③ **화폐 정리 사업**(1905)

주도	• 1차 한 · 일 협약(1904)으로 부임한 재정 고문 메가타의 주도로 실행
과정	• 일본 제일 은행권을 본위 화폐로 삼음, 대한 제국의 화폐 발행권 박탈 ➡ 기존의 화폐(엽전, 상평통보, 백동화 등)의 교환 강요
문제점	• 교환 기간이 짧고, 소액권은 교환이 되지 않음 • 조선 화폐를 갑 · 을 · 병으로 나눠 교환에 차등을 줌
결과	• 국내 상공업자들에게 큰 타격, 유통 화폐 부족, 조선인들이 설립한 은행들 파산

 은세프의 시험 전에 🍳 맛봐야 하는

일본의 화폐 정리 사업

> **〈백동화와 신화의 교환 규정〉**
> 1. 구백동화의 품위, 양목(量目), 인상, 형체가 정화에 준하는 백동화는 개당 2전 5리의 비율로 신화로 교환하여 준다.
> 2. 정화에 준하지 않는 부정 백동화는 개당 1전의 가격으로 정부가 매수한다.
> 3. 형질이 극히 조악한 백동화는 매수하지 않는다.
> - 「관보」(1905.6.29.) -

일본은 백동화를 갑 · 을 · 병으로 나눠 교환 비율을 다르게 정하여 화폐 정리 사업을 실시하여, 민족 경제가 몰락하게 되었다.

(2) 일본의 토지 약탈

① 일본 정부 : 철도 부지와 군용지 확보를 명분으로 토지 약탈 ➡ 탈취한 토지를 동양 척식 주식회사 등에 넘겨 관리

② 일본 상인 : 고리대를 통한 약탈 ➡ 청·일 전쟁 이후 전주, 군산, 나주 일대에서 대규모 농장 경영

3. 경제적 구국 운동

(1) 방곡령

배경	• 일본 상인의 곡물 유출 증가로 곡물 가격 폭등, 흉년으로 국내 곡물 부족 ➡ 도시 빈민과 영세 농민의 생활 악화
경과	• 함경도(1889), 황해도(1890), 충청도 등지의 관찰사가 조·일 통상 장정(1883)을 근거로 방곡령 선포 ➡ 조일 통상 장정의 규정대로 1개월 전에 관청에 통보하지 않았다며 방곡령 철회와 배상금 지불 요구
결과	• 방곡령 철회, 일본에 배상금 지불 ➡ 청에서 막대한 차관을 빌려 배상금 지불

🐨 방곡령 선포

방곡령이 선포되었던 지역
• 방곡령이 선포되었던 도시

명천
길주
단천
함흥 • 북청
명호
봉산 • • 원산
장연 • 재령 • • 연천
파주 • • 수원
아산 • • 직산
여산 • 대구
의령 • 창녕 • 밀양
함영 • 부산

함경도 방곡령
1889, 1890

황해도 방곡령
1890

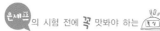의 시험 전에 꼭 맛봐야 하는

방곡령

> 37칙 : 만약 조선국이 국내의 식량 결핍이 염려되어 조선 정부가 잠정적으로 쌀의 수출을 금지하고자 할 때는 그 시기보다 1개월 전에 지방관이 일본 영사관에 알린다.
>
> — 조·일 통상 장정 —

방곡령 실시의 근거가 된 조·일 통상 장정이다. 방곡령은 1884년부터 1901년까지 17년간 27회나 발동되었을 만큼 조선의 식량 사정이 좋지 않았다.

(2) 상권 수호 운동

① 배경 : 1880년대 외국 상인의 내륙 진출 ➡ 객주·여각·보부상 타격

② 목표 : 외국 상인 철수 요구, 상권 수호를 위한 조약 개정 요구

③ 활동

객주	• 동업 조합·상회사 설립 : 대동 상회(평양), 장통 회사(서울) 등
시전상인	• 시위와 동맹 철시 전개 : 청·일 상인의 점포 철수 요구 • 황국 중앙 총상회 조직(1898) ➡ 상권 수호 운동 전개
경강상인	• 일부 자본가들이 대한 협동 우선 회사, 인천 우선 주식회사 등 성립

④ 근대 산업 자본 육성 : 조선은행, 한성은행, 대한 천일 은행 등 설립, 대한 철도 회사, 한성 제직 회사 설립, 해운회사 설립 등

(3) 이권 수호 운동

① 독립협회 : 러시아의 절영도 조차, 프랑스 · 독일의 광산 채굴권 요구 저지

② 보안회 : 일본의 황무지 개간권 요구 반대 운동을 전개 ➡ 일본 요구 철회

③ 농민 : 철도 부설 반대 투쟁, 천주교 세력의 반대, 영학당 · 활빈당의 봉기

④ 노동자 : 운산 금광 광산 노동자들의 채굴 저항(1898), 강원 · 평남 금광의 봉기

(4) 국채 보상 운동(1907)

배경	• 일제의 차관 제공에 의한 경제 예속화 심화 • 일본에 진 빚인 1,300만 원을 갚으려고 함
전개	• 서상돈 등을 중심으로 대구에서 시작 ➡ 국채 보상 기성회 조직(1907) • 모금 운동 전개(술 · 담배 끊기, 패물 헌납 등) ➡ 많은 애국 계몽 운동 단체와 언론 기관(대한매일신보, 황성신문 등) 참여 ➡ 각계각층의 호응
결과	• 일제 통감부의 탄압(양기탁 구속), 상층민 · 부호 · 명문가들 불참 ➡ 큰 성과를 거두지 못함

의 시험 전에 꼭 맛봐야 하는

국채 보상 취지문

서상돈

> 국채 1,300만 원은 바로 우리 대한의 존망에 직결된 것이라, 갚으면 나라가 존재하고 갚지 못하면 나라가 망하는 것은 대세가 반드시 그렇게 이르는 것이다. …… 2천만 인이 3개월 동안 담배를 끊고 그 대금으로 1인마다 20전씩 징수하면 1,300만 원이 될 수 있다. …… 우리 2천만 동포 중에 애국 사상을 가진 이는 기어이 이를 실시해서 삼천리 강토를 유지하게 되기를 바란다.
> – 「대한매일신보」, 1907. 2. 22 –

국채 보상 운동은 국민 스스로의 힘으로 일본의 빚진 국채를 갚자는 것으로 당시 2천만 국민이 금연하여 매달 20전 씩, 3달 동안 모은다면 한 사람당 6원이 되어 국채를 갚을 수 있다고 주장하였다. 그러나 모금액에는 도달하지 못했고, 일본의 방해로 중단되고 말았다.

4. 근대 문물의 수용과 근대 문화의 발달

(1) 근대 문물의 도입

① 배경 : 동도서기론의 확산, 근대적 기술 도입의 중요성 인식

② 근대 시설의 도입 : 생활의 편의, 제국주의 침략에 이용

분야	내용
통신	• 전신 : 나가사키~부산(1884, 일본), 서울~인천과 서울~의주(1885, 청), 전보 총국(1885, 전신 업무 관리) • 전화 : 경운궁에 처음 설치(1898, 미국인) ➡ 서울 시내에 설치(1902) • 우편 : 우정국 설치(1884) ➡ 갑신정변으로 폐지 ➡ 을미개혁 때 다시 운영 ➡ 만국우편연합에 가입(1900)
교통	• 전등 : 경복궁에 설치(1887) • 전차 : 한성 전기 회사(1898, 발전소) ➡ 서대문~청량리에 전차 가설(1899) • 철도 : 경인선(1899, 최초, 노량진~제물포), 경부선(1905) · 경의선(1906)
의료	• 제중원(광혜원, 1885) ┌ 미국인 선교사 알렌의 건의로 설립 └ 홍영식의 옛 집에 세워진 최초의 서양식 근대 병원 • 관립 의학교, 국립 광제원(1900), 적십자 병원(1905) 등 설립 • 세브란스 병원(1904, 제중원 확대), 대한 의원(1907, 정부 설립) • 지석영의 종두법 연구
기타	• 기기창(1883, 무기 공장), 박문국(1883, 신문 발간), 전환국(1883, 화폐 발행) • 농무 목축 시험장(서양 농법 도입) • 대한제국 시기에는 광업학교 · 철도학교 · 의학교 등 설립

③ 평등 사회로의 이행 : 공노비 해방(1801) ➡ 신분제 폐지(갑오개혁, 1894)

④ 민권 의식의 성장 : 독립 협회의 자유 민권 운동 전개, 애국 계몽 운동 전개 등

⑤ 생활 모습의 변화

의	• 남성 : 일부 상류층, 개화 인사(단발, 양복 · 양말 · 양장), 일반인(간소화된 한복, 마고자, 조끼) • 여성 : 개량 한복 등장(여학생 · 신여성 중심), 장옷, 쓰개치마를 양산이 대체
식	• 상차림 : 겸상과 두레상 보편화 • 서양 음식 전래 : 커피, 홍차, 서양 과자 · 빵, 위스키 등 • 중국 음식 소개(임오군란 이후) : 자장면, 호떡, 만두 • 일본 음식 소개(청 · 일 전쟁) : 우동, 어묵, 청주, 초밥

코알랄라의
시험에 나오는 자료

🐨 명동 성당

🐨 덕수궁 석조전

🐨 제국신문

🐨 대한매일신보

주	• 도입 : 1880년대 이후 일본과 서양의 서구식 건축 양식으로 건립
	• 민간 : 한옥(벽돌 벽, 한식 기와)과 양옥(창문)을 절충한 건물 등장
	• 서양식 건물 : 정동 교회(1897, 중세 고딕 양식), 손탁 호텔(1902) 등
	• 명동 성당(1898)
	┌ 중세 고딕 양식으로 지어진 대표적 근대 건축물
	├ 프랑스 신부인 코스트가 설계 및 공사 감독 맡음
	└ 순교자 김범우의 집터에 건립, 1970~80년대 민주화의 성지
	• 덕수궁 석조전(1910)
	┌ 르네상스 양식의 석조 건물, 고종의 편전이나 침전으로 사용
	├ 미 · 소 공동 위원회의 회의장으로 사용(1946)
	└ 6 · 25전쟁 이후 국립 중앙 박물관, 궁중 유물 전시관으로 사용

(2) 근대 문화의 발달

① 언론 기관의 발달 : 국민 계몽 · 애국심 고취 ➡ 신문지법 제정(1907)을 통한 일제의 탄압

한성순보 (1883~1884)	• 박문국에서 발행한 최초의 신문 • 순 한문체, 10일에 한 번 씩 간행
한성주보 (1886~1888)	• 한성순보 계승, 박문국에서 발행 • 국한문 혼용, 일주일에 한 번 간행, 최초로 상업 광고 게재
독립신문 (1896~1899)	• 서재필이 정부의 지원을 받아 창간 • 최초의 민간 신문, 순한글, 영문판 간행 • 일반 대중에게 근대적 지식과 국권, 민권 사상을 고취
황성신문 (1898~1910)	• 국 · 한문 혼용, 주로 양반 유생층 대상 • 보안회 활동 지원, 장지연의 '시일야방성대곡' 게재 ➡ 일제의 침략 정책과 매국노 규탄에 앞장섬
제국신문 (1898~1910)	• 순한글 발행으로 서민과 부녀자들에게 큰 호응 얻음
대한매일신보 (1904~1910)	• 영국인 베델과 양기탁이 한 · 영 합작으로 창간 • 베델로 인해 일제로부터 활동이 자유로워 을사조약 이후 항일 언론 주도 ➡ 최다 독자층 보유 • 을사조약 무효 선언 논문과 고종의 친서 게재 • 국채 보상 운동 주도, 의병 운동에 호의적 • 일제의 침략상과 정부의 잘못을 강력히 폭로
기타	• 만세보(1906~1907) : 천도교 기관지 • 경향신문(1906~1910) : 천주교 기관지 • 해조신문(연해주), 신한민보(미국) 등

② 근대 교육

1880 년대	• 동문학(1883) : 통역관 양성 목적, 영어 교육 실시 • 원산학사(1883) 　┌ 함경도 덕원 주민들이 설립한 최초의 근대적 사립학교 　└ 신지식 교육 및 인재 양성이 목표, 한문과 무술 교육 • 육영공원(1886) 　┌ 민영익의 건의에 따라 정부가 서울에 세운 근대적 관립 학교 　├ 미국인 교사를 초빙하여 가르침(헐버트, 길모어, 벙커 등) 　├ 외국어와 산수, 국제법 등 근대 학문을 가르침 　└ 주로 고위 관리의 자제나 젊은 현직 관리를 대상으로 근대 　　 학문 교육 • 갑오개혁 이후(1894~) : 교육입국조서 반포로 근대 교육 제도 　마련, 학부아문 설립(소학교 관제, 사범 학교 관제 등) • 광무개혁기(1897~) : 한성 중학교 설립(1899) ➡ 이후 의학교, 　상공학교 등 설립
개신교	• 선교사들이 선교 목적으로 배재학당, 이화학당, 경신학교 등 설립
민족 사립 학교	• 민족 운동가들이 설립 : 오산학교, 대성학교, 보성학교, 서전서 숙 등 ➡ 국권 회복, 민족의식 고취
시련	• 일본이 사립 학교령(1908)으로 학교 설립과 운영 통제

③ 국학 연구

국어 연구	• 국문 연구소 설립(1907) : 주시경, 지석영의 활동, 국문 정리와 국어 의 이해 체계 확립 • 국문체 보급 : 갑오개혁 이후 공사 문서에 국·한문 사용 제도화, 언 론 기관(독립신문, 제국신문, 대한매일신보)에서 순국문으로 발간
국사 연구	• 목적 : 애국심과 독립 의지 고취 • 근대 계몽 사학 : 대한 제국 시기 신채호, 박은식 등의 노력으로 성립 • 신채호 　┌ 민족주의 역사학의 방향 제시 　└ 「독사신론」, 「이순신전」, 「을지문덕전」 등 저술 • 박은식 　┌ 「동명왕실기」, 「천개소문전」 등 저술 　└ 최남선과 함께 조선 광문회 조직 : 민족의 고전 정리(춘향전, 심청 　　 전 등) • 외국의 건국·망국 역사 소개 :「미국독립사」,「월남망국사」,「이태 리 삼걸전」 등 ➡ 국가 위기 상황에 대한 경각심 고취 • 외세의 침략에 국난을 극복한 영웅들의 전기 보급 :「이순신전」,「을 지문덕전」,「강감찬전」 등 ➡ 일본의 침략에 직면한 국민들의 애국심 과 민족의식 고취

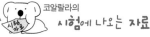

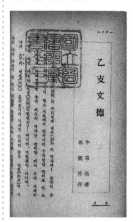

④ 근대 문학

- 신소설 등장: 이인직 「혈의 누」, 이해조 「자유종」, 안국선 「금수회의록」 등
- 신체시 발표: 최남선의 「해에게서 소년에게」 ➡ 근대시의 형식을 새롭게 개척
- 외국 문학 작품 번역 소개: 「천로 역정」, 「빌헬름 텔」, 「이솝 이야기」, 「걸리버 여행기」 등

⑤ 예술

- 음악: 찬송가 보급, 창가 유행(애국가, 독립가 등), 서민층은 여전히 판소리가 유행
- 미술: 서양식 화풍 소개, 유화 도입, 서민층에서는 민화가 유행
- 연극: 신극 운동(신소설 등을 각색 연극으로 공연), 활동 사진 상연
- 극장: 최초의 서양식 극장인 원각사 설립(1908) ➡ 판소리, 신극 등 공연 (은세계 · 치악산)

⑥ 근대 종교

민족 종교	• 천도교: 일제가 친일 신도를 이용하여 동학 조직 흡수 ➡ 손병희가 천도교로 개명, 동학 전통 계승 ➡ '만세보' 등을 간행, 3 · 1 운동의 중심 역할 • 대종교: 나철 등이 단군 신앙을 발전시켜 창도(1909) ➡ 만주 지역으로 건너가 항일 무장 투쟁 전개(북로 군정서군)
외래 종교	• 개신교: 선교사들 방문, 서양 의술 보급, 학교 설립 등 근대 문물 소개 • 천주교: 조 · 프 수호 통상 조약 체결(1886) 후 포교의 자유 획득 ➡ 사회 사업(고아원, 양로원 등 설립)과 애국 계몽 운동 전개
전통 종교	• 유교: 한용운의 '조선 불교 유신론' 제창 ➡ 불교의 자주성 회복과 근대화 운동 추진 • 불교: 박은식의 '유교 구신론' 제창 ➡ 유교 개혁 주장, 실천적 유교 강조

은세프의 시험 전에 꼭 맛봐야 하는 ··················

박은식의 유교 구신론

(유교계의) 3대 문제는 무엇인가, …… 셋째는, 우리 대한의 유가에서는 쉽고 정확한 법문(양명학)을 구하지 아니하고 질질 끌고 되어 가는 대로 내버려두는 공부(주자학)를 전적으로 숭상하는 것이다.

박은식은 양명학처럼 실천적인 유학에는 관심이 없고 오직 주자 성리학에만 빠져 있는 것이 문제라고 지적하면서 유교 구신론을 주장하였다.

달콤샤샤 디저트

01 기출문제

다음 자료에 해당하는 신문으로 옳은 것은?

편집국 모습

일제가 민간 신문에 대한 사전 검열을 통해 언론 자유를 봉쇄하자 양기탁은 영국인 베델과 교섭해 신문을 창간하였다. 이 신문은 을사늑약의 무효를 주장하고, 의병 활동을 대대적으로 보도하는 등 항일 논조를 높여 민중의 지지를 받았다.

①
독립신문

②
대한매일신보

③
한성순보

④
황성신문

⑤
제국신문

01. ②

제시문은 대한매일신보에 대한 설명이다.

② 대한매일신보는 1904년에 영국인 베델이 양기탁 등 민족진영 인사들의 도움을 받아 창간하였던 일간신문이다.

① 독립신문은 서재필 주도로 1896년 창간되었던 우리나라 최초의 민영 일간지이다.

③ 한성순보는 1883년에 발간된 우리나라 최초의 근대신문이다.

④ 황성순보는 1898년 남궁억 등의 주도로 창간된 일간신문이다.

⑤ 제국신문은 1898년에 이종일에 의해 창간된 일간신문이다.

02

다음 내용을 뒷받침하는 역사적 사실로 옳은 것을 〈보기〉에서 고른 것은?

을사조약으로 나라가 위기에 처한 가운데, 역사 연구에 있어서도 민족의식을 고취하기 위한 노력이 전개되었다. 이 시기의 역사 연구는 계몽적인 성격과 함께 국권 수호적인 성격을 지니고 있었다.

<보기>
㉠ 최남선이 "해에게서 소년에게"를 발표하였다.
㉡ 박은식은 "동명왕실기", "천개소문전" 등을 펴냈다.
㉢ 이인직이 "혈의 누", 이해조가 "화의 혈" 등을 발표하였다.
㉣ 신채호가 "을지문덕전", "이순신전" 등 영웅들의 전기를 펴냈다.

① ㉠, ㉡
② ㉠, ㉢
③ ㉡, ㉢
④ ㉡, ㉣
⑤ ㉢, ㉣

02. ④

제시문은 을사조약 이후의 한국사 연구의 성격과 목표에 대한 설명이다.

㉡ 박은식은 "동명왕실기", "천개소문전" 등 단군 조선과 고구려를 높이 평가하는 저술을 남겼다.

㉣ 신채호는 "이순신전", "을지문덕전" 등 위인 전기를 통해 민족의식을 고취하였다.

㉢ 이인직이 "혈의 누", 이해조가 "화의 혈" 등은 신소설이다.

㉠ 최남선이 "해에게서 소년에게"는 신체시이다.

03.②

조·청 상민 수륙 무역 장정은 치외법권은 물론 개항장이 아닌 서울 양화진에 청국인이 점포를 개설할 수 있는 권리와 호조를 가진 자에게는 개항장 밖의 내륙통상권과 연안무역권까지 인정하였다.

② 조·청 상민 수륙 무역 장정은 청나라의 특권으로 일관된 불평등조약이었다.

① 영선사는 중국의 선진 문물(무기 제조법)을 견학하기 위해 젊은 유학생들을 거느리고 건너간 사신이다.

③ 1차 갑오 개혁은 군국기무처를 중심으로 개혁을 실시하였다.

④ 2차 수신사로 파견된 김홍집이 「조선책략」을 가지고 왔다.

⑤ 거문도 사건은 1885년 3월 1일부터 1887년 2월 5일까지 영국이 러시아의 조선 진출을 견제하기 위해 거문도를 불법 점령한 사건이다.

04.③

화폐 정리 사업에 대한 자료이다.

③ 일제는 화폐 정리 사업으로 이전의 엽전과 백동화를 모두 폐지하고 다이이치 은행권을 본위 화폐로 유통시킴으로써 조선 상인들이 큰 손실을 입었다.

① 한성은행은 1897년 서울에 설립되었던 민족계의 근대적 은행이다.

② 조·청 상민 수륙 무역 장정으로 일본 상인이 내륙까지 진출하게 되었다.

④ 독립협회의 활동이다.

⑤ 아관파천에 대한 설명이다.

03

다음 대화와 같은 상황이 발생한 직접적 계기로 옳은 것은?

① 중국에 파견되었던 영선사가 귀국하였다.

② 조·청 상민 수륙 무역 장정이 체결되었다.

③ 군국기무처를 중심으로 개혁을 실시하였다.

④ 김홍집이 가지고 온 「조선책략」이 국내에 유포되었다.

⑤ 영국이 러시아를 견제하기 위해 거문도를 불법 점령하였다.

04

다음 정책이 실시된 결과 나타난 사실로 가장 적절한 것은?

- 한국 화폐의 기초 및 발행 화폐를 일본 화폐의 유통과 동일하게 한다.
- 본위 화폐 및 태환권은 일본의 것으로 한다.
- 구 백동화의 상태가 매우 양호한 갑종 백동화는 개당 2전 5리 가격으로 새돈과 교환하여 주고, 상태가 좋지 않은 을종 백동화는 개당 1전의 가격으로 정부에서 매수하며 단, 형질이 조악하여 화폐로 인정하기 어려운 병종 백동화는 매수하지 않는다.

① 한성은행 등 민간 은행이 세워졌다.

② 일본 상인이 내륙까지 진출하게 되었다.

③ 조선의 중소 상인들이 큰 손실을 입었다.

④ 만민 공동회를 통해 계몽 운동을 벌였다.

⑤ 고종이 러시아 공사관으로 처소를 옮겼다.

05

다음 대화와 관련된 민족 운동에 대한 설명으로 옳은 것은?

일본에서 빌린 국채 1,300만원을 국민의 성금으로 갚고자 한다면서?

난 이미 대한매일신보를 보고 모금 활동에 참여 했지.

① 국민 성금을 모아 외환 위기를 극복하고자 하였다.
② 민족주의와 사회주의 진영이 연합하여 추진하였다.
③ 전국적인 모금 운동을 전개하여 대학을 설립하고자 하였다.
④ 농광회사를 설립하여 일본의 토지 약탈을 저지하려 하였다.
⑤ 대구를 시작으로 서상돈의 주도아래 전국적으로 퍼져 나갔다.

06

다음 조칙에 따라 설립된 학교로 옳은 것은?

세계의 정세를 보면 부강하고 독립하여 사는 모든 나라는 다 국민의 지식이 밝기 때문이다. 이제 짐은 정부에 명하여 널리 학교를 세우고 인재를 길러 새로운 국민의 학식으로써 국가 중흥의 큰 공을 세우고자 하니 국민들은 나라를 위하는 마음으로 덕과 체와 지를 기를지어다.

－ 1895, 교육입국조서 중의 일부 －

① 동문학
② 육영 공원
③ 원산 학사
④ 배재 학당
⑤ 한성 사범 학교

07.①

제시된 자료는 육영공원에 대한 설명이다.

① 육영공원은 1886년에 설립되었던 우리나라 최초의 관립학교이다.

② 배재 학당은 1885년 미국 선교사 아펜젤러가 서울에 세운 현대식 중고등 교육기관이다.

③ 원산 학사는 1883년 원산에 설립된 우리나라 최초의 근대식 사립학교이다.

④ 대성 학교는 1908년 안창호가 평양에 설립한 학교이다.

⑤ 경성 제국 대학은 1924년 일제가 서울에 설치한 관립 종합대학이다.

07

다음 검색창에 들어갈 학교로 옳은 것은?

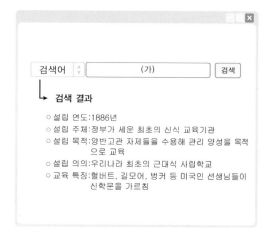

검색어 ▲▼ [(가)] [검색]

└▸ **검색 결과**

○ 설립 연도 : 1886년
○ 설립 주체 : 정부가 세운 최초의 신식 교육기관
○ 설립 목적 : 양반고관 자제들을 수용해 관리 양성을 목적으로 교육
○ 설립 의의 : 우리나라 최초의 근대식 사립학교
○ 교육 특징 : 헐버트, 길모어, 벙커 등 미국인 선생님들이 신학문을 가르침

① 육영공원   ② 배재 학당
③ 원산 학사   ④ 대성 학교
⑤ 경성 제국 대학

08.②

한성 전기 회사는 1898년에 설립되었다. 광혜원은 1885년 개원한 우리나라 최초의 서양식 국립병원이다.

② 서대문에서 청량리에 이르는 전차는 1899년에 가설되었다.

① 원납전은 1865년 흥선 대원군이 경복궁 중건 경비를 충당하기 거둔 것이다.

③ 영남만인소는 1881년 영남 유생 1만여 명이 정부의 개화정책에 반대하여 낸 상소이다.

④ 별기군은 1881년에 설치된 신식 군대이다.

⑤ 보빙사는 1883년 최초로 미국에 파견된 사절단이다.

08

다음 자료의 근대 문물이 수용된 이후에 볼 수 있는 모습으로 적절한 것은?

한성 전기 회사

광혜원

① 원납전을 납부하는 관리
② 청량리행 전차를 타는 학생
③ 영남만인소를 작성하는 유생
④ 별기군에 속해 훈련을 받는 군인
⑤ 보빙사 파견을 위해 준비를 하는 관리

09

다음 설명에 해당하는 문화유산으로 옳은 것은?

- 덕수궁 안에 지어진 최초의 서양식 석조 건물이다.
- 1900년에 착공하여 10년 만인 1910년에 완공한 르네상스식 건물로서, 공사비 130만원(元)이 투입되었다.
- 해방 후에는 미·소공동위원회의 회담장소로 사용되었으며, 53년부터 국립박물관, 73년부터 국립현대미술관으로 쓰다가 지금은 미술관으로 사용되었다.

①  ②  ③

④  ⑤

10

다음 상황을 배경으로 나타난 모습으로 가장 적절한 것은?

일본 상인들이 물산(미곡, 콩 등)을 수매하는 방법은 여러 가지가 있다. 그 가운데 가장 많은 것이 조선인 거간(중개인)의 손을 통해 농가로부터 수집하는 것이다. 그 방법은 거간이 먼저 농가에 알리고 기일을 정해서 가지고 오게 하는데 그때에는 선금을 대여하는 관습이 있다. 이것과 비슷한 것으로 조선인 거간이 각지의 거간들에게 위탁하여 사 모은 것을 일본인에게 납입하는 방법도 있다. 그러나 이 거간도 거의 대부분 일본의 앞잡이이다. 여기서도 보통 선대법을 실시한다. 또한, 농산물을 예약하여 여름철에 저리(저리라 해도 보통 원금의 30%)로 돈을 빌려 주고, 수확할 때 수매하는 방법이 있다.

① 국채 보상 기성회가 설립되었다.
② 일부 지역에서 방곡령이 선포되었다.
③ 독립 협회가 이권 수호 운동을 벌였다.
④ 객주들이 동업 조합이나 회사를 세웠다.
⑤ 시전 상인들이 상권 수호 운동을 펼쳤다.

09.④

제시된 자료는 덕수궁 석조전에 대한 설명이다.

④ 덕수궁 석조전은 1900년에 착공하여 1910년에 완공하여 지어진 서양식 석조 건물이다.

① 정동교회는 1897년에 준공된 고딕풍의 붉은 벽돌 건축물이다.

② 명동성당은 1898년에 준공된 우리나라 유일의 순수한 고딕양식의 연와조 건물이다.

③ 조선총독부는 1910년 한일합방으로부터 1945년의 광복까지 우리나라를 지배했던 일본의 통치기관이다.

⑤ 1922년 영국인 A.딕슨의 설계에 따라 M.트롤로프 주교의 지도·감독 아래 공사가 착공된 로마네스크양식 건물이다.

10.②

제시문은 개항 이후 일본 상인들이 조선의 곡식을 매입하여 일본으로 가져가는 상황을 보여 주는 자료이다. 이에 지방관들이 조·일 통상 장정의 규정에 따라 방곡령을 선포하였으나 효과를 거두지 못하였다.

② 일본으로의 곡식 유출로 국내 곡가가 오르고 농민들의 삶이 어려워지자 일부 지역에서 방곡령이 선포되었다.

① 국채 보상 기성회는 일본에 빌린 차관을 갚기 위해 결성되었다.

③ 독립 협회는 열강들의 이권 침탈에 맞서 이권 수호 운동을 벌였다.

④ 열강들의 상권 침탈에 객주들이 동업 조합이나 회사를 세웠다.

⑤ 열강들의 상권 침탈에 시전 상인들이 상권 수호 운동을 펼쳤다.

V

일제의 강점과 민족 운동의 전개

21 일제의 식민 통치와 경제 수탈

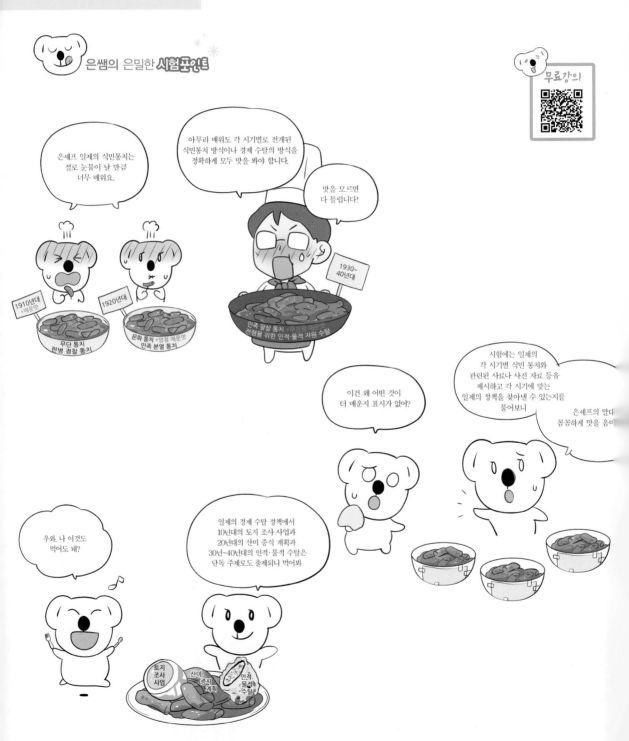

핵심개념 한상 차리기

1. 1910년대 일제의 식민 통치 정책(1910~1919)

(1) 무단통치(헌병 경찰 통치)

① 의미 : 헌병과 경찰을 동원하여 우리 민족을 무력적으로 탄압하는 공포 정치

② 총독부 체제

구성	• 조선 총독부 설치(1910) : 일제 식민 통치의 중추 기관 • 총독 : 입법·사법·행정·군 통수권을 장악, 무관 출신만 임명 • 총독 아래에 정무총감(행정)·경무총감(치안) 임명
중추원	• 총독부의 자문기구로 조선인 회유 목적, 친일파로 구성

③ 헌병경찰 제도 시행

구성	• 경무총감(헌병 사령관) ➡ 각 도의 경무부장(헌병 대장) • 전국에 헌병대, 경찰서 설치 및 일본군 주둔
역할	• 경찰 업무 대행, 독립 운동가 색출, 모든 일상생활 관여(일반 행정 사무) • 조선 태형령 : 지시 불이행 및 잘못할 경우 매로 때림 ⎤ 조선인만 • 범죄즉결례 : 즉시 법 절차 없이 처벌 행사 가능 ⎦ 해당   ▲ 경무부와 헌병대　　　▲ 태형 기구

조선 총독부 기구표:
- 조선 총독
  - 정무총감 / 경무총감
    - 경무총감부
  - 사법부 / 농상공부 / 탁지부 / 내무부 / 총무부 / 총독 관방

 은제프의 시험 전에 꼭 맛봐야 하는

경찰범 규칙(1912)

제1조 다음의 각호에 해당하는 자는 구류 또는 과료에 처한다.
2. 일정한 주소나 생업 없이 이곳저곳 배회하는 자
20. 불온한 연설을 하거나 또는 불온 문서, 도서, 시가를 게시, 반포, 낭독하거나 큰 소리로 읊는 자
60. 둘 던지기 같은 위험한 놀이를 하거나 시키는 자, 또는 길거리에서 공기총류나 활을 갖고 놀거나 놀게 시키는 자
64. 관공서의 독촉을 받고도 굴뚝의 개조, 수선이나 청소를 게을리 하는 자
－「관보」, 조선총독부, 1912.3.25.－

🐨 일본 헌병

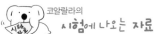

조선 태형령(1912)

> 제11조 태형은 감옥 또는 즉결 관서에서 비밀리에 행한다.
> 제13조 본령은 조선인에 한하여 적용한다.
>   시행 규칙 1조 태형은 수형자를 형판 위에 엎드리게 하고 그자의 양팔을 좌우로 벌리게 하여 형판에 묶고 양다리도 같이 묶은 후 볼기 부분을 노출시켜 태로 친다.
>
>   – 「관보」, 조선총독부, 1912.3.13. –

일제는 헌병을 군대 경찰이지만 일반인을 대상으로 한 경찰 업무에도 투입하였다. 조선을 군대처럼, 조선인을 군인처럼 다스리겠다는 의미였다.

④ 위압적 분위기

기본권 박탈	• 언론 · 출판 · 집회 · 결사의 자유 제한 ➡ 보안법, 출판법, 신문지법 적용 예 황성신문, 대한매일신보 등 폐간, 애국 운동 단체 신민회 등 해산
위협 통치	• 학교 교원 및 일반 관리까지도 제복과 대검 착용  ▲ 제복을 입고 칼을 찬 일본인 교사
교육	• 제1차 조선 교육령 제정(1911) : 고등 교육 제한(4년) ┌ 목표 : 일본 국왕에 대한 충성심 키움 └ 우민화 교육 실시 : 보통 교육, 실업 교육에 치중, 일본어 보급 • 사립학교, 서당 등 민족 교육 기관 탄압

  의 시험 전에 꼭 맛봐야 하는

제1차 조선 교육령(1911)

> 제2조 교육은 교육에 관한 칙어에 입각하여 충량한 국민을 육성하는 것을 근본으로 한다.
> 제6조 실업 교육은 농업 · 상업 · 공업 등에 관한 지식과 기능을 가르치는 것을 목적으로 한다.
> 제9조 보통학교의 수업 연한은 4년으로 한다.

일제는 우민화 교육을 실시하여 한국인을 식민 지배 체제에 순응시키고, 한국인의 노동력을 마음껏 부리고자 하였다.

(2) 무단통치기(1910년대) 경제 수탈

① 토지 조사 사업 시행(1912~1918)

목적	• 명분 : 근대적 토지 소유제도 확립, 공정한 지세 부과 • 실제 : 토지의 약탈 및 안정적인 토지세 확보 ➡ 식민 통치에 필요한 기초 자료와 재정 확보
절차	• 기한부 신고제와 복잡한 절차를 통해 토지 소유권 인정 ➡ 미신고 토지, 국유지, 공동 소유 토지 등 토지 약탈
결과	• 식민지 지주제 강화 : 농민의 관습적 경작권 부정 ➡ 기한부 계약제로 전환(지주 권한 강화, 농민 권리 약화) • 조선 총독부 : 약탈한 토지는 동양 척식 주식회사나 일본 기업과 일본인에게 싼 값에 불하 ➡ 일본 이주민 급증 • 농민 : 소작농으로 전락, 화전민이 되거나 만주, 연해주 등 국외로 이주

의 시험 전에 꼭 맛봐야 하는

토지조사령(1912)

> 제1조 토지의 조사 및 측량은 본령에 따른다.
> 제4조 토지 소유자는 조선 총독이 정하는 기간 내에 주소, 씨명, 명칭 및 소유지의 소재, 지목, 자 번호, 사표, 등급, 지적, 결수를 임시 토지 조사국장에게 신고해야 한다. 단, 국유지는 보관 관청이 임시 토지 조사국장에게 통지해야 한다.
>
> — 「관보」조선 총독부, 1912 —

일제는 식민 통치에 필요한 재정을 마련하고자 토지 조사 사업을 실시하였다. 이에 1920년에는 지세 수입이 1910년에 비해 약 2배로 늘어났다.

② 회사령(1910) : 회사 설립 시 총독부의 허가를 받도록 규정 ➡ 한국인 회사 설립과 민족 자본의 성장을 억제

③ 어업령(1911)·삼림령(1911)·광업령(1915)·임야조사령(1918) : 허가제로 운영

• 천연자원, 지하자원 등 각종 자원약탈 ➡ 전체 광산의 75% 이상을 일본인이 점유, 전체 삼림의 60% 이상을 국유림화, 한국의 어업권 부인 및 어장을 일본인 중심으로 재편성 등

④ 전매 사업 실시 : 소금, 담배, 아편, 인삼 등을 독점

⑤ 기간 시설 정비 : 철도(경원선, 호남선)·통신·항만 시설 설치 ➡ 자원의 효율적 수탈과 대륙 침략의 발판

코알랄라의 시험에 나오는 자료

 토지 조사 사업의 토지 측량

일제가 건설한 간선 철도망

코알랄라의
시험에 나오는 자료

2. 1920년대 일제의 식민 통치 정책(1919~1931)

(1) 문화 통치(보통 경찰 통치, 민족 분열 통치)

① 배경 : 3·1을 통해 무단 통치의 한계 인식, 일본 내의 민주주의 발전, 국제 여론 악화

② 의도 : 조선을 문화 민족으로 대우한다는 기만적 회유정책, 소수의 친일파를 키워 우리 민족의 분열 꾀함

③ 문화 통치의 실상

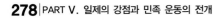 기사가 삭제된 동아일보

	표면적 모습		실제 모습
총독 임명	• 문관 출신도 임명 가능		• 실제로 문관 총독 임명은 없었음
경찰 제도	• 보통 경찰제도 시행		• 경찰의 수·장비의 증가 • 1군 1경찰서, 1면 1주재소 체제 • 고등 경찰제 실시
기본권 보장	• 언론·출판·집회·결사의 자유 부분 허용 ㉎ 신문 발행 허가 ➡ 조선일보, 동아일보의 창간		• 신문 기사 검열 강화 ➡ 식민 통치에 위배되는 사항은 기사 삭제 및 정간·폐간 • 치안 유지법 제정(1925) : 결사·집회도 인정하는 범위 내에서만 허용
교육 정책	• 한국인의 교육 기회 확대 (수업 연한 4년 ➡ 6년) • 경성 제국 대학 설립		• 제2차 조선 교육령 제정 • 유상 교육 ➡ 한국인 취학률 저하 • 초급 학문·단순 기술 교육만 허용 • 민립 대학 설립 운동 탄압
참정권 부여	• 도 평의회, 부·면 협의회 설치 • 자문 기구에 일부 조선인 참여 허용		• 일본인 친일 의사만 참여 • 의결권 없음, 친일 인사만 의원으로 임명

코알랄라의
시험에 나오는 자료

(2) 문화 통치기(1920년대) 경제 수탈

① 산미 증식 계획(1920~1934)

배경	• 일본의 공업화 진전 ➡ 식량 부족 사태(쌀 수요 증가, 쌀값 폭등)
목표	• 일본의 부족한 식량을 한국에서 확보
과정	• 종자 개량, 비료, 수리시설 개선 시도 ➡ 모든 비용 농민 부담 • 증산량이 계획보다 부진 ➡ 수탈량은 계획대로 추진
결과	• 국내 식량 사정 악화 : 국내 쌀 부족, 곡물 가격 폭등 ➡ 만주에서 잡곡(조·수수·콩) 수입 • 농업 구조의 변화 : 쌀 중심의 단작형 농업 구조로 정착 • 농민의 고통 심화 : 농민층 몰락 ➡ 도시 빈민, 화전민, 국외 이주민 증가

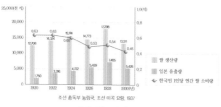

▲1920년대 쌀 생산량과 유출량

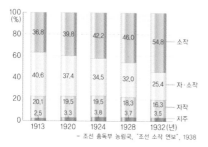

▲농가의 경작 형태 비율 변화

산미 증식 계획으로 한국인의 1인당 쌀 소비량은 점차 줄었으며(상단 그래프), 소작농이 점차 늘어나(하단 그래프) 농민들의 생활이 어려웠음을 알 수 있다.

② 회사령 폐지(1920)

배경	• 1차 대전 이후 일본의 자본 축적 ➡ 일본 기업의 한국 진출
내용	• 회사 설립을 허가제에서 신고제로 전환
결과	• 한국 기업 증가 ➡ 대부분 영세한 제조업에 한정 • 일본의 대규모 독점 자본의 한반도 침투 가속화

③ 관세 폐지(1923) : 조선과 일본 간의 상품 수출에 관세 철폐 ➡ 일본 기업의 상품 유입 가속화

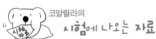
코알랄라의
시험에 나오는 자료

3. 1930~40년대 일제의 식민 통치 정책(1931~1945)

(1) 민족 말살 통치

① 배경 : 경제 대공황 이후 일본의 침략 전쟁 확대 ➡ 만주 사변(1931) ➡ 중·일 전쟁(1937) ➡ 태평양 전쟁(1941)

② 의도 : 일본의 침략 전쟁에 필요한 인적·물적 자원 수탈과 동원 및 사상 통제 강화

③ 황국 신민화 정책

내용	• 일선 동조론과 내선 일체 주장 • 황국 신민 서사 암송 강요(1937), 신사 참배, 궁성 요배 강요 • 창씨 개명 : 일본식 성과 이름의 사용 강요 • 조선 사상범 예방 구금령(1941) : 체포 없이 독립 운동가들 구금 가능 • 제3차 조선 교육령(1938) : 한국어·한국사 과목 사실상 폐지, 우리 말 사용 금지, 소학교 명칭을 국민학교로 변경, 수신 교과 강화 • 학술·언론 단체의 해산 : 조선일보, 동아일보 폐간, 조선어 학회 사건 등

은쌤의 시험 전에 꼭 맛봐야 하는

황국 신민 서사(아동용)

> 1. 우리들은 대일본 제국의 신민(臣民)입니다.
> 2. 우리들은 마음을 합하여 천황 폐하에게 충의를 다합니다.
> 3. 우리들은 인고단련(忍苦鍛鍊)하여 훌륭하고 강한 국민이 되겠습니다.

일제는 침략 전쟁을 원활하게 수행하기 위해 황국 신민화 정책을 추진하였다. 이에 황국 신민 서사를 제정하여 학교와 관공서는 물론 모든 직장의 회합에서 암송을 강요하였다.

창씨개명 강요를 위한 방침

> • 창씨하지 않은 사람의 자녀에 대해서는 각급 학교의 입학과 전학을 거부한다.
> • 창씨하지 않은 아동에 대해서는 교사가 이유 없이 질책, 구타할 수 있다.
> • 창씨하지 않은 사람은 공사 기관을 불문하고 일체 채용하지 않는다. 또한 현직 자도 점차 면직 조치를 취한다.

일제는 민족 간 차별을 없앤다는 명분으로 1939년 창씨개명 방안을 발표하였고, 강압적인 방법을 동원하여 정책을 시행하였다.

(2) 전시 동원 체제기(1930~40년대)의 경제 수탈

① **병참기지화 정책** : 전쟁 수행에 필요한 물자 조달을 위해 병참기지화, 공업화 정책 시행

만주 사변 이후(1931) : 대륙 침략 전쟁 시작

배경	• 경제 대공황 확산, 일본 군국주의화 가속 ➡ 대륙 침략 강행
남면북양 정책	• 배경 : 대공황 이후 선진 국가의 보호 무역 정책 확대 • 목적 : 방직 공업의 원료 부족 대비, 일본 방직 자본가 보호 • 내용 : 한반도 남부에는 면화 재배, 북부에는 면양 사육 강요
공업화 정책	• 배경 : 값싼 노동력과 자원 활용 및 전쟁 수행에 필요한 물자 조달 • 내용 : 한반도 북부 지역에 중화학 공업 집중 육성 ➡ 중·일 전쟁 이후 군수 물자 생산 기지화
생활 통제	• 농촌 진흥 운동(1932~1940) : 춘궁 퇴치, 부채 박멸, 소비 절약을 통한 자력갱생 주장 ➡ 실상은 농민 불만 무마 및 농촌 통제로 농민의 긴축 생활 강조

② **국가 총동원령(1938)** : 침략 전쟁의 확대로 인적·물적 자원 수탈 강화

중·일 전쟁 이후(1937) ~ 태평양 전쟁(1941) : 침략 전쟁의 확대 및 심화

배경	• 침략 전쟁의 확대 : 중·일 전쟁(1937) ➡ 태평양 전쟁(1941)
생활 통제	• 국민 정신 총동원 운동 조선 연맹 산하의 애국반 편성
인적 수탈	• 남성 　┌ 지원병제 실시(1938) : 중·일 전쟁 이후 청년들 조직적 동원 　├ 학도 지원병제 실시(1943), 징병제 실시(1943) : 태평양 전쟁 이후 학생 및 청년들 전쟁터에 동원 　└ 국민 징용령 실시(1939) : 전시에 필요한 노동력도 강제로 동원 ➡ 탄광이나 군수 공장, 군용 활주로 공사 등에 투입 • 여성 : 여자 정신 근로령 발표(1944), 일본군 위안부 동원 　┌ 일본군 위안부 동원 : 젊은 여성들을 강제로 군 위안부로 만드는 반인권적 범죄 자행 　└ 여자 정신 근로령 발표(1944) : 12세 이상 40세 미만의 여성들은 군수 공장에서 강제 노동

▲ 강제 동원된 소년병들

▲ 홋카이도 징용 노동자

▲ 정신대로 끌려가는 소녀들

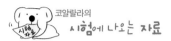
물적 수탈	• 식량 배급제, 미곡 공출 제도, 산미 증식 계획 재개(1938) • 전쟁 물자 공출(금, 군수 광물, 금속류 등)  ▲ 강제 징발된 생활 용품들

의 시험 전에 꼭 맛봐야 하는

국가 총동원법(1938)

> 제1조 국가 총동원이란 전시에 국방 목적을 달성하기 위해 국가의 전력을 가장 유효하게 발휘하도록 인적 및 물적 자원을 운용하는 것을 말한다,
> 제4조 정부는 전시에 국가 총동원상 필요할 때는 칙령이 정하는 바에 따라 제국 신민을 징용하여 총동원 업무에 종사하게 할 수 있다,
> 제8조 정부는 전시에 국가 총동원상 필요할 때는 칙령이 정하는 바에 따라 물자의 생산·수리·배급·양도 기타의 처분, 사용·소비·소지 및 이동에 관하여 필요한 명령을 내릴 수 있다,
> ─ 「조선법령집람」 제13집, 조선총독부(1938) ─

일제는 중·일 전쟁이 장기화되자, 의회의 승인 없이 물자와 노동력을 동원할 수 있는 국가 총동원법을 제정하였다.

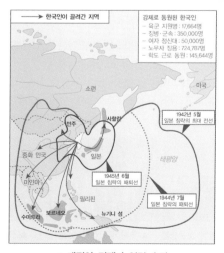

▲ 태평양 전쟁과 인력 수탈

01  기출문제

27회 중급 44번

다음 정책이 시행된 이후 나타난 현상으로 옳은 것을 〈보기〉에서 고른 것은?

제1차 세계 대전을 계기로 일본은 공업화가 진전되고 도시 인구가 크게 늘어났다. 그러나 농업 생산력이 이에 미치지 못하자, 쌀값이 크게 올라 일본 각지에서 쌀 폭동이 일어나는 등 식량 위기가 발생하였다. 이에 일제는 한국에서 산미 증식 계획을 실시하여 식량 부족문제를 해결하려 하였다.

―――――――― 〈보기〉 ――――――――
- ㉠ 동양 척식 주식회사가 설립되었다.
- ㉡ 한국인의 1인당 연간 쌀 소비량이 감소되었다.
- ㉢ 쌀 유출을 막기 위해 함경도에서 방곡령이 선포되었다.
- ㉣ 늘어난 생산량보다 더 많은 쌀이 일본으로 반출되었다.

① ㉠, ㉡   ② ㉠, ㉢
③ ㉡, ㉢   ④ ㉡, ㉣
⑤ ㉢, ㉣

01. ④

제시문은 1920년부터 일제가 실시한 산미증식 계획이다. 산미 증식 계획의 목적은 공업화로 인한 일본 내 농업 생산력 감소 문제를 타개하기 위해 조선의 쌀을 증산하여 일본에 가져가는 것이었다.
- ㉡, ㉣ 산미 증식 계획에 대한 설명이다.
- ㉠ 1908년에 설립되었다.
- ㉢ 1890년에 황해도, 1889년에 함경도에 방곡령이 선포되었다.

02

다음 법령이 적용된 시기의 일제 식민 통치 정책으로 옳지 않은 것은?

▲ 태형 도구

제7조 태형은 태 30 이상일 경우에는 이를 한 번에 집행하지 않고 30을 넘길 때마다 1횟수를 증가시킨다. 태형의 집행은 하루 한 회를 넘을 수 없다.
제11조 태형은 감옥 또는 즉결 관서에서 비밀리에 행한다.
제13조 본령은 조선인에 한하여 적용한다.
― "조선 총독부 관보" ―

① 회사령을 제정하였다.
② 토지 조사 사업을 시행하였다.
③ 일본식 성명의 사용을 강요받았다.
④ 교사는 제복 및 대검을 착용하였다.
⑤ 헌병 경찰에게 즉결 처분권을 부여하였다.

02. ③

제시된 법령은 조선 태형령(1912)이다. 조선 태형령은 1910년대 일제의 강압적 무단 통치를 보여 주는 대표적인 사례이다.
③ 1930년대에 일제가 실시한 민족 말살 정책의 하나이다.
①, ②, ④, ⑤ 1910년대의 일제의 무단 통치이다.

03.④

토지 조사 사업은 1910년부터 1918년까지 일제가 식민지적 토지제도를 확립하기 위해 실시한 대규모 조사사업이다.

㉠, ㉡ 토지 조사 사업의 실시 결과 지주는 권한이 강화되고 소작농은 영구 소작권을 박탈당하였다.

㉣ 미신고 토지로 인해 조선 총독부 소유의 토지는 증가하였다.

㉢ 1910년대에 실시된 경제 수탈 정책이다.

03

다음 법령에 따라 추진된 일제의 경제 정책 결과로 옳은 것을 〈보기〉에서 고른 것은?

제1조 토지의 조사 및 측량은 본령에 의한다.

제4조 토지의 소유자는 조선 총독이 정하는 기간 내에 주소, 씨명, 명칭 및 소유지의 소재, 지목, 자번호, 사표, 등급, 지적, 결수를 임시 토지 조사 국장에게 신고해야 한다.

─────── 〈보기〉 ───────

㉠ 지주의 권한이 약화되었다.

㉡ 소작농의 경작권을 인정하지 않았다.

㉢ 1930년대에 실시된 경제 수탈 정책이다.

㉣ 미신고 토지는 조선 총독부의 소유가 되었다.

① ㉠, ㉡   ② ㉠, ㉣
③ ㉡, ㉢   ④ ㉡, ㉣
⑤ ㉢, ㉣

04.①

일제는 조선인의 기업 설립을 제한하여 민족 자본의 결집과 성장을 억제하기 위해 허가제의 1910년 12월에 회사령을 제정하였다.

04

다음과 같은 법령이 공포된 시기를 연표에서 옳게 고른 것은?

제1조 회사의 설립은 조선 총독의 허가를 받아야 한다.

제5조 회사가 본령이나 본령에 의거하여 발하는 명령과 허가 조건에 위반하거나 또는 공공질서와 선량한 풍속에 반하는 행위를 할 때, 조선 총독은 회사의 해산을 명할 수 있다.

1910	1919	1925	1931	1937	1945
	(가)	(나)	(다)	(라)	(마)	
국권 피탈	2·8 독립선언	미쓰야 협정	만주 사변	중·일 전쟁	8·15 광복

① (가)   ② (나)
③ (다)   ④ (라)
⑤ (마)

05

(가)에 들어갈 내용으로 옳은 것은?

조사보고서
00모둠

▶ 주제 : 1920년대 일제의 식민 통치
▶ 방법 : 문헌조사, 인터넷 검색
▶ 내용 : _____ (가)

① 국가 총동원법을 제정하였다.
② 산미 증식 계획을 시작하였다.
③ 황국 신민화 정책이 실시되었다.
④ 제1차 조선 교육령이 공포되었다.
⑤ 동양 척식 주식회사가 설립되었다.

05.②

일제는 1920년대에 들어와 헌병 경찰 제도를 폐지하고 보통 경찰제를 실시하고 민족 신문의 발행을 허가하는 이른바 문화 통치를 실시하였다
② 1920년대에 실시된 경제 수탈 정책이다.
① 1930~40년대의 일제 통치이다.
③ 1930~40년대의 일제 통치이다.
④ 1910년대 일제의 무단 통치이다.
⑤ 1908년에 설립되었다.

06

다음 내용의 암송을 강요한 시기에 실시한 정책으로 옳지 <u>않은</u> 것은?

1. 우리는 대일본 제국의 신민입니다.
2. 우리는 마음을 합하여 천황 폐하에게 충의를 다합니다.
3. 우리는 인고 단련하여 훌륭하고 강한 국민이 되겠습니다.

▲ 황국신민서사

① 신사 참배가 강요되었다.
② 치안 유지법이 제정되었다.
③ 국가 총동원법을 제정하였다.
④ 강제 공출 제도를 실시하였다.
⑤ 여자 정신 근로령을 시행하였다.

06.②

1930~1940년대에 일제는 우리의 민족성을 말살하기 위하여 민족 말살 정책을 실시하였고, 중·일 전쟁(1937) 이후 징용제, 공출제 등을 시행하여 조선의 인적·물적 자원을 수탈하였다.
② 치안 유지법은 1925년에 제정되었다.
①, ③, ④, ⑤ 1930~1940년대에 일제 식민 통치이다.

일제는 중일 전쟁(1937)을 일으켜 전선이 확대되자 조선 청년들을 강제로 징병하였고, 무기를 만들기 위해 놋그릇 등 금속류를 공출하였다.

07

다음 자료와 같은 모습이 나타난 시기를 연표에서 옳게 고른 것은?

▲항공소년병 모집 포스터

▲놋그릇 공출

1910		1919		1925		1931		1937		1945
	(가)		(나)		(다)		(라)		(마)	
국권 피탈		2·8 독립선언		미쓰야 협정		만주 사변		중·일 전쟁		8·15 광복

① (가)　　　　　　② (나)

③ (다)　　　　　　④ (라)

⑤ (마)

08.②

조선 여성들이 '일본군 위안부'로 희생을 당한 시기에는 일제가 중·일 전쟁(1937)을 도발하고 징병제와 징용제, 공출제 등을 시행하여 조선의 인적·물적 자원을 수탈하였다. 또한, 이 시기에는 황국 신민화 정책의 일환으로 조선어 교육이 폐지되었다.
② 3·1운동 이후 헌병 경찰제도 대신에 보통 경찰제도가 시행되었다.
①, ③, ④, ⑤ 1930~1940년대의 일제 식민 정책이다.

08

밑줄 친 내용과 관련된 시기의 역사적 사실로 옳지 않은 것은?

▲ 문옥주 할머니

왼쪽 책은 3년간 인터뷰, 오랜 자료조사, 수차례의 미얀마 현지 방문, 14개월간의 현지 장기 체류를 통한 사실 확인 작업 끝에 만들어졌다. 이 책은 '일본군 위안부'로 끌려간 문옥주 할머니를 주인공으로 한 내용이다.

① 징병 제도를 시행하였다.
② 보통 경찰제도가 시행되었다.
③ 조선어 교육을 폐지하였다.
④ 황국 신민화 정책 실시하였다.
⑤ 강제 공출 제도를 실시하였다.

3 · 1 운동과 대한민국 임시 정부 **22**

은쌤의 은밀한 **시험포인트**

임시 정부의 수립부터
국민대표회의까지의
초기 활동의 맛을
정확히 느끼세요.

공화정

삼권 분립

독립공채

이륭양행

연통제

교통국

한인 애국단의
이봉창과 윤봉길 의사의
의거 활동과 의열단의 활동을
헷갈려서는 안 됩니다.

중국
국민당의
지원

폭탄 투척

중국 영토 내
활동 승인

충칭 시기의 임시 정부
활동 중에 특히 한국광복군과
관련된 것들은 안 먹으면
큰일 납니다.

대일 선전포고

건국 강령
발표

조선 의용대 합류

미얀마·
인도전선 참전

국내
진공 작전 계획

핵심개념 한상 차리기

1. 3·1 운동

코알랄라의
시험에 나오는 자료

(1) 배경

① 민족 자결주의 전파 : 미국 대통령 윌슨이 파리 강화 회의에서 제창

② 레닌의 지원 : 러시아 혁명 성공 ➡ 식민지 민족 해방 운동 지원 선언

③ 각 지역의 독립 운동

고종 황제의 장례식 행렬

국내	• 무단통치에 대한 분노 : 극소수 친일파를 제외한 모든 계층 피해 • 고종 황제 죽음 : 일본에 의한 독살 의혹 • 종교계 인사와 학생들이 대규모 만세 운동 준비
중국	• 대한 독립 선언서(1918, 만주) : 39명의 민족 지도자가 '무오 독립 선언서' 발표 • 신한청년당(상하이) : 파리 강화 회의에 김규식을 파견, 미국에 독립 청원서 제출
일본	• 2·8독립선언서 발표(1919, 도쿄) : 도쿄에서 유학생들이 조선 청년 독립단의 이름으로 발표

(2) 전개 과정

준비	• 종교계를 중심으로 민족 대표 33인(천도교-손병희, 기독교-이승훈, 불교-한용운)이 대중화·일원화·비폭력의 3대 원칙에 따라 시위운동의 진행을 결정 ➡ 종교계의 연합, 학생들이 동참
1단계 점화	• 민족대표 33인이 서울 태화관에 모여 독립선언서 낭독 ➡ 자진하여 체포되어 운동 주도 못함 ➡ 학생들이 탑골 공원에서 독립선언서 낭독 ➡ 서울에서 비폭력 만세 시위 전개
2단계 도시 확산	• 청년·학생을 중심으로 만세 시위 전개 ➡ 전국 도시로 확산 ➡ 평양, 원산 등 지방 주요 도시에서도 만세 시위 전개 • 학생 주도(휴교), 상인(철시)·노동자(파업)들이 만세 시위 지위
3단계 농촌 확산	• 만세 시위가 농촌·산간으로 확대, 장날에 장터 중심으로 전개 • 토지 조사 사업으로 피해를 입은 농민들이 주도 ➡ 무력적 저항으로 변모 ➡ 식민 통치 기관 파괴, 친일 지주 습격
국외로 확산	• 만주, 연해주, 미주(필라델피아), 일본(도쿄, 오사카) 등지의 이주 동포들이 주도

3·1 운동 봉기 지역

은셰프의 시험 전에 꼭 맛봐야 하는

유관순 수형 기록표

• 천안 아우내 장터에서 만세 시위 주도

• 만세 시위 주도한 혐의로 옥중 투쟁

• 일제의 고문으로 순국

만세를 외치는 민중들

은세프의 시험 전에 꼭 맛봐야 하는 🔖

불타버린 제암리 교회

- 일본군 수원 제암리에서 주민들 집단 학살
- 만세 운동이 일어났던 제암리 기독교도·천도교도 약 30명을 교회당 안으로 몰아넣은 후 사격
- 증거인멸 위해 교회당에 불을 질렀으며, 바깥으로 나오려고 사람들까지 모두 불에 타죽게 함

3·1 운동의 전개

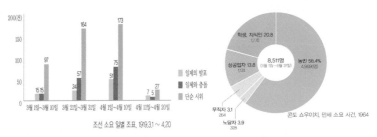

조선 소요 일별 조표, 1919.3.1 ~ 4.20

▲ 3·1 운동의 시기별 시위 횟수와 투쟁 형태   ▲ 3·1운동 수감자 분포

3·1 운동 당시 학생들은 동맹 휴학, 상인·노동자·농민들은 철시, 파업 등으로 일제에 저항하였으며, 다양한 계층이 참여하면서 전국적으로 확산되었다. 만세 시위도 단순 시위에서 폭력 시위에 이르기까지 다양한 형태로 전개되었다.

(3) 일제의 탄압

헌병 경찰, 군인을 출동하여 무력 탄압(제암리 학살 사건, 유관순 순국, 건물 방화, 파괴 등)

(4) 영향

① 대한민국 임시정부 수립 계기 : 민주 공화제 정부의 수립
② 일제 통치 방식 변화 계기 : 무단 통치 ➡ 문화 통치(민족 분열 통치)로 전환
③ 독립 운동의 분기점 : 국외 무장 투쟁의 활성화, 독립 국내의 실력 양성 운동 전개
④ 사회주의 사상 유입 : 서구 열강에 대한 실망
⑤ 아시아 약소민족의 해방 운동에 영향 : 중국의 5·4운동, 인도 비폭력·불복종 투쟁 등

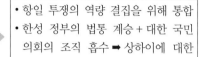

2. 대한민국 임시 정부 수립

(1) 배경 : 3·1 운동 이후 조직적·체계적인 독립 운동의 필요성 대두

(2) 정부의 등장과 통합

연해주	• 대한 국민 의회
국내	• 한성 정부
상하이	• 대한민국 임시 정부

➡ • 항일 투쟁의 역량 결집을 위해 통합
• 한성 정부의 법통 계승 + 대한 국민 의회의 조직 흡수 ➡ 상하이에 대한민국 임시 정부 수립(1919.9.)

(3) 정부의 활동

체제	• 최초의 민주 공화제 정부 • 대통령 중심제 : 대통령 이승만, 부통령 이동휘 • 3권 분립에 입각 : 국무원(행정), 임시 의정원(입법), 법원(사법)
연락 조직	• 연통제(비밀 행정 조직) : 임시정부에 자금 조달, 정부 명령 전달 • 교통국(통신 기관) : 독립 운동 자금 모금, 정보 수집·분석·보고
자금 조달	• 의연금 모금, 독립공채(애국공채) 발행 • 독립운동 자금 전달 과정 : 독립운동 자금 ➡ 연통제·교통국 ➡ 만주의 이륭 양행, 부산의 백산 상회 경유 ➡ 임시 정부로 유입
군사	• 만주를 중심으로 무장 투쟁 지원 • 직할 군단 편성 : 광복군 사령부, 광복군 총영, 육군 주만 참의부
외교	• 파리 위원부(김규식) : 파리 강화 회의, 독립 청원서 제출 • 구미 위원부(이승만) : 워싱턴 회의, 미국 상대로 외교 활동 • 이승만이 미국 월슨 대통령에게 국제 연맹에 의한 위임 통치 청원 요청
문화	• 독립 신문 발행 • 임시 사료 편찬회 설치 : 한·일 관계 사료집 간행
영향	• 국내 독립 운동의 정신적 지주 역할 • 민주 공화제 추구하는 민족 운동의 방향에 영향

대한민국 임시 헌장(1919)

> 제1조 대한민국은 민주 공화제로 한다.
> 제2조 대한민국은 임시 정부가 임시 의정원의 결의에 의하여 이를 통치한다.
> 제3조 대한민국의 인민은 남녀 귀천 및 빈부의 계급이 없고 일체 평등하다.
> 제4조 대한민국의 인민은 종교, 언론, 저작, 출판, 결사, 집회, 통신, 주소 이전, 신체 및 소유의 자유를 향유한다.
> 제5조 대한민국의 인민으로 공민 자격이 있는 자는 선거권 및 피선거권을 가진다.

대한민국 임시 헌장은 대한민국 임시 정부가 수립되면서 제정한 임시 헌법이다.

🐨 **코알랄라의 시험에 나오는 자료**

🐨 **국내외에 수립된 임시 정부**

🐨 **독립 공채**

🐨 **대한민국 임시 정부 및 의정원 조직**

백산상회의 모습

백산상회는 안희제가 독립 자금 지원을 위해 1914년 설립한 회사이다.

은세프의 시험 전에 꼭 맛봐야 하는

이승만의 위임 통치 청원서(1919)

> 장래 완전한 독립을 보증하고 당분간은 한국을 국제 연맹 통치 밑에 둘 것을 바랍니다. 이렇게 될 경우 대한 반도는 만국의 통상지가 될 것이며, 그리하여 한국을 극동의 완충국이나 또는 1개 국가로 인정하게 되면 동아시아 대륙에서의 침략 정책이 없게 될 것이며, 그렇게 되면 동양 평화는 영원히 보전될 것입니다.
> – 「독립운동 자료집 9」 –

이승만 대통령은 미국 대통령 윌슨에게 편지를 보낸 청원서 내용 가운데 국제 연맹 위임 통치를 제안한 사실이 알려지면서 독립 운동가들은 국민 대표 회의 소집을 요구하였다.

(4) 정부의 분열과 위기 : 국민대표회의(1923)의 소집과 결렬

| 배경 | • 일제의 탄압 : 1920년대 초에 연통제와 교통국 조직 와해
• 임정 내 갈등
┌ 사상적 대립(민족주의 계열 vs 사회주의 계열)
├ 독립 운동 노선 차이(무장투쟁론 vs 외교독립론 vs 실력양성론)
└ 외교 활동의 미비, 이승만의 위임 통치 청원서 제출 |

⬇

국민대표회의 개최 (1923)

• 목적 : 독립 운동의 새로운 활로 모색
• 과정 : 창조파와 개조파 등으로 분열

구분	인물	주장
개조파	안창호	• 임시 정부의 개혁과 존속 주장 • 실력 양성을 우선시 하고 외교 활동 강조
창조파	신채호	• 임시 정부 해체 후 새 정부 구성 주장 • 무력 항쟁 강조
현상유지파	김구	• 임시 정부를 그대로 유지하자고 주장

• 결과 : 성과 없이 결렬, 일부 세력 임정 이탈, 임정 내부 대립 심화

⬇

| 회의 이후 | • 이승만 탄핵 ➡ 2대 대통령 박은식 취임(1925) ➡ 국무령 중심의 내각 책임제(1925) ➡ 국무위원 중심의 집단 지도 체제(1927)
• 임시정부 활동 침체 ➡ 김구 등에 의해 명맥만 유지 |

3. 대한민국 임시 정부의 이동과 재정비

(1) 한인 애국단의 활동(1931)

① 배경 : 국민대표 회의 이후 침체된 임시 정부의 활로 모색을 위해 김구가 상하이에서 조직

② 활동

이봉창 의거 (1932.1.)	• 도쿄에서 일본 천황의 마차에 폭탄 투척 ➡ 불발로 실패 • 중국의 관심과 집중적인 신문 보도 ➡ 상하이 사변 발발 계기
윤봉길 의거 (1932.4.)	• 상하이 홍커우 공원 승전기념식에 폭탄 투척 ➡ 일본인 고관들을 폭살 • 의의 　┌ 침체에 빠진 임시 정부에 활기를 불어 넣음 　├ 중국 국민당 정부의 임시 정부 적극 지원 계기 　└ 중국 영토 내 무장 독립 투쟁 전개 승인을 받음

코알랄라의
시험에 나오는 자료

🐨 김구

▲이봉창 의사　　▲윤봉길 의사와 홍커우 공원의 상하이 사변 승전 기념식장

(2) 대한민국 임시 정부의 이동

• 윤봉길 의거 이후 일제의 검거 시도 ➡ 일제의 탄압과 중국 대륙의 침략 ➡ 중·일 전쟁의 전선에 따라 임시 정부의 이동(1932~40) ➡ 민족 혁명당에 참여하지 않음 ➡ 한국 국민당 창당(민족 혁명당의 임시 정부 해체 주장에 대항) ➡ 충칭 도착(1940, 재정비)

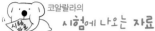
(3) 충칭 시기의 임시 정부(1940)

① 배경 : 중국 정부의 주선 ➡ 중국 충칭에서 임시 정부가 자리 잡음

② 재정비

- 주석제 개헌(1940) : 김구를 주석으로 하는 단일 지도 체제로 개편
- 한국 독립당 결성(1940) : 한국 국민당(김구), 조선 혁명당(지청천), 한국 독립당(조소앙)을 통합하여 김구를 중심으로 하는 새로운 정당 결성
- 대한민국 건국 강령 발표(1941) : 조소앙의 삼균주의(정치·경제·교육의 균등)를 바탕으로 건국 이념과 독립 전쟁의 준비를 알림

③ 한국광복군의 창설(1940)

체제	• 충칭에서 창설(1940), 총사령관 지청천, 참모장 이범석 • 한국광복군 행동 준승 9개 항 체결 : 중국 군사 위원회의 명령과 지휘 인정
활동	• 대일 선전포고(1941) : 태평양 발발 직후 대일 선전 포고 성명 발표 • 김원봉의 조선 의용대 일부 세력 합류(1942) : 전투력 증강 • 영국군과 미얀마와 인도 전선에서 연합군 일원으로 활동(1943) : 직접 전투 외에 정보 수집, 포로 심문, 선전 활동 등에 종사 • 국내 진공 작전 계획(1945) : 미국 전략 정보처(OSS)의 지원 아래 특수 훈련 및 국내 정진군 편성 ➡ 일본 패망으로 무산

🐨 한국 광복군

🐨 인도 방면으로 파견된 한국 광복군

🐨 한국 광복군과 OSS교관들

 은세프의 시험 전에 꼭 맛봐야 하는

대한민국 건국 강령(1941)

> 보통 선거 제도를 실시하여 정권을 균등히 하고, 국유 제도를 채용하여 이권을 균등히 하고, 공비(公費) 교육으로써 학권을 균등히 하며, …… 대산업 기관의 시설을 국유로 하고, 토지, 광산, 어업, 수리, 임업, 소택과 수상·공중의 운수 사업과 은행, 전신, 교통 등과 대규모의 농·공·상, 기업과 성시, 공업 구역의 공공적인 주요 산업은 국유로 하고, 소규모 혹 중소기업은 사영으로 한다.

대한민국 임시 정부는 1941년 11월 조소앙의 삼균주의를 채용한 '대한민국 건국 강령'을 발표하였다. 강령에는 광복 후 정치·경제·교육 각 분야에서 국민이 균등한 권리를 누릴 수 있도록 하겠다는 내용을 담고 있다.

대한민국 임시 정부의 개헌

대통령제	1차 개헌(1919, 상해) : 초대 대통령에 이승만
국무령 내각 책임제	2차 개헌(1925, 상해) : 국무령에 김구 선임
국무위원 다수 지도제	3차 개헌(1927) : 국무위원 중심의 집단 지도 체제
주석 중심제	4차 개헌(1940) : 주석으로 김구 선임, 강력한 지도력
주석·부주석제	5차 개헌(1944, 충칭) : 주석에 김구, 부주석에 김규식 선임

01 기출문제

18회 중급 47번

다음 자료에 해당하는 독립 군부대의 활동으로 옳은 것을 〈보기〉에서 고른 것은?

- 1940년 중국 충칭에서 창설되어 총사령에 지청천, 참모장에 이범석이 취임하였다.
- 1942년 조선 의용대 일부가 편입되어 군사력이 강화되었다.
- 미국 전략 정보국(OSS)과 합동 작전을 전개하였다.

〈보기〉

㉠ 국내 진공 작전을 계획하였다.
㉡ 신흥 무관 학교를 설립하였다.
㉢ 인도·미얀마 전선에 참전하였다.
㉣ 홍경성, 영릉가 전투에서 승리하였다.

① ㉠, ㉡
② ㉠, ㉢
③ ㉡, ㉢
④ ㉡, ㉣
⑤ ㉢, ㉣

01.②

대한민국 임시 정부 산하의 독립군 부대인 한국 광복군에 대한 설명이다.
㉠, ㉢ 한국 광복군에 대한 설명이다.
㉡ 신민회에 대한 설명이다.
㉣ 조선 혁명군에 대한 설명이다.

02

다음을 통해 알 수 있는 독립군 부대의 활동으로 옳지 <u>않은</u> 것은?

일제의 압제에 답답함을 느끼던 차에 내 하숙방에 아버지의 제자였던 이춘식이 찾아왔다. 그는 주위를 살피더니 나지막한 목소리로 말하였다. "문택이 잘 듣게. 중국에는 중국군, 영국군 등 연합군과 합동 작전으로 왜적과 항쟁을 하고 있다네. 자네도 아버지의 정신을 이어받아 독립전선에 뛰어들어 독립운동을 해야 할 것이 아닌가?"라고 하였다. 순간 나도 모르게 두 주먹이 불끈 쥐어지며 어떤 용기가 용솟음치는 것만 같다. 그는 나에게 말을 계속하였다. "…… 머지않아 미군은 왜적의 본토에 상륙을 감행할 거야. 그러면 우리도 연합군의 협조를 얻어 국내에 상륙하여 왜적을 무찌를 거야. 우리의 독립은 눈앞에 다가서지. 우리는 그날을 위하여 ……."라고 귓속말을 하였다. - 독립운동가 김문택의 수기 -

① 쌍성보 전투에서 일본군에 맞서 싸웠다.
② 조선 의용대의 일부 병력이 편입되었다.
③ 중국 정부의 지원으로 충칭에서 창설되었다.
④ 연합군의 지원을 받아 국내 진공 작전을 계획하였다.
⑤ 미얀마·인도 전선에서 영국군과 합동 작전을 수행하였다.

02.①

제시문의 '연합군의 협조를 얻어 국내에 상륙하여'라는 부분을 통해 한국 광복군임을 알 수 있다. 한국 광복군은 대한민국 임시 정부 산하의 독립군 부대이다.
① 쌍성보 전투는 한국 독립군과 중국 의용군인 연합해 일본군을 무찌른 전투이다.
②, ③, ④, ⑤ 한국 광복군에 대한 내용이다.

03.④

사진은 3·1 운동이 일어났던 서울 탑골공원이다. 3·1운동은 2·8 독립 선언과 윌슨의 민족 자결주의 등의 영향으로 일어나 이념과 계급을 초월하여 전개되었다.

④ 사회주의는 3·1 운동 이후에 국내에 전해졌다.

①, ②, ③, ⑤ 3·1 운동에 대한 설명이다.

03

다음 자료를 통해 알 수 있는 민족 운동에 대한 설명으로 옳지 <u>않은</u> 것은?

① 중국의 5·4 운동에 영향을 주었다.
② 해외에서도 만세 시위가 전개되었다.
③ 일제의 통치 방식의 변화를 초래하였다.
④ 사회주의 세력이 적극적으로 참여하였다.
⑤ 대한민국 임시 정부 수립의 계기가 되었다.

04.②

3·1 운동은 우리 민족의 단합된 독립 의지를 전 세계에 천명한 민족 운동이었으며, 일제의 무자비한 통치에 대한 세계적인 비난 여론을 이끌어냈다.

② 3·1 운동을 계기로 대한민국 임시 정부가 수립되었다.

① 대한 광복회는 1910년대 국내에서 조직된 대표적인 비밀 결사 단체이다.

③ 신채호는 1923년 의열단의 독립운동 이념과 방략을 이론화해 천명한 조선 혁명 선언을 발표하였다.

④ 1920년대 후반에 민족 유일당 운동이 추진되었다.

⑤ 3·1 운동의 배경에 해당한다.

04

밑줄 친 '이 민족 운동'이 끼친 영향으로 옳은 것을 〈보기〉에서 고른 것은?

• <u>이 민족 운동</u>은 전 민족이 계급적·계층적 이해를 초월하여 일제의 지배에 반대하고, 당연한 권리로서 민족 독립과 새로운 국가 건설을 일제와 세계에 선언한 것이었다.

• <u>이 민족 운동</u>의 교훈은 향후 민족 독립운동이 광범한 대중적 기반 위에서 전개되지 않으면 안 된다는 인식을 확대시켜 민족 독립 운동사에 일대 전환을 가져왔다.

① 대한 광복회가 조직되었다.
② 대한민국 임시 정부가 수립되었다.
③ 신채호가 조선 혁명 선언을 발표하였다.
④ 민족 유일당 운동을 추진하는 배경이 되었다.
⑤ 미국 대통령 윌슨이 민족 자결주의 원칙을 제시하였다.

05

다음 자료와 관련된 독립 운동 단체의 활동으로 옳지 <u>않은</u> 것은?

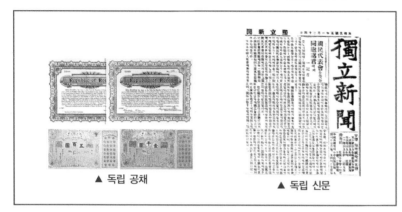

▲ 독립 공채　　　　　　　▲ 독립 신문

① 국내와의 연계를 위해 연통제를 실시하였다.
② 구미 위원부를 설치하여 외교 활동을 펼쳤다.
③ 한국 독립군을 설치하여 무장 투쟁을 벌였다.
④ 삼권 분립에 기초한 민주 공화제를 채택하였다.
⑤ 임시 사료 편찬 위원회를 두고 한·일 관계 사료집을 간행하였다.

06

(가)가 소집될 무렵의 임시 정부 상황으로 옳은 것은?

- 임정 자체 내에서의 임정 개조는 공상에 불과하기 때문에 분규가 극에 달한 시국 문제를 해결하려면 ▢▢가▢▢의 소집이 필요합니다.
- 정부를 세울 때 각 방면의 의견을 충분히 구하지 못한 한계를 인정하고 임정을 더욱 견고한 민족적 통일 기관으로 만들려면 ▢▢가▢▢의 소집이 필요합니다.

① 상하이를 떠나 중국 곳곳을 이동하였다.
② 이봉창과 윤봉길이 의열 활동을 벌였다.
③ 국내에 조직된 연통제와 교통국이 파괴되었다.
④ 한국 독립당이 만주에서 조직되었다.
⑤ 한국 광복군이 중국 충칭에서 조직되었다.

05.③

자료는 대한민국 임시 정부가 발행한 독립 공채와 독립 신문이다.
③ 한국 독립군은 한국 독립당 산하에 결성된 무장 독립군으로 한·중 연합 작전을 전개하였다.
①, ②, ④, ⑤ 대한민국 임시 정부에 대한 설명이다.

06.③

(가)는 1923년에 개최된 국민 대표 회의이다. 국민 대표 회의가 개최될 당시 비밀 행정 조직망이었던 연통제가 파괴된 상태였다. 국민 대표 회의가 결렬된 이후 독립 운동가들이 흩어진 상황에서 이승만 대통령 탄핵이 이루어졌다.
③ 국민 대표 회의가 개최될 당시 연통제와 교통국이 파괴되었다.
① 중·일 전쟁 이후의 일이다.
② 국민 대표 회의 결렬 이후 침체된 임시 정부에 활기를 불어넣기 위해 의열 활동을 벌였다.
④ 한국 독립당이 임시 정부 여당 역할을 하였다.
⑤ 한국 광복군이 창설된 것은 1940년대의 일이다.

07.②

대한민국 임시 정부의 김구는 1931년 말에 한인 애국단을 조직하여 항일 독립 투쟁의 새로운 활로를 개척하고자 하였다.

⊙, ⓒ 한인 애국단의 활동이다.

ⓒ, ⓔ 을사조약에 적극 협조한 매국노와 일본 침략자를 직접 응징한 의사들의 행동이다.

07

다음의 주제를 가지고 발표한 내용으로 옳은 것을 〈보기〉에서 고른 것은?

오늘은 독립 운동 유적지를 살펴볼 것입니다. 주제는 한인 애국단의 항일 의거 활동으로 관련된 내용을 발표해 볼까요?

┌────────────── 〈보기〉 ──────────────┐

⊙ 지현 : 윤봉길은 상하이 홍커우 공원에서 폭탄을 던졌습니다.

ⓒ 설현 : 안중근은 이토 히로부미를 하얼빈에서 처단하였습니다.

ⓒ 유리 : 이봉창은 도쿄에서 일왕의 마차에 수류탄을 던졌습니다.

ⓔ 윤아 : 장인환은 샌프란시스코에서 친일 미국인 스티븐스를 저격하였습니다.

└──────────────────────────────────┘

① ㄱ, ㄴ   ② ㄱ, ㄷ

③ ㄴ, ㄷ   ④ ㄴ, ㄹ

⑤ ㄷ, ㄹ

08.⑤

밑줄 친 '이 사건'은 1932년 4월에 윤봉길이 상하이 홍커우 공원에서 열린 일본군의 기념식장에 폭탄을 던진 사건이며, 자료는 이에 대한 중국 장제스의 평가이다.

⑤ 윤봉길의 의거를 계기로 한국의 독립운동에 냉담하던 중국인들의 태도가 변화하였으며, 중국 국민당 정부는 한국의 독립운동을 적극 지원하게 되었다.

① 청산리 대첩이 간도 참변의 계기가 되었다.

② 신민회는 신흥 무관 학교를 세웠다.

③ 윤봉길 의거 이전의 일이다.

④ 윤봉길 의거 이전의 일이다.

08

밑줄 그은 '이 사건'의 결과로 옳은 것은?

상하이에서 일어난 <u>이 사건</u>에 대해 장제스는 "중국 100만대군도 못하는 일을 조선의 한 청년이 해 냈다."라고 격찬하였다.

① 간도 참변이 일어나는 계기가 되었다.

② 신흥 무관 학교를 세워 군사 훈련을 실시하였다.

③ 국민 대표 회의를 열어 새로운 진로를 모색하였다.

④ 이봉창이 도쿄에서 일왕의 마차에 수류탄을 던졌다.

⑤ 한국의 독립운동에 중국 국민당 정부의 지원을 이끌어 냈다.

사회 각 계층이 추진한 사회 운동 23

핵심개념 한상 차리기

1. 실력 양성 운동의 전개 : 3·1 운동 이후

(1) 물산 장려 운동

🐨 물산 장려 운동 포스터

배경	• 회사령과 관세 철폐 ➡ 한국인 기업의 어려움
목표	• 국산품 애용과 근검·절약을 통한 민족 산업 육성
전개	• 조만식 등이 평양에서 조선 물산 장려회 발기(1920, 시작) ➡ 서울에 조선 물산 장려회 조직(1923) ➡ 전국으로 확대 ➡ 국산품 애용, 금주·금연, 절약 운동 전개
구호	• '내 살림 내 것으로', '조선 사람 조선 것으로', '우리는 우리 것으로 살자' 등
한계	• 사회주의 세력의 비판, 일제의 방해 • 상품 가격 상승: 늘어난 수요를 충족하지 못함, 농민 구매력 한계

 의 시험 전에 꼭 맛봐야 하는 ....

조선 물산 장려회 취지서

> 부자와 빈자를 막론하고 우리가 우리의 손에 산업의 권리 생활 제일 조건을 장악하지 아니하면, 우리는 도저히 우리의 생명, 인격, 사회의 발전을 기대하지 못할 것이다. 우리는 이와 같은 견지에서 우리 조선 사람의 물산을 장려하기 위하여, 첫째 조선 사람은 조선 사람이 지은 것을 사 쓰고, 둘째 조선 사람은 단결하여 그 쓰는 물건을 스스로 제작하여 공급하기를 목적하노라.
>
> -산업계(1923.11.)-

일본 자본 진출과 일본 상품의 대량 유입에 맞서 한국인 자본의 보호와 육성을 하기 위해 자본가 계급이 물산 장려 운동을 주도하였다.

(2) 민립 대학 설립 운동

🐨 조선 민립 대학 기성회 창립 총회

배경	• 3·1운동 이후 교육열 고조 • 제2차 조선 교육령 : 대학 교육에 대한 규정 신설
전개	• 이상재, 한용운 등이 조직한 조선 교육회의 주도 ➡ 조선 민립 대학 기성 준비회 결성(1922) ➡ 모금 운동 전개 ➡ 만주, 미국, 하와이 등지에서도 모금 운동 전개
구호	• '한민족 1천만이 한 사람이 1원씩'
한계	• 가뭄과 수해로 모금 운동 중단 • 일제의 방해 공작 ➡ 경성 제국 대학 설립(1924)

대학 발기 취지서(1923)

> 교육에도 계단과 종류가 있어 민중의 보편적인 지식은 이를 보통교육으로 능히 수여할 수 있으나 심원한 지식과 온오(蘊奧)한 학리는 고등교육에 기대하지 아니하면 불가할 것은 설명할 필요도 없거니와 사회 최고의 비판을 구하여 유능유위(有能有爲)의 인물을 양성하려면 최고 학부의 존재가 가장 필요하도다.

1920년대 들어 대학의 설립이 가능해지자 민족 지도자들은 우리 힘으로 대학을 세우려고 하였다. 이에 일제는 경성 제국 대학을 설립하여 조선인의 불만을 잠재우려 하였다.

경성 제국 대학

(3) 문맹 퇴치 운동

① 배경 : 농촌 계몽 운동의 일환으로 전개, 일제의 우민화 교육 정책 ➡ 문맹자 증가

② 전개

- 1910년대 : 개량 서당, 사립학교에서 전개
- 1920년대 : 야학을 중심으로 전개
- 1930년대 : 신문사가 주도, 문자 보급 운동(1929~34), 브나로드 운동(1930~35)

개량 서당

③ 내용

- 야학 운동 : 1920년대에 많은 야학 설립 ➡ 노동자와 농민 대상 문맹 퇴치
- 조선어 학회(1931) : 한글 교재 제작 및 보급, 전국에 조선어 강습회 개최

문자 보급 운동(1929~34년)	브나로드 운동(1931~35년)
• 1920년대 후반 조선일보의 주도로 전개	• 1931년부터 동아일보 주도로 전개
• 농촌 계몽 및 문자 보급, 한글 교재 배부	• 문맹 퇴치, 미신·구습 제거 등 활동
• '아는 것이 힘, 배워야 산다.' 표어 제시	• '민중 속으로' 구호 걸고 학생 모집

▲ 한글 교재

▲ 문자 보급 운동

▲ 브나로드 운동 포스터

④ 영향 : 이광수의 「흙」, 심훈의 「상록수」 등의 문학 작품 발표

⑤ 결과 : 점차 민족적 성격 ➡ 일제 탄압으로 대부분 중단(1935)

(4) 실력 양성 운동의 한계

① 일제의 허용 범위 안에서 전개 ➡ 타협적 민족주의 등장

② 물산 장려 운동과 민립 대학 설립 운동 실패 ➡ 자치 운동 주장(1920년대 중반) ➡ 친일화(1930년대)

③ 민족주의 계열의 분화

비타협적 민족주의	• 주요 인물 : 이상재, 안재홍 등 • 주장 : 일제와의 타협 완전 거부 • 활동 : 민족 실력 양성 주장, 타협적 민족주의 비판, 완전 독립 추구 ➡ 사회주의자들과 연대 추진
타협적 민족주의	• 주요 인물 : 이광수, 최린 등 • 주장 : 민족 개조론 주장 • 활동 : 식민 지배를 인정하며 일제와 타협 주장 ➡ 일본이 허용하는 범위 내에서 자치권 획득 추구

2. 농민 운동과 노동 운동

(1) 농민 운동

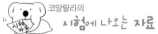
암태도 소작 쟁의를 보도한 동아일보

① 배경 : 사회주의 사상의 영향으로 의식 성장, 토지 조사 사업과 산미 증식 계획으로 인한 소작농의 증가와 고율의 소작료

② 전개

1920년대	• 생존권 투쟁 : 지주의 횡포에 저항 ➡ 소작료 인하, 소작권의 잦은 이동 반대 • 암태도 소작 쟁의(1923), 복율면 소작 쟁의 등
1930년대	• 반제국주의적 항일 투쟁 : 식민지 지주제 철폐, 일제 타도 주장 • 혁명적 농민 조합 결성 : 비합법적 소작 쟁의 전개 ➡ 폭력 투쟁으로 발전

(년)	지주	자작	자소작	소작
1920	3.3	19.5	37.4	39.8
1924	3.8	19.5	34.5	42.2
1928	3.7	18.3	32.0	44.9

0 20 40 60 80 100(%)
(조선 총독부 농림국, "조선 소작 연보")

▲ 1920년대 영농 종류별 농가 호수 비율

일제의 토지 조사 사업, 산미 증식 계획의 실시로 지주들은 소유지를 더 늘린 반면 농민들은 몰락하는 경우가 많아졌다. 그 결과 농민의 궁핍화가 심화되어 자작농과 자소작농은 줄어들고, 소작농이 크게 늘어났다.

(2) 노동 운동

① 배경 : 사회주의 사상의 영향으로 의식 성장, 저임금·민족 차별에 항거, 일제 자본가에 대항

② 전개

1920년대	• 생존권 투쟁 : 임금 인상, 노동 조건 개선 요구 • 원산 노동자 총파업(1929) ➡ 반일 투쟁으로 발전
1930년대	• 반제국주의적 항일 투쟁 : 식민지 노동력 수탈 반대, 일제 타도, 노동자 계급의 해방 주장 • 혁명적 노동 조합 결성 : 비합법적 노동 쟁의 전개 ➡ 폭력 투쟁으로 발전

코알랄라의
시험에 나오는 자료

원산 노동자 총파업

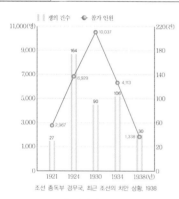

▲소작 쟁의의 발생 추이

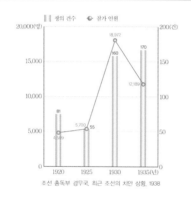

▲노동 쟁의의 발생 추이

• 농민·노동 운동은 사회주의 사상의 영향과 농민·노동자의 의식 성장 등을 배경으로 전개되었다.

민족별 노동 임금 차이

3. 다양한 사회 운동의 전개

1) 소년 운동

배경	• 어린이의 열악한 사회적 지위
전개	• 방정환의 천도교 소년회(1921)의 주도 • 어린이날 제정, 잡지 「어린이」 간행(1923), '어린이' 단어를 사용

2) 형평 운동

배경	• 백정에 대한 사회적 차별과 불평등 심화
조직	• 경남 진주에서 형평사 조직(1923) ⌈ 차별 철폐와 교육 문제 해결 촉구 ⌊ 계급 타파, 모욕적 칭호 폐지, 교육 권장, 상호의 친목을 중요 목표로 삼음

어린이날 표어

전개	• 백정에 대한 사회적 차별 대우 철폐 주장 ➡ 언론과 사회주의계의 적극적인 지지 ➡ 전국적인 조직으로 성장 ➡ 다른 사회 운동 단체와 연대 ➡ 신분 해방 운동 넘어 민족 운동의 성격까지 지님

 의 시험 전에 꼭 맛봐야 하는

조선 형평사 취지문

> 공평은 사회의 근본이고 애정은 인류의 본령이다. 그러한 까닭으로 우리는 계급을 타파하고 모욕적 칭호를 폐지하여, 우리도 참다운 인간이 되는 것을 기하자는 것이 우리의 주장이다. 지금까지 조선의 백정은 어떠한 지위와 압박을 받아 왔는가? 과거를 회상하면 종일 통곡하고도 피눈물을 금할 수 없다. …… 직업의 구별이 있다고 한다면, 금수의 생명을 빼앗는 자는 우리만이 아니다.

백정에 대한 차별은 이미 갑오개혁 때 신분 제도가 폐지되었음에도 불구하고, 여전히 심하였다. 이에 백정 출신들은 조선 형평사를 만들어 백정에 대한 차별 철폐와 지위 향상을 도모하는 사회 개혁 운동을 벌였다.

(3) 청년 운동

배경	• 3 · 1 운동 이후 민족의식 고양 • 청년의 역할 재인식, 청년 단체 수 증가
단체	• 조선 청년 총동맹(1924) : 전국 규모의 통합된 청년 사회 운동 조직
활동	• 품성 도야, 지식 개발 등 주장 • 민족 실력 양성 운동, 민중 계몽 운동 전개

(4) 여성 운동

① 배경 : 여성의 지위 향상 노력, 남녀 평등 운동 및 여성 노동 운동 전개
② 근우회

배경	• 신간회 조직으로 여성 운동계에 통합론 일어남 ➡ 민족 유일당 근우회 조직
활동	• 신간회와 연계하여 신간회의 자매단체로 창립 • 여성의 공고한 단결과 지위 향상에 노력 ┌ 문맹 퇴치를 위한 부인 야학 │ 여성의 기술 교육을 위한 강습회 └ 전국 순회 여성 문제 강연회와 토론회 • 기관지 「근우」 발간
결과	• 내부의 이념 대립과 신간회 해체를 전후하여 해산

의 시험 전에 꼭 맛봐야 하는

근우회 행동 강령

1. 여성에 대한 사회적·법률적 일체 차별 철폐
2. 일체 봉건적 인습과 미신 타파
3. 조혼 폐지 및 결혼의 자유
4. 인신매매 및 공창(公娼) 폐지
5. 농민 부인의 경제적 이익 옹호
6. 부인 노동의 임금 차별 철폐 및 산전 산후 임금 지불
7. 부인 및 소년공의 위험 노동 및 야업 폐지

근우회는 여성들의 의식을 향상시키고, 여성 해방에 대한 인식을 확산시켰다.

기관지 「근우」

4. 민족 협동 전선 운동

(1) 6·10 만세 운동(1926)

배경	• 순종의 죽음, 일제의 식민지 차별 교육, 학생 의식의 성장
주도	• 사회주의 계열(조선 공산당)의 기획과 민족주의 계열(천도교)의 지원 및 학생 단체들의 만세 시위 계획
전개	• 일제에 의해 사회주의자들 사전 발각 ➡ 학생들이 시위 주도 ➡ 순종 인산일에 격문 살포, 만세 시위 전개 ➡ 일제의 탄압
영향	• 이후 학생들은 독서회, 비밀 결사 등 조직 ➡ 동맹 휴학 전개 • 사회주의 세력과 민족주의 세력의 협력 토대 마련 ➡ 민족 유일당 운동의 계기, 신간회 결성의 기초 마련
의의	• 대중적 차원의 항일 민족 운동으로 발전 • 학생 운동이 국내 독립운동의 중심으로 부상

순종의 장례식 행렬

(2) 민족 유일당 운동

① 배경 : 민족주의 세력의 분열(타협적 민족주의 등장), 일제의 사회주의 탄압(치안유지법), 중국의 제1차 국공합작(사회주의 세력이 민족주의 세력과의 협동 전선 추진) ➡ 민족 통합과 독립운동의 단일 노선 확립 요구

② 국내 : 조선 민흥회 결성(1926), 정우회 선언(1926), 6·10 만세 운동

③ 국외 : 한국 독립 유일단 북경 촉성회 결성(1926), 3부 통합 운동(국민부, 혁신 의회 결성)

만세를 외치는 민중들

(3) 신간회(1927~1931)

결성	• 비타협적 민족주의자(회장 : 이상재)와 사회주의자(부회장 : 홍명희)의 협력
활동	• 일제 강점기 국내 최대 규모의 합법적 정치·사회 단체 • 전국에 140여개 지회 설치, 강연회 및 연설회 개최 • 노동·농민 운동, 청년 운동, 여성 운동, 형평 운동 등 지원 • 광주 학생 항일 운동에 진상 조사단 파견(1929) ➡ 민중 대회 계획 ➡ 일제 탄압으로 실패
한계	• 코민테른의 노선 변경으로 해소 • 일제의 지속적인 방해와 활동 방향을 둘러싼 내분으로 해소(1931)
의의	• 최초의 민족 협동 단체 • 민중의 절대적 지지를 얻은 최대 규모의 반일 사회 운동 단체

의 시험 전에 꼭 맛봐야 하는

신간회 강령

> 1. 우리는 정치적, 경제적 각성을 촉진한다.
> 2. 우리는 단결을 공고히 한다.
> 3. 우리는 기회주의를 일체 부인한다.

신간회 강령에서 '단결을 공고히 한다.'는 비타협적 민족주의와 사회주의 세력 간의 단결을 말하며, '기회주의를 일체 부인한다.'는 타협적 민족주의자(자치론자 등)들을 비판하는 것이다.

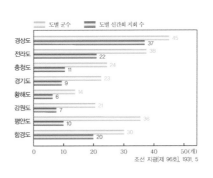

▲신간회 도별 지회 수 　　▲신간회 회원 직업별 구성

신간회는 한때 지회 수 141개, 회원 수 4만 명에 달할 정도로 민중의 열렬한 호응을 받았으며, 각계각층의 사람들이 참여한 최초의 민족 협동 전선 단체였다.

(4) 광주 학생 항일 운동(1929)

배경	• 일제의 민족 차별과 식민지 차별 교육 • 6·10만세 운동 이후 학생 운동의 조직화 ➡ 일제 차별 정책에 저항
계기	• 광주·나주 간 통학 열차 안 일본 학생이 조선 여학생 희롱한 사건 ➡ 일본 경찰의 한국인 학생 차별 검거로 가두시위 발생
전개	• 광주 학생들의 대규모 시위 ➡ 각지에서 동맹 휴학 및 가두시위 전개 ➡ 신간회의 진상 조사단 파견, 민중 대회 계획(실패) ➡ 전국적 확산(일본 제국주의 타도 주장)
의의	• 3·1운동 이후 최대 규모의 항일 민족 운동

▲ 구치소로 연행되는 여학생

▲ 광주 학생 항일 운동의 도화선이 된 박준채 학생

윤쌤의 시험 전에 꼭 맛봐야 하는

격문을 통해 본 6·10 만세 운동과 광주 학생 항일 운동

〈6·10 만세 운동 때의 격문〉
대한 독립 만세 대한 독립운동가여 단결하라!
군대와 헌병을 철수하라!
동양 척식 주식회사를 철폐하라!
일체의 납세를 거부하자!
일본 물화를 배척하자!
일본인 공장의 직공은 총파업하라!
일본인 지주에게 소작료를 바치지 말자!

〈광주 학생 항일 운동 때의 격문〉
학생, 대중이여 궐기하라! 우리의 슬로건 아래로!
1. 검거된 학생들을 즉시 우리 손으로 탈환하자.
2. 경찰의 교내 침입을 절대 반대한다.
3. 언론·출판·집회·결사·시위의 자유를 획득하자.
4. 조선인 본위의 교육 제도를 확립하라.
5. 식민지적 노예 교육 제도를 철폐하라.

6·10 만세 운동은 일제 타도를 위한 구체적인 실천 노선을 제시하였는데, 특히 경제 투쟁의 지침과 관련된 '납세 거부', '노동자 총파업' 등은 사회주의 운동의 확산과도 관련이 있다. 한편 광주 학생 항일 운동은 초기에는 조선인 본위의 교육 실시나 검거된 학생의 석방을 요구하는 격문이 많았다. 그러나 시위가 확대되면서 일본 제국주의 타도를 내세우며 일제의 식민 통치를 전면적으로 부정하는 민족 운동으로 발전하였다.

달콤샤샤
디저트

01.①

① 신간회의 지원을 받았다.

②, ③, ④, ⑤ 광주 학생 항일 운동에 대한 설명이다.

---

01 🐨기출문제

(가)에 들어갈 민족 운동에 대한 설명으로 옳은 것은?

사진으로 보는 [(가)]

성진회 회원들

나주역 사건의 주인공 박기옥과 박준채

시위 장면

일본 경찰의 수색을 받고 있는 학생들

① 신간회의 지원을 받았다.
② 순종의 인산일에 일어났다.
③ 중국의 5·4 운동에 영향을 주었다.
④ 조선어 학회를 중심으로 추진되었다.
⑤ 대한민국 임시 정부가 수립되는 계기가 되었다.

02.⑤

제시문은 물산 장려 운동 포스터이다. 물산 장려 운동은 회사령 폐지, 한·일 관세 철폐 움직임이 확대되자 평양에서 조만식을 중심으로 시작되어 전국으로 확대되었다.

⑤ 물산 장려 운동에 대한 설명이다.

① 국채 보상 운동에 대한 설명이다.

② 신간회는 광주 학생 항일 운동을 지원하였다.

③ 보안회에 대한 설명이다.

④ 민립 대학 설립 운동에 대한 설명이다.

02

다음 포스터와 관련된 사회 운동에 대한 설명으로 옳은 것은?

① 국채보상기성회가 조직되었다.
② 신간회의 지원으로 민중 대회가 추진되었다.
③ 일제의 황무지 개간권 요구 철회를 주장하였다.
④ '한민족 1천만이 한 사람 1원씩'을 구호로 하였다.
⑤ 조만식을 중심으로 평양에서 시작되어 전국으로 확산되었다.

03

다음 취지서와 관련된 민족 운동에 대한 설명으로 옳은 것은 〈보기〉에서 고른 것은?

우리의 운명을 어떻게 개척할까? …… 힘 있고, 필요한 수단은 교육이 아니면 아니 된다. 민중의 보편적 지식은 보통 교육으로도 가능하지만 심오한 지식과 학문은 고등 교육이 아니면 불가하며, 사회 최고의 비판을 구하며 유능한 인물을 양성하려면 …… 대학의 설립이 아니고는 다른 방도가 없도다.

─────〈보기〉─────
㉠ 경성 제국 대학 설립으로 결실을 맺었다.
㉡ 이상재, 한용운, 이승훈 등 지식인들이 전개하였다.
㉢ 언론사, 학생들이 주도하여 문맹 퇴치에 주력하였다.
㉣ '한민족 1천만이 한 사람이 1원씩'의 구호를 내걸고 모금 운동을 전개하였다.

① ㉠, ㉡　　　　　　② ㉠, ㉢
③ ㉡, ㉢　　　　　　④ ㉡, ㉣
⑤ ㉢, ㉣

04

다음 사건이 일어난 시기 농민·노동 운동의 공통점으로 옳은 것은?

▲원산 노동자 총파업

▲암태도 소작쟁의

① 사회주의 사상의 영향을 받았다.
② 산미 증식 계획의 배경이 되었다.
③ 회사령이 철폐되는 계기가 되었다.
④ 형평 운동이 실패하는 원인이 되었다.
⑤ 미쓰야 협정이 체결되는 계기가 되었다

03.④

제시된 자료는 1923년에 발표된 조선 민립 대학 기성회의 발기 취지서이다.

㉡, ㉣ 민립 대학 설립 운동에 대한 설명이다.

㉠ 일제는 한국인의 고등 교육 열기를 무마하고 한국 거주 일본인의 고등 교육을 위해 경성 제국 대학을 설립하였다.

㉢ 1920년대 후반부터 농촌 계몽 운동의 일환으로 전개된 문맹 퇴치 운동에 대한 설명이다.

04.①

원산 총파업은 1929년 1월부터 4월까지 4개월간에 걸쳐 원산의 전 노동자가 파업을 단행한 한국노동운동 사상 최대 규모의 파업이다. 암태도 소작 쟁의는 1923년 전남 무안군 암태도의 소작인들이 벌인 쟁의사건이다.

① 3·1 운동 이후 사회주의 운동이 확산되면서 노동자와 농민들의 계급의식과 민족의식이 높아지면서 쟁의가 발생하였다.
② 토지 조사 사업, 산미 증식 계획이 배경이 되어 농민들의 소작 쟁의를 일으켰다.
③ 1920년에 들어서 총독부는 일본 기업 자본이 좀 더 한반도에 쉽게 진출할 수 있도록 하고자 회사령을 철폐하였다.
④ 형평 운동은 일제의 탄압으로 다른 사회 운동 단체와 같이 해체되고 말았다.
⑤ 미쓰야 협정은 일제가 만주의 독립군을 잡기 위해 만주 군벌과 체결하였다.

05.①

1920년대 말부터 전개된 문맹 퇴치 운동으로 왼쪽은 동아일보가 전개한 브나로드 운동, 오른쪽은 조선일보가 전개한 문자 보급 운동이다.
① 문맹 퇴치 운동은 언론 기관을 중심으로 추진되었다.
② 광주 학생 항일 운동에 대한 설명이다.
③ 국채 보상 운동에 대한 설명이다.
④ 국채 보상 운동에 대한 설명이다.
⑤ 물산 장려 운동에 대한 설명이다.

06.①

신간회는 1927년 비타협적 민족주의자들과 사회주의자들이 협력하여 결성한 일제 강점기 최대 규모의 합법적 반일 사회 운동 단체였다. 신간회는 민족의식 고취에 힘썼고, 식민 통치를 비판하고 민족의 권익을 지키기 위해 노력하였으며, 노동 운동과 농민 운동을 지원하였다.
① 일제는 1925년에 치안 유지법을 제정하였다.
②, ③, ④, ⑤ 신간회에 대한 설명이다.

05

다음 자료에 나타난 두 운동의 공통점으로 옳은 것은?

① 언론 기관을 중심으로 추진되었다.
② 광주에서 시작되어 전국으로 확산되었다.
③ 전국적인 모금 운동과 더불어 진행되었다.
④ 우리 민족의 경제적 자립을 목표로 하였다.
⑤ 자작회, 토산 애용 부인회 등이 참여하였다.

06

다음 대화와 관련된 단체에 대한 설명으로 옳지 않은 것은?

① 일제가 치안 유지법을 제정하는 계기가 되었다.
② 광주 학생 항일 운동 당시 민중 대회를 계획하였다.
③ 사회주의자, 비타협적 민족주의자 들이 함께 결성하였다.
④ 일제 강점기에 가장 규모가 큰 합법적 사회 운동 단체였다.
⑤ 지회를 중심으로 활동하면서, 강연회와 연설회를 개최하였다.

다음 단체에 대한 설명으로 옳은 것은?

〈행동 강령〉
1. 여성에 대한 사회적 · 법률적 일체 차별 철폐
2. 일체 봉건적 인습과 미신 타파
3. 조혼 폐지 및 결혼의 자유
4. 인신매매 및 공창(公娼) 폐지

① 개벽, 신여성 등을 발행하였다.
② 신간회와 연계하여 활동하였다.
③ 물산 장려 운동을 전개하였다.
④ 브나로드 운동에 주도적으로 참여하였다.
⑤ 우리말 큰 사전 편찬 사업을 추진하였다.

07.②

근우회는 당시 유력한 여성 인사들이 대부분 참여한 여성계의 민족 협동 전선으로서, 신간회의 여성 자매단체이다. 근우회는 수십 개의 지회를 두고 강연회, 부인 강좌, 야학 등을 통해 노동 여성의 조직화와 여성 계몽에 노력하였다.

② 근우회는 신간회와 여성 자매단체이다.
① 손병희의 천도교에서 개벽, 신여성 등을 발행하였다.
③ 조선 물산 장려회는 물산 장려 운동을 전국적으로 확산시켰다.
④ 동아일보와 조선일보는 브나로드 운동을 주도적으로 전개하였다.
⑤ 조선어 학회는 우리말 큰 사전 편찬 사업을 추진하였다.

08

다음 대화와 관련 있는 운동에 대한 설명으로 옳은 것은?

① 구미위원부를 설립하였다.
② 105인 사건으로 해체되었다.
③ 방정환, 조철호 등이 주도하였다.
④ 대성 학교와 오산 학교를 설립하였다.
⑤ 민족주의자들과 사회주의자들이 함께 결성하였다.

08.③

일제 강점기에 어린이의 지위는 매우 열악하자 어린이를 온전한 인격체로 대접하자는 소년 운동이 일어났다. 천도교는 소년 운동을 적극 전개하였다.

③ 소년 운동은 방정환, 조철호 등이 주도하였다.
① 구미위원부는 1919년 대한민국 임시정부가 대미외교 업무를 수행하기 위하여 미국 워싱턴에 설치하였다.
② 신민회는 105인 사건으로 해체되었다.
④ 신민회는 평양에 대성학교와 정주에 오산학교를 설립하였다.
⑤ 천도교에서 소년 운동을 적극 전개하였다.

09.③

갑오개혁 때 신분제가 사라졌지만 백정에 대한 사회적 차별과 천대는 쉽게 사라지지 않았다. 이에 백정들은 자신들에 대한 차별을 폐지하여 저울처럼 평등한 세상을 만들겠다는 신념 아래, 진주에서 조선 형평사를 창립하고 형평 운동을 전개하였다(1923)

③ 형평사 제6회 전 조선 정기 대회 포스터이다.

① 근우회는 1927년 창립된 최초의 여성 운동 통일전선 단체로 기관지인 근우를 발행하였다.

② 천도교는 소년 운동을 적극 전개하고 어린이날을 제정하였다.

④ 1932년 5월 1일자로 창간된 〈한글〉은 조선어학회 기관지인 학술잡지이다.

⑤ 한국 광복군은 1940년 중국 충칭에서 조직된 대한민국 임시 정부의 군대이다.

10.②

제시문은 6 · 10 만세 운동에 대한 설명이다. 1926년 순종이 서거하자 이를 계기로 사회주의 계열 단체와 천도교, 학생 단체 등이 힘을 합쳐 만세 시위운동을 전개하였다.

② 6 · 10 만세 운동은 준비 과정에서 조선 공산당 등 사회주의 세력과 천도교 등 민족주의 세력이 연대하였다.

① 1911년 신민회는 105인 사건으로 해산되었다.

③ 국채보상운동에 대한 설명이다.

④ 광주 학생 항일 운동에 대한 설명이다.

⑤ 3 · 1 만세 운동에 대한 설명이다.

09

다음 상황에서 전개된 사회 운동에 대한 자료로 가장 적절한 것은?

> 하늘에서 내린 인류의 권리는 모두 똑같은데, 가축 고기를 먹는 사람들은 존귀한 대우를 받으면서, 가축을 잡아 고기로 제공해 주는 사람들은 비천한 대우를 받으니 얼마나 잘못된 일인가. 이를 알리기 위해 조선 형평사의 취지가 성공해야 할 것이다.
>
> – 동아일보, 1923년 5월 3일자 사설 –

①
기관지 근우

②
어린이날 포스터

③
형평사 대회 포스터

④
국내서 가장 오래된 한글 학회 학회지 '한글' 창간호
기관지 한글

⑤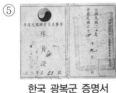
한국 광복군 증명서

10

다음 민족 운동에 대한 설명으로 옳은 것은?

> 1926년에 순종의 인산일을 기해 조선 공산당, 학생 단체, 천도교 일부 세력 등이 대규모 만세 시위를 계획하였다. 그러나 이 계획이 발각되어 많은 이들이 잡혀가고 선언문도 압수되었다. 그러나 학생들은 일제의 감시를 뚫고 예정대로 시위를 전개하였다.

① 신민회의 조직적인 지원을 받았다.
② 민족 유일당 운동의 계기가 되었다.
③ 대구에서 시작되어 전국으로 확산되었다.
④ 일본 남학생의 한국 여학생 희롱 사건이 발달이었다.
⑤ 중국의 5 · 4 운동과 인도의 비폭력 운동에 영향을 주었다.

일제 강점기의 민족 운동과 건국 준비 활동

24

1930년대의
국외 무장 투쟁은
어떻게 해야 할...
읍읍읍!

별거 없어.
1930년대 트렌드인
한·중 연합 작전을 펼친
독립군과 중국군이 힘을 모아 함께
승리한 전투를
까먹지 말고 먹어봐

한국 독립군

쌍성보
사도하자
대전자령 전투

중국 호로군

영릉가
흥경성 전투

중국
의용군

조선 혁명군

은세프.
1930년대까지
다 먹었으니
집에 가도 되죠?

안됩니다. 민족 혁명당과
그 예하 부대인
조선의용대의 활동과
이동 과정까지는
꼭 맛을 보고,

광복 직전의
건국 준비 활동도
부담 없이 한번
즐겨 보도록 하세요.

민족 혁명당
조선의용대

광복 직전의
건국 준비 활동

시험에 엄청 잘 나오는
대한민국의 임시정부의
한국광복군은

앞에서 말 했으니
여기선 그냥
넘어가겠습니다.

1. 3·1 운동 이전의 민족 운동(1910년대)

 코알랄라의
시험에 나오는 자료

(1) 국내의 독립 운동 : 국내 비밀 결사 조직

① 독립 의군부(1912)

조직	• 유생 의병장 출신의 임병찬이 고종의 밀지를 받아 결성
활동	• 목표 : 복벽주의 • 전국적인 의병 전쟁 계획 • 일본 정부와 조선 총독부에 '국권 반환 요구서' 제출 시도

🐨 대한 광복회 총 사령관 박상진

② 대한 광복회(1915~1918)

조직	• 박상진(총사령), 김좌진(부사령) 등 주도로 결성(대구)
활동	• 목표 : 국권 회복과 공화주의 • 군자금 마련 및 친일파 처단 활동 전개, 친일파 처단, 독립군 양성 노력

③ 기타 : 송죽회, 조선 국권 회복단, 자립단 등

(2) 국외의 독립 운동 : 독립 운동 기지 건설

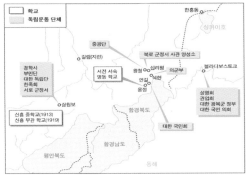

위치		활동
만주 지역	북간도	명동촌 용정촌	• 간민회 ➡ 중광단 ➡ 북로군정서, 사관 연성소 • 서전서숙(1906, 이상설), 명동학교(1908)
	서간도	삼원보	• 신민회 주도 • 경학사(1911) ➡ 부민단 ➡ 한족회 ➡ 서로 군정서 • 신흥 강습소(➡ 후에 신흥 무관 학교로 발전)
	북만주	한흥동	• 러시아·만주의 접경도시 밀산부에 한인촌 개척(이상설)
연해주 지역	신한촌	• 권업회(1911) ➡ 대한 광복군 정부(1914, 이상설, 이동휘) ➡ 대한 국민 의회(1919)
미주 지역		• 대한인 국민회(1910) : 안창호, 독립 운동 자금 지원, 지부 설치 • 대조선 국민군단(1914, 하와이) : 박용만, 무장 투쟁 준비
중국		• 동제사(1912), 신한청년당(1918, 김규식 파견)

2. 의열 투쟁의 전개

(1) 한인 애국단(1926)

① 배경 : 임시정부의 침체를 극복하기 위해 조직(김구가 조직)
② **이봉창 의거**(1932) : 도쿄에서 일본 천황의 마차에 폭탄 던짐(실패) ➡
상하이 사변 계기(중 · 일 감정의 악화)
③ **윤봉길 의거**(1932) : 상하이 홍커우 공원 승전기념식에 폭탄 투척(성
공) ➡ 장제스의 중국 국민당의 임시 정부 지원 계기

(2) 의열단

의열단 단원들

배경	• 1919년 만주 길림에서 김원봉 · 윤세주 등이 중심이 되어 결성
목적	• 목표 : 주로 일제의 식민 통치 기관 파괴, 침략 원흉 응징 활동 • 활동 지침 : 신채호의 조선 혁명 선언(1923) ➡ 폭력 투쟁을 통한 민중 직접 혁명 추구
활동	• 본부를 베이징으로 옮긴 뒤 본격적인 의열 투쟁 시작 • 박재혁(1920, 부산 경찰서 투탄), 최수봉(1920, 밀양 경찰서 투탄) • 김익상(1921, 조선 총독부 투탄), 김상옥(1923, 종로 경찰서 투탄) • 김지섭(1924, 일본 도쿄 궁성 입구의 다리에 투탄) • 나석주(1926, 동양 척식 주식회사, 조선 식산 은행 투탄)
한계	• 1920년 후반부터 의열 투쟁에 한계를 느끼고 새로운 방향 모색

의열단을 다룬 신문 기사

의열단의 노선 전환
• 황포 군관 학교에 입교(1926) : 단장 김원봉과 단원들 입교, 군사 교육 및 간부 훈련 받음 • 조선 혁명 간부 학교 설립(1932) : 중국 국민당 지원, 조직적 무장 투쟁 준비 • 민족 혁명당 결성(1935) : 의열단의 주도로 중국 관내와 미주의 5개 민족 운동 단체 통합

윤세주의 시험 전에 꼭 맛봐야 하는

신채호의 조선 혁명 선언 = 의열단의 사상적 기반

조선 혁명 선언

> 우리는 '외교', '준비' 등의 미련한 꿈을 버리고 민중 직접 혁명의 수단을 취함을
> 선언하노라. …… 우리는 민중 속에 가서 민중과 손을 잡아 끊임없는 폭력, 암살,
> 파괴, 폭동으로써 강도 일본의 통치를 타도하고 우리 생활에 불합리한 일체 제도
> 를 개조하여 인류로서 인류를 압박치 못하며 사회로서 사회를 약탈하지 못하는
> 이상적 조선을 건설할지니라.
>
> – '조선 혁명 선언', 신채호 –

'조선 혁명 선언'은 1923년 신채호가 김원봉의 요청을 받고, 의열단의 독립운동 이념과 방략을 제시하기 위해 만든 선언서이다.

3. 1920년대 국외 무장 독립 전쟁

(1) 배경
3·1운동 이후 조직적인 무장 투쟁 필요성 인지 ➡ 50여 개의 독립군 단체 결성

(2) 독립군 부대의 활동
국내 진공 작전 전개 ➡ 국경 일대 식민 통치 마비 ➡ 일본은 독립군에게 일본 정규군이 연패하자 섬멸을 위한 작전 추진

(3) 봉오동 전투(1920.6.)

결성	• 대한 독립군(홍범도), 국민회군(안무), 군무 도독부(최진동) 등
전개 과정	• 일본군의 독립군 추격 ➡ 독립군은 연합부대를 결성하여 일본군 추격에 대비 ➡ 매복 작전을 통해 일본군 수백 명 살상

(4) 훈춘 사건(1920.10.)

전개 과정	• 일제가 만주 출병 구실 만들기 위해 마적단 매수 ➡ 매수된 마적단이 일본 영사관과 일본인 습격 ➡ 독립군 행위로 조작 ➡ 일본군 만주에 투입

(5) 청산리 전투(1920.10.)

결성	• 북로 군정서군(김좌진), 대한 독립군(홍범도), 국민회군(안무) 등
전개 과정	• 대규모 일본군을 만주에 투입 ➡ 독립군 부대는 청산리 일대에서 일본군과 6일간 10차례 전투 ➡ 청산리 일대에서 일본군 1,200여 명을 사살하는 대승 • 백운평 전투 ➡ 완루구 전투 ➡ 천수평 전투 ➡ 어랑촌 전투 ➡ 천보산 전투 ➡ 고동하 전투
의의	• 독립군 항전 사상 최대의 승리

청산리 전투 기념 사진

(5) 간도 참변(1920)

배경	• 독립군 근거지 소탕의 명분 아래 봉오동·청산리 전투 보복을 위해 군대 투입
전개 과정	• 일본군의 초토화 작전 ➡ 간도 지방 한인촌 무차별 습격 및 보복 살해 ➡ 독립군 기반인 한인촌이 폐허가 됨

(6) 재정비

전개 과정	• 간도 참변 이후 북만주 밀산부에 독립군 집결 ➡ 서일을 총재로 대한 독립 군단 조직 ➡ 소련의 독립 운동 지원 약속에 소련 영내로 이동

(7) 자유시 참변(1921)

배경	• 소련의 지원을 기대한 대한 독립 군단이 소련 영토에 있는 자유시로 이동
전개 과정	• 독립군 부대를 통합하는 과정에서 지휘권 다툼 ➡ 러시아 적색군이 독립군의 무장을 해제하면서 많은 사상자 발생 ➡ 수많은 독립군의 희생

(8) 3부의 성립(1923~1925)

🐨 자유시 참변과 3부의 성립

배경	• 자유시 참변 이후 독립군의 만주 귀환 및 조직 재건 ➡ 독립 운동 단체 간 통합 노력
성립	• 참의부(1923, 압록강 일대) : 임시정부 직할 부대, 국내 진공 작전 전개 • 정의부(1924, 남만주 일대) • 신민부(1925, 북만주 일대) : 대한 독립군단 일부 합류, 김좌진 주도 • 성격 : 공화주의, 삼권 분립(행정·입법·사법부 구성), 자치 정부적 성격 • 활동 : 민정 기관(교육, 산업) + 군정 기관(독립군 훈련, 일본군과 전투)

(9) 미쓰야 협정(1925)

전개 과정	• 일제와 만주 군벌사이에 협정 체결 ➡ 독립군 탄압, 체포, 구속, 인도에 관한 협정 체결 ➡ 독립운동에 큰 제약

의 시험 전에 꼭 맛봐야 하는 🍽

3부의 성립과 통합

> 제1조 본부는 국민 정부로 칭함.
> 제2조 본부는 중국령에 교거하는 한국 민족으로 조직함.
> 제3조 본부의 주권은 주민 전체에 있고 그 행사권은 집행 위원회에 위임함.
> – 국민부 헌장, 1929 –

1922년부터 만주 지역의 독립군은 통합 운동을 통해 3부를 구성하였다. 3부는 행정·입법·사법 조직을 갖추고, 동포들의 세금으로 조직과 군대를 운영하는 정부의 역할을 하였다. 1920년대 중반 3부 통합 운동을 전개하였지만 하나로 통합하지 못하고, 남만주 지역은 국민부, 북만주 지역은 혁신 의회로 통합되고 말았다.

미쓰야 협정(1925.6.11.)

> 1. 조선인이 무기를 가지고 다니거나 조선으로 침입하는 것을 엄금하며, 위반자는 검거하여 일본 경찰에 인도한다.
> 2. 만주에 있는 한인 단체를 해산시키고 무장을 해제하며, 무기와 탄약을 몰수한다.
> 3. 일본이 지명하는 독립 운동가를 체포하여 일본 경찰에 인도한다.

1925년 6월 11일 조선 총독부 경무국장 미쓰야와 만주 군벌 장쭤린은 미쓰야 협정을 체결하였다. 일본 군경은 만주에 들어가지 않는 대신 중국 관헌들이 독립군을 체포하여 일본에 넘겨주면 포상하기로 합의하였다.

⑽ 3부 통합 운동(1920년대 말)

배경	• 민족 유일당 운동의 확산 ➡ 혁신 의회와 국민부로 통합	
혁신 의회(1928)		**국민부(1929)**
• 북만주 지역에 위치 • 한국 독립당으로 개편, 한국 독립군 결성		• 남만주 지역에 위치 • 조선 혁명당 창설, 조선 혁명군 편성

```
참의부 ┐
       ├─ 국민부 ──────── 조선혁명당(조선혁명군 : 양세봉)
정의부 ┤
       └─ 혁신의회 ─ 한족총연합회 ─ 한국독립당(한국독립군 : 지청천)
신민부 ┘
```

4. 1930년대 이후 국외 무장 독립 전쟁

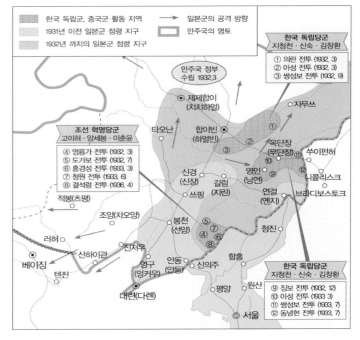

한국 독립군, 중국군 활동 지역	일본군의 공격 방향
1931년 이전 일본군 점령 지구	만주국의 영토
1932년 까지의 일본군 점령 지구	

한국 독립당군
지청천 · 신숙 · 김창환
① 의란 전투 (1932. 3)
② 아성 전투 (1932. 3)
③ 쌍성보 전투 (1932. 9)

만주국 정부 수립 1932.3

조선 혁명당군
고이허 · 양세봉 · 이춘윤
④ 영릉가 전투 (1932. 3)
⑤ 도가보 전투 (1932. 7)
⑥ 흥경성 전투 (1933. 3)
⑦ 청원 전투 (1933. 6)
⑧ 결리령 전투 (1936. 4)

한국 독립당군
지청천 · 신숙 · 김창환
⑨ 징보 전투 (1932. 12)
⑩ 아성 전투 (1933. 3)
⑪ 쌍성보 전투 (1933. 7)
⑫ 동녕현 전투 (1933. 7)

(1) 한 · 중 연합 작전의 전개 : 1930년대 전반 만주 지역

배경	• 일제의 만주 사변(1931)과 만주국 수립(1932) ➡ 중국 내 항일 감정 고조 ➡ 한국인과 중국인의 한 · 중 연합 작전 전개	
	조선 혁명당 – 조선 혁명군	**한국 독립당 – 한국 독립군**
	• 양세봉 지휘, 남만주 지역에서 활동 • 중국 의용군과 연합 작전 전개 • 영릉가 전투(1932), 흥경성 전투(1933)에서 승리	• 지청천 지휘, 북만주 지역에서 활동 • 중국 호로군과 연합 작전 전개 • 쌍성보 전투(1932), 사도하자 전투(1933), 대전자령 전투(1933)에서 승리
한계	• 투쟁 방법, 전리품 배분, 주도권 등을 놓고 한 · 중 사이에 갈등 발생 • 1930년대 중반 일제의 대공세 ➡ 중국군의 위축과 독립군의 활동 제약	

⬇

조선 혁명군	**한국 독립군**
• 양세봉 사망(1934)이후 세력 약화 ➡ 1938년까지 만주에서 항일 투쟁 지속 ➡ 일부는 중국 공산당이 조직한 동북 항일 연군에 참여	• 1933년까지 만주에서 항일 투쟁 지속 ➡ 이후에는 대부분 중국 관내로 이동 ➡ 대한민국 임시 정부의 한국광복군 창설에 참여

한국 독립군과 중국 호로군의 합의내용(1931)

1. 한 · 중 양군은 최악의 상황이 오는 경우에도 장기간 항전할 것을 맹서한다.
2. 중동 철도를 경계선으로 서부 전선은 중국이 맡고, 동부 전선은 한국이 맡는다.
3. 전시의 후방 전투 훈련은 한국 장교가 맡고, 한국군에 필요한 군수품 등은 중국군이 공급한다.
「광복 제2권, 한국 광복군 사령부」

독립군은 본인들의 힘만으로는 일제를 몰아내고 독립 전쟁에서 승리하는 것을 힘들다고 보았다. 이때 일제가 만주에 본격적으로 침략하여 괴뢰국인 만주국을 수립하자 한 · 중 연대를 통해 일제와 항일 전쟁에서 승리하고자 하였다.

(2) 중국 본토에서의 무장 독립 전쟁 : 1930년대 후반 이후 중국 관내 지역

의열단	대한민국 임시 정부
• 조직적인 무장 투쟁의 필요성 자각 ➡ 황포 군관 학교 입교 ➡ 조선 혁명 간부 학교 설립(1932) ➡ 정당으로 변모	• 이봉창 · 윤봉길의 의거 ➡ 중국 영토 내 무장 독립 투쟁 승인 ➡ 일제 탄압으로 임시 정부 이동(1932~40)

참 ⇩ 여　　　　　　불 ⇩ 참

민족 혁명당(1935)

- 배경 : 일제의 중국 침략 본격화 ➡ 중국 본토 독립 운동 단체들의 연합 전선 추진
- 결성 : 중국 난징에서 의열단(김원봉)을 주축으로 조선 혁명당(지청천)과 한국 독립당(조소앙)등이 결성
- 성격 : 중국 관내 최대 규모의 연합 전선(민족주의 세력 + 사회주의 세력)
- 한계 : 민족 혁명당의 내부 분화로 민족주의 계열 일부 탈당

민족 혁명당 잔류 세력	민족 혁명당 이탈 세력
• 민족주의 계열 이탈 후 ➡ 조선 민족 혁명당으로 개칭(1937) ➡ 산하 무장 조직으로 조선 의용대 창설(1938)	• 민족 혁명당의 조소앙과 지청천 등의 이탈 ➡ 김구(한국 국민당)에 합류 ➡ 한국 독립당을 창당하여 통합(1940) ➡ 한국광복군 창설(1940)

조선 의용대 창설(1938)

- 창립 : 김원봉의 주도와 중국 국민당 지원으로 창설된 민족 혁명당의 군사 조직
- 의의 : 중국 관내 최초로 결성된 한국인 무장 부대
- 활동 : 주로 일본군에 대한 심리전이나 후방 공작 작전, 시설 파괴 등 전개

 조선 의용대의 이동 경로

중국 국민당의 통제와 소극적 항일전에 대한 불만 ➡ 조선 의용대의 분산 이동

대부분 병력의 이동	일부 병력의 잔류
• 직접 전투에 참여하기 위해 중국 공산당의 근거지인 화북 지방으로 병력 이동 ➡ 조선 의용대 화북 지대로 재편(호가장 전투, 반소탕전 등 전개) ➡ 조선 독립 동맹 산하 조직인 조선 의용군으로 개편(1942)	• 최고 지도부와 일부 병력 잔류 ➡ 김원봉의 지휘 아래 대한민국 임시 정부의 한국광복군에 합류(1942)

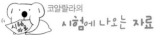
(3) 만주 지역의 항일 유격 투쟁(1930년대 후반~1940년대 전반)

① 배경 : 사회주의 확산, 한국인과 중국인 농민들의 생존권 요구 투쟁 활발

② 동북 인민 혁명군 결성(1933) : 중국 공산당의 항일 유격대 조직과 조선인 사회주의자의 참여 ➡ 모든 반일 세력 수용 ➡ 동북 항일 연군으로 개편(1936)

③ 조국 광복회 결성(1936) : 동북 항일 연군 내의 한인 유격대로 국내 진공 작전 전개 ➡ 보천보 전투(1937), 일제 통치 기관 마비 ➡ 일제의 대대적인 탄압(1939) ➡ 소련으로 이동(1940)

5. 광복 직전의 건국 준비 활동

(1) 국외

대한민국 임시 정부	• 정착 : 중·일 전쟁 전선에 따라 이동하다 충칭에 정착(1940) • 재정비 : 한국 독립당 결성, 주석제 개헌, 조소앙의 건국 강령 발표 • 한국 광복군 창설 : 지청천을 총사령관으로 창설(1940) ➡ 대일 선전 포고(1941) ➡ 김원봉의 조선 의용대 세력 일부 합류(1942) ➡ 영국군과 미얀마·인도 전선에서 연합 작전(1943) ➡ 국내 정진군 조직(1945), 일제의 패망으로 무산
조선 독립 동맹	• 중국 화북 지방에서 사회주의 계열인 김두봉 등이 결성(1942) • 조선 의용군 창설 : 조선 의용대 화북 지대 흡수, 중국 공산당의 팔로군과 연합하여 항일 투쟁 전개 • 통합 노력 : 대한민국 임시 정부와 조선 건국 동맹 등과 연계 노력 ➡ 일제 패망으로 논의 중단

윤쌔프의 시험 전에 꼭 맛봐야 하는

일본의 패망과 김구의 탄식

> 왜적이 항복한다 하였다. 아! 왜적이 항복! 이것은 내게 기쁜 소식이라기보다는 하늘이 무너지고 땅이 꺼지는 듯한 일이었다. 시안과 푸양에서 훈련을 받은 우리 청년들에게 여러 가지 비밀 무기를 주어 산둥에서 미국 잠수함에 태워 본국으로 들여보내어 국내의 중요한 곳을 파괴하거나 점령한 뒤에 미국 비행기로 무기를 운반할 계획까지도 미국 육군성과 다 약속이 되었던 것을 한번 해보지도 못하고 왜적이 항복하였으니, 지금까지 들인 정성이 아깝고 다가올 일이 걱정되었다. 우리가 이번 전쟁에 한 일이 없기 때문에 장래에 국가 간에 발언권이 박약하리라.
>
> - 「백범일지」, 김구 -

김구는 일본의 항복으로 한국 광복군의 국내 진공 작전 계획이 무산되었으며, 우리의 힘만으로 독립을 얻지 못한 것에 대한 걱정을 하였다.

(2) 국내

조선 건국 동맹	• 결성 : 여운형 등의 주도로 친일 인사를 제외한 민족주의자와 사 회주의자를 망라하여 조직(1944) • 목표 : 일제의 타도, 민주주의 국가 건설 • 해산 : 해방 직후 조선 건국 준비 위원회로 발전

6. 전후 처리 회담

(1) 카이로 회담(1943)

• 미국, 영국, 중국이 참여
• 상호 협력과 종전 후 일본 영토 문제 논의
• 최초로 한국의 독립 언급, '단 적절한 시기에'

(2) 얄타 회담(1945.2.)

• 미국, 영국, 중국이 참여
• 전후 독일 문제와 소련의 대일전 참전 논의
• 연합국은 한반도를 상당한 기간 동안 신탁통치 하기로 밀약 ➡ 미국은 40년, 소련은 20~30년을 주장

(3) 포츠담 회담(1945.7.)

• 미국, 영국, 중국, 소련이 참여
• 일본 정부에 무조건 항복 요구
• 소련은 대일 선전 포고를 하고, 포츠담 선언에 서명함으로써 회담에 참여
• 포츠담 선언에서 한국의 독립 재확인

(4) 회담 이후

일본은 연합국의 항복 요구 무시 ➡ 일본의 히로시마와 나가사키에 원자 폭탄 투하 ➡ 소련의 대일전 참전 ➡ 일본 연합국에 무조건 항복 선언(1945.8.15.)

01.①

1920년대 무장 독립 전쟁에 대해 묻고 있다.

① 간도 참변은 1920년 일제가 간도의 한국인들을 무차별 학살한 사건이다.

② 남한 대토벌 작전은 1909년 9월부터 약 2개월간 일본군이 남한 지역 의병을 대대적으로 토벌한 것이다.

③ 일제는 1943년에 징병령을 시행하여 많은 조선 청년들을 강제로 병력 동원하였다.

④ 1937년 스탈린의 소주민족 말살 정책의 일환으로 우리 동포들이 중앙아시아로 강제 이주 당하였다.

⑤ 1911년 일제가 무단통치의 일환으로 신민회 회원 105명 대거 체포, 고문한 사건이다.

01 기출문제

22회 중급 37번

㈎에 들어갈 사진으로 옳은 것은?

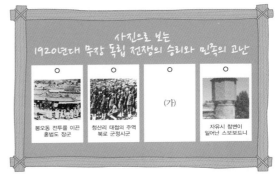

사진으로 보는
1920년대 무장 독립 전쟁의 승리와 민족의 고난

봉오동 전투를 이끈 홍범도 장군

청산리 대첩의 주역 북로 군정서군

(가)

자유시 참변이 일어난 스보보드니

① 간도 참변으로 폐허가 된 농가

② 남한 대토벌 작전으로 체포된 외병장

③ 징병령에 의해 끌려가는 청년

④ 중앙 아시아로 강제 이주 당한 동포

⑤ 105인 사건으로 끌려가는 독립 운동가

02.⑤

자료는 간도 참변을 나타낸 것이다. 간도 참변으로 독립군은 밀산부로 이동하여 대한 독립군단을 조직하였다.

① 윤봉길 의사의 의거 이후의 일이다.

② 만주 사변 이후의 일이다.

③ 중일 전쟁 이후의 일이다.

④ 자유시 참변 이후의 일이다.

02

다음 상황이 독립 운동에 끼친 영향으로 옳은 것은?

1920년 10월 31일, …… 찬랍파위 마을에 가 보았다. 사흘 전 새벽에 무장한 1개 대대가 이 기독교 마을을 포위하고 남자라면 늙은이, 어린이를 가리지 않고 끌어내려 때려 죽이고, 그렇지 않으면 불붙은 짚을 곡식 더미에 던져 버렸다. 이 상황을 울래야 울 수도 없는, 단지 바라볼 수밖에 없었던 그들의 처와 어머니들 가운데는 땅을 긁어 손톱이 빠져 버린 사람도 있었다.

① 정식으로 중국 국민당의 군사 원조를 받았다.

② 한국 독립군이 한·중 연합 작전을 주도하였다.

③ 중국 관내의 독립군 부대가 통합 운동을 벌였다.

④ 참의부, 정의부, 신민부가 통합 운동을 전개하였다.

⑤ 독립군이 밀산부로 이동하여 대한 독립군단을 조직하였다.

03

밑줄 그은 ㉠에 해당하는 지역을 지도에서 찾은 것은?

〈답사 보고서〉

· 주제 : 해외 항일 독립 운동 유적지를 찾아서
· 기간 : 2015년 7월 1일 ~ 7월 19일
· 지역 : _____㉠
· 답사지역
  - 서전서숙의 터
  - 명동학교의 터
  - 중광단의 활동 지역

① (가)
② (나)
③ (다)
④ (라)
⑤ (마)

03.④

대종교는 북간도에 서전서숙과 명동학교 등 학교를 세워 민족 교육을 실시하고, 북간도로 거점을 옮겨 중광단이라는 무장 독립 단체를 만들었다.

04

다음을 대화를 통해 알 수 있는 국제회의에 대한 설명으로 옳은 것을 〈보기〉에서 고르면?

일본이 강제 점령한 만주, 타이완이 중국에 반환이 될거야.

제1차 세계 대전 이후 일본이 점령한 모든 영토는 박탈이 될거야.

카이로에 모여 일본에 맞서 상호 협력하기로 약속도 한다면서?

04.④

자료의 국제회의는 카이로 회담이다. 카이로 회담은 미국, 영국, 중국의 수뇌들이 이집트의 카이로에 모여 전쟁 수행과 제2차 세계 대전 전후 처리문제를 논의하였다. 이 선언은 우리나라의 독립을 연합국이 최초로 보장하였다는 점에서 역사적 의미를 갖는다.

ㄴ, ㄹ 카이로 회담에 대한 설명이다.
㉠ 얄타 회담에 대한 설명이다.
ㄷ 얄타 회담에 대한 설명이다.

〈보기〉

㉠ 소련의 대일전 참전에 합의하였다.
㉡ 연합국의 지도자들이 모인 회담이었다.
㉢ 독일의 항복 이후 그 처리 문제를 논의하였다.
㉣ 우리나라의 독립을 연합국이 최초로 보장하였다.

① ㉠, ㉡
② ㉠, ㉢
③ ㉡, ㉢
④ ㉡, ㉣
⑤ ㉢, ㉣

05.④

제시문은 홍범도의 일생에 대해 설명하고 있다.

① 김두봉은 1942년 옌안에서 활동하면서 조선독립동맹에 가담하여 주석이 되었다.

② 안중근은 1909년 10월 26일 오전 9시, 중국 하얼빈에서 이토 히로부미를 저격하였다.

③ 지청천은 한국독립당 창당에 참여하였고 한국독립군 총사령관을 역임하였다.

⑤ 김좌진은 대한 광복회에서 활동하였고, 북로 군정서를 이끌고 홍범도의 대한 독립군과 연합하여 청산리에서 일본군에게 큰 승리를 거두었다.

06.②

의열단은 신채호가 쓴 조선 혁명 선언을 활동 지침으로 삼았다. 1920년대 전반 의열 활동을 벌이던 의열단은 1920년대 후반부터 중국 군관 학교에 입교하여 군사 교육을 받았다.

① 신간회는 1927년 민족주의 진영과 사회주의 진영이 제휴하여 창립한 민족 유일당이다.

③ 구월산대는 1920년에 황해도에서 조직되었던 독립운동단체이다.

④ 조선 혁명군은 1929년 만주에서 조직되었던 독립군이다.

⑤ 대한민국 임시 정부가 1931년에 중국 상해에서 조직한 독립운동 단체이다.

05

다음 자료에 해당하는 인물로 옳은 것은?

> 어느 독립 운동가의 회고
>
> 나는 1868년 8월 27일 평안북도 자성에서 태어나 어려서 부모를 여의고 수렵과 광산 노동으로 생계를 유지하였다. 1910년 한국이 일제에 의하여 강제 점령되자 만주로 건너가 독립군 양성에 전력을 다하였다. 1919년 3·1운동이 일어나자 대한독립군의 총사령이 되었다. 1920년 6월 일제가 독립군 본거지인 봉오동을 공격해 오자, 3일간의 치열한 전투를 벌인 끝에 일본군 157명을 사살하였다. 같은 해 9월에는 청산리 전투에 북로 군정서 제1연대장으로 참가하였다.

①
김두봉

②
안중근

③
지청천

④
홍범도

⑤
김좌진

06

다음 선언을 행동 강령으로 삼은 단체로 옳은 것은?

> 우리는 외교론, 준비론 등의 미몽을 버리고 민중 직접 혁명의 수단을 취함을 선언하노라. …… 민중은 우리 혁명의 대본영이다. 폭력은 우리의 유일한 무기이다. …… 끊임없는 폭력, 암살, 파괴, 폭동으로써 강도 일제의 통치를 타도하고 우리 생활에 불합리한 일체의 제도를 개조하여 인류로써 인류를 압박하지 못하며, 사회로써 사회를 박탈하지 못하는 이상적 조선을 건설할지니라.
>
> – 신채호, 「조선 혁명 선언」 –

① 신간회   ② 의열단

③ 구월산대   ④ 조선 혁명군

⑤ 한인 애국단

07

다음 내용과 관련된 전투에 대한 설명으로 옳은 것은?

> 봉오동에서 패한 일제는 만주 지역 독립군에 대한 대대적인 토벌을 계획하고 대규모 병력을 파견하였다. 일본군의 포위망이 좁혀져 오자 김좌진의 북로 군정서군과 홍범도의 대한 독립군 등 여러 독립군 부대들은 청산리 일대에서 일본군과 격전을 벌였다.

─── 〈보기〉 ───
ㄱ 미쓰야 협정으로 타격을 받았다.
ㄴ 한·중 연합 작전으로 전개되었다.
ㄷ 3·1 운동 이후 독립군이 거둔 최대의 승리였다.
ㄹ 백운평 전투를 시작으로 천수평, 어랑촌 전투 등을 치렀다.

① ㄱ, ㄴ ② ㄱ, ㄷ
③ ㄴ, ㄷ ④ ㄴ, ㄹ
⑤ ㄷ, ㄹ

07.⑤

제시된 글은 청산리 대첩에 대한 설명이다. 청산리 대첩은 1920년 10월 김좌진이 지휘하는 북로 군정서군과 홍범도가 이끄는 대한 독립군 등을 주력으로 독립 투쟁 사상 최대 규모의 승리를 거둔 것이다.
ㄷ, ㄹ 청산리 대첩에 대한 설명이다.
ㄱ 미쓰야 협정은 1925년 조선 총독부 경무 국장 미쓰야와 중국 장쭤린이 체결한 협약이다.
ㄴ 한·중 연합 작전은 1930년대에 전개되었다.

08

다음과 같은 이동 경로를 보인 독립군 부대에 대한 옳지 <u>않은</u> 것은?

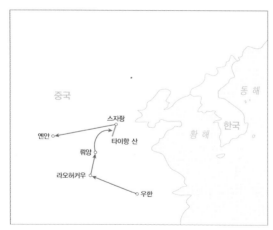

① 중국 국민당 정부의 지원을 받았다.
② 중국 관내 최초의 한인 무장 부대이다.
③ 미국의 지원을 받아 국내 진입 훈련을 받았다.
④ 호가장 전투와 반소탕전 등에서 큰 전과를 올렸다.
⑤ 일본군에 대한 심리전이나 후방 공작 활동을 전개하였다.

08.③

지도는 조선 의용대 화북 지대의 이동 경로를 나타낸 것이다. 화북 지대는 이동 과정에서 호가장 전투에서 일본군을 물리쳤다. 이후 화북으로 이동하여 조선 의용군으로 편성되었다.
③ 대한민국 임시 정부 산하의 한국 광복군에 대한 설명이다.
①, ②, ④, ⑤ 조선 의용대에 대한 설명이다.

09.④

일본이 만주 사변을 일으키고 만주국을 세우자 한국 독립군과 조선 혁명군은 1930년대 초반에 한·중 연합 작전을 전개하였다.

09

다음 합의가 일어난 시기를 연표에서 옳게 고른 것은?

1. 한·중 양군은 최악의 상황이 오는 경우에도 장기간 항전할 것을 맹세한다.
2. 중동 철도를 경계선으로 서부 전선은 중국이 맡고, 동부 전선은 한국이 맡는다.
3. 전시의 후방 전투 훈련은 한국 장교가 맡고, 한국군에 필요한 군수품 등은 중국군이 공급한다.

– 한국 독립군과 항일 중국군의 합의 내용 –

1904	1910	1919	1931	1937	1941
	(가)	(나)	(다)	(라)	(마)
러·일 전쟁	국권 피탈	3·1 운동	만주 사변	중·일 전쟁	태평양 전쟁

① (가)   ② (나)
③ (다)   ④ (라)
⑤ (마)

10.④

의열단은 1919년 11월 만주에서 조직되었던 독립운동단체이다. 1920년대 전반 의열 활동을 벌이던 의열단은 1920년대 후반부터 중국 군관 학교에 입교하여 군사 교육을 받았다.
④ 독립 의군부에 대한 설명이다.
①, ②, ③, ⑤ 의열단에 대한 설명이다.

10

다음 활동을 주도한 단체에 대한 설명으로 옳지 않은 것은?

연도	주요 활동
1920	박재혁 – 부산 경찰서에 폭탄 던짐.
1921	김익상 – 조선 총독부에 폭탄 던짐.
1923	김상옥 – 종로 경찰서에 폭탄 던짐.
1924	김지섭 – 일본 왕궁에 폭탄 던짐.
1926	나석주 – 동양 척식 주식회사에 폭탄 던짐.

① 김원봉을 중심으로 조직되었다.
② 1919년 만주 길림에서 결성되었다.
③ 조선 혁명 선언을 활동 지침으로 삼았다.
④ 고종의 밀지를 받아 결성된 비밀 단체였다.
⑤ 일제 식민 통치 기관을 공격대상으로 삼았다.

일제 강점기의 사회와 문화

25

무료강의

코알랄라의 시험에 나오는 자료

🐨 조선사(식민사관)

1. 민족 문화 수호 운동

(1) 한국사의 연구

① 일제의 한국사 왜곡 = 식민사관

목적	• 식민 통치 합리화, 한국사의 자율성 부정
주도 단체	• 조선사 편수회(1925, 「조선사」 37권 편찬), 청구학회(1930)
식민사관	• 타율성론 : 한국사는 외세 간섭에 의해 타율적으로 전개(예 임나 일본부설) • 정체성론 : 한국 사회는 내적 발전 없이 고대 사회 단계에서 정체(예 봉건 사회 결여론) • 당파성론 : 한국 사회의 오랜 당파(붕당) 싸움은 분열성이 강한 민족성에 기인(예 당쟁)

VS

② 한국사 연구

민족주의 사학	• 특징 : 우리 역사의 주체적 발전과 민족의 우수성 강조 • 박은식 ┌ 민족 정신을 '혼'으로 파악 └ 「한국통사」, 「한국독립운동지혈사」 등 저술 • 신채호 ┌ 역사를 '아(我)와 비아(非我)의 투쟁'으로 이해 └ 낭가 사상 강조, 「조선상고사」, 「조선사연구초」 등 저술 • 조선학 운동 ┌ 계기 : 정약용 서거 99주년 기념 ➡ 조선의 전통을 체계화 └ 정인보는 '조선의 얼', 문일평은 '조선심(心)' 강조
사회 경제 사학	• 특징 : 마르크스의 유물 사관을 바탕으로 세계사의 보편적 발전 법칙에 입각한 한국사의 발전 강조 ➡ 일제의 식민사관의 정체성론 극복 노력 • 백남운 ┌ 한국사에도 중세가 있었음을 강조 ➡ 정체성론 비판 └ 「조선사회경제사」, 「조선봉건사회경제사」 등 저술
실증 사학	• 특징 : 철저한 문헌 고증을 통한 객관적 역사 연구 강조 ➡ 민족주의 사학과 사회 경제 사학을 비판함 • 대표 인물 : 이병도, 손진태, 이상백 등 • 진단 학회 창립(1934) : 진단학보 발간, 청구학회에 대항

 의 시험 전에 꼭 맛봐야 하는

 코알랄라의
시험에 나오는 자료

민족주의 사학 : 박은식

> 옛사람이 이르기를, 나라는 없어질 수 있으나 역사는 없어질 수 없다고 하였으니, 그것은 나라는 형체이고 역사는 정신이기 때문이다. 이제 한국의 형체는 허물어졌으나, 정신만이라도 오로지 남아 있을 수 없는 것인가.
>
> – 「한국통사」 서언, 박은식 –

박은식이 1915년에 지은 「한국통사」는 1863년 고종 즉위부터 1910년 105인 사건 발생까지 47년간 민족의 수난사를 담은 역사서이다. 박은식은 투철한 민족주의 사관에 입각하여 국혼을 강조하였다.

🐨 박은식

민족주의 사학 : 신채호

> 역사란 무엇이뇨. 인류 사회의 아와 비아의 투쟁이 시간부터 발전하며 공간부터 확대하는 심적 활동의 상태의 기록이니, 세계사라 하면 세계 인류의 그리되어 온 상태의 기록이며, 조선사라 하면 조선 민족의 그리되어 온 상태의 기록이니라.
>
> – 「조선상고사」, 신채호 –

신채호는 「조선상고사」에서 역사를 '아(我)와 비아(非我)의 투쟁이라고 정의하였고, 우리 고대사의 진취적인 낭가 사상을 되살림으로써 일제로부터 독립을 쟁취할 수 있다고 보았다.

🐨 신채호

사회 경제 사학 : 백남운

> 우리 조선의 역사적 발전의 전 과정은 가령, 지리적 조건, 인종학적 골상, 문화 형태의 외형적 특징 등 다소의 차이는 인정되더라도, 외관적인 소위 특수성은 다른 문화 민족의 역사적 발전 법칙과 구별되어야 하는 독자적인 것이 아니며, 세계사적·일원론적인 역사 법칙에 의하여 다른 제 민족과 거의 동일한 발전 과정을 거쳐 온 것이다.
>
> – 「조선봉건사회경제사」, 백남운 –

백남운은 「조선봉건사회경제사」에서 한국사를 세계사의 보편적 발전 법칙에 따라 기술함으로써 식민 사관의 정체성론을 비판 극복하고자 하였다.

🐨 백남운

실증 사학 : 이상백

> 실증주의적인 사건 개개의 정밀 탐구라는 것도 시간, 장소, 인물에 대한 개별적인 탐색으로써 역사의 사실이 명백하게 되는 것은 그대로 전체 관련에서 보는데 조금도 지장될 바가 아니다.
>
> – 「조선문화사연구논고」, 이상백 –

이상백은 문헌 고증을 중요시하여 역사적 사실을 있는 그대로 기술해야 한다는 랑케 사학의 원칙에 따라 「조선문화사연구논고」를 저술하였다.

25. 일제 강점기의 사회와 문화 | **331**

(2) 국어 연구

① 조선어 연구회(1921)

특징	• 주시경의 국문 연구소 전통 계승 ➡ 이윤재·최현배를 중심으로 창립
활동	• 잡지 「한글」 간행, '가갸날' 제정(1929) • 조선어 강습회 개최 ➡ 한글 보급 운동 및 한글 대중화에 힘씀

② 조선어 학회(1931)

특징	• 조선어 연구회를 계승·발전
활동	• 한글 교재 편찬·발행 • 한글 맞춤법 통일안 제정(1933) • 표준어 및 외래어 표기법 통일안 제정 • 우리말 큰 사전 편찬 시도 ➡ 일제가 조작한 조선어 학회 사건(1942)으로 중단 ➡ 조선어 학회 강제 해산

(3) 종교 단체들의 사회·문화 운동

① 불교 : 사찰령 폐지 운동 전개, 조선 불교 유신회 조직(한용운)

② 천도교 : 동학 계승, 문화 운동 전개('개벽', '신여성', '어린이' 등 잡지 간행)

③ 대종교 : 단군 숭배를 통해 민족 의식 고취, 만주에서 항일 투쟁 전개(중광단 ➡ 북로 군정서군))

④ 원불교 : 박중빈이 창시, 새 생활 운동 전개(개간 사업, 저축 운동, 허례허식 폐지 등)

⑤ 개신교 : 신사 참배 거부 운동, 사립학교 설립 등 교육 운동, 각종 문화 사업 전개

⑥ 천주교 : 사회 사업 실시(고아원, 양로원 등 설립), 만주에 항일 무장 단체인 '의민단' 조직

(4) 문학·예술 활동

① 문학

• 1920년대 : 신경향파 문학 등장, 동인지 활동 활발, 저항 문학(김소월 – 진달래꽃·금잔디 등, 이상화 – 빼앗긴 들에도 봄은 오는가 등)

• 1930년대 : 순수 문학, 친일 문학, 저항 문학(한용운 – 님의 침묵 등, 이육사 – 광야·청포도 등, 윤동주 – 서시·별 헤는 밤·또 다른 고향 등)

② 연극 : 서울 근대극 도입, 토월회(1923)와 극예술 연구회(1931)의 활동

③ 음악 : 민족의 정서와 울분 표현(홍난파, 현제명), 안익태('애국가', '코리아 환상곡')

④ 영화 : 나운규의 아리랑(1926), 최초의 유성 영화 제작(1935)

⑤ 미술 : 전통 회화(안중식)와 서양화(이중섭, 나혜석)의 발전

아리랑 제작 기념 사진

이중섭의 소

2. 국외 이주 동포들의 생활

(1) 만주

이주 배경	• 조선 후기 : 경작지 확보를 위한 이주 • 근대 : 청의 이주 장려, 독립 운동의 거점 마련 • 일제 강점기 : 항일 운동 목적, 일제 수탈 피해 이주
시련	• 간도 참변(경신참변, 1920), 미쓰야 협정(1925) • 만보산 사건(1931) : 일제의 한 · 중 이간책

(2) 연해주

이주 배경	• 러시아는 변방 개척 정책을 위해 조선인의 연해주 이주 허용 및 토지 제공 ➡ 이주민 급증, 한인촌 형성
시련	• 자유시 참변(1920) • 스탈린의 소련 정부에 의한 중앙아시아 강제 이주(1937)

▲ 중국과 러시아의 이주 배경

연해주 한국인의 중앙아시아 강제 이주

1937년 스탈린은 소련과 일본 간에 전쟁이 나면 한인들이 일본을 지원할 것이라는 이유로 연해주 지역의 한인들을 중앙아시아로 강제 이주시켰다. 연해주 지역에 살던 수십 만 명의 한국인을 6,000km 이상 떨어진 곳으로 강제 이주를 하는 과정에서 수많은 한국인이 희생을 당하고 재산을 잃었다.

🐨 간도 참변으로 가족을 잃은 한인들

🐨 관동 대지진 때의 조선인 학살

(3) 일본

이주 배경	• 19세기 말 : 유학생, 정치적 망명 • 1920년대 : 산업 노동자 중심, 유학생 • 1930년 후반 : 전시동원체제 ➡ 강제 징용
시련	• 관동 대학살(1923) : 지진으로 인한 사회 불안을 조선인에게 돌림

(4) 미주

이주 배경	• 20세기 초 : 하와이 사탕수수 농장, 철도 공사장 노동자 중심 • 국권 피탈 후 : 정치적 망명과 유학생 증가
시련	• 가혹한 노동 조건에 혹사 당함

구분	구한말(1860~1910)	일제 강점기(1910~1945)
일본	소수의 노동자 및 유학생 이주	일본 경제 호황에 따른 노동 이주　　강제 징용 간토 대지진 조선인 학살 사건
미주	하와이 농장 이주	사진 신부 하와이 이민 미주 지역 한인 단체 결성 및 독립운동 캐나다 선교사 이주

▲ 일본과 미주의 이주 배경

3. 일제 강점기 의식주 생활의 변화

(1) 의생활

① 서양식 의복 보급, 대다수 사람은 한복에 모자와 구두 착용

② 1940년대 전시 체제 : 남성은 국민복(양복 확산 계기), 여성은 몸뻬(여성의 바지 착용 부추김)

③ 도시 : 모던 걸(스커트와 단발머리 차림에 하이힐 신음), 모던 보이(맥고 모자를 눌러쓰고 양복 저고리에 나팔바지 입음)

(2) 식생활

① 일부 상류층 : 서양 음식 보급(빵, 아이스크림, 과자, 맥주 등)

② 서민층 : 일제 쌀 수탈로 인해 잡곡밥, 풀뿌리나 나무껍질로 연명

(3) 주생활

① 경성은 청계천을 경계로 남쪽의 일본인 거리는 남촌, 북쪽의 한국인 거리는 북촌으로 이원화되어 발전

② 문화 주택(1920년대 이후) : 2층 양옥, 일본식 주택, 유리·벽돌 등 재료가 사용된 개량 한옥

③ 농촌 : 대부분 초가나 기와로 된 전통 한옥

④ 도시 빈민 : 거적때기로 지붕과 출입구를 만든 토막집

🐨 모던 걸과 모던 보이

01 기출문제

다음 자료에 해당하는 인물로 옳은 것은?

이 달의 독립 운동가

민족 시인, ○○○

○○○은/는 북간도의 명동촌에서 태어났다. 그는 연희 전문 학교에 진학한 후 송몽규 등과 함께 민족 정신과 조국의 독립에 대하여 토론하였으며, <서시>, <별 헤는 밤>, <또 다른 고향> 등 많은 작품을 남겼다. 1943년 조선인 유학생을 모아 놓고 조선의 독립과 민족 문화의 수호를 선동했다는 죄목으로 체포되어 후쿠오카 형무소에서 옥고를 치르던 중 19445년 2월 순국하였다.

---

①
김소월

②
이상화

③
윤동주

④
이육사

⑤
한용운

02

밑줄 그은 '지역'을 지도에서 옳게 찾은 것은?

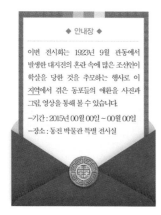

◆ 안내장 ◆

이번 전시회는 1923년 9월 관동에서 발생한 대지진의 혼란 속에 많은 조선인이 학살을 당한 것을 추모하는 행사로 이 지역에서 겪은 동포들의 애환을 사진과 그림, 영상을 통해 볼 수 있습니다.
-기간 : 2015년 00월 00일 ~ 00월 00일
-장소 : 동진 박물관 특별 전시실

① (가)
② (나)
③ (다)
④ (라)
⑤ (마)

01.③

제시된 자료는 윤동주에 대한 설명이다.

③ 윤동주는 식민지의 암울한 현실 속에서 민족에 대한 사랑과 독립의 절절한 소망을 '하늘과 바람과 별과 시'에 견주어 노래한 민족시인이다

① 김소월은 한국의 전통적인 한을 노래한 시인으로 「진달래 꽃」, 「금잔디」, 「엄마야 누나야」, 「산유화」 외 많은 명시를 남겼다

② 이상화는 「빼앗긴 들에도 봄은 오는가」를 발표하면서 신경향파에 가담하였던 시인이다.

④ 이육사는 일제에 항거한 시인으로 「청포도」, 「교목」 등의 작품을 남겼다.

⑤ 한용운은 일제강점기 때 「님의 침묵」을 출판하여 저항문학에 앞장섰고, 「조선불교유신론」 등을 저술하였다.

02.③

제시된 자료는 생활고에 시달리다 일본으로 이주한 한국인이 큰 피해를 겪은 관동 대지진이다. 당시 일본은 한국인에 대한 적대감을 조장하여, 대지진으로 나타난 일본의 사회 불안을 마치 한국인 탓인 것처럼 위장하여 6,000명 이상의 재일 동포가 무참하게 학살하였다.

03

다음 설명에 해당하는 인물로 옳은 것은?

- 마르크스 유물 사관의 영향을 받아 사회 경제 사학을 내세웠다.
- 우리 역사도 서양이나 일본처럼 '고대 노예제 사회, 중세 봉건 사회, 근대 자본주의 사회'의 단계를 거치며 발전했다고 강조하였다.
- 한국은 봉건 사회를 거치지 못해 스스로 근대화할 수 없다는 식민 사관의 주장을 비판하였다.

①
한용운

② 백남운

③
박은식

④ 신채호

⑤
정인보

04

다음 그림이 나타내는 시기의 사실로 옳지 <u>않은</u> 것은?

① 단발령에 따라 머리를 깎아야만 했다.
② 개량 한옥이나 2층 양옥이 등장하였다.
③ 빵, 아이스크림 등 서양 음식이 도입되었다.
④ 한반도에 X자형 간선 철도망이 완성되었다.
⑤ 경성의 남촌이 근대적 도시의 모습을 갖추었다.

03.②

제시된 자료는 백남운에 대한 설명이다.
② 백남운은 유물사관에 입각하여, 한국사를 체계화하였다.
① 한용운은 일제 시대 때 승려ㆍ시인ㆍ독립운동가이다.
③ 박은식은 「한국통사」를 저술하여 민족 정신을 '혼'으로 파악하였다.
④ 신채호는 민족 중심의 자주적 역사관 수립의 필요성을 역설하였다.
⑤ 정인보는 조선학 운동을 전개하였다.

04.①

1920~30년대 등장한 모던 걸과 모던 보이이다. 이들은 신문물을 향유하며 경성에서 주로 단발과 양장, 양복 차림으로 거리를 활보하였다.
① 단발령은 1895년 을미개혁 때 시행되었다.
②, ③, ④, ⑤는 1920~30년대에 볼 수 있는 모습이다.

05

다음 글을 쓴 인물의 활동으로 옳은 것은?

> 역사란 무엇이뇨? 인류 사회의 아(我)와 비아(非我)의 투쟁이 시간부터 발전하며 공간부터 확대하는 심적 활동의 상태의 기록이니...... 무릇 주체적 위치에 선 것을 '아'라 하고 그 밖에는 '비아'라 하는데... '아'에 대한 '비아'의 접촉이 잦을수록 '비아'에 대한 '아'의 투쟁이 더욱 맹렬하여, 인류 사회의 활동이 그칠 사이없으며...
>
> 그러므로 역사는 '아'와 '비아'와의 투쟁의 기록인 것이다.
>
> —조선상고사—

① 독사신론을 발표하였다.
② 민족 정신을 혼으로 파악하였다.
③ 식민 사관의 정체성론을 반박하였다.
④ 진단 학회를 창립하여 우리 역사를 연구하였다.
⑤ '시일야방성대곡'을 써서 을사조약을 비판하였다.

06

다음 잡지를 만든 단체의 활동으로 옳은 것을 〈보기〉에서 고른 것은?

말과 글이 이렇듯 우리 인생에게 잠시도 없지 못할 가장 귀중하고 요긴한 것이 된다 함은 여기에서 새삼스레 따질 필요가 없을 것이다. 그러므로 어느 나라 사람이든지 각기 제 나라의 말과 글이 있어 모두 여기에 대하여 끔찍한 사랑을 주는 것이다.

— 〈보기〉 —

㉠ 태극 서관을 운영하였다.
㉡ 민립 대학 설립 운동을 추진하였다.
㉢ 한글 기념일인 '가갸날'을 제정하였다.
㉣ 한글 보급을 위해 조직되었고, 이후 조선어 학회로 개편되었다.

① ㉠, ㉡
② ㉠, ㉢
③ ㉡, ㉢
④ ㉡, ㉣
⑤ ㉢, ㉣

---

02. ①

제시된 자료인 「조선상고사」는 신채호가 우리나라 상고시대의 역사를 기록한 책이다.

① 신채호는 1908년 민족주의 사관에 입각한 최초의 한국 고대사 역사서인 독사신론을 논설을 작성하였다.
② 박은식은 「한국통사」를 저술하여 민족 정신을 '혼'으로 파악하였다.
③ 백남운은 「조선사회경제사」에서 우리 역사도 서양이나 일본처럼 '고대 노예제 사회, 중세 봉건 사회, 근대 자본주의 사회'의 단계를 거치며 발전했다고 기술하여 정체성론을 비판하였다.
④ 실증사학에서 한국사를 연구하는 사람들은 진단 학회를 중심으로 활동하여 문헌 고증을 통해 객관적으로 역사를 서술하려 하였다.
⑤ 장지연은 황성신문에 '시일야방성대곡'을 써서 을사조약을 비판하였다.

06. ⑤

제시된 자료는 1927년 조선어 연구회에서 한글의 우수성을 알리기 위해 창간한 잡지 「한글」에 실린 창간사이다.

㉢, ㉣ 조선어 연구회에 대한 설명이다.
㉠ 신민회는 태극 서관이라는 출판사와 도자기 회사를 세워 운영하였다.
㉡ 민립 대학 설립 기성회가 민립 대학 설립 운동을 추진하였다.

07.①

제시된 자료는 박은식이 저술한 「한국통사」이다.

① 박은식은 유교를 개혁 발전시켜야 한다는 내용의 유교 구신론을 저술하였다.

② 조선사 편수회는 조선 총독부가 조선 민족사를 편찬하기 위해 설립한 단체로 민족사를 왜곡하기 위해 만든 것이다.

③ 백남운은 조선사회경제사를 저술하였다.

④ 신채호는 역사를 아와 비아의 투쟁을 강조하였다.

⑤ 안정복은 동사강목을 통해 삼한 정통론으로 우리 역사를 체계화하였다.

08.⑤

제시된 자료는 대종교에 대한 설명이다. 대종교는 일제 강점 이후 종단의 중앙기구를 간도로 옮기고, 중광단을 조직하여 적극적인 항일 무장 투쟁을 전개하였다.

07

다음 책을 저술한 인물에 대한 설명으로 옳은 것은?

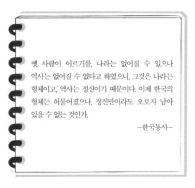

옛 사람이 이르기를, 나라는 없어질 수 있으나 역사는 없어질 수 없다고 하였으니, 그것은 나라는 형체이고, 역사는 정신이기 때문이다. 이제 한국의 형체는 허물어졌으나, 정신만이라도 오로지 남아 있을 수 없는 것인가.

—한국통사—

① 유교 구신론을 주장하였다.
② 조선사 편수회에 참여하였다.
③ 조선사회경제사를 저술하였다.
④ 역사를 아와 비아의 투쟁으로 설명하였다.
⑤ 삼한 정통론으로 우리 역사를 체계화하였다.

08

다음 퀴즈에 대한 답으로 옳은 것은?

이 종교는 단군 신앙을 기반으로 1909년 창시되었습니다. 일찍부터 본부를 만주로 이동하였으며, 중광단을 결성하고 북로군정서를 개편하여 적극적인 항일 무장투쟁을 전개한 이 종교는 무엇일까요?

① 개신교
② 원불교
③ 천도교
④ 천주교
⑤ 대종교

09

교사의 질문에 대한 답변으로 옳은 것은?

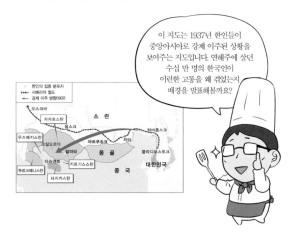

이 지도는 1937년 한인들이 중앙아시아로 강제 이주된 상황을 보여주는 지도입니다. 연해주에 살던 수십 만 명의 한국인이 이런한 고통을 왜 겪었는지 배경을 발표해볼까요?

① 간도 참변   ② 삼국 간섭
③ 자유시 참변   ④ 스탈린의 정책
⑤ 모스크바 3국 외상 회의 결정

10

㈎에 들어갈 내용으로 적절하지 않은 것은?

△△일보

〈특집〉 다양한 문화·예술이 발전하다

3·1 운동 이후 문화·예술 분야에서 다양한 변화와 발전이 일어나고 있다. 음악과 미술 분야는 서양의 기법이 수용되면서 전통 양식의 발전과 함께 토착화되는 모습이 나타났다. 특히 공연 예술의 발전은 큰 인기를 얻으며 일제의 침략으로 인해 시름하는 민중을 위로하는 역할을 하고 있다. 분야별로 살펴보면 다음과 같다.

㈎

○○○ 기자

① 연극 – 토월회 결성
② 영화 – 나운규의 '아리랑' 제작
③ 음악 – 홍난파의 '봉선화' 발표
④ 미술 – 고희동, 김관호 등 서양화가 등장
⑤ 문학 – 최남선의 '해에게서 소년에게' 발표

09.④

제시된 자료는 1937년 스탈린에 의한 한국인의 중앙아시아 강제 이주를 보여주는 지도이다.

④ 1937년 스탈린은 소련과 일본 간에 전쟁이 나면 한인들이 일본을 지원할 것이라는 이유로 중앙아시아로 강제 이주시켰다.

① 간도 참변은 1920년 간도에서 한국인들이 일본군에 의하여 무차별 학살당한 사건이다.

② 삼국 간섭은 청·일 전쟁 뒤에 러시아, 프랑스, 독일 3국이 일본에 가한 간섭이다.

③ 자유시 참변은 1921년 6월 27일, 러시아 자유시에서 적군이 대한 독립군단 소속 독립군들을 포위, 사살한 사건이다.

⑤ 1945년 모스크바 3국 외상 회의 결정 결과 신탁통치가 결정되고, 신탁통치에 대한 찬반논쟁이 벌어졌다.

10.⑤

1920년대 이후의 문화·예술 각 분야에 대해 다루고 있는 가상의 역사 신문이다.

⑤ 최남선의 '해에게서 소년에게'는 1908년에 발표되었다.

① 토월회는 1923년에 조직되었던 신극운동 단체이다.

② 나운규는 1926년 일제강점기 나라 잃은 통한을 겨레의 항일정신으로 집약해 반영한 〈아리랑〉을 만들었다.

③ 홍난파는 1920년 봉선화라는 노래를 처음 발표하였다.

④ 동경 유학생 출신 한국 근대 화가 고희동, 김관호 등의 서양화가는 1920년대 이후 등장하였다.

VI

대한민국의 발전과 현대 세계의 변화

26 대한민국 정부의 수립과 6·25 전쟁

핵심개념 한상 차리기

1. 8·15 광복과 분단

(1) 광복 직전의 건국 준비 활동
① 국외 : 대한민국 임시 정부(민족주의 계열 중심), 조선 독립 동맹(사회주의 계열 중심)
② 국내 : 조선 건국 동맹(여운형 중심의 좌·우 합작으로 결성)

(2) 8·15 광복(1945)
① 배경 : 연합국의 독립 약속(카이로 회담, 포츠담 회담) ➡ 연합국의 승리, 우리 민족의 독립 투쟁
② 과정 : 원자 폭탄 투하(히로시마, 나가사키) ➡ 소련 참전 ➡ 일본의 무조건 항복(1945.8.15.)

(3) 국토의 분단
① 얄타 회담(1945.2.) : 미국·영국·소련의 정상들이 얄타에서 회담을 개최하여 소련군의 대일전 참전 결정 ➡ 소련군 참전(1945.8.) ➡ 남북 분단의 계기를 제공함
② 38도선 설정 : 미국은 소련의 한반도 단독 점령을 막고자 38도선을 경계로 분할 점령 제안 ➡ 미국의 제안을 소련이 수용 ➡ 38도선을 경계로 이북은 소련군이 이남은 미군이 들어와 관리

2. 광복 직후의 국내 정세

(1) 조선 건국 준비 위원회

성립	• 조선 건국 동맹 계승 ➡ 광복 직후 여운형(중도 좌파)과 안재홍(중도 우파)을 중심으로 조직
활동	• 조선 총독부로부터 행정권과 치안권을 받음↔일본인 안전한 귀국 약속 • 치안대 설치, 전국에 145개의 지부 조직(치안 및 행정 담당, 사회 질서 유지) • 조선 인민 공화국 수립 선포(1945.9.) : 미국과 교섭력을 높이기 위해 정부 형태로 전환, 전국의 지부는 인민 위원회로 전환
해체	• 좌익 세력이 실권을 장악하자, 일부 우익 세력 이탈(안재홍 등) • 미군정이 인정하지 않자, 급속히 와해

여운형

은샘의 시험 전에 꼭 맛봐야 하는

국내에서 건국을 준비한 여운형

> 1. 우리는 완전한 독립 국가의 건설을 기함.
> 2. 우리는 전 민족의 정치적·경제적·사회적 기본 요구를 실현할 수 있는 민주 정권의 수립을 기함.
> 3. 우리는 일시적 과도기에 있어서 국내 질서를 자주적으로 유지하며 대중 생활의 확보를 기함.
>
> — 조선 건국 준비 위원회 강령 —

여운형은 1944년에 독립을 예감하고 국내에서 조선 건국 동맹을 결성하였다. 1945년 8월 15일 오전에는 일본으로부터 치안권과 행정권을 받아 내고, 조선 건국 준비 위원회를 결성하였다.

한반도에 들어오는 소련군

(2) 미군과 소련군의 점령

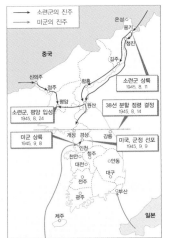

한반도 이북 : 소련군의 사령부 설치
• 간접 통치
• 인민 위원회에 행정권을 넘겨줌
• 김일성 등 공산주의 세력 지지, 조만식 등 민족주의 계열 숙청

한반도 이남 : 미군의 군정청 설치
• 직접 통치 : 조선 총독부로부터 통치권을 넘겨받음
• 모든 행정기구와 활동을 인정하지 않음 : 조선 건국 준비 위원회·조선 인민공화국·대한민국 임시 정부를 부정
• 친일 관리와 경찰을 그대로 고용

(3) 다양한 정치 세력의 형성

한국 민주당	• 김성수, 송진우 등이 주도, 일제 강점기 지주와 자본가 중심 • 대한민국 임시 정부를 지지, 미군정에 적극 참여
독립 촉성 중앙 협의회	• 이승만 등이 주도 • 한국 민주당과 긴밀한 관계 유지
한국 독립당	• 김구, 대한민국 임시 정부의 핵심 정당 • 미군정이 인정하지 않음 ➡ 개인 자격으로 귀국
조선 공산당	• 박헌영 등이 주도 • 미 군정의 탄압을 받음 ➡ 남조선 노동당으로 개편

3. 통일 정부 수립 운동과 좌절

(1) 모스크바 3상 회의(1945.12.)

목적	미국 · 영국 · 소련의 3국 외무 장관 회의에서 한반도 문제를 논의하기 위해 개최
결정 내용	• 한국에 임시 민주 정부 수립, 미 · 소 공동 위원회 설치 • 최대 5년간 신탁 통치 결의 ➡ 미 · 영 · 중 · 소 4개국 공동 관리

신탁 통치에 대한 국내의 반응 = 좌 · 우익의 대립 심화	
좌익 세력 = 찬탁	**우익 세력 = 반탁**
• 처음에는 반대 입장 ➡ 찬성으로 입장 선회 • 신탁 통치는 빠른 독립을 위한 지원으로 봄	• 격렬한 반대 ➡ 주도권의 장악 계기, 대다수 국민들이 지지 • 신탁 통치는 한국의 자주권을 부정한 결정으로 봄

의 시험 전에 꼭 맛봐야 하는

모스크바 3국 외무 장관 회의 결정서(1945)

> 1. 한국의 독립을 위하여 한국 임시 민주 정부를 수립한다.
> 2. 임시 정부 수립을 위하여 미 · 소 공동 위원회를 설치하고 한국의 정당 및 사회단체와 협의한다.
> 3. 미 · 소 공동 위원회의 임무는 한국의 자치 정부 수립과 독립 국가 건설을 돕고 지원하는 데 있다. 공동 위원회의 제안은 한국 임시 정부의 자문을 거쳐 미국 · 소련 · 영국 · 중국 정부에 제출되어, 최장 5개년간의 4개국 신탁 통치에 관한 협정에 합의하게 될 것이다.

미국은 최고 10년 신탁 통치를 제안했고, 소련은 임시 정부 수립과 미 · 소 공동 위원회 개최, 한국의 정당 및 사회단체의 참여를 제안하였다. 양측은 서로의 주장을 절충해 합의에 이르렀다. 우익은 반대 입장을, 좌익은 처음의 반대 입장을 바꾸어 회의 결정을 지지하였다.

(2) 1차 미 · 소 공동위원회(1946.3.)

• 소련과 미국 모두 자국에게 우호적인 정부 수립을 시도하고자 함 ➡ 협의 단체의 범위를 놓고 논란을 벌이다 결렬

소련의 주장	미국의 주장
• 신탁 통치에 반대하는 우익 단체와 협의 할 수 없다고 주장	• 우익 단체를 협의 대상에 포함시키자고 주장

코알랄라의 **시험에 나오는 자료**

🐨 신탁 통치 반대 운동

🐨 신탁 통치 지지 운동

🐨 미 · 소 공동위원회

(3) 이승만의 정읍 발언(1946.6.)

① 내용 : 이승만이 남한만이라도 단독 정부를 수립해야 한다고 주장 ➡ 단독 정부 수립론 대두

② 영향 : 한국 민주당을 비롯한 우익 세력은 이승만의 단독 정부 수립 주장을 지지

코알랄라의
시험에 나오는 자료

 정읍 발언 중인 이승만

은쌤의 시험 전에 맛봐야 하는 🍳 ⋯⋯⋯⋯⋯⋯

이승만의 정읍 발언

> 이제 우리는 무기 휴회된 미·소 공동위원회가 재개될 기색도 보이지 않으며 통일 정부를 고대하나 여의치 않으니 우리는 남방만이라도 임시 정부 혹은 위원회 같은 것을 조직하여 38 이북에서 소련이 철퇴하도록 세계 공론에 호소하여야 될 것이니 여러분도 결심하여야 될 것이다.
>
> – 이승만, 정읍 발언, 1946. 6. 3 –

이승만은 1차 미·소 공동 위원회가 결렬되자 남쪽만이라도 먼저 정부를 수립하자고 주장하였다. 이에 한국 민주당을 비롯한 우익 세력은 이승만의 단독 정부 수립을 지지하였다.

(4) 좌·우 합작 운동(1946.7.~1947.12.)

배경	• 신탁 통치로 인한 좌·우익의 대립 ➡ 파국을 막기 위해 중도 세력 형성 • 미군정의 지원, 우익 진영 측에서 단독 정부 수립 움직임이 나타남(이승만의 정읍 발언)
주도 세력	• 중도 우파인 김규식과 중도 좌파인 여운형을 중심으로 좌·우 합작 위원회 결성
활동	• 미군정의 지원 속에 좌·우 합작 7원칙을 발표 • 토지 개혁에 있어 몰수, 유조건 몰수, 체감 매상 등으로 농민에게 무상 분여 등과 중요 산업의 국유화 규정 등 7가지 원칙 제시
반응	• 찬성 : 김구의 한국 독립당 • 조건부 찬성 : 이승만 • 반대 : 한국 민주당, 조선 공산당
결과	• 실패 　┌ 여운형의 암살(1947.7.) 　├ 냉전 체제 격화에 따른 미군정의 지원 철회 　└ 좌·우익 세력의 이해관계 대립 ➡ 이승만과 조선 공산당 등 불참

좌 · 우 합작 위원회의 활동

 좌 · 우 합작 위원회

> 1. 모스크바 3국 외상 회의의 결정에 따라 남북의 좌 · 우 합작으로 민주주의 임시 정부를 수립할 것.
>   * 신탁 통치를 반대하는 김구와 이승만이 반대
> 2. 미 · 소 공동 위원회의 속개를 요청하는 공동 성명을 발표할 것.
>   * 신탁 통치를 반대하는 김구와 이승만이 반대
> 3. 토지는 몰수, 유조건 몰수, 매수하여 농민에게 무상으로 분배하고, 중요 산업을 국유화할 것.
>   * 한국 민주당이 국재 재정의 파탄을 가져온다고 강력히 반대
> 4. 친일파, 민족 반역자를 처단할 조례를 제정할 것.
> 5. 정치범을 석방하고 남북, 좌 · 우의 테러를 중지할 것.
> 6. 입법 기관의 권한, 구성, 운영 등을 좌 · 우 합작 위원회에서 작성 실행할 것.
>   * 입법 기구는 임시 정부와 조선 공산당에서 반대
> 7. 언론, 집회, 결사, 출판, 교통, 투표의 자유를 보장할 것.
>
> ― 좌 · 우 합작 7원칙 (1946.10.7.) ―

여운형과 김규식 등은 좌익이 제시한 5원칙과 우익이 제시한 8원칙을 절충하여 좌 · 우 합작 7원칙을 마련하였다. 이 원칙은 이견이 심했던 토지 개혁 문제를 중도적 입장에서 조정한 것이 특징이다. 반공주의를 내세워 단독 정부 노선을 취했던 한국 민주당과 토지 개혁과 친일파 처리의 급진적 해결을 추구하였던 남조선 노동당은 좌우 합작 7원칙에 반대하였다.

(5) 2차 미 · 소 공동위원회(1947.5.)

전개	• 미 · 소 공동 위원회가 재개 ➡ 제1차 회의와 같이 임시 정부에 참여할 단체 문제로 다시 대립 ➡ 소련과 미국 모두 한반도에 자국과 우호적인 정부를 수립하고자 함
결과	• 제2차 미 · 소공동위원회도 결렬

(6) UN 총회 결의(1947.11.)

배경	• 제2차 미 · 소 공동위원회 결렬 후 미국은 한국 문제를 유엔에 상정(1947.9.)
전개	• UN 감시하의 인구 비례에 의한 남북한 총선거 실시를 통한 정부 수립에 결의(1947.11.) ➡ 선거 감독을 위한 유엔 한국 임시 위원단이 입국(1948.1.) ➡ 북한과 소련은 유엔 한국 임시 위원단의 입북 거부(1948.1.)
결과	• 유엔 소총회에서 선거가 가능한 남한 지역에서만 총선거 실시를 결정함 (1948.2.)

코알랄라의
시험에 나오는 자료

(7) 남북 협상(1948.4.)

배경	• 유엔의 단독 선거 실시 결정, 단독 정부 수립 운동 전개
목표	• 통일 정부 수립 추진
추진 과정	• 김구, 김규식 등이 남북한 정치 지도자 회담(남북 협상) 제안 ➡ 평양을 방문하여 남북 협상 개최 ➡ 미·소 양군 철수와 단독 정부 수립 반대 결의
결과	• 통일 정부에 대한 시각 차이로 별다른 성과 없이 끝남

의 시험 전에 꼭 맛봐야 하는

김구, 삼천만 동포에게 눈물로써 호소하다.

> 통일하면 살고 분열하면 죽는 것은 고금의 철칙이니 자기의 생명을 연장하기 위하여 조국의 분열을 연장시키는 것은 전 민족을 죽음의 구렁텅이에 넣은 극악극흉의 위험한 일이다. 이와 같은 위기에 있어서 우리는 우리의 최고 유일의 이념을 재검토하여 국내외에 인식시킬 필요가 있는 것이다.…… 이 육신을 조국이 요구한다면 당장이라도 제단에 바치겠다. 나는 통일된 조국을 건설하려다가 38도선을 베고 쓰러질지언정 일신에 구차한 안일을 취하여 단독 정부를 세우는 데는 협력하지 아니하겠다. 나는 생전에 38도선 이북에 가고 싶다.
> – 김구, 삼천만 동포에 읍고(泣告)함(서울신문, 1948.2.11.) –

김구는 1948년 2월 10일 「삼천만 동포에게 읍고함」이라는 성명서를 발표하고, 통일 정부 수립을 위한 마지막 몸부림으로 남북협상의 길에 오른다.

38도선을 넘는 김구

(8) 단독 정부 수립 반대 운동

① 제주도 4·3사건(1948)

배경	• 제주도의 좌익 세력과 일부 주민들이 단독 정부 수립 반대 등을 주장하며 무장 봉기
전개	• 일부 지역에서 5·10 총선거 무산 ➡ 좌익 세력의 유격전 전개 ➡ 진압 과정(군경의 초토화 작전)에서 수만 명의 제주도민이 희생됨

② 여수·순천 10·19사건(1948)

배경	• 제주도 4·3사건의 진압을 위해 여수 주둔의 군부대에 출동 명령
전개	• 군부대 내의 좌익 세력이 출동 반대 ➡ 통일 정부 수립 내세우며 봉기(여수·순천 일대 점령) ➡ 이승만 정부의 진압 ➡ 군대 내 좌익 세력 숙청, 반란군 일부는 지리산에서 투쟁

4. 대한민국 정부의 수립과 활동

(1) 정부 수립 과정

① 5·10 총선거(1948.5.10.)

의의	• 남한만의 단독 총선거 실시 ➡ 우리나라 최초 민주·보통 선거 • 21세 이상 모든 국민에게 투표권 부과
과정	• 남북 협상 세력, 좌익 세력, 일부 중도 세력은 선거에 불참 • 제헌의원 선출(임기 2년) ➡ 제헌 국회 구성

② 헌법 공포(1948.7.17.)

제헌 국회	• 제헌 헌법 제정 및 공포 ➡ 대통령 중심의 민주 공화정 체제 채택 • 대통령 간선제 : 임기 4년의 대통령을 국회에서 선출

③ 대한민국 정부 수립(1948.8.15.)

수립	• 초대 대통령에 이승만, 부통령에 이시영 선출 • 유엔 총회에서 한반도의 유일한 합법 정부로 승인

(2) 반민족 행위 처벌법 제정(1948.9.)

배경	• 정부 수립 이후 국민들의 친일파 청산 요구 • 미군정의 친일파 청산 외면
전개 과정	• 반민족 행위 처벌법(반민법) 제정(1948.9.) ➡ 반민족 행위 특별 조사 위원회(반민 특위) 구성 ➡ 친일파 조사 및 체포(노덕술, 최린, 최광수 등)
결과	• 친일파 청산 실패 : 반공을 내세운 이승만 정부의 소극적 태도, 국회 프락치 사건, 일부 경찰의 반민 특위 사무실 습격 사건 등 • 반민 특위 활동 기한·처벌 축소(1949.8.31.) ➡ 반민 특위 해체

🐨 반민 특위 재판 모습

의 시험 전에 꼭 맛봐야 하는

반민 특위의 활동

> 제1조 일본 정부와 통모하여 한·일 합병에 적극 협력한 자, 한국의 주권을 침해하는 조약 또는 문서에 조인한 자와 모의한 자는 사형 또는 무기 징역에 처하고 그 재산과 유산의 전부 혹은 2분지 1 이상을 몰수한다.
> 제3조 일본 치하 독립 운동자나 그 가족을 악의로 살상 박해한 자 또는 이를 지휘한 자는 사형, 무기 또는 5년 이상의 징역에 처하고 그 재산의 전부 혹은 일부를 몰수한다.
> 　　　　　　　　　　　　　　　　　　　　　　　　　- 반민족 행위 처벌법(1948) -

반민족 행위 처벌법은 일제 강점기 반민족 행위자를 처벌하여 민족 정기와 사회 정의를 바로 세우려는 목적으로 만든 법이다. 그러나 이승만 정부의 소극적인 태도와 친일파의 방해로 큰 성과를 거두지 못하였다.

남한과 북한의 농지 개혁법

	남한	북한
제정	1949년	1946년
제한	3정보 이내	5정보 이내
방식	유상매입 유상분배	무상매입 무상분배

지가 증권

(3) 농지 개혁법(1950.3.)

배경	• 국민의 개혁 요구, 북한의 토지 개혁, 산업화 토대 마련
전개 과정	• 농지 개혁법 공포(1946.6.) ➡ 개정 시행(1950.3.) ➡ 완료(1957)
원칙	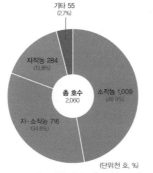 • 경자 유전의 원칙에 따른 유상 매입 · 유상 분배(정부 주도) ┌ 1가구당 농지 소유 면적을 3정보로 제한 ├ 지주에게 지가 증권을 발급하고, 5년 동안 그 해 쌀값으로 현금 보상 └ 토지를 분배받은 농민은 1년 평균 생산량의 1.5배를 5년에 걸쳐 분할 상환
결과	• 농민 중심의 토지 소유제 확립
한계	• 유상 분배 부담으로 일부 농민들은 농지를 되팔고 소작농이 됨 • 지가 증권의 현금화 어려움, 반민족 행위자의 토지는 몰수 대상에서 제외

기타 55
(2.7%)

자작농 284
(13.8%)

총 호수
2,060

소작농 1,009
(48.9%)

자 · 소작농 716
(34.6%)

(단위:천 호, %)

▲ 광복 직후 남한의 농민 계층 구성
: 농민의 절반이 소작농임

(천 정보) 농지면적 자작지면적 소작지면적

1945년 말	1947년 말	1949년 말	1951년 말
2,226	2,193	2,071	1,958
			1,800
1,447	1,325	1,400	
779	868	671	158

▲ 농지 개혁 실시 전후의 소작 면적 변화
: 농지 개혁 이후 자작지 면적이 크게 증가

의 시험 전에 꼭 맛봐야 하는

농지 개혁법(1949)

> 제5조 정부는 다음에 의하여 농지를 취득한다.
> 　2. 다음의 농지는 본법 규정에 의하여 정부가 매수한다.
> 　　(가) 농가 아닌 자의 농지
> 　　(나) 자경하지 않는 자의 농지
> 　　(다) 본법 규정의 한도를 초과하는 부분의 농지

정부는 농지 개혁을 실시하여 지주들의 농지를 매입하고 이를 농민들에게 분배하고, 농지 매입 대가로 지주들에게 지가 증권을 발급하였다. 또 1년 소출의 1.5배를 매각 지가로 산정한 다음 농민들에게 매년 소출의 30%씩 5년간 균등 상환하도록 하였다.

5. 6 · 25 전쟁

(1) 배경

국외	• 냉전 체제의 강화 • 중국 : 중화 인민 공화국 수립으로 공산화 • 미국 : 미국의 애치슨 선언(1950.1.), 주한 미군 철수(1949.6.) • 북한의 전쟁 준비 : 조선 의용군을 인민군에 편입, 소련·중국의 지 원으로 군사력 증강, 소련의 북한 남침 계획 승인
국내	• 남북 대립 심화 : 38도선 부근 잦은 충돌 발생

(2) 전개 과정

① 북한군의 남침(1950.6.25.)

북한이 선전포고 없이 기습 공격
➡ 3일 만에 서울 함락
➡ 이승만 정부는 부산으로 피란
➡ 한 달여 만에 낙동강 유역까지 후퇴

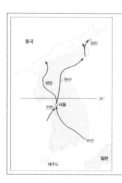

② 국군과 유엔군의 반격

안전 보장 이사회에서 유엔군 파견 결의, 16개국으로 구성된 유엔군 파견(1950.7.)
➡ 낙동강을 사이에 두고 치열한 공방전 전개
➡ 인천 상륙 작전 성공(9.15.) ➡ 전세 역전
➡ 서울 탈환(9.28.) ➡ 38도선 돌파
➡ 평양 입성 ➡ 압록강까지 진격(10월 말)

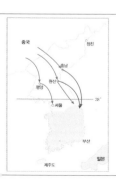

③ 중국군의 개입(10.25.)

중국군의 대대적인 공세(11월 하순)
➡ 전세 역전
➡ 서울 재함락(1·4 후퇴, 1951)

북한군의 남침

인천 상륙 작전

1·4후퇴 피난민 대열

🐨 휴전 협정 체결

④ 전선의 교착
전열 정비한 국군·유엔군 서울 탈환(1951.3.)
➡ 38도선 부근에서 교착 상태
➡ 치열한 공방전 지속
⑤ 휴전 교섭
소련의 휴전 제안으로 미국, 북한, 중국 대표가
참가 ➡ 이승만 정부의 정전 반대, 반공 포로 석
방 강행(1953.6.) ➡ 군사 분계선, 포로 교환 방식
등으로 대립
⑥ 휴전 협정 체결(1953.7.27.)
중립국 감시 위원단 설치, 포로의 자유의사 존중,
휴전선 확정, 비무장 지대 설치 등에 합의

(3) 결과

피해	• 많은 인명과 재산 피해, 전쟁 고아와 이산가족 발생
영향	• 분단 체제 고착화 : 남북한 간의 적대감 심화 • 한미 상호 방위 조약(1953.10) : 군사 동맹 강화 • 중국의 영향력 확대, 미국 영향력 강화, 일본의 경제 부흥 • 독재 체제 강화 : 남한(이승만 장기 집권), 북한(김일성 유일 체제) • 사회 변화 : 도시 인구 증가, 미국의 대중문화 유입, 전통 문화 경시

 의 시험 전에 꼭 맛봐야 하는

한·미 상호 방위 조약(1953. 10.)

> 제2조 당사국 중 어느 일방의 정치적 독립 또는 안정이 외부로부터의 무력 침공
> 에 의하여 위협을 받고 있다고 어느 당사국이든지 인정할 때에는 언제든지
> 당사국은 서로 협의한다.
> 제3조 각 당사국은 …… 타 당사국에 대한 태평양 지역에 있어서의 무력 공격을
> 자국의 평화와 안전을 위태롭게 하는 것이라고 인정하고 공통한 위험에 대
> 처하기 위하여 각자의 헌법상의 수속에 따라 행동할 것을 선언한다.
> 제4조 상호 합의에 의하여 결정된 바에 따라 미합중국의 육군, 해군과 공군을 대
> 한민국의 영토 내와 그 주변에 배치하는 권리를 대한민국은 이를 허락하고
> 미합중국은 이를 수락한다.
> – 한반도 평화 체제 문제 관련 주요 문건집, 통일원 –

전쟁이 끝난 후 대한민국과 미국은 군사적 안정을 보장하는 한·미 상호 방위 조약을 체
결하였고, 제4조의 합의 내용은 오늘날까지 한반도에 미군이 주둔하게 된 근거 조항이 되
고 있다.

01 기출문제

27회 중급 49번

(가)에 들어갈 내용으로 옳은 것은?

6·25 전쟁의 전개 과정

북한군의 서울 점령 → 낙동강 전투 → (가) → 9·28 서울 수복

①
1·4 후퇴

②
휴전 협정 체결

③
중국군 참전

④
반공 포로 석방

⑤
인천 상륙 작전

02

다음 자료를 통해 알 수 있는 전쟁에 대한 설명으로 옳지 않은 것은?

▲ 미군 진주

▲ 1·4 후퇴 피난민 대열

① 유엔군이 참전하였다.
② 북한의 남침으로 전쟁이 시작되었다.
③ 국군과 유엔군은 인천 상륙 작전에 성공하였다.
④ 한국이 참석한 가운데 정전 협정이 체결되었다.
⑤ 중국군의 참전으로 서울을 다시 빼앗기게 되었다.

01.⑤

6·25 전쟁의 전개 과정에 대해 묻고 있다. 낙동강 전투와 9·28 서울 수복 사이의 사건을 알아야 한다.

⑤ 낙동강에 방어선을 구축한 국군과 유엔군은 맥아더의 지휘 아래 인천 상륙 작전을 감행하여 서울을 수복하였다.

①, ②, ③, ④ 9·28 서울 수복 이후의 일이다.

02.④

6·25 전쟁은 1950년 6월 25일 새벽, 북한 인민군이 기습적인 남침으로 시작되었다.

④ 소련의 제의로 정전 회담이 시작되었고, 한국은 전시 작전권을 미국에게 넘겼기 때문에 회담에 참석할 수 없었다.

① 미국을 비롯한 16개국으로 구성된 유엔군이 참전하였다.

② 북한의 기습적인 남침으로 전쟁이 시작되었다.

③ 국군과 유엔군은 맥아더의 지휘 아래 인천 상륙 작전을 감행하여 서울을 수복하였다.

⑤ 다시 서울을 내준(1·4 후퇴) 국군과 유엔군은 전열을 가다듬어 70여 일 만에 서울을 재탈환하였다.

03.①

제시된 자료는 여운형을 중심으로 한 좌익 세력과 안재홍을 중심으로 한 우익 세력이 통합하여 결성한 조선 건국 준비 위원회의 강령이다.
㉠, ㉡ 조선 건국 준비 위원회에 대한 설명이다.
㉢ 이승만의 정읍 발언과 관련이 있다.
㉣ 김구는 한국 독립당을 중심으로 활동하였다.

03

다음 강령을 발표한 단체에 대한 설명으로 옳은 것을 〈보기〉에서 고른 것은?

▲ 여운형

• 우리는 완전한 독립 국가 건설을 기함.
• 우리는 전 민족의 정치적 · 경제적 · 사회적 기본 요구를 실현할 수 있는 민주주의 정권 수립을 기함.
• 우리는 일시적 과도기에 있어서 국내 질서를 자주적으로 유지하며 대중 생활의 확보를 기함.

〈보기〉

㉠ 좌익과 우익의 연합으로 조직되었다.
㉡ 광복 직후 행정과 치안을 담당하였다.
㉢ 남한만의 단독 정부 수립을 주장하였다.
㉣ 김구 등 임시 정부의 요인들이 주도하였다.

① ㉠, ㉡　　　　　　　② ㉠, ㉢
③ ㉡, ㉢　　　　　　　④ ㉡, ㉣
⑤ ㉢, ㉣

04.③

이승만은 제1차 미 · 소 공동위원회가 결렬된 직후 1946년 6월 3일 정읍 발언에서 최초로 남한만의 단독 정부 수립을 주장하였다.
③ 1948년 4월 김구과 김규식 등이 남북 협상에 참여하여 남북 협상 공동 성명을 발표하였다.
① 1945년 12월 말 모스크바에서 개최된 미 · 영 · 소 3국 외무 장관 회의가 개최되었다.
② 1946년 3월 제1차 미 · 소 공동 위원회가 서울에서 열렸다.
④ 광복 이후 38도선을 경계로 남과 북에서 미국과 소련의 군정이 실시되었다.
⑤ 광복 당일 여운형, 안재홍 등과 함께 조선 건국 준비 위원회가 조직하였다.

04

다음 대화 이후에 전개된 정치적 상황으로 옳은 것은?

결국에는 제1차 미 · 소 공동위원회가 결렬되었다면서?

그래서 이승만은 통일 정부 수립이 어렵다고 남한만이라도 정부를 수립하자는 정읍발언을 발표하였대.

① 모스크바 3국 외상 회의가 개최되었다.
② 제1차 미 · 소 공동위원회가 서울에서 열렸다.
③ 김구과 김규식 등이 남북 협상에 참여하였다.
④ 남과 북에서 각각 미국과 소련의 군정이 실시되었다.
⑤ 좌 · 우익을 통합한 조선 건국 준비 위원회가 조직되었다.

05

다음 회의에서 결정된 내용으로 옳은 것을 〈보기〉에서 고른 것은?

1945년 12월 소련의 모스크바에서 미국, 영국, 소련 외상들이 모였다면서요?

네, 한반도 문제를 포함한 제2차 세계대전 이후의 전후 처리 문제를 논의하기 위해 개최하였다는군요.

─────────〈보기〉─────────

ㄱ 신탁 통치의 실시
ㄴ 좌우 합작 위원회의 조직
ㄷ 미·소 공동 위원회의 설치
ㄹ 유엔 감시하에 남북한 총선거 실시

① ㄱ, ㄴ   ② ㄱ, ㄷ
③ ㄴ, ㄷ   ④ ㄴ, ㄹ
⑤ ㄷ, ㄹ

06

(가)에 들어갈 내용으로 적절한 것은?

〈대한민국 정부의 험난한 수립 과정〉

1. 배경 : 제1차 미·소 공동 위원회가 결렬된 이후 정치 상황
2. 내용
 • 좌익과 우익의 대립이 심화되고 남북 분단의 가능성이 높아짐
 • 여운형과 김규식은 통일 정부 수립 운동을 전개하기 위해   (가)

① 남북 협상에 참여하였다.
② 5 · 10 총선거에 출마하였다.
③ 좌우 합작 위원회를 결성하였다.
④ 한반도 문제를 유엔에 상정하였다.
⑤ 반민족 행위 특별 조사 위원회를 발족하였다.

05. ②

대화에서 설명하고 있는 것은 1945년에 열린 모스크바 3국 외상 회의이다. 이 회의 결과 민주주의 임시 정부 수립, 미·소 공동위원회 설치, 신탁 통치 등이 결정되었고, 이를 둘러싸고 국내에서 극심한 좌우익의 대립이 벌어졌다.

ㄱ, ㄷ 모스크바 3국 외상 회의의 결과이다.

ㄴ 좌우 합작 위원회는 제1차 미·소 공동위원회가 결렬되고, 이승만의 정읍 발언 이후 통일 정부 수립 운동을 위해 조직되었다.

ㄹ 미·소 공동위원회가 난관에 직면하자 미국은 한국 문제를 유엔에 넘겼고, 유엔 감시하에 남북한 총선거가 실시되었다.

06. ③

(가)에는 좌우 합작 위원회가 조직되었다는 내용이 들어가야 한다.

③ 여운형과 김규식 등 중도파는 미군정의 지지 아래 좌우 합작 위원회를 조직하여 통일 정부 수립 운동을 전개하였다.

① 김구와 김규식은 통일 정부 수립을 위한 남북 협상을 추진하였다.

② 김규식 등 남북 협상파와 좌익 세력은 단독 선거를 반대하며 선거에 참여하지 않았다.

④ 미·소 공동위원회가 난관에 직면하자 미국은 한국 문제를 유엔에 넘겼다.

⑤ 대한민국 정부 수립 직후 반민족 행위 특별 조사 위원회를 발족하였다.

07.②

정부 수립 후 국회는 '반민족 행위 처벌법'을 제정하고(1948.9.), 국회 직속의 반민족 행위 특별 조사 위원회(반민특위)를 구성하여 친일 반민족 행위자에 대한 조사와 체포에 나섰다.

㉠, ㉢ 제헌 국회는 반민족 행위 처벌법을 제정하여, 반민족 행위자의 처벌을 목표로 하였다.

㉡ 반민 특위가 본격적으로 활동하기 시작하자 이승만 정부는 친일파로 지목된 일부 인사들의 체포를 반대하였다.

㉣ 모스크바 3국 외상 회의의 결과 미·소 공동위원회가 조직되었다.

07

다음 활동을 펼친 기구에 대한 설명으로 옳은 것을 〈보기〉에서 고른 것은?

> 조사 위원회는 가장 악질적인 친일파와 민족에게 해독을 끼친 자들을 심판하고자 노력하였는데, …… 7월에 공소 시효 단축 문제가 국회에 상정되었는데, 이에 반발하여 위원장 등이 사직하였지만 결국 반민법 공소 시효를 단축하는 법이 개정, 공포되었다.
>
> – 반민 특위 위원장의 국회 보고서 –

───── 〈보기〉 ─────

㉠ 제헌 국회에서 제정되었다.
㉡ 정부의 적극적인 지원을 받았다.
㉢ 반민족 행위자의 처벌을 목표로 하였다.
㉣ 모스크바 3국 외상 회의의 결과 조직되었다.

① ㉠, ㉡   ② ㉠, ㉢
③ ㉡, ㉢   ④ ㉡, ㉣
⑤ ㉢, ㉣

08.⑤

1948년 5월 10일, 38도선 이남 지역에서 유엔 한국 임시위원단의 감시 아래, 최초의 민주적인 총선거가 실시되었다. 선거 결과 제주도 2곳을 제외한 선거구에서 198명의 국회의원이 선출되었다. 임기 2년의 초대 국회는 국호를 대한민국으로 정하고, 헌법을 제정·공포하였다(7.17.).

08

다음 가상 대화의 상황이 나타난 시기를 연표에서 옳게 고른 것은?

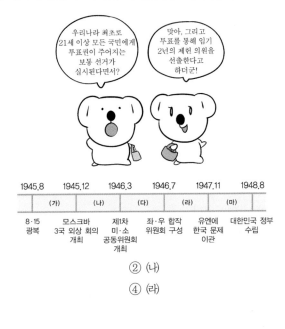

	(가)		(나)		(다)		(라)		(마)	
1945.8		1945.12		1946.3		1946.7		1947.11		1948.8
8·15 광복		모스크바 3국 외상 회의 개최		제1차 미·소 공동위원회 개최		좌·우 합작 위원회 구성		유엔에 한국 문제 이관		대한민국 정부 수립

① (가)   ② (나)
③ (다)   ④ (라)
⑤ (마)

09

다음 사건에서 제기된 구호로 옳은 것을 〈보기〉에서 고른 것은?

1947년 3월 1일 경찰의 발포 사건을 기점으로 하여 경찰과 서북 청년회의 탄압에 대한 저항으로 1948년 4월 3일 남로당 제주도당 무장대가 봉기한 이래 1954년 9월 21일 한라산 금족 지역이 전면 개방될 때까지 제주도에서 발생한 무장대와 토벌대 간의 무력 충돌과 토벌대의 진압 과정에서 수많은 주민이 희생당한 사건

– 제주 4 · 3 사건 진상 규명 및 희생자 명예 회복 위원회 보고서 –

┌─────────────〈보기〉─────────────┐
│ ㉠ 단독 선거 반대   ㉡ 통일 정부 수립   │
│ ㉢ 신탁 통치 반대   ㉣ 유엔 소총회 결의 찬성   │
└──────────────────────────────┘

① ㉠, ㉡

② ㉠, ㉣

③ ㉡, ㉢

④ ㉡, ㉣

⑤ ㉢, ㉣

09.①

제주도 4 · 3 사건은 남한만의 단독 선거 반대, 통일 정부 수립을 요구하며 전개되었다.

10

다음 법령에 의해 추진된 정책에 대한 설명으로 옳지 <u>않은</u> 것은?

제5조 정부는 다음에 의하여 농지를 매수한다.
1. 다음의 농지는 정부에 귀속한다.
   ㉮ 법령 및 조약에 의하여 몰수 또는 국유로 된 토지
   ㉯ 소유권의 명의가 분명하지 않은 농지
2. 다음의 농지는 본법 규정에 의하여 정부가 매수한다.
   ㉮ 농가 아닌 자의 농지
   ㉯ 자경하지 않는 자의 농지
   ㉰ 본법 규정의 한도를 초과하는 부분의 농지

① 토지 소유의 상한을 정하였다.

② 자작농이 늘어나는 계기가 되었다.

③ 근면, 자조, 협동을 구호로 내세웠다.

④ 이 법의 시행으로 소작 분쟁이 줄어들었다.

⑤ 토지의 유상 매입, 유상 분배를 원칙으로 하였다.

10.③

제시된 법령은 1949년에 제정된 농지 개혁법이다.
③ 새마을 운동은 근면, 자조, 협동을 구호로 내세웠다.
①, ⑤ 농지 개혁법에 따라 정부는 3 정보를 토지 소유 상한으로 하여 그 이상의 토지는 유상 매입하고 소작농에게 유상 분배하였다.
②, ④ 농지 개혁이 시행됨으로써 지주 중심의 토지 소유가 폐지되고 경작자 즉, 농민 중심의 근대적 토지 소유가 확립되어 소작 분쟁이 줄어들었다.

27 자유 민주주의의 발전과 시련

은쌤의 은밀한 **시험포인트**

무료강의

은셰프, 이 단원은 어떻게 해야 잘 먹을 수 있나요?

먼저, 이승만·박정희·전두환 대통령이 독재 정권을 유지하기 위해 실시한 개헌과 정책들의 맛을 보세요.

그리고 돌아가면서 꼭 출제가 되는 독재 정권에 대한 저항인 4·19 혁명, 5·18 민주화 항쟁, 6월 민주 항쟁은 꼭꼭 씹어 먹어야 합니다.

박정희 정부 때의 6·3 시위와 베트남 파병도 간혹 단독 출제가 되니 봐주세요.

4·19혁명

부·마 항쟁

6월 민주 항쟁

이승만 정부
발췌개헌
사사오입 개헌
3·15 부정선거

박정희 정부
3선 개헌
유신 체제

전두환 정부
5·18 민주화 운동
4·13 호헌 조치

6월 민주 항쟁 이후에는 어떻게 먹어야 할지 은셰프가 안 알려줬는데...

난 예전에 배웠지. 노태우·김영삼·김대중 정부와 관련된 문제는 특정 정부의 정책을 제시하고, 정답으로 그 정부의 다른 정책을 찾을 수 있는지 물어 볼 거야.

당연히 오답 선지로는 다른 정부의 정책이 나오겠지.

〈김대중〉
IMF극
최초 정상회
월드컵개최
노벨 평화상
지방자치제
IMF초
3당 합당
금융실명제
서울 올림픽
북방 외교
〈노태우〉

1. 이승만 정부의 권위주의 통치

(1) 이승만 정부의 집권 상황

① 친일파 청산과 농지 개혁에 소극적 ➡ 민심 이탈

② 대통령 간선제로 1대 대통령에 이승만 취임(1948)

③ 이승만 정부의 실정: 민심 이탈

- 친일파 청산과 농지 개혁에 소극적
- 국민 방위군 사건, 거창 양민 학살 사건 등

(2) 이승만 정부의 헌법 개정

① 발췌개헌(1952.5.7.)

배경	• 2대 국회의원 선거(1950)에서 반 이승만 성향 후보자 대거 당선 ➡ 국회에서 이승만 대통령의 재선 가능성 낮아짐
과정	• 대통령 직선제를 골자로 하는 개헌안 제출 ➡ 폭력배 동원, 계엄령 선포 ➡ 군경이 국회의사당을 포위한 가운데 국회의원들이 기립 방식으로 투표 ➡ 개헌안 통과
결과	• 대통령 직선제와 내각 책임제를 발췌·절충하여 개헌안 통과 • 반공을 내세워 이승만이 대통령에 당선(1952)

② 사사오입 개헌(1954.11.29.)

배경	• 이승만의 장기 집권을 위해 초대 대통령에 한하여 연임 제한을 철폐하고자 함
과정	• '초대 대통령에 한해 중임 제한 조항을 적용하지 않는다.'는 내용의 개헌안 제출(1954.11.) ➡ 재적 203명 중에 202명이 표결에 참여 ➡ 표결 결과 가결선에서 1명이 모자라 부결 ➡ 이틀 후 '사사오입의 논리'를 내세워 다시 통과 ➡ 제3대 대통령 선거에 이승만 출마

<table>
<tr><td rowspan="3">선거</td><td colspan="4">• 제3대 대통령 선거(1956.5.)</td></tr>
</table>

선거		자유당	민주당	무소속(가칭 진보당)
	대통령	이승만(당선)	신익희(사망)	조봉암(선전) ➡ 이후 진보당 결성
	부통령	이기붕	장면(당선)	박기출

- 1956년 대통령 선거 당시 구호
  - 민주당: 못살겠다, 갈아보자
  - 자유당: 갈아봤자 별 수 없다. 구관이 명관이다.
  - 진보당: 이것저것 다 보았다. 혁신밖에 살길 없다.

결과	• 이승만 연임(1956) • 부통령에 민주당의 장면이 당선

🐨 1956년 대선 포스터

③ 이승만 정부의 독재 체제 강화(3대 대통령 당선 이후)
- 신국가 보안법(1958) : 사회 통제 강화
- 경향신문 폐간(1959) : 정부에 비판적이던 신문 폐간
- 진보당 사건(1958) : 제3대 대통령 선거에서 선전한 진보당 당수 조봉암
  (평화 통일론 주장)을 간첩 혐의로 처형

은제프의 시험 전에 꼭 맛봐야 하는

발췌 개헌안

 발췌 개헌안 심의(기립 투표)

제31조 입법권은 국회가 행한다. 국회는 민의원과 참의원으로써 구성한다.
제53조 대통령과 부통령은 국민의 보통, 평등, 직접, 비밀 투표에 의하여 각각 선
  거한다.
부칙 이 헌법은 공포한 날로부터 시행한다. 단, 참의원에 관한 규정과 참의원의
  존재를 전제로 한 규정은 참의원이 구성된 날로부터 시행한다.
                              - 헌법 제2호(발췌 개헌안), 1952.7.7. -

발췌 개헌안은 대통령 직선제와 상·하 양원제를 골자로 하는 정부측 안과, 내각책임제와
국회단원제를 골자로 하는 국회안을 절충해서 통과시켰다고 하여 발췌 개헌이라 하지만,
실제론 이승만의 대통령 재선을 위하여 실시되었다.

사사오입 개헌안

 사사오입 개헌 모습

제31조 입법권은 국회가 행한다. 국회는 민의원과 참의원으로써 구성한다.
제55조 대통령과 부통령의 임기는 4년으로 한다. 단, 재선에 의하여 1차 중임할
  수 있다. 대통령이 궐위된 때에는 부통령이 대통령이 되고 잔임 기간 중
  재임한다.
부칙 이 헌법 공포 당시의 대통령에 대하여는 제55조 제1항 단서의 제한을 적용
  하지 아니한다.
                              - 헌법 제3호(사사오입 개헌안), 1954.11.29. -

토요일 국회에서 개헌안에 대하여 135표의 찬성표가 던져졌다. 그런데 민의원
재적수 203석 중 찬성표 135, 반대표 60, 기권 7, 결석 1이었다. 60표의 반대
표 수는 총수의 3분지 1이 훨씬 못된다는 사실을 잘 주의해서 보아야 한다.
                              - 개헌안 통과에 대한 공보처장의 담화, 1954.11.28. -

---

사사오입 개헌안은 개헌안 부칙에 예외 규정을 두어 이승만 대통령의 연임을 가능하게 하
였다. 그러나 당시 표결 결과 찬성표는 가결선에서 1표 부족한 135표로 나왔다. 정부는
개헌안의 부결을 선포했지만, 이틀 뒤 사사오입을 근거로 개헌선인 2/3가 135표라는 억지
를 부려 개헌안이 통과된 것으로 번복하여 선포하였다.

코알랄라의 시험에 나오는 자료

(3) 4 · 19 혁명(1960)

① 배경

- 이승만 정부의 장기 독재 체제 : 발췌 개헌, 사사오입 개헌 등
- 경제 불황 : 1950년대 말 미국이 유상 원조로 전환 ➡ 경제 불황 심화, 지지율 하락
- 3 · 15 부정 선거(1960)

<table>
<tr><td rowspan="7">부정
선거</td><td colspan="3">• 제4대 정 · 부통령 선거(1960.3.15.)</td></tr>
<tr><td></td><td>자유당</td><td>민주당</td></tr>
<tr><td>대통령</td><td>이승만(당선)</td><td>조병옥(사망)</td></tr>
<tr><td>부통령</td><td>이기붕</td><td>장면</td></tr>
<tr><td colspan="3">• 목적 : 정권 유지를 위한 대대적인 부정 선거 자행</td></tr>
<tr><td colspan="3">• 배경 : 이승만 대통령이 고령으로 건강상 문제가 생기면 부통령이
대통령직 승계 ➡ 부통령에 자유당의 이기붕을 당선시키고자 함</td></tr>
<tr><td colspan="3">• 부정 선거 방법 : 반민주적 모습
┌ 완장 부대 활용, 야당 참관인 축출 등
├ 3인조 또는 5인조 공개 투표 : 자유당 후보에게 투표하기로 한
│ 유권자를 조장으로 팀을 편성시켜, 조원의 기표 상황을 확인
└ 4할 사전 투표 : 투표 당일의 자연 기권표, 유령 유권자표, 금전
으로 매수하여 기권하게 만든 기권표 등을 투표 시작 전에 자유
당 후보에게 미리 기표</td></tr>
</table>

② 전개 과정

⑦ 마산의 부정선거 항의 시위

ⓒ 김주열군 시신 발견 (4.11.)

ⓒ 전국으로 시위 확산
ⓔ 경찰의 시위 군중 발포(4.19.)

ⓜ 대학 교수들의 시국, 시위 선언(4.25.)

ⓗ 이승만 사임(4.25.)

ⓢ 허정의 과도정부가 성립 내각책임제와 양헌제로 개헌

③ 의의 : 학생이 주도하고 시민이 적극 참여한 민주 혁명, 민주주의 발전의 토대 마련

27. 자유 민주주의의 발전과 시련 **361**
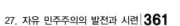

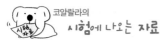

은쌤의 시험 전에 꼭 맛봐야 하는

4 · 19 혁명 선언문 : 서울 대학교 문리대 학생회

> 보라 우리는 기쁨에 넘쳐 자유의 횃불을 올린다. 보라 우리는 캄캄한 밤중에 자유의 종을 난타하는 타수(打手)의 일익(一翼)임을 자랑한다. 일제의 철퇴 아래 미칠 듯 자유를 환호한 나의 아버지, 나의 형들과 같이, 양심은 부끄럽지 않다. 외롭지도 않다. …… 나가자! 자유의 비밀은 용기일 뿐이다. 우리의 대열은 이성과 양심과 평화, 그리고 자유에의 열렬한 사랑의 대열이다. 모든 법은 우리를 보장한다.
> – 서울대 문리대 4 · 19 선언문 –

4월 19일 서울대학교 문리대 학생이 시위에 나서며 읽은 선언문이다. 이날을 계기로 시민 · 학생 항쟁은 부정 선거 반대에서 더 나아가 이승만 퇴진 운동으로 발전하였다.

장면 내각의 출범

2. 장면 내각의 성립

(1) 성립
내각 책임제 개헌 ➡ 1960년 7월 총선에서 민주당 압승 ➡ 국무총리에 장면, 대통령에 윤보선이 선출

(2) 정책
① 민주화의 진전 : 언론 활동 보장(국가 보안법 개정, 경향 신문 복간), 민주적인 노동조합 결성, 학생들의 학원 민주화 운동
② 통일 운동의 활성화(학생, 혁신 계열 정치인 중심) : 중립화 통일론 · 남북 협상론 · 남북 교류론 등 주장, 남북 학생 회담 제의('가자 북으로, 오라 남으로')
③ 경제 : 경제 개발 5개년 계획 수립을 하지만 실행은 못 함, 국토 건설 사업 추진

(3) 한계
민주당의 내분, 각종 개혁의 부진, 부정 축재자와 부정 선거 책임자 처벌 소홀, 민간 차원의 통일 운동 반대

▲남북학생 회담 요구 시위

〈4 · 19 혁명 이후에 나타난 통일론〉
혁신계와 대학생들의 통일론 주장
① 영세 중립화론 : 국제회의를 열어 한반도를 국제 사회가 보장하는 영세 중립국으로 만들자는 것
② 남북 협상론 : 외세의 간섭을 배제하고 남북한 당사자들이 협상하여 평화 통일을 달성하자는 것
*민주당은 두 주장 모두 다 부정

3. 박정희 정부의 독재와 민주화 운동

(1) 5 · 16 군사 정변(1961)

① 배경 : 장면 정부의 무능과 사회 혼란, 6 · 25 전쟁 이후 군부 세력의 성장

② 경과 : 박정희 중심의 일부 군인들 권력 장악 ➡ 전국 비상계엄 선포 ➡ 반공 국시의 '혁명 공약 발표' ➡ 국가 재건 최고 회의 설치(초헌법적 기구) ➡ 군정 실시 ➡ 권력 강화(중앙정보부 설치, 반공 정책 강화 등), 사회 개혁(농어촌 고리채 정리, 화폐 개혁 단행, 농산물 가격 안정 정책 등)

(2) 박정희 정부(1962~1972)

① 성립 : 대통령 중심제와 직선제로 헌법 개정 ➡ 민주 공화당 창당 ➡ 제5대 대통령 선거에 민주 공화당 후보로 출마 ➡ 박정희가 대통령에 당선(1963)

② 한 · 일 국교 정상화(1965.6.)

배경	• 경제 개발 자금 마련, 미국의 요구(한 · 미 · 일 안보 동맹 구축)
전개 과정	• 한 · 일 회담(1962) : 김종필과 오히라 간에 회담 진행 ➡ 청구권 문제를 경제 협력 방식으로 타결 • 6 · 3 시위(1964) : 굴욕적 대일 외교 반대 시위 ➡ 계엄령과 휴교령 선포 ➡ 시위 진압 • 한 · 일 협정 체결(1965.6.) : 경제 협력 자금 제공 합의(8억 달러)
한계	• 일본의 침략과 지배를 둘러싼 사과와 배상 문제를 명시하지 않음(일본 위안부, 강제 징병 및 징용 등에 대한 배상)

의 시험 전에 꼭 맛봐야 하는

대한민국과 일본국 간의 기본 관계에 관한 조약(1965.6.22.)

제1조 두 조약 체결 당사국은 대사급 외교 사절을 지체 없이 수립한다.
제2조 1910년 8월 22일 및 그 이전에 대한 제국과 일본국 사이에 체결된 모든 조약 및 협정은 이미 무효라는 것을 확인한다.
제4조 두 조약 체결 당사국은 양국 상호 관계에 있어서 국제 연합 헌장의 원칙을 지침으로 삼는다. 상호의 복지와 공통 이익을 증진함에 있어서 국제 연합 헌장의 원칙에 합당하게 협력한다.

– 관보(1965.6.22.) –

1965년에 조인된 한 · 일 기본 조약은 우리나라와 일본의 기본 관계를 규정하는 문서이다. 조약은 식민지 지배를 합법으로 주장하는 일본의 주장을 애매하게 처리하고, 일본의 식민 지배에 대한 공식 사과를 담고 있지 않다는 비판을 받는다.

5 · 16 군사 정변의 주역들

6 · 3 시위

코알랄라의
시험에 나오는 자료

③ 베트남 파병(1965~1973)

배경	• 미국의 베트남 전쟁 개입(1964) ➡ 미국의 파병 요청 ➡ 대규모 파병 결정(연인원 32만 명)
영향	• 브라운 각서(1966) 교환 : 국군 현대화를 위한 장비 제공, 경제 발전 지원을 위한 차관 제공, 국군의 보급 물자와 장비를 한국에서 구매, 한국 기업의 베트남 진출 약속 등 • 전쟁 특수 : 국군 전력 증강, 베트남에 대한 군수 물자 수출과 건설 사업 참여, 미국 시장 상품 수출 유리, 파병된 군인의 송금 등
한계	• 국군 희생, 전쟁 후유증 • 베트남 민간인 희생, 라이따이한

④ 새마을 운동(1970) : 근면, 자조, 협동 강조

목표	• 농·어촌의 근대화 운동 및 농·어촌의 소득 증대
과정	• 농촌 환경 개선 ➡ 농촌 소득 증대 사업 ➡ 도시로 확산 ➡ 도시·직장·공장으로 확산 ➡ 근면·자조·협동을 생활화하는 의식개혁 운동으로 발전
한계	• 유신 체제 유지에 이용

⑤ 6대 대통령 선거(1967) : 박정희 vs 윤보선 ➡ 경제 개발 계획 성공으로 박정희 재선

은세프의 시험 전에 꼭 맛봐야 하는

베트남 파병에 따른 미국의 지원

> 제1조 추가 파병에 따른 비용은 미국이 부담한다.
> 제2조 한국 육군 17개 사단과 해병대 1개 사단의 장비를 현대화한다.
> 제3조 베트남 주둔 한국군을 위한 물자와 용역은 가급적 한국에서 조달한다.
> 제4조 베트남에서 실시되는 각종 건설·구호 등 제반 사업에 한국인 기업이 참여한다.
>
> — 브라운각서, 「한국 외교 관계 자료집」, 1966 —

브라운 각서는 1966년 3월 7일 미국 정부가 한국군 월남 증파의 선행조건에 대한 보상 조치이다. 베트남 전쟁의 특수는 빠른 경제 성장과 추출 증대에 기여를 하였다.

새마을 운동

> 1. 새벽종이 울렸네 새 아침이 밝았네, 너도 나도 일어나 새 마을을 가꾸세, 살기 좋은 내 마을 우리 힘으로 만드세.

제시된 자료는 70년대의 새마을 운동에 의하여, 아침이면 시골 마을마다 울려 퍼진 노래 말이다. 박정희 대통령이 새마을 운동을 위한 노래말을 직접 썼다고 알려져 있다.

베트남에 도착한 한국 군인

새마을 운동

⑥ 3선 개헌(1969)

명분	• 지속적인 경제 발전 추진 구실 ➡ 경제 성장 • 남북 간에 긴장 고조(북한의 연이은 무력 도발) ➡ 국가 안보
과정	• 대통령의 3선 허용을 골자로 하는 개헌안 제출 ➡ 야당의 반대 ➡ 여당 의원들만 모여 변칙적으로 개헌안 통과 ➡ 대통령 3선 연임을 허용하는 개헌안을 통과시켜 장기 집권 기반 마련
결과	• 7대 대통령 선거(1971)에 박정희 출마 ➡ 신민당 김대중 후보를 힘겹게 누르고 겨우 당선

(3) 유신 체제(1972~1979)

① 배경
• 국내 경제 위축 : 국민들의 불만 증가
• 닉슨 독트린 선언(1969) : 냉전 체제 완화로 반공 정책의 난관
• 지지도 하락 : 7대 대통령 선거에서 김대중에 근소한 차이의 승리

② 유신 헌법(1972) : 자유 민주주의 기본 질서에 어긋나는 권위주의적 체제

성립	• 7·4 남북 공동 성명 발표(1972) ➡ 비상계엄 선포(1972.10.) ➡ 불법적으로 국회 해산, 모든 정치 활동 금지 ➡ 비상 국무회의에서 유신 헌법 마련(10월 유신) ➡ 통일 주체 국민 의회를 통해 박정희 대통령 당선(제8대 대통령 선거)
내용	• 한국적 민주주의 표방 • 대통령이 입법·사법·행정 모든 권한 장악, 헌법 위에 군림 • 임기 : 대통령 임기 6년 및 연임 무제한(영구 집권 가능) • 선출 : 통일 주체 국민 회의에서 간접 선거로 대통령 선출 • 대통령의 권한 　┌ 국회의원 3분의 1 추천, 국회 해산권, 법관 인사권 　└ 초헌법적인 긴급조치권 ➡ 국민의 기본권 일부 제한
영향	• 제8대 대통령 선거(1972.12.) : 통일 주체 국민 회의에서 박정희 당선

유신 헌법(1972.12.27.)

> 제39조 대통령은 통일 주체 국민 회의에서 토론 없이 무기명 투표로 선거한다.
> 제40조 통일 주체 국민 회의는 국회 의원 정수의 1/3에 해당하는 수의 국회 의원을 선거한다.

박정희 대통령은 유신 헌법을 통해 법률을 제정하는 국회를 장악하여 기본권을 마음대로 제한할 수 있었다.

코알랄라의 **시험에 나오는 자료**

🐨 3선 개헌 통과 기사문
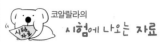

🐨 유신 헌법 공포식

🐨 통일 주체 국민회의

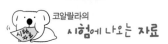
코알라의
시험에 나오는 자료

③ 유신 반대 운동 : 개헌 청원 100만 인 서명 운동(1973), 민청학련 선언(1974), 3·1 민주 구국 선언(1976), 해직된 언론인들은 언론 자유 수호 투쟁 전개 ➡ 정부는 긴급 조치를 발동하여 대응

④ 유신 체제의 사회상
• 정권에 대한 저항 문화가 확산
• 국가가 국민의 일상을 통제하고 억압

[장발과 미니스커트 단속, 통금령, 동아일보 백지 광고 사태 등
  문학과 예술에 대한 정부 검열 강화 ➡ 수많은 금서와 금지곡 양산]

▲ 장발 단속　　▲ 미니스커트 단속　　▲ 동아일보 백지 광고　　▲ 양희은의 아침 이슬

10월 유신 직후 박정희 정부는 국민의 기강을 세운다는 명분으로 장발과 미니스커트를 퇴폐풍조로 규정하고, 단속(1973.3.)하였다. 동아일보가 자유 언론 수호 운동(1974.12.)을 주도하자, 중앙정보부의 압력으로 광고주들이 무더기로 광고를 해약하였다. 양희은의 아침 이슬은 당시의 억압된 정치 상황을 은유하는 듯한 가사로 1975년 다른 곡들과 함께 금지곡으로 지정되어 이후 전두환 대통령 집권기까지 금지곡으로 남아있었다.

은제프의 시험 전에 꼭 맛봐야 하는

긴급조치 1호(1974.1.8.)

> 1. 대한민국 헌법을 부정·반대·왜곡 또는 비방하는 일체의 행위를 금한다.
> 2. 대한민국 헌법의 개정 또는 폐지를 주장·발의·제안 또는 청원하는 일체의 행위를 금한다.
> 3. 유언비어를 날조, 유포하는 일체의 행위를 금한다.

긴급조치 1호는, 대통령에게 각 종법의 효력을 정지시킬 수 있는 초법적인 권한을 부여하였다. 1974년(1호)~1979년(9호)까지 만 5년 11개월 간 존속하였다.

부·마 민주 항쟁

(4) 유신 체제의 붕괴

배경	• 경기 침체에 따른 불만 고조 • 일반 국민의 긴급조치 위반 건수가 늘어감 • 국제 사회의 박정희 독재와 인권 탄압 비난 • 국회의원 선거에서 야당인 신민당이 개헌 저지선 확보(1978)
전개	• YH 무역 사건(1979) ➡ 신민당 김영삼의 정치 공세 강화 ➡ 김영삼의 국회의원직 제명 ➡ 부산과 마산 일대에서 부·마 민주 항쟁(1979.10.) 발생 ➡ 10·26 사태(박정희 대통령 피살)

4. 전두환 정부(1981~1988)와 6월 민주 항쟁

(1) 신군부의 등장과 5 · 18 민주화 운동(1980)

▲12 · 12 사태의 주역들

12 · 12사태(1979) : 전두환, 노태우 등 신군부 권력 장악

- 전개 과정 : 10 · 26사태 이후 ➡ 최규하가 대통령으로 선출 ➡ 신군부 정권 장악

▲서울의 봄

서울의 봄(1980.5.) : 대대적인 민주화 운동 전개

- 의미 : 10 · 26 사태 이후부터 비상계엄의 전국 확대 조치(5.17.) 전까지의 정치적 과도기를 말함
- 학생과 시민들이 대규모 시위 전개
  [유신 헌법 폐지, 전두환의 신군부 퇴진
  [민주 헌정 체제 회복, 언론 자유 보장, 비상계엄 철폐

▲계엄령 전국 확대 실시

신군부의 비상계엄 전국 확대(1980.5.17.)

- 모든 정치 활동 금지
- 국회와 대학 폐쇄, 언론 · 출판 · 방송 검열
- 민주화 운동 세력과 신군부에 반대하는 사람들 체포

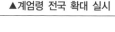

▲5 · 18 민주화 운동

5 · 18 민주화 운동(1980) : 계엄군의 시민군 무력 진압

- 전개 과정 : 광주에서 계엄령 확대에 저항하는 학생들의 시위(5.18.) ➡ 계엄군의 폭력 진압 및 발포 (5.21.) ➡ 시민군 조직, 계엄군과 대치 ➡ 시민 수습 대책 위원회 구성, 평화적 협상 요구(5.22.) ➡ 계엄군의 무자비한 무력 진압(5.27.)

한계	• 신군부 정권의 정당성과 도덕성에 심각한 타격 • 신군부의 병력 동원에 미국의 방조 ➡ 반미 운동의 계기
의의	• 1980년대 반독재 민주화 운동의 토대 • 관련 기록들이 유네스코 세계 기록 유산으로 등재(2011)

코알랄라의
시험에 나오는 자료

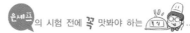
은채프의 시험 전에 꼭 맛봐야 하는

5 · 18 민주화 운동 당시 시민군의 궐기문(1980.5.25.)

> 우리는 왜 총을 들 수밖에 없었는가? 그 대답은 너무나 간단합니다. 너무나 무자
> 비한 만행을 더 이상 보고 있을 수만 없어서 너도나도 총을 들고 나섰던 것입니
> 다. …… 계엄 당국은 18일 오후부터 공수 부대를 대량 투입하여 시내 곳곳에서
> 학생, 젊은이들에게 무차별 살상을 자행하였으니 아! 설마, 설마 설마 했던 일들
> 이 벌어졌으니 …… 이 고장을 지키고자 이 자리에 모이신 시민 여러분! 그런 상
> 황에 우리가 할 수 있는 일은 무엇이겠습니까?
>
> – 광주 시민군 궐기문(1980.5.25.) –

신군부는 5 · 18 민주화 운동이 일어나자 언론을 통제하여 실상을 보도하지 못하게 하였
고, 당시에 이 궐기문도 언론에 보도되지 못하였다. 2011년 5월 이 궐기문을 포함한
5 · 18 민주화 운동 기록물은 유네스코 세계 기록 유산으로 등재되었다.

전두환, 노태우 대법원 판결 요지(1997)

> 5 · 18 내란 행위자들이 …… 헌법 기관인 대통령, 국무위원들에 대하여 강압을
> 가하고 있는 상태에서, 이에 항의하기 위하여 일어난 광주 시민들의 시위는 ……
> 헌정 질서를 수호하기 위한 정당한 행위 …… 그 시위 진압 행위는 …… 국헌 문
> 란에 해당한다.

신군부는 5 · 18 민주화 운동이 전개되는 당시 광주 시민을 폭도로 몰아 유혈 진압하였다.
1997년 대법원은 5 · 18 민주화 운동을 헌법 수호 행위로 판단하고, 신군부의 무력 진압을
국헌 문란 행위로 판결하여 전두환과 노태우에게 유죄를 선고하였다.

(2) 전두환 정부(1981~1987)

① 성립

집권 과정	• 5 · 18 민주화 운동 진압 후 신군부 세력이 정권 장악 ➡ 국가 보위 비상 대책 위원회 구성(1980.5.) ➡ 최규하 대통령 사임 ➡ 통일 주체 국민 회의에서 전두환 선출(1980.8.) ➡ 개헌(간접 선거, 7년 단임제) ➡ 제12대 대통령에 전두환이 재선출(1981.12.)

② 정책

강압 통치	• 삼청 교육대 운영, 정치 활동 억제 등 • 언론 통제(언론 통폐합 등), 정부에 비판적 기자 해직 • 권위주의적 강권 통치 : 민주화 운동과 노동 운동 탄압
유화 통치	• 해외여행 자유화, 컬러텔레비전 방송 시작 • 두발 · 교복 자율화, 과외 금지, 졸업 정원제 시행 • 야간 통행금지 해제, 프로 스포츠 도입(야구, 축구) 등

국가 보위 비상 대책 위원회 출범

(3) 6월 민주 항쟁(1987)

① 배경

- 5 · 18 민주화 운동 진상 규명 요구
- 대통령 직선제를 통한 민주화에 대한 국민들의 열망
- 총선에서 신한 민주당이 제1야당(1985) ➡ 개헌 청원 천만인 서명 운동 전개

② 전개 과정

- 야당과 재야 세력 중심으로 대통령 직선제 개헌 추진 ➡ 박종철 고문치사 사건(1987.1.) 등 발생 ➡ 전두환 대통령의 4 · 13 호헌 조치(직선제 개헌 거부) ➡ 호헌에 저항하는 시위 전개 ➡ 이한열이 최루탄에 맞아 뇌사(1987.6.9.) ➡ 시위의 격화 ➡ 6 · 10 국민 대회(호헌 철폐, 독재 타도)
- 6 · 29 민주화 선언(1987.6.29.) : 여당(민정당) 대표 노태우가 국민의 민주화 및 대통령 직선제 요구 수용 ➡ 5년 단임의 대통령 직선제 헌법 의결, 국민 투표로 확정

▲박종철 고문치사 사건 규탄 시위	▲이한열의 장례식에 운집한 인파
▲6월 민주 항쟁	▲노태우 민정당 대표의 6 · 29선언

의 시험 전에 꼭 맛봐야 하는

6 · 29 민주화 선언의 주요 내용(1987)

첫째, 대통령 직선제로 개헌하고 1988년 2월 평화적으로 정부를 이양한다.
둘째, 대통령 선거법을 개정하여 자유로운 출마와 경쟁을 공정하게 보장한다.
셋째, 국민 화해와 대단결을 위해 시국 관련 사범을 석방한다.
넷째, 인간의 기본권을 존중하기 위해 개헌안에 기본권 강화 조항을 보완한다.
– 「동아연감」(1988) –

6월 민주 항쟁을 통해 직선제 개헌이 이루어질 수 있게 되었고, 경제 · 사회 · 문화 각 분야에 민주주의의 제도적 확산을 통해 정치적 민주화의 진전을 이룩하였다.

은세픽의 시험 전에 꼭 맛봐야 하는

6·10 국민 대회 선언문(1987)

> 국민 합의를 배신한 4·13 호헌 조치는 무효임을 전 국민의 이름으로 선언한다. 오늘 우리는 전 세계의 이목이 우리를 주시하는 가운데 40년 독재 정치를 청산하고 희망찬 민주 국가를 건설하기 위한 거보를 전 국민과 함께 내딛는다. 국가의 미래요, 소망인 꽃다운 젊은이를 야만적인 고문으로 죽여 놓고 그것도 모자라서 뻔뻔스럽게 국민을 속이려 했던 현 정권에 국민의 분노가 무엇인지를 분명히 보여 주고, 국민적 여망인 개헌을 일방적으로 파기한 4·13 폭거를 철회시키기 위한 민주 장정을 시작한다.
>
> – 「선언으로 본 80년대 민족·민주 운동」, 신동아 편집실 –

국민 대회를 통해 4·13 호헌 조치를 철폐하고 직선제 개헌을 통해 민주 정치를 회복하고자 하였다.

3당 합당으로 민주자유당 창당

5. 노태우 정부(1988~1993)

출범	• 제13대 대통령 선거(1897) : 야권 분열로 노태우 당선
	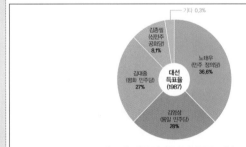▲제13대 대통령 후보자별 득표율(1987)
	여당 / 야당 후보 ➡ 대선 후보 단일화 실패
	노태우(당선) / 김영삼 / 김대중 / 김종필
3당 합당 (1990)	• 배경 : 국회의원 선거(1988) ➡ 선거 이후 여소야대 국회 형성 ➡ 야당 우세 국회로 청문회 개최(5·18 민주화 운동 진상 규명 등) • 목적 : 여소야대 국회 극복을 위해 3당 합당으로 정계 개편 • 결과 : 3당 합당(민주정의당 + 신민주공화당 + 통일민주당) ➡ 거대 여당인 민주 자유당 출현(1990)
정책	• 서울 올림픽 대회 개최(1988) • 남·북한 유엔 동시 가입(1991) • 지방자치제의 부분적 실시(1991) • 언론 기본법 폐지 ➡ 언론 자유 신장 • 북방 외교 추진(공산권과 외교 중시) : 소련(1990), 중국(1992)과 수교

6. 김영삼 정부(1993~1998)

출범	• 5·16군사 정변 후 30여년 만의 민간인 대통령(문민정부)
정책	• 금융 실명제 실시(1993) • 지방 자치제 전면적 실시 • 경제 협력 개발 기구(OECD) 가입(1996) • 역사 바로 세우기 : 민주화 운동 진압 관련자 처벌 • 공직자 윤리법 개정 ➡ 고위 공무원 재산 등록 의무화 • 국제 통화 기금(IMF)의 구제 금융 초래(1997)

7. 김대중 정부(1998~2003)

출범	최초의 선거에 따른 평화적인 여야 정권 교체(국민의 정부)
정책	• 노벨 평화상 수상 • 한·일 월드컵 개최(2002) • 여성부 신설, 국민 기초 생활 보장법 제정 • 대북 화해 협력 정책 : 6·15 남북 공동 선언(2000) • 외환위기 극복 노력 : 금 모으기 운동, 노사정 위원회 구성(1998), 기업의 구조 조정, 외국 자본 유치 등

8. 노무현 정부(2003~2008)

출범	• 참여 정부
정책	• 금강산 육로 시작(2003.9.) • 경부 고속 철도(KTX) 개통(2004.4.1.) • 미국과 자유 무역 협정(FTA) 체결(2007) • 권위주의 청산, 과거사 진상 규명법 제정 • 남북 화해 협력 정책 계승 ➡ 제2차 남북 정상 회담 성사(2007)

01.⑤

1960년대 박정희 정부 시기의 사건을 묻는 문제이다.

⑤ 1966년에 미국의 요청으로 베트남에 군대를 파병하였다.

① 1987년 6월 민주 항쟁이 거세지자 차기 대통령 후보로 내정된 노태우를 통해 대통령 직선제를 수용한다는 6·29 민주화 선언을 발표하였다.

② 1990년에 북방 외교의 일환으로 중국과 국교를 맺었다.

③ 1977년에 수출 100억 달러를 달성하였다.

④ 1996년에 OECD 회원국에 가입하였다.

01 🐨 기출 문제

(가)에 들어갈 사진으로 적절한 것은?

1960년대 사진전

서독에 광부 파견 / (가) / 한·일 국교 정상화

① 6·29 민주화 선언

② 한·중 수교

③ 수출 100억 달러 달성

④ OECD 회원국 가입

⑤ 베트남 파병

02.⑤

자료는 1954년 통과된 사사오입 개헌이다.

⑤ 사사오입 개헌에 대한 설명이다.

① 이승만 정권이 붕괴되고 수립된 허정 과도 정부는 양원제 국회와 내각 책임제로 헌법을 개정하였다.

② 6월 민주 항쟁의 결과이다.

③ 1980년 제8차 헌법 개정을 통해 대통령의 선출은 선거인단에 의한 간선제로 바뀌었고, 대통령의 임기는 7년으로 단임제로 바꾸었다.

④ 유신 헌법으로 통일 주체 국민회의에서 대통령을 선출하게 되었다.

02

다음 내용과 관련된 헌법 개정안의 내용으로 옳은 것은?

재적 의원 203명의 2/3는 135.333⋯⋯명이므로, 개헌안이 통과되려면 136명의 찬성이 필요하였다. 그러나 자유당은 사사오입, 즉 반올림하면 135명만으로도 가능하다는 억지 논리를 내세워 개헌안을 통과시켰다.

① 양원제 의회와 의원 내각제

② 대통령 직선제에 의한 5년 단임제

③ 대통령 선거인단에 의한 7년 단임제

④ 통일 주체 국민 회의에서 대통령 선출

⑤ 초대 대통령에 한하여 중임 제한 규정 폐지

03

다음 (가) 민주화 운동과 관련된 사실로 옳은 것은?

- 앞으로 전개될 모든 형태의 민족 운동, 사회 운동 및 민주 통일 운동은 다 같이 ☐(가)☐을/를 그들의 고향으로 한다. 따라서 그 자체로서 '영구 혁명'의 출발이지 그 완성은 아니다. -10주년 기념사-
- ☐(가)☐이/가 있었기에 우리는 유신을 거부해야 할 당위성을 찾았고, 우리는 필승의 신념을 가질 수 있었다. …… 5·16에 의해 말살된 것이 아니다. -20주년 기념사-
- 한국 민주화 운동의 시발이며 위대한 국민의 승리다. …… ☐(가)☐ 정신을 계승·완수하기 위해 중단 없는 변화와 개혁을 강력히 추진하겠다. -30주년 기념사-

① 사사오입 개헌으로 정권 연장을 시도하였다.
② 이승만 대통령이 물러나고 장면 내각이 출범하였다.
③ 불법적으로 국회를 해산하고 10월 유신을 단행하였다.
④ 대통령을 3번까지 할 수 있도록 헌법을 바꾸려고 하였다.
⑤ 대통령 선거인단에 의한 간접 선거를 통해 대통령을 선출하려 하였다.

03.②

(가)는 4·19 혁명이다. 4·19 혁명으로 이승만 대통령이 하야 성명을 발표하였으며, 이후 내각 책임제 개헌이 이루어지게 되었다.
② 4·19 혁명으로 이승만 대통령이 물러나고 직후에 이루어진 개헌 내용으로 장면 내각이 수립되었다.
③ 박정희 정부 때의 일이다.
① 4·19 혁명 이전의 일이다.
④ 박정희 정부의 3선 개헌이다.
⑤ 박정희 정부와 전두환 정부 때의 일이다.

04

(가), (나) 자료와 관련된 각 정부의 정책으로 옳은 것은?

(가) 서울 올림픽 대회 개최

(나) 금융 실명제 실시를 알리는 은행 창구 안내문

① (가) – 포항 종합 제철 공장이 준공되었다.
② (가) – 끊어진 경의선과 동해선의 연결을 추진하였다.
③ (나) – 남북한이 유엔에 동시 가입하였다.
④ (나) – 경제 협력 개발 기구(OECD)에 가입하였다.
⑤ (가), (나) – 선거를 통한 평화적인 여야 정권 교체가 이루어졌다.

04.④

(가)의 서울 올림픽 대회는 전두환 정부 때 개최되었다. (나)의 금융 실명제는 김영삼 정부 때 실시되었다.
④ (나) – 김영삼 정부 때의 일이다.
① (가) – 박정희 정부 때의 일이다.
② (가) – 김대중 정부 때의 일이다.
③ (나) – 노태우 정부 때의 일이다.
⑤ (가), (나) – 김대중 정부 때 최초로 평화적인 여야 정권 교체가 이루어졌다.

05.②

(가)는 한·일 국교 정상화, (나)는 베트남 파병이다.

ⓒ (가) – 정부는 군대를 동원하여 반대 시위를 진압하면서 한·일 협정을 체결하였다.

ⓒ (나) – 미국의 요청에 따라 파병하였고, 파병은 국제적으로 지지를 받지 못했고, 야당을 비롯한 국내 여론도 부정적이었다.

ⓛ (가) – 일본의 사과와 배상, 약탈 문화재 반환 등이 이루어지지 않았다.

ⓔ (나) – 베트남 파병으로 국군의 전력이 증강되고, 건설업체의 해외 진출과 인력 수출 등이 활발해져 경제 성장을 위한 발판이 마련되었다.

05

(가), (나)에 대한 설명으로 옳은 것을 〈보기〉에서 고른 것은?

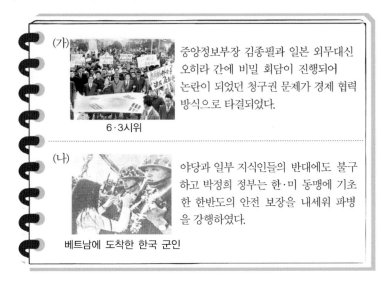

(가) 중앙정보부장 김종필과 일본 외무대신 오히라 간에 비밀 회담이 진행되어 논란이 되었던 청구권 문제가 경제 협력 방식으로 타결되었다.

6·3시위

(나) 야당과 일부 지식인들의 반대에도 불구하고 박정희 정부는 한·미 동맹에 기초한 한반도의 안전 보장을 내세워 파병을 강행하였다.

베트남에 도착한 한국 군인

〈보기〉

ⓒ (가) – 군대를 동원하여 6 · 3 시위를 진압되었다.
ⓛ (가) – 일본의 식민 지배에 대한 사과와 배상이 이루어졌다.
ⓒ (나) – 미국의 요청에 따라 파병하였다.
ⓔ (나) – 경제 개발에 부정적인 영향을 끼쳤다.

① ㄱ, ㄴ   ② ㄱ, ㄷ
③ ㄴ, ㄷ   ④ ㄴ, ㄹ
⑤ ㄷ, ㄹ

06.⑤

(가)는 김대중 정부이다.

⑤ 김대중 정부는 강도 높은 구조 조정으로 국제 통화 기금(IMF)의 지원금을 앞당겨 상환하였다.

① 김영삼 정부 때의 일이다.
② 박정희 정부 때의 일이다.
③ 노태우 정부 때의 일이다.
④ 전두환 정부 때의 일이다.

06

(가) 시기에 있었던 사실로 옳은 것은?

| 전두환
정부 | 노태우
정부 | 김영삼
정부 | (가) | 노무현
정부 |
| --- | --- | --- | --- | --- |

① 전면적인 지방 자치제를 실시하였다.
② 긴급 조치권을 발동하여 개헌 운동을 탄압하였다.
③ 국회의원 선거에서 여소 야대 정국이 형성되었다.
④ 야간 통행 금지 해제 등 유화 조치가 발표되었다.
⑤ 국제 통화 기금(IMF)의 지원금을 앞당겨 상환하였다.

07

다음 조치가 적용되던 시기의 '대한민국 헌법'에 대한 설명으로 옳은 것은?

남베트남이 공산화되자 당시 정부는 국민의 안보 불안을 이용하여 반공 분위기를 강화하는 한편, 긴급조치 9호를 선포하였다. 긴급조치 9호는 헌법을 반대하거나 부정하고, 개정을 요구하거나 이를 보도하면 영장 없이 체포, 구속, 압수, 수색이 가능하도록 하였으며, 민간인도 비상 군법 회의에서 처벌하도록 하는 등 국민의 기본권을 심하게 제약하였다.

① 대통령 선출을 직선제로 규정하였다.
② 대통령의 임기는 7년 단임제로 하였다.
③ 대통령이 국회의원의 3분의 1을 추천하였다.
④ 광주를 중심으로 5 · 18 민주화 운동이 일어났다.
⑤ 공직자 재산 등록, 지방 자치체 등이 시행되었다.

08

자료와 같은 모습을 볼 수 있었던 시기의 사회상으로 옳은 것을 〈보기〉에서 고른 것은?

▲ YH 무역 여자 노동자의 시위 모습

▲ 부 · 마 민주화 운동

─────〈보기〉─────
㉠ 프로 축구가 출범하였다.
㉡ 언론의 자유가 확대되었다.
㉢ 장발과 미니스커트를 단속하였다.
㉣ 정권에 대한 저항 문화가 확산되었다.

① ㉠, ㉡   ② ㉠, ㉢
③ ㉡, ㉢   ④ ㉡, ㉣
⑤ ㉢, ㉣

07.③

1970년대 유신 시절 박정희 대통령은 긴급조치 9호를 선포하였다.
③ 유신 헌법은 대통령에게 국회 의원 가운데 1/3을 추천할 수 있도록 하는 등 대통령에 입법, 사법, 행정에 대한 모든 권한을 장악할 수 있게 하였다.
① 유신 시절은 통일 주체 국민 의회에서 간접 선거로 대통령 선출하였다.
② 전두환 정부 때의 일이다.
④ 전두환 정부 때의 일이다.
⑤ 김영삼 정부 때의 일이다.

08.⑤

YH 무역 사건(1979)과 부산과 마산 일대에서 학생과 시민들이 합세한 부 · 마 민주 항쟁은(1979. 10.) 유신 반대 투쟁이다.
㉢ 유신 시절 장발과 미니스커트를 단속하는 등의 국가가 국민의 일상을 통제하고 억압하였다.
㉣ 유신 헌법을 통한 박정희 정권의 독재에 대한 저항 문화가 확산되었다.
㉠ 전두환 정부 때의 일이다.
㉡ 유신 시절 언론의 자유가 탄압받았다.

09.④

자료는 김영삼 정부 시기 5·18 민주화 운동의 진압을 주도한 전두환과 노태우에게 유죄를 선고한 대법원의 판결이다. 5·18 민주화 운동은 전두환의 신군부가 비상계엄을 전국적으로 확대 선고하자 광주에서 민주화 시위가 전개된 것이다.
④ 5·18 민주화 운동은 광주에서 시작되었다.
① 박정희 정부 때의 일이다.
② 4·19 혁명의 배경이다.
③ 박정희 정부 때의 일이다.
⑤ 6월 민주 항쟁의 결과이다.

10.⑤

현대사의 중요한 사건을 시대 순으로 알고 있는지를 묻는 문항이다.
㈐ 6·3 시위는 1964년 6월 3일 대학생과 시민들이 한·일 회담 반대를 목적으로 시위한 사건이다.
㈏ 서울의 봄은 1980년 봄, 유신 철폐와 신군부 퇴진을 요구하는 대대적인 민주화 운동이 전개된 것이다.
㈎ 6·29 민주화 선언은 1987년 6월 29일 민주정의당(민정당) 대표 노태우가 국민들의 민주화와 직선제 개헌요구를 받아들여 발표한 것이다.
㈑ 금강산 관광은 1998년 11월 18일 한국의 민간인들이 북한을 여행하게 된 것이다.

09

다음 판결문과 관련 있는 민주화 운동에 설명으로 옳은 것은?

> 5·18 내란 행위자들이 …… 헌법 기관인 대통령, 국무위원들에 대하여 강압을 가하고 있는 상태에서, 이에 항의하기 위하여 일어난 광주 시민들의 시위는 …… 헌정 질서를 수호하기 위한 정당한 행위 …… 그 시위 진압 행위는 …… 국헌 문란에 해당한다.

① 한·일 협정 체결에 반발하였다
② 3·15 부정 선거가 직접적인 원인이었다.
③ 유신 철폐를 요구하며 부산과 마산에서 일어났다.
④ 신군부의 계엄령 확대에 반발하여 광주에서 시작되었다.
⑤ 대통령 직선제 개헌을 담은 6·29 민주화 선언을 이끌어 냈다.

10

사진 ㈎~㈑에 나타난 사건을 일어난 순서대로 옳게 나열한 것은?

현대사 사진 전시회

㈎
6·29 민주화 선언

㈏
서울의 봄

㈐
6·3 시위

㈑
금강산 관광 시작

① ㈎ - ㈏ - ㈐ - ㈑
② ㈎ - ㈏ - ㈑ - ㈐
③ ㈏ - ㈎ - ㈐ - ㈑
④ ㈏ - ㈎ - ㈑ - ㈐
⑤ ㈐ - ㈏ - ㈎ - ㈑

11

다음 자료와 관련된 민주화 운동에 대한 설명으로 옳은 것은?

▲ 박종철 고문치사 사건 규탄 시위

▲ 이한열 열사의 장례식에 운집한 인파

① 유신 체제를 종식시키는 계기가 되었다.
② 이승만 대통령이 물러나고 장면 내각이 출범하였다.
③ 초대 대통령에 한하여 연임 제한 규정을 철폐하려 하였다.
④ 야당 당수의 국회의원직 제명이 원인이 되어 일어난 것이다.
⑤ 대통령 직선제 개헌을 담은 6·29 민주화 선언을 이끌어 냈다.

12

(가)~(마) 시기에 해당하는 사진으로 옳지 않은 것은?

사진으로 보는 현대사

(가) 1960년대
서독에 광부 파견

(나) 1970년대
미니스커트 단속

(다) 1980년대
한·중 수교

(라) 1990년대
금 모으기 운동

(마) 2000년대
고속 철도 개통

① (가)
② (나)
③ (다)
④ (라)
⑤ (마)

11.⑤

자료는 6월 민주 항쟁과 관련 있다. 6월 민주 항쟁은 박종철 고문 치사 사건을 축소, 은폐하려던 음모가 드러나고, 연세대 학생 이한열이 시위 도중 경찰이 쏜 최루탄에 맞아 뇌사 상태에 빠지고, 정부는 4·13 호헌 조치를 발표하자 이에 반발하여 6월 민주 항쟁이 일어났다.
⑤ 6월 민주 항쟁의 결과 발표된 6·29 민주화 선언이다.
① 6월 민주 항쟁은 전두환 정부 때의 일이다.
② 4·19 혁명의 결과이다.
③ 이승만 정부가 전개한 사사오입 개헌이다.
④ 박정희 정부 때의 일이다.

12.③

각 시대에 해당하는 중요한 사건을 묻는 문제이다.
③ (다) 1990년에 중국과 수교를 하였다.
① (가) 1967년에 처음으로 서독에 광부를 파견하였다.
② (나) 1970년대 유신 시절에 장발, 미니스커트 등을 단속하였다.
④ (라) 1997년 IMF 구제금융 요청 당시 부채를 갚기 위해 국민들이 자신이 소유하던 금을 자발적으로 내놓았다.
⑤ (마) 2004년에 세계에서 5번째로 고속철도(경부선)를 개통하였다.

28 경제 발전과 평화 통일을 위한 노력

핵심개념 한상 차리기

1. 경제 성장과 발전

코알랄라의 시험에 나오는 자료

(1) 전후 복구와 원조 경제 : 이승만 정부

① 배경 : 6 · 25 전쟁으로 전 국토 파괴 ➡ 미국의 경제 원조를 통해 전후 복구

② 미국의 경제 원조

농산물 중심 원조	• 미국의 잉여 농산물 제공, 국내 농산물 가격 하락 ➡ 국내 농업 기반 파괴
소비재 산업 원료 원조	• 삼백 산업 발달(1950년대 후반) : 주로 생활필수품과 면화, 밀가루, 설탕 등 소비재 산업 원료에 집중 ➡ 제분업, 제당업, 면방직업 발달 • 소비재 산업의 발달로 생산재 산업의 발달이 부진
결과	• 1950년대 후반 미국의 경제 원조 감소 및 유상 차관으로 전환 ➡ 경제 혼란 가중

원조 물품을 받는 사람들

③ 귀속 재산 처리

• 배경 : 일제로부터 압류한 시설(귀속 재산)과 미국의 원조 물자를 민간 기업에 넘겨 전후 복구 자금 마련

• 과정 : 귀속 재산과 원조 물자를 민간에 넘기는 과정에서 정경 유착 발생 ➡ 이를 산 자본가들은 재벌로 성장

• 결과 : 정부 재정 확충에 어느 정도 도움, 각종 특혜 조치에 국민 불만 초래

(2) 제1 · 2차 경제 개발 5개년 계획(1962~1971) : 박정희 정부

① 제1차 경제 개발 5개년 계획(1962~1966)

목표	• 자립 경제의 기반 구축
특징	• 정부 주도형 경제 정책, 수출 주도형 성장 전략 • 노동 집약적인 경공업 육성(섬유, 식료품 등) ➡ 수출 증대 시도 • 광부 · 간호사 파견(독일), 한 · 일 협정 체결, 베트남 파병 등으로 자금 마련

독일에 파견된 광부들

② 제2차 경제 개발 5개년 계획(1967~1971)

목표	• 산업 구조의 근대화와 자립 경제 확립
특징	• 수출이 획기적 늘어남 ➡ 제조업이 크게 발전 • 사회 간접 자본 확충 ┌ 경부 고속 국도 건설 착수(1968~1970) ├ 울산에 대규모 산업 시설 건립 착수(1962) └ 포항 종합 제철 공장 설립 착수(1970~73)

은채프의 시험 전에 꼭 맛봐야 하는 🔔

제1차, 2차 경제 개발 5개년 계획

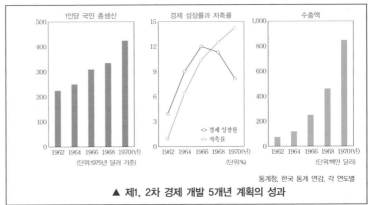

▲ 제1, 2차 경제 개발 5개년 계획의 성과

우리나라가 1960~1970년대의 짧은 기간에 이룬 고도성장은 경제 개발의 의지가 강한 정부가 외자를 도입하여 수출 산업을 적극 육성하고, 높은 교육열과 근면성을 지닌 국민이 값싼 노동력을 제공하였기 때문이다.

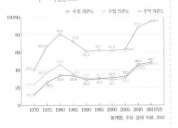

우리나라의 수출·수입·무역 의존도

(3) 제3·4차 경제 개발 5개년 계획(1972~1981) : 박정희 정부

① 배경 : 1960년대 말 세계 경제 침체 ➡ 외채 누적, 경공업 제품 수출 한계, 환율 상승 ➡ 외채 상환 부담 증가

② 내용

특징	• 중화학 공업(기계·조선·석유·화학·철강 등)중심의 육성 ┌ 포항과 광양만에 제철소 건설 ├ 울산과 거제 등지에 대규모 조선소 조성 └ 창원 구미, 여수 등지에 공업 단지 조성 • 중화학 공업의 비중이 경공업의 비중을 앞서기 시작 • 수출 100억 달러 달성(1977)
경제 위기	• 제1차 석유 파동(1973) : 중동 건설 사업으로 벌어들인 오일 달러로 극복 • 제2차 석유 파동(1978) : 중화학 공업 중복 투자, 경제 성장률 하락 ➡ 국가 재정과 국민 생활의 어려움, 기업 부담이 커짐
문제점	• 정부 주도의 경제 개발 정책 ➡ 재벌 중심의 경제 구조 형성(정경 유착) • 지나친 수출 중심 : 일본·미국 의존도 심화, 산업 불균형 발생 • 지나친 외자 도입 : 국가 상환의 부담이 높고, 안정적인 기업 운영이 어려움 • 빈부 격차 심화, 지역 간 개발 불균형 및 도시와 농어촌 간의 소득 격차

은세프의 시험 전에 꼭 맛봐야 하는

코알랄라의
시험에 나오는 자료

제3, 4차 경제 개발 5개년 계획

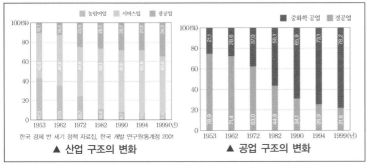

▲ 산업 구조의 변화 ▲ 공업 구조의 변화

1970년대 말에는 산업 구조에 변화가 일어나 농림·어업 등 1차 산업의 비중이 줄고 광공업과 서비스업 등 2·3차 산업의 비중이 높아졌으며, 중화학 공업의 비중이 경공업을 앞서게 된다.

(4) 전두환 정부(1981~1987)

특징	• 경제 위기 극복 : 부실기업 정리, 중화학 공업에 대한 중복 투자 제한 등 • 저금리·저유가·저달러의 3저 호황(1980년대 중반) ⎡ 고도성장, 기술 집약적 산업 발달(반도체·자동차 등) ⎣ 1인당 국민 소득 20만 달러, 인구 5,000만 명인 '20-50' 클럽에 진입(1987)

(5) 김영삼 정부(1993~1998)

특징	• 우루과이 라운드 타결(1993) ➡ 세계 무역 기구(WTO)출범(1995), 수출 1,000억 달러 돌파(1995) ➡ 경제 협력 개발 기구(OECD) 가입(1996) ➡ 규제 완화, 시장 자율성 확대 • 외환위기로 국제 통화 기금(IMF)에 긴급구제 금융 요청(1997.12.3.) : 무역 적자의 증가, 금융 기관의 부실, 재벌의 방만한 기업 운영, 외국 자본의 이탈 등으로 외환위기 발생

(6) 김대중 정부(1998~2003)

특징	• 외환위기 극복 노력 : 강도 높은 경제 개혁, 금 모으기 운동, 노사정 위원회 출범 등 • 국제 통화 기금 관리 체제를 조기에 극복

긴급구제 금융 요청 보도 기사

YH 여공의 시위 모습

전태일 장례식

2. 산업화에 따른 사회 변동

(1) 산업화 · 도시화

① 배경 : 산업화의 급속한 진행으로 농촌 인구가 도시로 이동

② 문제점 : 빈민촌, 철거민 문제(달동네, 판자촌 등), 도시 인구 과밀, 농촌 인구 고령화, 전통적인 인간 관계 해체(개인주의적, 분업 중시)

(2) 농촌의 변화

① 1960~1970년대 : 정부의 저곡가 정책 ➡ 곡식 가격 하락 ➡ 도시와 농촌의 격차 심화

② 1980~1990년대 : 우루과이 라운드 협상 발효로 농산물 시장 개방(1995) ↔ 농산물 시장 개방 반대 운동 전개(농민의 대응)

(3) 노동의 운동변화

① 1960~1970년대 : 정부의 성장 위주 경제 정착 ➡ 노동자 증가, 저임금 정책, 노동 운동 탄압

전태일 분신 사건 (1970)	• 서울 동대문 평화시장 재단사 전태일이 열악한 노동 환경 개선을 외치며 온 몸에 휘발유를 붓고 분신자살한 사건 • 근로 기준법 준수, 작업 환경 개선, 임금 인상, 건강 진단 실시 등 주장 ➡ 노동 운동에 대한 관심 증대
YH무역 사건 (1979)	가발 제조업체인 YH무역이 부당한 폐업 공고 ➡ 회사 노동조합원들이 회사 정상화와 생존권 보장을 요구하며 농성 ➡ 강제 진압 과정 중 여성 노동자가 사망하게 된 사건 ➡ 유신 체제 몰락의 한 원인

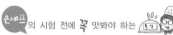
은세프의 시험 전에 꼭 맛봐야 하는

전태일이 박정희 대통령에게 보낸 탄원서

> 존경하는 대통령 각하 …… 저희들은 근로기준법의 혜택을 조금도 못 받으며, …… 굶주림과 어려운 현실을 이기려고 하루에 90원 내지 100원의 급료를 받으며 1일 15시간씩 작업을 합니다. …… 1일 14시간의 작업 시간을 10시간~12시간으로 단축하십시오. 1개월 휴일 2일을 일요일마다 휴일로 쉬기를 희망합니다.

1970년 11월에 노동자 전태일의 분신자살을 계기로 저임금과 장시간 근로, 열악한 작업 환경 등 노동 문제가 사회 문제로 대두하였다.

② 6월 민주 항쟁 이후(1987. 6. 10. ~)

• 민주 항쟁 이전 : 저임금 정책 유지, 노동 기본권 제한(전두환 정부)

• 민주 항쟁 이후 : 대규모 노동 운동 전개, 사무직 노동자 등도 참여, 사회 민주화와 더불어 노동 운동 활성화(노동 쟁의 증가)

③ 1990년대 : 외환위기 이후 청년 실업, 비정규직 문제 대두, 전국 민주 노동조합 총연맹 결성(1995), 노사정 위원회 구성(1998)

3. 남북의 화해와 협력을 위한 노력

(1) 남북의 대립

① 이승만 정부 : 북진 통일론 주장, 진보 세력의 평화 통일론 탄압

② 장면 내각
- 정부 : 유엔 감시하의 남북한 총선거 제의, '선 경제 건설, 후 통일' 제시, 민간 차원의 통일 논의 금지
- 학생·혁신 계열 : 남북 협상, 중립화 통일안, 남북 학생 회담 제기 ➡ 장면 내각 거부

③ 박정희 정부 : 강력한 반공 정책 실시, '선 건설 후 통일론' 강조

(2) 남북 대화의 진전(1970년대 이후)

① 박정희 정부

통일 정책	• 7·4남북 공동 성명(1972) 　　┌ 배경 : 1960년대 후반부터 냉전 체제 완화(닉슨 독트린) 　　├ 내용 : 통일의 3대 원칙 합의(자주·평화·민족 대단결) 　　├ 전개 : 남북 조절 위원회 설치 ➡ 북한의 대화 중단 선언(1973) 　　└ 한계 : 남북의 독재 체제 강화에 이용(남-유신 헌법, 북-사회주의 헌법) • 6·23 평화 통일 선언(1973) : 남북한 유엔 동시 가입 제안, 모든 국가에 문호 개방 제시 등 • 남북의 상호 불가침 협정 체결 제안(1974) : 상호 무력 불사용, 상호 내정 불간섭 등

의 시험 전에 꼭 맛봐야 하는

7·4 남북 공동 성명(1972)

> 쌍방은 다음과 같은 조국 통일 원칙들에 합의를 보았다.
> 첫째, 통일은 외세에 의존하거나 외세의 간섭을 받음이 없이 자주적으로 해결하여야 한다.
> 둘째, 통일은 상대방을 반대하는 무력행사에 의거하지 않고 평화적 방법으로 실현하여야 한다.
> 셋째, 사상과 이념, 제도의 차이를 초월하여 우선 하나의 민족으로서 민족적 대단결을 도모하여야 한다.

7·4 남북 공동 성명은 남북한 정부가 최초로 평화 통일 원칙(자주·평화·민족적 대단결)에 합의한 것이다. 그러나 이후 남북한에서는 각각 유신 헌법과 사회주의 헌법을 공포함으로써 독재 체제를 강화하였다.

7·4 남북 공동 성명 발표 (1972)

남북 이산가족 고향 방문단

(1985)

② 전두환 정부

통일 정책	• 비정치적 교류에 중점 • 북한의 수해 물자 제공 수용(1984) ➡ 적십자 회담, 남북 경제 회담 등 개최 ➡ 이산가족 고향 방문과 예술 공연단 교환(1985) ➡ 정치·군사적 갈등은 여전히 지속 • 남북한 이산가족이 각각 서울과 평양을 처음으로 방문(1985)

(3) 남북 관계의 발전(1990년대 이후)

① 노태우 정부

통일 정책	• 7·7선언(1988) 발표 : 북한을 민족 공동체 일원으로 인식
	• 한민족 공동체 통일 방안 제시(1989) : 7·7 선언을 계승
	• 남북한 유엔 동시 가입(1991.9.)
	• 남북 기본 합의서 채택(1991.12.)
	  ┌ 정부 당사자 사이에 공식적으로 합의된 최초의 문서
	  └ 남북 사이의 화해와 상호 불가침 교류 협력에 관한 합의서
	• 한반도 비핵화 공동 선언 채택(1992)

남북한 유엔 동시 가입

(1991)

은세프의 시험 전에 꼭 맛봐야 하는

남북 기본 합의서(1991)

제1조 남과 북은 서로 상대방의 체제를 인정하고 존중한다.
제4조 남과 북은 상대방을 파괴·전복하려는 일체 행위를 하지 아니한다.
제9조 남과 북은 상대방에 대하여 무력을 사용하지 않으며 상대방을 무력으로 침략하지 아니한다.
제15조 남과 북은 민족 경제의 통일적이며 균형적인 발전과 민족 전체의 복리 향상을 도모하기 위하여 자원의 공동 개발, 민족 내부 교류로서의 물자 교류, 합작 투자 등 경제 교류와 협력을 실시한다.

사회주의 국가들의 붕괴로 궁지에 몰린 북한은 남북 대화의 필요성을 느꼈다. 이에 남북 고위급 회담이 시작되었고, 최초의 공식 합의서인 남북 기본 합의서가 채택되었다. 합의서에는 남북 관계를 잠정적인 특수 관계로 규정하였고, 남북 간 교류도 민족 내 교류로 규정하였다.

② 김영삼 정부

통일 정책	• 북한의 핵 확산 금지 조약 탈퇴(1993) • 한민족 공동체 건설을 위한 3단계 통일 방안 제시(1994) • 북한 수재에 쌀 무상 지원(1995) • KEDO(한반도 에너지 개발 기구) 설립(1995) • 북한의 핵 개발 억제를 위해 경수로 원자력 발전소 건설 사업 추진(1996)

③ 김대중 정부

통일 정책	• 정주영 회장의 소떼 방북(1998) • 대북 화해 협력 정책(햇볕 정책) ➡ 남북 교류 활성화 • 최초의 남북 정상 회담 개최 ➡ 6·15 남북 공동 선언(2000) • 6·15 남북 공동 선언(2000) : 남북 간의 통일 방안 합의(연합제 안과 낮은 단계의 연방제 안), 남북 교류 협력의 기본 방향 천명 • 다양한 남북 교류 확대 ┌ 이산가족 방문 재개 ├ 개성 공단 조성 ➡ 경제 교류 활발 ├ 금강산 관광 사업 시작(1998) └ 끊어진 경의선 복구 사업과 동해선 연결 추진(2002)

④ 노무현 정부

통일 정책	• 대북 화해 협력 정책 계승 • 제2차 남북 정상 회담과 10·4 남북 공동 선언(2007) : 남북 관계 발전과 평화 번영을 위한 선언 채택

의 시험 전에 꼭 맛봐야 하는

6·15 남북 공동 선언(2000)

> 1. 남과 북은 나라의 통일 문제를 그 주인인 우리 민족끼리 서로 힘을 합쳐 자주적으로 해결해 나가기로 하였다.
> 2. 남과 북은 나라의 통일을 위한 남측의 연합제 안과 북측의 낮은 단계의 연방제 안이 서로 공통성이 있다고 인정하고 앞으로 이 방향에서 통일을 지향시켜 나가기로 하였다.
> 3. 남과 북은 올해 8·15에 즈음하여 흩어진 가족, 친척 방문단을 교환하며, 비전향 장기수 문제를 해결하는 등 인도적 문제를 조속히 풀어 나가기로 하였다.
> 4. 남과 북은 경제 협력을 통하여 민족 경제를 균형적으로 발전시키고, 사회, 문화, 체육, 보건, 환경 등 제반 분야의 협력과 교류를 활성화하여 서로의 신뢰를 다져 나가기로 하였다.
> 5. 남과 북은 이상과 같은 합의사항을 조속히 실천에 옮기기 위하여 빠른 시일 안에 당국 사이의 대화를 개최하기로 하였다.

2000년 6월 분단 55년 만에 처음으로 남북의 정상인 김대중 대통령과 김정일 국방위원장이 만나게 되었다. 6·15 남북 공동 선언은 대화와 협력·평화와 공존이라는 보편적 가치를 추구하였으며 남북 문제를 당사자끼리 해결하자는 의지를 확실히 하였다.

01.②

중요한 통일 정책을 시기 별로 파악하고 있는지를 묻는 문제이다.

(다) 1985년에는 이산가족 고향 방문과 예술 공연단 교환이 실현되었다.

(가) 1971년 9월 20일 1차 예비회담을 개최하여 판문점 상설연락사무소 및 직통전화 설치를 합의하였다.

(나) 1991년 9월 18일 열린 제46차 유엔 총회에서 남북한이 각기 별개의 의석을 가진 회원국으로 유엔에 가입하였다.

(라) 1998년 금강산 관광이 시작되었다.

01 기출문제

13회 중급 38번

(가)~(라)는 통일을 위한 노력이다. 시기순으로 옳게 나열한 것은?

(가)
남북 적십자 제1차 예비 회담

(나)
남북한 유엔 동시 가입

(다)
남북 이산가족 고향 방문단

(라)
금강산 관광 시작

① (가) - (나) - (다) - (라)
② (가) - (다) - (나) - (라)
③ (나) - (라) - (다) - (가)
④ (다) - (가) - (나) - (라)
⑤ (라) - (나) - (가) - (다)

02.③

제시된 우표를 통해 '제1차 경제 개발 계획'임을 알 수 있다. 제1, 2차 경제 개발 5개년 계획은 1962년부터 1971년까지 박정희 정부가 주도하여 성장 위주의 경제정책과 수출 주도형 성장 전략을 실행한 것이다.

③ 1980년대 전두환 정부 때의 경제 상황이다.

①, ②, ④, ⑤ 1960년대 경제 상황이다.

02

다음 우표가 발행되던 시기의 경제 상황으로 옳지 않은 것은?

① 성장 위주의 경제 정책이 추진되었다.
② 외국으로부터 차관 도입이 활발하였다.
③ 저유가, 저금리, 저달러의 3저 호황기였다.
④ 의류·신발 등 노동 집약적 산업이 발달하였다.
⑤ 경공업 중심의 수출 주도형 경제 정책이 시행되었다.

03

다음은 미국의 원조 추이를 나타낸 것이다. (가) 시기의 경제 상황으로 옳지 않은 것은?

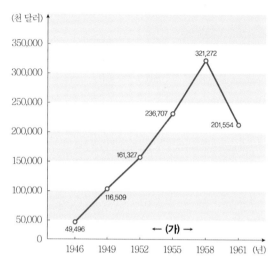

① 국내 농산물 가격이 폭락하였다.
② 베트남 파병으로 경기가 활성화되었다.
③ 원조 경제를 바탕으로 삼백 산업이 발달하였다.
④ 미국의 원조는 소비재 산업의 원료에 집중되었다.
⑤ 전쟁으로 파괴된 주요 공장과 산업 시설이 어느 정도 복구되었다.

04

다음 시기의 경제 상황으로 옳은 것은?

1972년 제3차 경제 개발 5개년 계획 추진(~1976년)
1973년 제1차 석유 파동
1977년 말 100억 달러 수출 목표 달성
1977년 제4차 경제 개발 5개년 계획 추진(~1981년)

① 농지 개혁을 처음 실시하였다.
② 중공업 중심 정책이 본격화되었다.
③ 경제 협력 개발 기구(OECD)에 가입하였다.
④ 1인당 국내 총생산 2만 달러를 달성하였다.
⑤ 우루과이 라운드 체결로 쌀 시장이 개방되었다.

03.②

6·25 전쟁 직후 경제 상황을 묻는 문제이다.

② 박정희 정부는 1964년 9월부터 1973년 3월까지 베트남 파병을 하였고, 베트남 특수로 인해 경기가 활성화되었다.

① 대량의 농산물이 들어와 우리의 식량 문제는 다소 해결되었지만 정부의 저곡가 정책과 맞물려 국내 농산물 가격이 폭락하였다.

③ 밀, 설탕, 면화 등 생활필수품을 중심으로 한 미국의 원조로 삼백 산업이 발달하였다.

④ 생활필수품을 중심으로 한 원조로 소비재 산업이 어느 정도 발전하였다.

⑤ 휴전 후 이승만 정부는 전후 복구에 힘써 1957년까지 파괴되었던 시설을 어느 정도 복구하였다.

04.②

제3·4차 경제 개발 5개년 계획(1972~1981)의 시기를 묻고 있다.

② 박정희 정부는 제3, 4차 경제 개발 5개년 계획을 통해 수출 주도형 중화학 공업화 전략을 추진하였다.

① 농지 개혁법은 북한은 1948년, 남한은 1949년에 제정되었다.

③ 한국은 1996년 경제 협력 개발 기구(OECD)에 가입하였다.

④ 한국은 1987년 1인당 국민소득 2만 달러·인구 5,000만 명인 '20-50 클럽'에 진입하였다.

⑤ 1990년대에 들어 우루과이 라운드가 타결되었다.

05.⑤

한국은 1996년에는 '선진국 클럽'이라는 경제 협력 개발 기구(OECD)에도 가입하였다. 그러나 한국 경제는 1997년 외환 위기에 직면하였다. 이에 정부는 국제 통화 기금(IMF)으로부터 외화를 차입하고, 은행과 기업의 강도 높은 구조 조정을 추진하였다.

05

다음 사건이 있었던 시기를 연표에서 옳게 고른 것은?

▲ 경제 협력 개발 기구(OECD) 가입   ▲ 국제 통화 기금(IMF) 구제 금융 요청

1953		1965		1972		1980		1992		2002
	(가)		(나)		(다)		(라)		(마)	
휴전 협정		베트남 파병		10월 유신		5·18 민주화 운동		한·중 수교		한·일 월드컵

① (가)   ② (나)
③ (다)   ④ (라)
⑤ (마)

06.④

서울 평화시장 노동자 전태일은 1970년 11월 13일 근로기준법 준수를 요구하며 분신 항거 자살을 하였다.

④ 전태일 분신사건으로 근로기준법이 제정되고 노동문제가 대두되었다.

① 전태일과 동료들은 정부, 언론 등에 노동 조건의 개선을 요구하였으나, 개선되지 않았다.

② 유신체제는 1972년부터다.

③ 김대중 정부 때의 일이다.

⑤ 전두환 정부 때의 일이다.

06

다음 사건에 대한 설명으로 옳은 것은?

▲ 전태일의 영정을 붙들고 오열하는 어머니

대통령 각하,
저희들은 근로 기준법의 혜택을 조금도 못 받으며, 90% 이상이 평균 연령 18세의 여성입니다. 또한 시다공은 평균 연령이 15세의 어린이들입니다. 일반 공무원의 평균 근무 시간이 1주 45시간인데 비해, 15세의 어린 시다공은 1주 98시간의 고된 작업에 시달립니다.
– 전태일 탄원서 –

① 정부가 노동 운동을 지원하는 계기가 되었다.
② 유신 체제의 노동 운동 탄압에 대항하여 일어났다.
③ 노사정 위원회가 구성되는 직접적인 원인이 되었다.
④ 노동 문제에 대한 대학생과 지식인의 관심을 높였다.
⑤ 6월 민주 항쟁 직후 노동 운동이 활발해지면서 발생하였다.

07

다음 선언에 따라 추진된 통일 노력으로 옳은 것은?

7·4 공동 성명을 발표하는
이후락 중앙정보부장

1. 통일은 외세에 의존하거나 외세의 간섭을 받음이 없이 자주적으로 해결하여야 한다.
2. 통일은 상대방을 반대하는 무력행사에 의거하지 않고 평화적 방법으로 실현하여야 한다.
3. 사상과 이념, 제도의 차이를 초월하여 우선 하나의 민족으로서 민족적 대단결을 도모하여야 한다.

① 개성 공단 조성에 합의하였다.
② 남북 기본 합의서를 채택하였다.
③ 남북 조절 위원회를 구성하였다.
④ 남북 정상 회담을 최초로 개최하였다.
⑤ 한반도 비핵화 공동 선언에 합의하였다.

08

(가)에 들어갈 내용으로 옳은 것은?

000 정부 시기 남북 관계

· 한민족 공동체 통일 방안 제시
· _____(가)_____
· 남북한 유엔 동시 가입
· 한반도 비핵화 공동 선언 채택

) 남북 기본 합의서 채택
) 남북 조절 위원회 구성
) 남북 정상 회담 최초 개최
) 제1차 남북 적십자 회담 개최
) 남북 이산가족 고향 방문단 최초 상봉

09.⑤

제시된 자료는 2000년 김대중 대통령과 김정일 국방 위원장의 정상 회담 당시에 발표된 6·15 남북 공동 선언이다. 김대중 정부 시기 이른바 '햇볕 정책이 추진되어 남북 정상 회담 개최와 6·15 남북 공동 선언이 발표되었다.

⑤ 1985년 전두환 정부 때의 일이다.
①, ②, ③, ④ 6·15 남북 공동 선언 발표 이후 이루어진 남북한의 교류와 협력이다.

09

다음 선언에 따라 추진된 통일 노력으로 옳지 <u>않은</u> 것은?

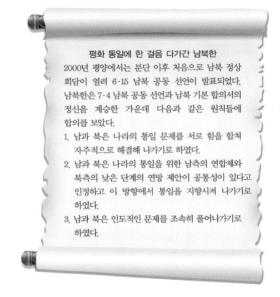

① 경의선 복구 사업을 실시하였다.
② 남북 면회서 설치에 합의하였다.
③ 금강산 관광 사업을 시작하였다.
④ 개성 공단 건설 사업을 추진하였다.
⑤ 이산가족 고향 방문과 예술 공연단 교환이 실현되었다.

10.①

각 정부 별 통일 정책을 묻고 있다.
㉠ (가) 노태우 정부 때의 일이다.
㉡ (나) 김영삼 정부 때의 일이다.
㉢ (다) 노태우 정부 때의 일이다.
㉣ (라) 김대중 정부 때의 일이다.

10

(가)∼(라) 시기의 통일 노력으로 옳은 것을 〈보기〉에서 고른 것은?

〈보기〉

㉠ (가) 공산권 국가와 수교하는 북방 정책을 추진하였다.
㉡ (나) 한반도 에너지 개발 기구(KEDO)를 구성하였다.
㉢ (다) 남북 기본 합의서를 체결하였다.
㉣ (라) 6·15 남북 공동 선언을 발표하였다.

① ㉠, ㉡   ② ㉠, ㉢
③ ㉡, ㉢   ④ ㉡, ㉣
⑤ ㉢, ㉣

주요 지역의 역사와 우리의 세시 풍속과 문화유산

29

은쌤의 은밀한 시험포인트

무료강의

눈 깜짝 할 사이에 드디어 마지막 단원이야.

너무 들뜨지 말고, 주요 지역의 역사는 우리가 앞에서 먹고 배워온 것들이 출제가 되니, 복습한다는 마음으로 가볍게 보면 될 거야.

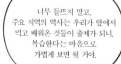

공부와 먹방에 마지막은 없습니다. 당장 고급 시험을 위해서라도 저를 또 찾게 될 것입니다.

마지막으로 세시 풍속과 문화유산은 항상 1문제는 나오니, 앞 단원까지 공부를 하고 시간적 여유가 있다면 꼼꼼하게 정리하면 좋을 것입니다.

은셰프 이제 먹방도 끝나는 건가요?

마지막 단원까지 오시느라 모두들 고생들 많으셨습니다. 여러분들이 이 책을 잘 먹고, 잘 소화 하였다면 합격 자격증을 쉽게 획득하실 수 있을 것입니다.

저는 앞으로 더 좋은 교재와 강의로 찾아뵐 수 있도록 노력하겠습니다. 감사합니다.

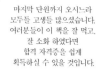

우린 아직도 배가 고프다

핵심개념 한상 차리기

1. 많은 역사가 담겨 있는 주요 지역

(1) 울릉도와 독도

▲울릉도

▲독도

① 울릉도와 독도의 역사

신라	• 울릉도, 독도 일대의 우산국 정벌 : 이사부가 신라 영토에 편입(512, 지증왕)
고려	• 우산국은 고려에 토산물을 바침
조선	• 공도 정책의 시행 : 태종 때 왜구의 침입을 예방하기 위해 울릉도 거주민을 본토로 이주 ➡ 관리가 소홀해짐 • 안용복이 일본으로부터 울릉도와 독도가 조선 땅임을 확인하는 서계를 받음(1693, 숙종)
근대	• 고종의 칙령 제41호(1900) : 강원도 울진현의 독도를 울릉군의 한 부속 도서로서 공식적으로 강원도에 편입(1900) • 일본의 시마네현 고시 : 러 · 일 전쟁 중에 독도를 다케시마로 개칭하고, 불법적으로 시마네현에 편입(1905. 2.) ➡ 을사조약으로 외교권을 뺏겨 항의 못함
현대	• 독도 의용 수비대(1953. 4. 20.~1956. 12.) : 독도에 침입하는 일본 어선과 순시선 등에 맞서 독도를 지킴(순수 자발적 민간 조직)

② 우리 땅이라는 증거

- 「삼국사기」의 기록 : 신라 지증왕 때 우산국(울릉도 · 독도 지배)이 신라에 귀속
- 「세종실록지리지」의 기록 : 울릉도와 독도를 강원도 울진현 소속으로 구분
- 「신증동국여지승람」에 덧붙여 있는 지도인 팔도총도에 독도가 표현
- 일본 메이지 정부의 최고 국가 기관인 태정관이 발간한 문서 태정관지령문서(1877) : 죽도(竹島-오늘날 울릉도)와 송도(松島-지금의 독도)가 일본과 관계없다고 기술
- 연합군 최고 사령부 훈령 677호(1946) : 울릉도, 독도가 일본 영역에서 제외된다고 규정

⑵ 강화도의 문화유산과 역사

① 강화도 부근리 고인돌

② 강화도 마니산 참성단

▲ 2000년에 유네스코 세계유산에 등재

▲ 단군이 하늘에 제사를 지냈다고 전해짐

③ 강화도 고려궁지

④ 강화도 정족산성 내 정족산사고

▲ 몽고 침략에 천도하여 세운 궁궐터

▲ 임진왜란 때 유일하게 남은 전주사고 실록 보관

⑤ 삼별초는 개경 환도에 반대하여 강화도에서 몽고에 저항(강화도 ➡ 진도 ➡ 제주도)

⑥ 조선 후기에 정제두를 비롯한 양명학자들은 강화도를 중심으로 강화학파 형성

⑦ 병인양요(양헌수, 정족산성)때 프랑스군을, 신미양요(광성보, 어재연) 때 미국군을 물리침

⑧ 운요호 사건 이후 강화도에서 최초의 근대적 조약인 강화도 조약 체결

⑶ 제주도의 문화유산과 역사

① 삼별초는 개경 환도에 반대하여 김통정 지휘하에 항쟁

② 원이 탐라총관부를 설치하고, 목마장을 경영

③ 조선 정조 때 김만덕은 흉년 때 빈민을 구휼

④ 추사 김정희가 8년 3개월 간 유배 생활을 함

⑤ 네덜란드 사람인 하멜이 표류한 후 「하멜 표류기」 저술

 평양의 을밀대

 대동문(평양성 내성의 동문)

 제너럴셔먼호

⑷ 평양의 문화유산과 역사

① 평양의 고구려 안학궁터

② 평양의 안악 3호분 벽화

▲ 장수왕 평양 천도와 함께 궁성으로 활용   ▲ 고구려인들의 생활 모습이 잘 나타남

③ 묘청이 풍수지리사상을 바탕으로 서경(평양) 천도 운동 추진

④ 무신 집권기 때 서경 유수 조위총이 반란을 일으킴

⑤ 미국의 제너럴 셔먼호가 평양의 대동강 일대에서 불타게 됨

⑥ 조만식의 주도하에 물산 장려 운동이 평양에서 처음 시작

⑦ 평양의 백화원의 영빈관(북한의 대표적인 국빈 숙소)에서 6 · 15 남
    북 정상 회담이 개최

⑸ 개경의 문화유산과 역사

① 개경의 만월대

② 개경의 남대문

송악산 기슭에 있는 고려 왕궁 터   개성 성곽의 남쪽에 있는 성문

③ 개경의 선죽교

④ 개경의 공민왕릉

충신 정몽주가 암살된 곳   고려 31대 공민왕의 무덤

⑤ 개성 공단 : 한국과 북한이 공동으로 세계적 규모의 산업단지를 조(
    한 자유경제지대

2. 우리나라의 세시 풍속

(1) 설

풍속	관련 음식
• 시기 : 한 해의 시작인 음력 정월 초하루 　┌ 원일(元日)·원단(元旦)·세수(歲首)·세초(歲初)라고 함 　└ 일제 강점기에 신정이 등장하면서 구정으로 불림 • 풍속·놀이 : 성묘, 차례, 널뛰기, 윷놀이, 연날리기 등	떡국, 만두, 식혜 등

▲성묘　▲널뛰기　▲연날리기　▲떡국

(2) 정월 대보름

풍속	관련 음식
• 시기 : 가장 큰 보름이라는 뜻의 음력 정월 보름인 1월 15일 • 풍속·놀이 : 달맞이, 더위팔기, 부럼깨기, 줄다리기, 놋다리밟기, 차전놀이, 쥐불놀이, 석전, 달집태우기, 지신밟기 등	귀밝이술, 약밥, 오곡밥, 생떡국, 섬만두 등

▲줄다리기　▲차전놀이　▲쥐불놀이　▲오곡밥

(3) 삼짇날

풍속	관련 음식
• 시기 : 음력 3월 3일, 강남 갔던 제비가 돌아온다는 날로 완연해진 봄기운을 반영함 • 풍속·놀이 : 화전놀이, 풀각시 놀이, 활쏘기 대회 등	화전(花煎), 화면(花麵), 쑥떡, 고리떡 등

(4) 한식날

풍속	관련 음식
• 시기 : 동지로부터 105일째 되는 날, 설날·단오·추석과 함께 4대 명절의 하나, 하루 전날을 취숙일이라 함 • 풍속·놀이 : 금화(불의 사용 금지), 성묘, 산신제(서울 지역), 개사초, 제기차기, 그네타기, 갈고리 던지기 등	찬 음식

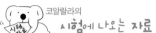
코알랄라의
시험에 나오는 **자료**

(5) 단오

풍속	관련 음식
• 시기 : 음력 5월 5일을 명절로 이르는 말로, 수릿날이라고도 함 • 풍속 · 놀이 : 창포물에 머리감기, 씨름, 그네뛰기, 봉산탈춤, 송파산대놀이, 양주별산대놀이, 수박희 등	창포주, 수리취떡, 쑥떡, 앵두화채, 약초떡 등

▲씨름

▲그네뛰기

▲봉산탈춤

▲수리취떡

(6) 칠석

풍속	관련 음식
• 시기 : 음력 7월 7일로, 헤어져 있던 견우와 직녀가 만나는 날 • 풍속 · 놀이 : 햇볕에 옷 · 책을 말림, 여인들이 직녀성에 바느질 솜씨를 비는 걸교(걸교), 칠석놀이, 시 짓기, 칠석제 등	밀전병, 호박전, 밀국수 등

(7) 백중

풍속	관련 음식
• 시기 : 음력 7월 15일에 해당하며 세벌김매기가 끝난 후 여름철 휴한기에 휴식을 취하는 날 • 풍속 · 놀이 : 백중놀이, 씨름, 들돌들기, 호미걸이 등	밀개떡, 밀전병

(8) 추석

풍속	관련 음식
• 시기 : 우리나라의 대표적 명절 가운데 하나로 음력 8월 15일 • 풍속 · 놀이 : 차례, 성묘, 강강술래, 거북놀이, 가마싸움, 씨름, 소싸움 등	송편, 토란국, 화양적, 누름적

▲차례

▲강강술래

▲거북놀이

▲송편

(9) 동지

풍속	관련 음식
• 시기 : 24절기 중 하나로 일년 중에서 밤이 가장 길고 낮이 가장 짧은 날(양력 12월 22일경), '작은설'이라 함 • 풍속 · 놀이 : 새 달력 나누어주기, 팥죽을 쑤어 부엌과 대문짝 기둥에 뿌리기 등	동지팥죽, 전약 등

(10) 섣달그믐

풍속	관련 음식
• 시기 : 음력으로 한 해의 마지막 날 • 풍속 · 놀이 : 묵은 세배, 윷놀이, 연말대청소 등	만둣국, 동치미 등

3. 유네스코와 유산

(1) 한국의 세계유산

세계유산의 정의 : 세계유산협약이 규정한 탁월한 보편적 가치를 지닌 유산으로서 그 특성에 따라 자연유산, 문화유산, 복합유산으로 분류됨

① 백제 역사 유적 지구 : 2015년에 등재

- 백제의 옛 수도였던 공주시, 부여군, 익산시 3개 지역에 분포된 8개 고고학 유적지로 이루어져 있음
- 공주 웅진성과 연관된 공산성과 송산리 고분군, 부여 사비성과 관련된 관북리 유적 및 부소산성, 정림사지, 능산리 고분군, 부여 나성, 그리고 끝으로 사비 시대 백제의 두 번째 수도였던 익산시 지역의 왕궁리 유적, 미륵사지 등으로 구성
- 475년~660년 사이의 백제의 역사를 보여줌

② 남한산성 : 2014년에 등재

- 조선시대(1392~1910)에 유사시를 대비하여 임시 수도로서 역할을 담당하도록 건설된 산성
- 병자호란 때 청의 10만 대군도 쉽사리 함락시키지 못한 요새로서 중요한 군사 요충지
- 산성 안에는 영조, 정조 등 여러 왕들이 다녀간 이궁이 있음
- 한민족의 독립성과 자주성을 나타내는 상징이기도 함

코알랄라의
시험에 나오는 **자료**

③ 하회와 양동(한국의 역사 마을) : 2010년에 등재

- 14세기~15세기에 조성된 하회(河回)마을과 양동(良洞)마을은 한국을 대표하는 역사적인 씨족 마을임
- 전통 건축 양식을 잘 보존하고, 유교적 삶의 양식과 전통 문화를 계승하고 있음
- 마을의 입지와 배치는 조선 시대(1392~1919) 초기의 유교적 양반 문화가 반영

④ 조선 왕릉 : 2009년에 등재

- 5세기(1408~1966)에 걸쳐 만들어져 있으며, 18개 지역에 총 40기가 있음
- 왕릉은 선조와 그 업적을 기리고 존경을 표하며, 왕실의 권위를 다지고, 선조의 넋을 보호하고 능묘의 훼손을 막는 역할
- 건축의 조화로운 총체를 보여주는 탁월한 사례로, 한국과 동아시아 무덤 발전의 중요한 단계를 보여줌

⑤ 제주 화산섬과 용암 동굴 : 2007년에 등재

- 세계에서 보기 드물게 움직이지 않는 대륙 지각판 위 열점에 생성된 대규모 순상 화산으로 특별한 가치를 지님
- 전 세계에서 이와 유사한 동굴계 중 가장 아름답고 우수한 것으로 평가

⑥ 경주 역사 지구 : 2000년에 등재

- 경주는 신라의 수도로 신라의 1,000년 역사를 간직하고 있으며 신라 고유의 탁월한 예술성을 확인할 수 있음
- 신라 시대의 조각, 탑, 사지, 궁궐지, 왕릉, 산성을 비롯해 여러 뛰어난 불교 유적과 생활 유적이 집중적으로 분포
- 남산지구, 월성지구, 대릉원지구, 황룡사지구, 산성지구로 총 5개 지구로 이루어짐

⑦ 고창, 화순, 강화의 고인돌 유적 : 2000년에 등재

- 선사 시대의 사회와 문화를 잘 보여주는 고인돌이 집중적으로 분포되어 있음
- 기원전 1000년에 만들어진 것으로, 장례 및 제례를 위한 거석문화 유산
- 이 세 지역의 고인돌은 세계의 다른 어떤 유적보다 선사시대의 기술과 사회상을 생생하게 보여 줌

⑧ 수원 화성 : 1997년에 등재

- 정조가 부친의 묘를 옮기면서 읍치소를 이전하고 주민을 이주시킬 수 있는 신도시를 위해 조성
- 처음부터 계획되어 신축, 전통적인 축성 기법에 동양과 서양의 새로운 과학적 지식과 기술을 적극적 활용
- 주변 지형에 따라 자연스러운 형태로 조성해 독특한 아름다움을 보여줌

⑨ 창덕궁 : 1997년에 등재

- 서울시 종로구에 위치한 조선 시대의 궁궐
- 태종 때 창건되어 가장 오랜 기간 동안 왕들이 거처하였음
- 임진왜란 때 폐허가 된 후에 재건과 중건 과정 거치며 정궁의 역할을 함
- 정조 때 후원의 부용지를 중심으로 부용전, 주합루, 서향각이 세워짐
- 일제 강점기에는 순종이 여생을 보낸 궁이기도 함
- 전통 풍수지리 사상과 조선왕조가 정치적 이념으로 삼은 유교가 적절히 조화

⑩ 석굴암과 불국사 : 1995년에 등재

- 경주 토함산의 아름다운 자연환경과 어우러져, 한국 고대 불교 예술의 정수를 보여주는 건축과 조각
- 석굴암은 인공적으로 축조된 석굴과 불상 조각에 나타난 뛰어난 기술과 예술성을 보여줌
- 불국사는 석조 기단과 목조건축이 잘 조화된 고대 한국 사찰 건축

⑪ 종묘 : 1995년에 등재

- 조선 왕조의 역대 제왕과 왕후의 신주를 모신 곳
- 조선 시대에는 매년 춘하추동과 섣달에 대제를 지냈음
- 현재는 매년 5월 첫째 일요일에 제향 의식을 거행하고 있음
- 왕을 제사 지내는 유교 사당의 표본으로, 전통 의식과 행사가 잘 이어지고 있음

⑫ 해인사 장경판전 : 1995년에 등재

- 경상남도 합천군 가야산에 있는 해인사 장경판전은 13세기에 제작된 팔만대장경을 봉안하기 위해 지어진 목판 보관용 건축물
- 15세기 조선 초기에 건립되었으며 대장경 목판 보관을 목적으로 지어진 세계에서 유일한 건축물

(2) 한국의 인류무형문화유산

인류무형문화유산의 정의: 공동체와 집단이 자신들의 환경, 자연, 역사의 상호작용에 따라 끊임없이 재창해온 각종 지식과 기술, 공연예술, 문화적 표현을 아우름

① 줄다리기 : 2015년에 등재

- 줄다리기 의례와 놀이는 우리나라가 주도하고, 캄보디아와 베트남, 필리핀 등 3개국이 참여한 국가 간 공동 등재로, 국내에서는 당진 기지시줄다리기를 비롯해 영산 줄다리기와 삼척 기줄다리기, 의령 큰줄땡기기, 남해 선구줄끗기, 밀양 감내게줄당기기 등 6개 줄다리기가 포함됨
- 예로부터 대보름날에 행하는 것이 상례로 되어 있으며, 남녀노소가 함께 참여하는 단체놀이 가운데 규모가 가장 큰 놀이로서, 동래지방은 단오날에, 제주도는 한가위에, 그리고 전라도 서해안지방은 2월 초하룻날(하리다리날)에 놀기도 함
- 줄다리기는 줄을 만드는 것에서부터 놀이에 이르기까지 모든 과정이 완전한 협동심에 의하여 이루어지며, 주민들은 이 놀이를 통하여 동질감과 향토애를 기르게 됨
- 줄다리기는 벼농사와 깊은 관련을 맺고 있어 이긴 쪽의 줄을 가져가 거름에 섞으면 농작물이 잘 여물고, 지붕에 올려놓으면 아들을 낳고, 소를 먹이면 소가 잘 크며 튼튼해지고, 출어(出漁)할 때 가지고 가면 풍어가 든다 하여 서로 다투어 한 움큼씩 잘라가기도 함

② 농악 : 2014년에 등재

- 마을 공동체의 신명을 끌어내고 주민의 화합과 안녕을 기원하기 위해 전국에서 행해짐
- 꽹과리, 징, 장구, 북, 소고 등 타악기를 합주하면서 행진하거나 춤을 추며 연극을 펼치기도 하는 기예가 함께하는 종합 예술

③ 김장, 김치를 담그고 나누는 문화 : 2013년에 등재

- 한국 사람들이 춥고 긴 겨울을 나기 위해 많은 양으 김치를 담그는 것을 말함
- 한국 고유의 향신료와 해산물로 양념하여 발효한 한국적 방식의 채소 저장 식품
- 김장은 한국인의 자연 환경에 대한 이해를 통합한 음식 문화로, 지역 생태계를 잘 반영

④ 아리랑, 한국의 서정민요 : 2012년에 등재

- 우리나라의 대표적인 민요로 정선, 밀양, 진도 등 여러 지역에서 다양한 형태로 불림
- 단일한 하나의 곡이 아닌 한반도 전역에서 지역별로 다양한 곡조로 전승(약 60여 종, 3,600여 곡)
- 나운규는 1926년에 이 민요를 제목으로 한 영화를 제작
- 단순한 노래로서 '아리랑, 아리랑, 아라리오'라는 공통적으로 반복되는 여음과 지역에 따라 다른 내용의 사설로 발전

⑤ 한산 모시짜기 : 2011년에 등재

- 한산모시는 충청남도 서천군 한산 지역에서 만드는 모시
- 모시짜기는 전통적으로 여성이 이끄는 가내 작업인데 어머니가 딸 또는 며느리에게 기술과 경험을 전수
- 모시짜기의 전통은 마을의 정해진 장소에서 이웃과 함께 모여서 일함으로써 공동체를 결속하는 역할을 함

⑥ 택견, 한국의 전통 무술 : 2011년에 등재

- 조선 왕조 시대부터 한국 문화의 정수와 대중의 기쁨 및 슬픔을 반영하는 전통 무술로 전승
- 유연하고 율동적인 춤과 같은 동작으로 상대를 공격하거나 다리를 걸어 넘어뜨리는 한국 전통 무술
- 공동체 구성원 간의 결속을 증진하고 공동체 정신을 고양함으로써 자연스럽게 사회 통합의 기능을 수행
- 일상 스포츠로서 공중 보건을 향상하는 데 기여

⑦ 줄타기 : 2011년에 등재

- 예능보유자뿐 아니라 대한민국 국민 전체에게 사회적·문화적 의미를 지님
- 줄타기 전통 공연은 대중의 접근이 쉬우며 한국의 정체성을 강화하는 역할
- 줄타기는 공연자와 관객 모두에게 해방감을 느끼게 해줌

⑧ 가곡(歌曲), 국악 관현반주로 부르는 서정적 노래 : 2010년에 등재

- 옛날에는 각 지방의 상류 계층에서 유행했으나 오늘날에는 한국 전역에 알려져 있음
- 한국 국민의 정체성을 상징적으로 보여주는 역할을 함
- 남성이 부르는 노래인 남창 26곡과 여성이 부르는 노래인 여창 15곡으로 구성

코알랄라의
시험에 나오는 자료

⑨ 매사냥, 살아있는 인류 유산 : 2010년에 등재

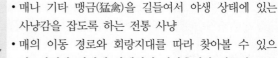

- 매나 기타 맹금(猛禽)을 길들여서 야생 상태에 있는 사냥감을 잡도록 하는 전통 사냥
- 매의 이동 경로와 회랑지대를 따라 찾아볼 수 있으며, 나이와 성별에 관계없이 아마추어와 전문가 모두 즐기는 활동
- 매사냥꾼은 자신이 기르는 맹금과 돈독한 유대감 및 정신적 교감을 형성하고, 길들이고 다루기 위해 헌신적인 노력이 필요

⑩ 대목장(大木匠), 한국의 전통 목조 건축 : 2010년에 등재

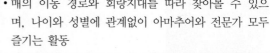

- 한국의 전통 목조 건축, 특히 전통 목공 기술을 가지고 있는 목수를 일컬음
- 한국의 자연 환경과 문화적 배경의 틀 안에서 발달한 무형의 문화유산
- 대목장의 기술과 지식을 기반으로 완성된 웅장한 궁궐·사찰·전통 한옥은 아주 오랜 세월 동안 한민족의 전통성을 상징하는 역할을 해옴

⑪ 영산재 : 2009년에 등재

- 한국 불교문화의 중심 요소로 부처가 인도의 영취산에서 법화경(Lotus Sutra)을 설법하던 모습을 재현한 것
- 불교의 철학적이며 영적인 메시지를 표현하고 있으며, 참석한 사람들은 스스로 수양을 함
- 부처의 영적 세계의 사고방식을 표현하는 봉송 의례에는 노래, 의식적 장식, 바라춤, 법고춤, 나비춤과 같은 불교 의식 무용이 거행

⑫ 남사당 놀이 : 2009년에 등재

- '남자들로 구성된 유랑광대극'으로서 원래 유랑예인들이 널리 행하던 다방면의 한국 전통 민속공연
- 전통적으로 남사당패는 한 곳에 머무르지 않고 떠돌아다니면서 주로 서민 관객들을 위해 그들의 레퍼토리를 공연
- 남사당 놀이의 종목은 농악대(풍물), 가면극(덧뵈기), 조선 줄타기(어름), 꼭두각시 놀음(덜미), 땅 재주(살판), 사발 돌리기(버나)으로 6종임

⑬ 제주 칠머리당 영등굿 : 2009년에 등재

• 바다의 평온과 풍작 및 풍어를 기원하기 위해 음력 2월에 제주에서 시행하는 세시 풍속
• 영등굿에 참여하는 사람은 무당 이외에 해녀들, 선주들이 참여하는 데 이들은 음식과 공양물을 지원
• 제주도 바닷사람들의 삶을 좌우하는 바다에 대한 존중의 표현

⑭ 강강술래 : 2009년에 등재

• 대한민국의 남서부 지역에서 널리 행해지는 풍작과 풍요를 기원하는 풍속의 하나로, 주로 음력 8월 한가위에 연행
• 밝은 보름달이 뜬 밤에 수십 명의 마을 처녀들이 모여서 손을 맞잡아 둥그렇게 원을 만들어 돌며, 한 사람이 '강강술래'의 앞부분을 선창하면 뒷소리를 하는 여러 사람이 이어받아 노래를 부름
• 밤새도록 춤을 추며 계속되며 원무를 도는 도중에 민속놀이를 곁들임

⑮ 처용무 : 2009년에 등재

• 궁중 무용으로 다섯 사람이 동서남북과 중앙을 상징하는 옷을 제각기 입고 처용 가면을 쓴 채 추는 춤
• 한국의 궁중 무용으로는 유일하게 사람 형상의 탈을 쓰고 춤을 춘다는 점에서 매우 독특
• 동해 용왕의 아들로 사람 형상을 한 처용이 노래를 부르고 춤을 추어 천연두를 옮기는 역신으로부터 인간 아내를 구해냈다는 한국 설화를 바탕

⑯ 강릉 단오제 : 2005년에 등재

• 단옷날을 전후하여 펼쳐지는 강릉 지방의 향토 제례 의식
• 이 축제에는 산신령과 남녀 수호신들에게 제사를 지내는 대관령국사성황모시기를 포함한 강릉 단오굿이 열림
• 전통 음악과 민요 오독떼기, 관노가면극(官奴假面劇), 시 낭송 및 다양한 민속놀이가 개최

⑰ 판소리 : 2003년에 등재

- 한 사람의 타령으로 긴 서사적인 이야기를 고수의 북 장단에 맞추어 노래와 말로 엮고 몸짓을 곁들여 부름
- 장단에 맞추어 부르는 표현력이 풍부한 창(노래)와 일정한 양식을 가진 아니리(말), 풍부한 내용의 사설 과 너름새(몸짓) 등으로 구연
- 발생할 당시에는 판소리 열두 마당이라 하여 그 수가 많았으나, 조선시대에 충, 효, 의리, 정절 등의 가치 관을 담은 춘향가, 심청가, 수궁가, 흥보가, 적벽가 만이 보다 예술적인 음악으로 가다듬어져 판소리 다 섯 마당으로 정착

⑱ 종묘제례 및 종묘제례악 : 2001년에 등재

- 종묘제례는 조선 역대 왕과 왕비 및 추존된 왕과 왕 비의 신위를 모시는 종묘에서 행하는 제향 예절
- 종묘제례악은 조선 역대 왕의 신위를 모시는 종묘와 영녕전의 제향에 쓰이는 음악

(3) 한국의 세계기록문화유산

세계기록유산의 정의 : 세계의 귀중한 기록물을 보존·활용하기 위해 선정하는 문화유산

① 한국의 유교책판 : 2015년에 등재

- 조선시대(1392~1910)에 718종의 서책을 간행하기 위 해 판각한 책판으로, 305개 문중과 서원에서 기탁한 총 64,226장으로 되어 있음
- 현재는 한국국학진흥원에서 보존 관리하고 있음
- 유교책판은 선현이 남긴 학문의 상징으로 간주되었고 후대의 학자들은 이를 누대에 걸쳐 보관 및 전승해왔음
- 유교책판은 모두 '공론'에 의해 제작되었고, 책판으로 인쇄된 서책들은 지역 공동체의 주도 아래 간행되었음
- 서로 다른 시대를 살았던 각각의 저자들은 자신의 학 문적 성과를 출간하고, 이러한 학문적 성과는 책판에 담겨 그들의 제자들에 의해 다음 세대에서 그 다음 세대로 전승됨

② KBS특별생방송 '이산가족을 찾습니다' 기록물 : 2015년에 등재

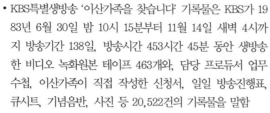

- KBS특별생방송 '이산가족을 찾습니다' 기록물은 KBS가 19 83년 6월 30일 밤 10시 15분부터 11월 14일 새벽 4시까지 방송기간 138일, 방송시간 453시간 45분 동안 생방송한 비디오 녹화원본 테이프 463개와, 담당 프로듀서 업무수첩, 이산가족이 직접 작성한 신청서, 일일 방송진행표, 큐시트, 기념음반, 사진 등 20,522건의 기록물을 말함
- 전쟁의 참상을 전 세계에 고발하고 인권과 보편적 인류애를 고취시킨 생생한 기록임
- 인도적인 관점에서 세계인의 찬사를 받았으며, 국내뿐만 아니라 전 세계가 냉전이 개개인들에게 내면적으로 입힌 상처가 얼마나 깊은지를 본격적으로 인식하는 계기를 마련해줌
- TV라는 매체가 탄생한 이후 최대 규모의 대중의 참여와 접근을 보장한 기록이라는데 역사적 의의가 있으며, 방송 역사상 전례를 찾아볼 수 없는 장기 캠페인임

③ 난중일기(亂中日記) : 2013년에 등재

- 이순신 장군이 일본의 조선 침략 당시였던 임진왜란 (1592~1598) 때에 진중에서 쓴 친필일기
- 임진왜란이 발발한 1592년 1월부터 이순신 장군이 노량해전에서 결정적인 승리를 앞두고 전사하기 직전인 159 8년 11월까지 거의 날마다 적은 기록(총 7책 205장)
- 임진왜란에 관한 전쟁 사료 중 거의 유일한 해전에 관한 자료로 당시의 동아시아 국제 정세와 군사적 갈등을 포함한 세계사 연구에 중요하며, 세계적 관점에서도 매우 귀한 자료임

④ 새마을운동 기록물 : 2013년에 등재

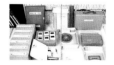

- 1970년~1979년까지 대한민국에서 전개된 새마을운동에 관한 기록물들(대통령 연설문, 정부 문서, 마을 단위의 기록물, 편지, 새마을운동 교재, 관련 사진, 영상 등)
- 기록물들이 보여주는 농촌 발전의 모델은 효과적인 빈곤 퇴치 방안이자 대외 원조의 방안으로서 인정받고 있음
- 기록물들은 그동안 기아 극복, 빈곤 퇴치, 농촌 지역 현대화, 여성의 지위 향상을 도모하였던 국제개발기구, 개발도상국의 정부 및 해당 정부의 국민들에게 유용하게 이용되어 옴

⑤ 일성록 : 2011년에 등재

- 근세 조선의 왕들이 자신의 통치에 대해 성찰하고 나중의 국정 운영에 참고할 목적으로 쓴 일기
- 단 한 부만 편찬되었으므로 남아 있는 편찬본이 유일함
- 18세기에서 20세기까지의 동서양 간의 정치와 문화의 교류에 관한 자세한 설명과 세계적인 시대 흐름에 대한 통찰을 담고 있기 때문에 세계적 중요성을 지님

⑥ 5·18 광주 민주화운동 기록물 : 2011년에 등재

- 1980년 5월 18일부터 5월 27일 사이에 한국 광주에서 일어난 5·18 민주화운동과 관련한 기록물
- 5·18 민주화운동은 한국의 민주화에 중추적인 역할을 하였을 뿐만 아니라 민주화를 쟁취함으로써 동아시아의 다른 국가들에도 영향을 미침
- 기록물은 민주주의와 인권 발전에 기여하고 있음

⑦ 동의보감 : 2009년에 등재

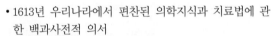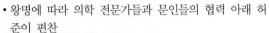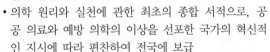

- 1613년 우리나라에서 편찬된 의학지식과 치료법에 관한 백과사전적 의서
- 왕명에 따라 의학 전문가들과 문인들의 협력 아래 허준이 편찬
- 의학 원리와 실천에 관한 최초의 종합 서적으로, 공공 의료와 예방 의학의 이상을 선포한 국가의 혁신적인 지시에 따라 편찬하여 전국에 보급
- 2,000년 동안 이론과 경험을 통해 축적해 온 다양한 의학 지식을 모아 하나의 전집에 방대한 양의 요법을 종합
- '양생(養生)'의 원칙을 바탕으로 의학에서 예방의 중요성을 전면적으로 인식한 세계 최초의 의학 서적

⑧ 조선왕조 의궤(儀軌) : 2007년에 등재

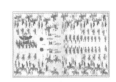

- 조선 왕조(1392~1910) 500여 년간의 왕실 의례에 관한 기록물
- 조선왕조의 중요한 행사와 의식에 관해 자세하게 설명하는 글과 그림을 포괄적이고 체계적으로 모아 놓은 문서(3,895권이 넘는 책으로, 시대와 주제별로 분류·구성)

코알라의
시험에 나오는 자료

⑨ 고려대장경판 및 제경판 : 2007년에 등재

- 「고려대장경」은 총 81,258판의 목판에 새긴 것으로 13세기 고려 왕조의 후원을 받아 만들었으며, 현재 해인사에 보관되어 있는데, 목판의 판수 때문에 흔히 '팔만대장경'으로 불림
- 제경판은 「대장경」을 보완하기 위해 해인사에서 직접 후원하여 제작한 것으로 1098년~1958년에 조판된 총 5,987판의 목각 제경판이 해인사에 보관되어 있음
- 당대 최고의 인쇄 및 간행 기술의 사례로 문화적 가치가 매우 높음
- 각각의 판목은 체계적이고 세심한 준비 과정을 거쳤고, 각 판목에는 글씨가 통일된 서체로 하나하나 아름답게 새겨져 있음

⑩ 승정원 일기 : 2001년에 등재

- 조선 왕조에 관한 방대한 규모(17~20세기 초)의 사실적 역사 기록과 국가 비밀을 담고 있음
- 승정원은 조선시대 국왕의 비서기관으로서 모든 국왕의 일상을 날마다 일기로 작성하는 일을 담당
- 기관 이름이 수차례에 변경됨에 따라 일기의 명칭도 변경되었지만, 이들 모두를 통틀어 「승정원일기」라고 부름

⑪ 불조직지심체요절 하권 : 2001년에 등재

- 고려 승려 백운화상이 선(禪)의 요체(要諦)를 깨닫는 데 필요한 내용을 뽑아 엮은 책으로 상하 2권으로 되어 있었으나, 상권은 아직까지 발견되지 않았고, 하권만 프랑스 국립도서관에 소장되어 있음
- 이 책은 「직지심체요절」, 「직지심체」, 「직지심경(直指心經)」, 또는 「직지」 등의 다른 이름으로도 불림
- 세계에서 가장 오래된 금속 활자로 인쇄된 책으로 인류의 인쇄 역사상 매우 중요한 기술적 변화를 보여주고 있음

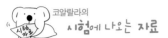

⑫ 훈민정음 : 1997년에 등재

- 판본에는 1443년에 창제된 한글을 공표하는 세종대왕의 반포문이 포함되어 있고, 집현전 학자들이 해설과 용례를 덧붙여 쓴 해설서 해례본(解例本)도 포함되어 있음
- 한자로는 쓸 수 없던 한국인의 말까지 완벽히 표기할 수 있게 됨
- 한글은 단 28자이며 그 획도 단순하여 한국인이 글자를 아주 쉽게 배우고 쓸 수 있게 되었음
- 한글은 독특한 민족의 말을 완벽하게 적을 수 있게 하여 민족문화가 새로운 차원으로 발달할 수 있게 함

⑬ 조선왕조실록 : 1997년에 등재

- 조선 태조로부터 철종에 이르기까지 25대 472년간의 역사를 연월일 순서에 따라 편년체로 기록한 책
- 역대 제왕을 중심으로 하여 정치와 군사 · 사회 제도 · 법률 · 경제 · 산업 · 교통 · 통신 · 전통 예술 · 공예 · 종교 등 조선 왕조의 역사와 문화 전반을 포괄하는 매일의 기록임
- 실록은 후임 왕이 전왕의 실록의 편찬을 명하면 최종적으로 편찬이 됨
- 사초, 시정기, 승정원일기, 의정부등록, 비변사등록, 일성록 등의 자료를 토대로 작성

(4) 우리나라의 유네스코와 유산

한국의 세계유산	한국의 인류무형문화유산	한국의 세계기록유산
	줄다리기(2015)	
백제 역사 유적 지구(2015)	농악(2014)	한국의 유교 책판(2015)
남한산성(2014)	김장 문화(2013)	KBS특별생방송 '이산가족을 찾습니다' 기록물(2015)
하회와 양동(2010)	아리랑(2012)	난중일기(2013)
조선 왕릉(2009)	한산 모시 짜기(2011)	새마을운동 기록물(2013)
제주 화산섬과 용암 동굴(2007)	택견(2011)	일성록(2011)
경주 역사 지구(2000)	줄타기(2011)	5·18 광주 민주화운동 기록물(2011)
고창, 화순, 강화의 고인돌 유적(2000년)	가곡(2010)	동의보감(2009)
수원 화성(1997)	매사냥(2010)	조선왕조 의궤(2007)
창덕궁(1997)	대목장(2010)	승정원 일기(2001)
석굴암과 불국사(1995)	영산재(2009)	고려대장경판 및 제경판(2007)
종묘(1995)	남사당 놀이(2009)	불조직지심체요절 하권(2001)
해인사 장경판전(1995)	제주 칠머리당 영등굿(2009)	훈민정음(1997)
	강강술래(2009)	조선왕조실록(1997)
	처용무(2009)	
	강릉 단오제(2005)	
	판소리(2003)	
	종묘제례 및 종묘제례악(2001)	

디저트

01.⑤

제시문에서 말하고 있는 것은 창덕궁이다.

⑤ 창덕궁은 전통 풍수지리 사상과 조선왕조가 정치적 이념으로 삼은 유교가 적절히 조화를 이루고 있다.

① 경복궁은 조선시대에 만들어진 다섯 개의 궁궐 중 첫 번째로 만들어진 곳으로, 조선 왕조의 법궁이다.

② 경희궁은 유사시에 왕이 본궁을 떠나 피하는 궁으로 지어졌으나, 궁의 규모가 크고 여러 임금이 이 궁에서 정사를 보았다.

③ 덕수궁은 조선 시대의 궁궐로 원래의 명칭은 경운궁으로 불리었다.

④ 창경궁은 왕위에 오른 세종이 생존한 상왕인 태종을 모시기 위해 지은 궁이다.

02.②

제시문은 단오에 대한 설명이다.

① 설날은 정월 초하룻날로 우리나라 최대의 명절이다.

③ 추석은 음력 8월 15일로 중추절(仲秋節)·가배(嘉俳)·가위·한가위라고도 불리는 명절이다.

④ 동지는 일년 중에서 밤이 가장 길고 낮이 가장 짧은 날이다.

⑤ 칠석은 음력 7월 7 일로, 헤어져 있던 견우와 직녀가 만나는 날이다.

---

01 🐨 기출 문제   25회 중급 38번

다음 대화의 주제에 해당하는 문화유산으로 옳은 것은?

① 경복궁   ② 경희궁   ③ 덕수궁

④ 창덕궁   ⑤ 창경궁

02

(가)에 들어갈 세시 풍속으로 옳은 것은?

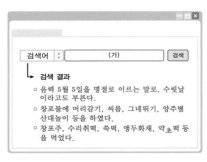

검색어 ▼ [(가)] 검색

↳ 검색 결과

○ 음력 5월 5일을 명절로 이르는 말로, 수릿날이라고도 부른다.

○ 창포물에 머리감기, 씨름, 그네뛰기, 양주별산대놀이 등을 하였다.

○ 창포주, 수리취떡, 쑥떡, 앵두화채, 약초떡 등을 먹었다.

① 설날   ② 단오

③ 추석   ④ 동지

⑤ 칠석

03

밑줄 그은 '이 섬'에 대한 설명으로 옳은 것을 〈보기〉에서 고른 것은?

> 이 섬은 우리나라 가장 동쪽에 위치하여 울릉도로부터 87.4km 떨어져 있으며, 동도와 서도라는 2개의 큰 섬과 여러 개의 작은 섬으로 이루어져 있습니다. 숙종 때는 안용복이 울릉도와 이 섬을 일본 막부로부터 우리 영토임을 인정하도록 활약하기도 하였습니다.

─── 〈보기〉 ───
ㄱ 삼별초가 대몽 항쟁을 전개한 곳이다.
ㄴ 영국군이 불법으로 점령하였다가 철수하였다.
ㄷ 러 · 일 전쟁 때 일본이 불법으로 자국 영토로 편입하였다.
ㄹ 대한 제국이 칙령을 반포하여 우리 영토임을 재확인하였다.

① ㄱ, ㄴ   ② ㄱ, ㄷ
③ ㄴ, ㄷ   ④ ㄴ, ㄹ
⑤ ㄷ, ㄹ

04

다음 민속놀이가 주로 행해진 명절로 옳은 것은?

이 놀이는 들판에 쥐불을 놓으며 노는 풍속으로, 횃불을 들고 들판에 나가 논밭두렁의 잡초와 잔디를 태워 해충의 피해를 줄이고자 하는 의도를 담고 있으며, '서화희' 또는 '훈서화'라고 불리기도 하였다. 이 놀이는 쥐와 산돼지 등 들짐승과 병해충 예방이라는 실질적 농사풍속 외에도 정신적으로 한 해의 시작에 농산물의 성장과 재산 증식을 상징하고 표현한 것이라고 할 수 있다.

① 설날   ② 단오
③ 추석   ④ 동지
⑤ 정월 대보름

03.⑤

이 섬은 독도이다.
ㄷ 러 · 일전쟁 중 일본이 일방적으로 시마네현 고시를 통해 독도를 다케시마로 개칭하고 시마네현에 편입하였다.
ㄹ 고종은 1900년 10월 25일 대한제국 칙령 제41호를 발표함으로써 울릉도를 울릉군으로 정하고 독도를 울릉군에 편입시켜 독도가 우리의 영토임을 공표하였다.
ㄱ 삼별초가 대몽 항쟁을 전개한 곳은 강화도, 진도, 제주도이다.
ㄴ 영국군이 불법으로 점령하였다가 철수한 곳은 거문도이다.

04.⑤

제시문은 정월 대보름에 즐긴 놀이인 쥐불놀이에 대한 설명이다.
⑤ 정월 대보름에는 놋다리밟기, 차전놀이, 쥐불놀이, 달집태우기 등의 놀이를 하였다.
① 설날에는 널뛰기, 윷놀이, 연날리기 등의 놀이를 하였다.
② 단오에는 창포물에 머리감기, 씨름, 그네뛰기, 봉산탈춤 등의 놀이를 하였다.
③ 추석에는 강강술래, 거북놀이, 가마싸움, 씨름 등의 놀이를 하였다.
④ 동지에는 새 달력 나누어주기 등의 놀이를 하였다.

05.⑤

강화도 지역에 있었던 역사적 사실을 묻는 문제이다.

(ㅁ) 조선 중기 하멜은 38명의 선원과 함께 일본으로 가는 도중 폭풍을 만나 제주도에 표착하였다.

(가) 고려는 몽골 1차 침략 이후 강화도로 천도하였다.

(나) 조선 후기 정제두를 비롯한 양명학자들은 강화도에서 강화학파를 형성하였다.

(다) 조선은 일본과 운요호 사건 이후 최초의 근대적 조약인 강화도 조약을 체결하였다.

(라) 강화도의 참성단은 단군이 하늘에 제사를 지내기 위하여 만든 것으로 전해진다.

05

다음은 어느 학술 발표회 안내문이다. 발표 내용이 주제와 어울리지 않는 것은?

〈제10차 정기 학술 발표회〉
주제 : 강화도 지역에 관한 역사적 고찰

1. 개회식
2. 발표 내용
   (가) 몽골 침략 때 천도하여 세운 궁궐의 터
   (나) 정제두를 비롯한 양명학자들의 학파 형성
   (다) 운요호 사건 이후 맺은 최초의 근대적 조약
   (라) 단군이 하늘에 제사를 지냈다고 전해지는 참성단
   (마) 하멜 일행이 표류하다 도착한 곳
3. 질의 · 응답
4. 폐회식

① (가) ② (나)
③ (다) ④ (라)
⑤ (마)

06.①

제시문은 농악에 대한 설명이다.

① 농악은 2014년에 유네스코의 인류 무형문화유산으로 등재되었다.

② 택견은 조선 시대부터 대중의 기쁨 및 슬픔을 반영하는 전통 무술이다.

③ 가곡은 한국 국민의 정체성을 상징적으로 보여주는 서정적 노래이다.

④ 매사냥은 매나 기타 맹금을 길들여서 야생의 사냥감을 잡도록 하는 전통 사냥이다.

⑤ 강강술래는 밝은 보름달이 뜬 밤에 수십 명의 마을 처녀들이 모여서 손을 맞잡아 둥그렇게 원을 만들어 도는 것이다.

06

다음에서 설명하고 있는 유네스코 인류무형문화유산으로 옳은 것은?

이것은 마을 공동체의 화합과 마을 주민의 안녕을 기원하기 위해 연행되어 왔다. 또한, 꽹과리, 징, 장구, 북, 소고 등 타악기를 합주하면서 행진하거나 춤을 추며 연극을 펼치기도 하는 기예가 함께하는 종합 예술이라고 볼 수 있다.

①  농악

② 택견

③ 가곡

④  매사냥

⑤ 강강술래

07

다음 퀴즈의 정답으로 옳은 것은?

이것은 바다의 평온과 풍작 및 풍어를
기원하기 위해 음력 2월에 제주에서 시행하는
세시 풍속으로 무당 이외의 해녀들, 선주들이 참여
음식과 공양물을 지원하는데 제주도 바닷사람들의
삶을 좌우하는 바다에 대한 존중의 표현을 의미한다.
2009년에 유네스코 인류무형
문화유산으로 등재된 이것은 무엇일까요?

①
농악

②
아리랑

③
처용무

④
남사당놀이

⑤
칠머리당 영등굿

07.⑤

제시문은 제주 칠머리당 영등굿에 대한 설명이다.

⑤ 칠머리당 영등굿은 바다의 평온과 풍작 및 풍어를 기원하기 위해 시행하는 세시풍속이다.

① 농악은 농촌에서 집단노동이나 명절 때 등에 흥을 돋우기 위해서 연주되는 음악이다.

② 아리랑은 한국의 대표적인 전통 민요의 하나이다.

③ 처용무는 궁중 무용으로 다섯 사람이 처용 가면을 쓴 채 추는 춤이다.

④ 남사당 놀이는 조선시대 유랑연예인집단인 남사당의 다방면의 한국 전통 민속공연이다.

08

다음 문화유산에 대한 설명으로 옳지 않은 것은?

수원 화성

① 유네스코의 세계 유산으로 등재되었다.
② 정약용이 만든 거중기가 축조에 이용되었다.
③ 화성성역의궤에 축조한 내용이 자세히 기록되었다.
④ 조선 왕조의 역대 제왕과 왕후의 신주를 모신 곳이다.
⑤ 정조는 정치적 이상을 실현할 수 있는 중심지로 활용하고자 하였다.

08.④

1997년에 유네스코의 세계 유산으로 등재된 수원 화성에 대한 내용을 묻는 문제이다.

④ 1995년에 유네스코의 세계 유산으로 등재된 종묘에 대한 설명이다.

①, ②, ③, ⑤ 수원 화성에 대한 내용이다.

MEMO

MEMO

여러분을
응원합니다

수험서 전문출판사 서원각

목표를 위해 나아가는 수험생 여러분을 성심껏 돕기 위해서 서원각에서는 최고의 수
험서 개발에 심혈을 기울이고 있습 니다. 희망찬 미래를 위해서 노력하는 모든 수험
생 여러분을 응원합니다.

| 공무원 대비서 | 취업 대비서 | 군 관련 시리즈 | 자격증 시리즈 | 동영상 강의 |

서원각 동영상강의와
도전하라!

자 격 증	군 관 련 (부사관/장교)	공 무 원
건강운동관리사	육군부사관	소방공무원 소방학개론
사회복지사 1급	공군장교	소방공무원 생활영어
사회조사분석사 2급	공군 한국사	9급 기출해설(국어/영어/한국사)
임상심리사 2급	육군·해군 근현대사	9급 파워특강(행정학개론/교육학개
관광통역안내사		기술직 공무원(물리·화학·생물)
청소년상담사 3급		

BIG EVENT

시험 보느라 고생한 수험생 여러분들께 서원각이 쏜다! 쏜다!
네이버 카페 기업과 공사공단에 시험 후기를 남겨주신 모든 분들께 비타 500 기프티콘을 드립니다!

물 받는 방법

) 네이버 카페 검색창에서 [기업과 공사공단]을 검색해주세요.

) 기업과 공사공단 필기시험 후기 게시판에 들어가 주세요.

기업체 또는 공사·공단 필기시험에 대한 후기 글을 적어주세요.

자격증 BEST SELLER

매경TEST 출제예상문제

TESAT 종합본

청소년상담사 3급

임상심리사 2급 필기

유통관리사 2급 단기완성

직업상담사 1급 필기·실기

사회조사분석사 사회통계 2급

초보자 30일 완성 기업회계 3급

관광통역안내사 실전모의고사

국내여행안내사 기출문제

손해사정사 1차시험

건축기사 기출문제 정복하기

건강운동관리사

2급 스포츠지도사

택시운전 자격시험 실전문제

농산물품질관리사